신라 왕경 형성과정 연구

신라 왕경 형성과정 연구

이 동 주

景仁文化社

책머리에

도시에 대한 호기심이 있었다. 유년시절 기성복 광고로 기억한다. 인기 절정의 배우가 LP판을 들고 재즈음악에 맞춰 가볍게 춤을 추었다. 광고의 배경이었던 뉴욕 맨해튼의 야경은 너무나 황홀하였다. 때마침 여물끓는 냄새에 외양간의 새끼 밴 암소가 구슬프게 울었다. 방문을 열면 탁트인 완산들이 눈앞에 펼쳐졌고, 능문이 말목을 베었다는 금강성이 조망된다. 광고 속 뉴욕과 도저히 동시대를 살아가고 있다는 느낌이 들지 않았다. 이솝우화 『시골쥐와 서울쥐』도 퍽 나에겐 감동적이지 않았다. 도시의 화려함과 산해진미를 실컷 즐길 수 있다면 목숨을 걸 정도의 매력은 있지 않을까. 실소를 금할 길 없지만 당시는 꽤나 진지했던 것 같다. 어린 나에게 도시란 세련된 건물과 소비물자가 넘쳐흐르는 파라다이스로 비쳤다. 아마 이러한 도시에 대한 동경이 신라 왕경에 관심을 두게 된 원천이 된 것 같다.

이 책은 나의 학위논문인 [신라 통일기 왕경의 구조와 운영]을 토대로 수정, 보완한 것이다. 어떻게 하면 문헌이 바탕이 되면서도 물질자료로 왕경의 모습을 그려낼 수 있을까 고민했던 것 같다. 그러기 위해 왕경에서 이루어진 발굴 자료를 모두 정리해 보았다. 발굴 정황의 사실관계를 확인하고 언급함으로써 왕경의 대체적인 경관이 드러날 것 같았기 때문이다. 그렇지만 보고된 자료의 대부분이 시기적으로 통일기에 해당하는 것들이었다. 따라서 글의 중심은 통일기로 잡으면서 전야에 해당되는 중고기의 왕경도 다를수 밖에 없었다.

Ⅱ장 통일기 이전 왕경의 정비에서는 중고기 왕경의 경관을 살펴보았다. 왕경은 진한의 소국인 사로국이 중앙집권적인 영역 국가로 탈바꿈하면서 전환된 것이다. 특히 왕경의 외적 변화를 초래한 요인으로 마립간호의 사용, 불교 공인, 유학, 당 문물의 수용, 무열왕계의 집권 등을 거론할 수 있다. 자비마립간의 방리명 제정은 공고한 6부 지배질서에 인위적인 균열을 가한 행위라고 볼 수 있다. 왕경의 외형 변화는 여기에서 비롯되었다고 해도 과언이 아니다. 신라의 성장은 고구려의 간섭을 배제해 나가는 과정이었다. 이는 역으로 그간 국가의 운영체제를 고구려로부터 습득하였음을 웅변한다. 중고기 평지성-산성의 이원적 운영은 바로 그 산물이다. 진흥왕대 황룡사의 창건은 평지의 왕경 편재와 밀접한 관련을 가진다. 그리고 진평왕대 남산신성의 축조는 왕경 운영 시스템의 변화를 초래하였다. 고구려와 관계가 결렬되면서 전시체제에 준하게 운영하였을 것이기 때문이다. 신라 관제는 진평왕대 크게 정비되는데 이는 왕궁인 월성의 외형 변화를 야기한다. 어쩌면 해자의 매립이 통일기 이전으로 상회할 가능성을 시사한다.

Ⅲ장 통일기 왕경의 변화에서는 문무왕의 왕경 개조를 중심으로 살펴보았다. 김춘추가 집권하자 당 문물이 본격적으로 수용되기 시작한다. 국정운영도 중고기 왕실의 佛家族신앙에서 유학적 정치질서로 전향하였다. 진지왕의 후손이라는 태생적 한계를 극복하기 위해 중국 상고의 신화적 인물에게 왕실 계보를 연결시켰다. 율령, 묘호제, 시호제, 동궁제, 오묘제, 국학 등은 당문물의 소산이다. 왕경은 남면한 권위건축물을 세워 경관을 돋보이게 정비할 필요가 있었다. 하지만 월성은 남측이 하안단구이고, 도시의 확장 방향은 북쪽이었다. 문무왕은 이러한 지형적 한계를 최대한 활용하는 선에서 왕경을 정비하였다. 당시 왕경의 토목공사

를 증언하는 물질자료가 바로「儀鳳四年皆土」이다. 여기서 개토는 납음으로 연월일이 모두 토이며, 구체적으로 679년 5월 7, 8, 29일에 해당한다. 왕경 정비에 조응하여 길일을 택한 것이다. 월성의 인근에 권위건축물들이 세워지면서 경관은 이전보다 훨씬 달라졌다. 그리고 가로구획을 위한 도로가 사방으로 축조되기 시작한다. 바둑판식이라는 일반적인 인식과는 달리 S자, /자, ㄱ자형 등 꽤 다양한 형태로 검출되었다. 신라 왕경은 한 번도 천도를 한 적이 없었다. 이는 결국 누대에 걸쳐 중첩된 인공물로 인해 방형의 토지구획이 실현되기 어려웠음을 시사한다. 이에 반해 외곽의 모량리 도시유적은 인공물이 별로 없는 상황에서 진행된 것이다. 이곳에서 확인된 방리가 시내와 달리 바둑판식을 이루는 것과는 대조적이다.

Ⅳ장 통일기 왕경의 구조에는 정비된 공간의 양상을 분석해 보았다. 왕경을 현재의 경주시내로 보는 경우가 있다. 실제『삼국사기』지리지에는 왕도의 범위가 적기 되어 있고, 그 범위가 경주시내와 거의 같기 때문이다. 하지만 지의 서문은 본문과 층위를 달리한다. 가령 신라본기에 전혀 등장하지 않는 만월성, 신월성 등의 용어가 보인다든지, 왕성에서 상주의 위치를 착각하는 초보적인 실수가 확인된다. 이는 객관적인 정보로만 나열된 본문과는 차별되는 현상이다. 따라서 지의 서문은 편찬자의 역사 지리인식에서 자유로울 수 없다. 편찬자는 번화가를 왕도로 인식하고 있었던 것 같다. 왕경은 번화가와 그 외곽을 둘러싼 왕기로 인식된 공간까지를 아우르는 범위이다. 외곽에는 수공업 공방 등 특수 촌락을 편제하여 왕경인들의 삶을 서포터 하였다. 제한된 범위에 인간들이 집주되자 위성도시의 개념으로 외곽을 개발하였던 것 같다. 그럼에도 신문왕은 달구벌에 중국식 도성제를 실현하려고 했던 것이다. 달구벌은 왕경에 비해 도시화의 진전이 더뎠고, 공간의 범위는 훨씬 광활하였다. 그

러나 천도는 무위로 돌아갔고 중대의 왕들은 왕경을 최대한 활용하는 선에서 자신들의 이상을 펼쳤다.

공부를 배우면서 여러 선생님들의 큰 은혜를 입었다. 연구자로 거듭나기 위해 학술적 언어라든지 관점 등은 저절로 습득될 리 없다. 다만 모든 분들을 열거하지 못한 결례에 용서를 구한다. 내가 공부를 해 온 과정은 거칠기 짝이 없고, 노마드 인생이었다. 여러 학교에 인연을 둔 까닭에 나에겐 선생님들이 무척 많다. 우선 학부시절 신라사의 연구방법이나 자료수집에 도움을 주신 김창호, 강봉원 선생님의 학은을 잊을 수 없다. 특히 김창호 선생님은 학계를 떠나 병마와 투병 중에도 논문을 집필하신다. 선생님의 강인했던 모습이 아슴히 떠올라 가슴 한 편이 아리다. 강봉원 선생님은 유물의 형식 편년 보다는 계량적 해석에 주목할 것을 늘 말씀하셨다.

석사과정은 이기동 선생님의 문하에서 말제자가 되었다. 선생님의 엄청난 독서량에도 놀랐지만 동서양, 시대를 종횡한 거침없는 입담에 어안이 벙벙하였다. 논문 심사를 맡아주신 故김상현, 윤선태 선생님의 학은도 가슴 고이 간직하고 있다. 김상현 선생님은 시골에서 상경한 나를 항상 따뜻하게 대해 주셨다. 몇 년 전 황망하게 돌아가신 사실이 아직도 믿기지 않는다. 윤선태 선생님은 연구실의 한 공간을 내어주시고, 자료도 실컷 보게 해 주셨다. 그곳에서의 생활이 지금도 아련한 추억이다. 석사 과정을 입학하며 나름 한자는 어느정도 안다고 자부하고 있었다. 그래서 용감(?)하게도 동양사 서인범 선생님의 『명사』환관지 유근열전 강독을 수강하였다. 아뿔싸. 단순히 문장을 해석하는데 그치지 않고, 그 안에 등장하는 인물의 일대기, 각 기물의 용도, 한자의 용례 등을 철저하게 분석하고 넘어갔다. 노련한 선배들도 문장 한 줄에 1시간 이상 걸렸다. 일본식 강독의 엄격함을 체험한 후 문헌을 대할 때 매우 신중해졌다.

석사 졸업 후 왕경을 공부하기 위해 성림문화재연구원에 취직하였고, 동시에 경북대학교로 박사과정을 진학하였다. 현장 조사를 하면서도 수업에 지장이 없도록 배려해주신 박광열 원장님의 마음 씀씀이가 기억에 남는다. 박사과정은 주보돈 선생님의 문하에서 공부를 하게 되었다. 선생님은 어떤 엉뚱한 소리를 하더라도 묵묵히 듣고 계시다가 당신의 생각을 말씀해주시곤 하였다. 책으로 둘러싸인 좁디좁은 공간에 마주 앉아 나눈 이야기는 지금도 마음속에 고이 간직한 추억이다. 학자로서의 풍모와 존엄을 잃지 않고 아름답게 퇴임하신 선생님의 건승을 바란다. 학위논문의 심사를 통해 논문의 완성도에 도움을 주신 이희준, 한기문, 이영호, 윤선태 선생님께 깊이 감사드린다. 고고학 자료 구사의 신중함을 말씀하신 이희준 선생님, 제목과 체제의 일관성을 말씀하신 한기문 선생님, 문장 한 줄 한 줄을 일일이 읽어보시고 수정해 주신 이영호 선생님, 자신만의 이야기 구조를 말씀하신 윤선태 선생님께도 고마운 마음을 전하고 싶다. 신라사의 대가들을 모시고 공부했지만 나의 능력이 선생님들의 기대를 모두 충족하기에 너무 모자라 화로를 뒤집어쓴 것 마냥 낯이 뜨겁다. 그럼에도 일로매진을 위해 한 고개를 넘는다는 기분으로 매듭짓고 싶었다.

배우자를 중매하신 서영교 선생님은 신라사 연구의 스승이자 대화 상대이다. 항상 호기심에 가득 찬 선생님의 열의에 감탄했던 적이 한두 번이 아니다. 아울러 뵈올 때마다 유익한 조언을 아끼지 않는 김수태 선생님께도 감사의 말씀을 올린다. 선생님께서는 책의 출간을 주선해주셨을 뿐 아니라 학자로서의 마음가짐도 조언해 주셨다.

x

지금까지 생활하면서 많은 것을 의지했던 부모님, 장인, 장모님께 존경과 감사의 말씀을 올린다. 일전 이규보가 쓴 장인의 제문을 보니 "사위가 되어 밥 한 끼와 물 한 모금을 다 장인에게 의지했다"는 구절이 특히 내 가슴을 후벼 팠다. 내가 이규보에 비할 바는 아니지만, 문득 그의 글귀에서 시공을 초월한 묘한 동질감을 느꼈다. 스스로에게 엄격해질 것을 다시금 다짐해 본다. 마지막으로 가장 큰 감사의 말은 사랑하는 아내 오수희의 몫이다. 글은 항상 말보다 부족하다. 그리고 하루가 다르게 성장하는 승민이와 새봄이에게도 출간의 소식을 알린다.

인문학의 위기가 회자되고 있는 지금, 이러한 학술서적이 시장성이 약하다는 것은 누구나 다 아는 사실이다. 그럼에도 출간을 감행해 주시고, 책의 편집과 제작을 담당해주신 경인문화사 한경희 사장님, 편집부 직원들에게 거듭 진심을 담아 감사의 말을 올린다.

2019. 1.

이동주.

차 례

표 차례

사진 차례

Ⅰ. 머리말

1. 연구동향과 목적

진한의 소국이었던 사로국은 중앙집권적 영역 국가인 신라로 성장하였다. 사로국이 진한의 맹주가 될 수 있었던 배경으로 洛東江 以東 지방의 지형과 지리가 거론된다. 사로국이 존재하였던 경주 지방은 낙동강 이동 지방에서 동해안과 남해안 지역을 제외하고는 유일하게 낙동강 수계에 속하지 않는 지역이다. 그럼에도 가장 많은 교통로가 수렴되어 결절도가 높다. 그 결과 대외 교역의 관점에서 보면 인접 해안 지대로의 출구만 확보된다면 낙동강 중·상류 내륙에서 육로를 따른 교통상 關門의 역할을 할 수 있다. 따라서 경주는 낙동강 이동 지방의 지리 및 교통 관계의 이점이 사로국이 성립, 발전할 수 있는 토대가 되었다.[1)]

사로국이 신라로 성장하면서 그 영역은 고스란히 왕경으로 전환되었다. 사로국은 6부의 영역으로 구성이 되었는데, 6부가 곧 왕경이다. 왕경은 한 국가의 수도로서 인간의 의도에 따라 고도의 정치성이 기획되는 場이다. 이곳은 지배자 집단의 거주 공간이자 정치, 경제, 사회, 문화, 종교 등에서 중심지 역할을 수행한다. 정치적으로는 지배자가 권력을 행사하는 궁궐, 경제적으로는 외부에서 생산된 물자 및 세금이 소비되는 시장, 사회적으로는 통치를 지원하는 관부, 문화적으로는 고도의 귀족 문화의 구현되는 대저택, 종교적으로는 제의를 수행하는 제장 등이 집중된다. 그리고 외곽에는 왕경을 방어하기 위한 군사시설이나 수공업 공방이 배치된다. 왕경이 국가 운영의 중추를 형성함에 따라 권력은 한 곳으로

---

1) 이희준, 「4세기 신라의 성장」, 『신라고고학연구』, 사회평론, 2007, 178~180쪽.

집중된다. 그 결과 왕경인 들은 지방인에 비해 우세한 지위를 가지며, 배타적 권위를 내세울 수 있다.

왕경은 한 국가의 흥망성쇠와 궤를 함께하므로, 그 변화상을 통해 한 국가의 전개 양상도 어렴풋하게나마 가늠해 볼 수 있다. 다만 신라 왕경 운영상 가장 큰 특징은 멸망에 이를 때까지 한 번도 천도한 적이 없다는 사실이다. 한 공간에 시간의 흔적이 그대로 누적됨에 따라 왕경의 변화상을 파악하기 위해서는 시기를 구분해 살펴볼 필요가 있다. 신라의 정치·사회의 발전 정도는 시기별로 달리 나타날 것이므로 이것에 상응하여 몇 단계로 나눌 수 있다.[2]

우선 신라사의 시기 구분은 『三國史記』와 『三國遺事』에 의해 상고, 중고, 중대, 하대로 나뉜다. 상고는 570년에 달하므로 왕호의 구분에 의해 전기인 이사금기와 후기인 마립간기로 획기할 수 있다. 나물마립간 시기부터는 사료적 가치를 부분적으로 긍정하는 편이다.[3] 따라서 신라사의 전개과정은 상고전기, 상고후기, 중고, 중대, 하대의 다섯 시기로 끊어 볼 수 있겠다.[4] 이러한 구분을 통해 신라 왕경의 태동, 성장, 발전, 쇠퇴라는 일련의 모습들을 어렴풋하게나마 그려 볼 수 있을 것이다.

신라 왕경과 관련된 연구는 일일이 매거하기 어려울 정도로 성과가 축적되었다. 그래서 여기서는 왕경의 형성과정을 가늠해 볼 수 있는 성과들에 한정해서 논의를 전개시키고자 한다.

신라 왕경은 6부가 모태가 되었다. 그런데 왕경의 구조를 두고 異見이 있다. 이러한 논의는 『宋書』新羅傳의 '六啄評, 五十二邑勒'[5]과 『三

---

2) 주보돈, 「신라 왕경론」, 『문헌으로 보는 신라의 왕경과 월성』, 국립경주문화재연구소, 2017, 13쪽.

3) 노태돈, 「『삼국사기』상대기사의 신빙성 문제」, 『한국사를 통해 본 우리와 세계에 대한 인식』, 풀빛, 1998, 325쪽.

4) 新羅 上代를 2기로 구분한 것은 末松保和가 시원이며, 井上秀雄과 申瑩植에게서도 확인된다. 신라사의 시기구분에 대한 학설 정리는 이영호, 「중대의 성립과 전개」, 『신라 중대의 정치와 권력구조』, 지식산업사, 2014, 32쪽 <표-1>참조.

國史記』地理志의 '王都, 長三千七十五步, 廣三千一十八步, 三十五里·六部'[6]를 어떻게 파악하는가에 따라 달라진다. 우선 일제강점기 학자들은 『梁書』新羅傳에 보이는 六喙評을 6부로 파악하였다. 末松保和가 六喙評을 六畿停에 대응시킨 것[7]을 제외하면, 대부분 六喙評과 6부를 동일한 개념으로 이해하였다.[8] 今西龍은 6부의 범위를 고려의 경주대도독부의 영역과 일치한다고 본 반면, 井上秀雄은 경주분지를 왕경, 그 밖의 영역은 王畿로 보았다. 그는 왕기의 영역을 고려 초의 경주대도독부의 영역과 같다고 보았다. 村上四男은 6畿停이 대성군과 상성군 산하의 현과 동일하게 나열된 것에 착안하여, 왕도의 범위를 좁혀 보았다. 경덕왕 18년 이후에 6기정을 왕도에서 분리하여 대성군과 상성군으로 편입된 것으로 본 것이다.[9] 한편 일제강점기에 토지 조사사업의 완료되면서 地籍이라는 개념이 생겼다. 경주 지적도를 바탕으로 실측조사와 현황조사를 대입한 왕경복원도가 등장하였다. 藤島亥治郎은 주작대로, 左右京制, 1坊 16坪制의 안을 제시하였고,[10] 齋藤忠은 장방형의 복원 안을 제시하였다.[11] 이 연구에서 제시된 도면들은 경주가 개발되기 이전의 토지상황을 잘 반영한다는 점에서 현재도 가벼이 여길 수 없는 부분이 많다. 당시 연구의 공통점은 왕경의 공간적인 범위를 도시계획이 시행된 경주

5) 『梁書』卷54, 列傳第48 諸夷　東夷 新羅傳; 其俗呼城曰健牟羅, 其邑在內曰啄評, 在外曰邑勒, 亦中國之言郡縣也. 國有六啄評, 五十二邑勒

6) 『三國史記』卷34, 雜志3 地理1 新羅; 今按, 新羅始祖赫居世, 前漢五鳳元年甲子開國. 王都, 長三千七十五步, 廣三千一十八步, 三十五里·六部.

7) 末松保和,「梁書新羅傳考」,『新羅史の諸問題』, 1954, 東洋文庫.

8) 今西龍,「新羅史通說」,『新羅史研究』, 1970, 國書刊行會(再刊).
　村上四男,「新羅王都考略」,『朝鮮學報』24, 1962;『朝鮮古代史研究』, 開明書院, 1978. 井上秀雄,「新羅王畿の構成」,『朝鮮學報』49, 1968;『新羅史基礎研究』, 東出版, 1974.

9) 村上四男, 위의 책, 1978.

10) 藤島亥治郎,「朝鮮建築史論」(其一·其二)『建築雜誌』44-530·531, 1930;『朝鮮建築史論』, 景仁文化社, 1973, 100~101쪽.

11) 齊藤忠,「新羅の王京跡」,『新羅文化論攷』, 吉川弘文館, 1973, 126쪽.

분지, 구체적으로 서천, 남천, 북천을 넘지 않은 공간으로 보았다. 즉 북천 너머 동천동과 황성동 까지를 시야에 넣지 못한 한계가 있다. 다만 藤島亥治郎의 도면은 향후 신라 왕경의 복원도 작성에 지대한 영향을 미쳤다. 그런 측면에서 일제강점기 당시 왕경의 공간을 파악한 연구들은 고고학 자료가 미비한 상황임에도 불구하고 6부와 왕경과의 관계, 왕경의 범위 등을 가늠하는 이정표를 제시하였다는 점에서 의미가 있다.

『三國史記』地理志에는 왕도의 범위가 구체적인 수치가 제시되어 있다. 이는 왕경과 왕도와의 관계, 더 나아가 6부의 영역을 어떻게 재편했는지 와도 연결된다. 따라서 왕경의 구조는 지리지의 왕도를 어떻게 보느냐에 따라 달라질 소지가 있다. 『三國史記』가 고려시대에 편찬된 만큼, 찬자의 역사인식에서 자유로울 수 없다. 그 선상에서 지리지의 기사는 재검토의 여지가 있겠다.

우선 김교년은 지리지의 기사를 바탕으로 혁거세 당시의 6부가 왕도이며, 그 외곽이 35리로 보았다. 6부의 범위를 경주분지를 중심으로 본다. 그러다가 전성기가 되면 왕궁과 관부, 坊, 里, 村로 공간이 재편된다고 보았다. 신라왕경은 유입되는 인구의 수용과 왕후귀족들의 대저택, 사원의 증가 등으로 인해 坮地不足이 초래되었다고 보고, 기존 도로망의 확충과 주거지의 정비, 미개발지역으로의 거주지 확충 등의 과정을 거쳐 전성기 경관이 된 것으로 보았다.[12] 그런데 이 견해는 6부의 범위를 경주분지로 한정하고 그 외곽에 리를 설정하고 있어 문제이다. 이 견해를 따르면 왕경 6부를 형성한 모량부를 합리적으로 설명할 수 없게 된다. 里의 경우 芬皇西里 등 현 시가지의 내부에도 존재하고,[13] 栗里 등 시가지의 외곽에도 존재하고 있었기 때문이다.[14]

---

12) 김교년, 「新羅王京의 發掘調査와 成果」, 『新羅王京의 發掘調査와 意義』國立文化財研究所·國立慶州文化財研究所, 2003, 12~19쪽.

13) 『三國遺事』卷5, 感通7 廣德嚴莊; 德隱居芬皇西里.

14) 『三國史記』卷48, 列傳8 薛氏女; 薛氏女, 栗里民家女子也.

　박방룡은 도성의 형성과정을 성곽의 축성과정, 사찰의 조영, 도성의 구조와 양상, 왕경의 복원 등을 통해 살펴보았다. 먼저 성곽은 정궁인 월성과 도성 전체를 수비하는 역할을 수행하는데, 크게 세 차례에 걸쳐 정비되었다고 한다. 그리고 월성은 新月形의 토성에서 북쪽과 동쪽을 크게 확장한 두 구역으로 이루어졌고, 확장된 월성을 만월성으로 불렀다고 한다. 아울러 왕경내에서 검출된 도로는 크게 5m 내외의 小路, 10m 내외의 中路, 15m내외의 大路로 구분하였다. 정궁의 중심에 배치되는 주작대로는 형성되어 있지 않았지만, 경주박물관 미술관 부지에서 발견된 23m에 달하는 도로가 왕경이 대로에 해당할 것이라고 논단하였다. 왕경의 핵심지역은 서천, 명활산, 소금강산, 남산으로 둘러 쌓인 분지 내에 궁궐, 사찰, 고분과 1,000여개의 坊이 있었고, 모량리 도시 유적의 坊을 포함한 1,360坊의 구조였다고 한다.15) 공감가는 부분도 많지만 의문도 적지 않다. 이를테면 滿月城을 확대된 월성으로 보았으나, 이 용어는 『三國史記』 신라본기에 전혀 등장하지 않아 문제이다. 이 현상은 『三國史記』가 편찬된 13세기 중엽의 시각이 반영되어 있을 가능성에 무게를 실어준다. 어쩌면 김부식 자신이 인식하였던 경주의 공간지리 정보를 삽입했을 개연성도 배제할 수 없다. 아울러 도로의 너비를 대, 중, 소로 분류한 기준도 자의적인 느낌이 든다. 당시의 尺度를 단정할 수 없는 상황에서 도로의 규모를 추산하는 것에는 무리가 따를 수밖에 없다. 현 시점에서 말할 수 있는 부분은 문헌에서 확인되는 四道大祭의 존재16)로 보아 왕경으로 진입하는 사방의 큰 도로는 분명히 존재하였다고 할 수 있다. 다만 지금까지 발굴된 85개소에 달하는 도로17)의 제원을 보면 대, 중, 소로 구분할 수 있을 정도의 正數로 나눠지지 않는 한계가 있다.

---

15) 朴方龍, 『新羅都城』, 학연문화사, 2013.
16) 『三國史記』 卷32, 雜志1 祭祀; 四大道祭, 東古里, 南簷幷樹, 西渚樹, 北活幷岐.
17) 경주 지역의 도로 조사 현황은 글의 말미에 <부표 2>로 정리하였다.

여호규는 신라 중고기와 중대의 대표적인 의례공간인 불교사원과 제장을 분석하여 도성의 공간구조 및 왕경의 성립과정을 살펴보았다. 구체적으로 신라가 당의 정관례를 준용하여 國城과 四郊를 기준으로 제장이 설정함으로서 왕경의 범위가 축소되었다고 한다.[18] 그리고 가장자리에 불교사원을 배치하여 다른 지역과 구별되는 경관을 연출함으로써 그것이 왕경으로 인식되었다는 것이다. 이때부터 도시가 확장되고, 주변의 6부가 경주 분지로 移置되고, 외곽은 王畿로 재편되었다고 한다. 이 견해는 왕경-사교-왕기의 공간적인 구조로 보는 것이 특징이다. 사실 그가 제시한 6부의 移置 개념은 모호하며, 四郊란 것도 공간 인식인지, 제도로서 정착된 것인지 밝혀지지 않았다는 점에서 일정한 한계를 가진다. 신라 왕경 축소론의 입론의 배경은 고구려의 도성제를 신라 왕경에 대입시켜 본 것 같다. 초기 고구려는 왕권 아래 5부가 편제되어 연맹체를 형성하였다. 5부는 연(소)노부, 절노부, 환노부, 관노부, 계루부인데, 이 부를 중심으로 정치적으로는 국가 건설의 주체가 되고, 타 집단과 구분되는 단일집단으로 응집력과 독자성이 유지되었다. 그러던 것이 3세기 후반에 이르러 부체제가 해체되고, 일원적이고 중앙집권체제로 전환되고 만다. 그 결과 부와 관련된 사료는 더 이상 나오지 않고 수도의 행정구획을 의미하는 방위명의 부로 등장하는 것이다.[19] 고구려의 5부는 주변에 있다가 왕경의 내로 축소 조정된 셈이다. 그러나 신라는 이와는 상황이 다르다. 부라고 하더라도 사로국의 규모는 고구려의 5부 가운데 하나의 부와 엇비슷한 규모이기 때문이다.

이와는 달리 학계에 널리 알려진 것이 전덕재의 중대 왕경 축소론이

---

18) 여호규, 「新羅 都城의 空間構成과 王京制의 성립과정」, 『서울학 연구』18, 2002; 「新羅 都城의 儀禮空間과 王京制의 성립과정」, 『新羅王京調査의 成果와 意義』, 國立文化財硏究所 외, 2003; 「國家儀禮를 통해 본 新羅 中代 都城이 空間構造」, 『한국의 도성(도성 조영의 전통)』, 서울학 연구, 2003.

19) 余昊奎, 「高句麗 初期 那部統治體制의 成立과 運營」, 『韓國史論』27, 1992.

다.20) 이 견해의 특징은 달구벌 천도가 실패로 돌아가자 기존 왕경의 공간을 축소시켜 그 내부를 정비하였다는 것이다. 이 입론의 배경에는 『三國史記』지리지 서문에 보이는 왕도의 범위, 35리와 6부 문제, 문헌상 확인되는 6부명에 크게 기대고 있다. 이를테면 왕도의 북문을 闕比門이라 부른데서 이 부근이 습비부일 것, 낭산 언저리에 위치한 제장으로서 본피유촌, 황룡사 남쪽에 위치하였다는 사량부인 최치원의 古宅, 명활산성 아래쪽 일대를 한기부로 부른 사례 등을 바탕으로 한다. 그러니 자연스레 왕경이 6부로 구성되었다면 현재의 선도산, 소금강산, 명활산 내에 위치하게 되는 것이고, 결국 중대 이전 현재의 경주시 일원에 위치하였던 6부가 선도산, 소금강산, 명활산 내로 移置된 것으로 파악했던 것이다. 6부의 대략적인 위치를 양부는 월성 인근·인왕동·교동·황남동 일대이며, 사량부는 남산 인근, 한기부는 명활산성·보문동 일대, 습비부는 북천 이북 황성동·동천동 일대, 모량부는 서부동·성건동 일대로 형성된 것으로 보았다. 사료 상으로만 보면 일견 타당성이 있어 보인다. 그러나 여러 정황을 감안해 보면 이 견해 역시 그대로 따르기 어렵다.

우선 『三國史記』지리지의 서문에 기재된 왕도의 규모는 현재 경주의 시가지와 엇비슷하다. 중대에 이르러 왕경이 축소 조정이 되었다면, 기왕의 6부 지역에 살던 사람들은 하루아침에 지방민으로 전락하고 만 것인가. 물론 6부 영역에 거주하다가 시가지로 옮겨진 경우도 있었을 것이다. 그러나 옮겨지지 않고 기존의 영역 내에 살던 사람들의 수가 더 많았을 것으로 짐작된다. 신라가 멸망할 때 까지 큰 틀에서 변동 없이 유지된 것이 바로 관등과 골품제, 6부명이었다. 지방인들은 골품제 운영에서 대상이 되지 못한 사람들이었다. 이 견해를 따르면 왕경인과 지방민의 경계가 모호해진다. 그리고 당시 도시 구획이 이루어지지 않은 소금

---

20) 전덕재, 「신문왕대 왕경의 범위 축소와 그 배경」, 『신라 왕경의 역사』, 새문사, 2009.

강산, 선도산, 남산, 명활산 등의 산자락은 배산임수의 형국을 띠고 있다. 이런 곳은 전통적인 마을의 입지와 부합하고 있어 사람들이 거주하지 않았다고 단정하기 어렵다.

도시는 성장 과정에서 소멸되기는 하나 축소되지는 않는다. 오히려 도시란 시기가 지나면서 확장되는 성질을 가졌다고 생각된다. 최근 조사된 모량리 도시유적의 사례에서 알 수 있듯, 7세기말 무렵 경주시내와 연동하여 방의 형태로 구획되어 재편되고 있다. 이 사실은 통일기 왕경의 운영상 시사 하는 바가 크다. 아울러 왕경의 방어체제와 밀접한 관련이 있는 산성의 경우 6세기 이전에는 양동리토성, 건천작성, 명활산토성, 도당산토성, 남산토성 등이 축성되었다. 그러다가 진흥왕~진평왕대에는 명활산석성, 서형산성, 남산신성 등이 축성되었고, 삼국통일을 전후한 시기는 부산성, 관문성 등이 축성되었다. 시간의 흐름에 따라 축성 양상은 외곽으로 확대되어 가는 특징을 보인다.[21] 이는 곧 거주 공간의 확대 과정과 짝하고 있다고 생각된다. 이럴 경우 중대 왕경 축소론은 고고학적 양상과도 背馳된다.

왕경 연구가 돌파구를 찾지 못한 원인에는 영성한 문헌자료에 기인하고 있다. 그나마 다행인 것은 고고학 조사가 활발하게 진행되고 있고, 그 결과 왕경의 경관을 어느 정도 가늠할 정도로 자료가 축적되었다는 사실이다.[22]

왕경 연구의 물질자료는 90년대 이후 황룡사 인근의 왕경유적을 비롯하여 경주 일대에서 대대적인 발굴이 이루어지면서 많은 자료가 축적되었다. 구체적으로 왕경내 도로, 담장, 배수로, 가옥의 배치, 교각 등 도시를 구성하는 세부적인 부분들이 드러나게 되었다. 도로의 발굴성과가 축적되면서 동-서 혹은 남-북으로 직선화되지 않거나, 진행방향이 서로 어

---

21) 박방룡, 앞의 책, 2013, 108~110쪽.
22) 경주 지역의 고고학 조사 현황은 글의 말미에 <부표 1>로 정리하였다.

긋나 있는 경우도 확인된다. 동천동이나 성건동 일부에서는 지형에 맞게 축이 틀어져 있거나 용강동 원지의 경우처럼 S자형으로 조영된 경우도 있다. 이는 왕경내 坊의 크기가 일률적이지 않으며, 지형에 순응한 도로 조영, 先代 건축물로 인해 애초 바둑판식의 도시계획이 적용될 수 없었음을 시사한다. 왕경 연구는 그 특성상 물질자료의 축적에 따라 기존의 견해가 수정될 여지를 않고 있다고 하겠다. 그 선상에서 왕경의 확장방향, 토지분할, 주거공간의 형태, 수공업 공방의 운영양상 등은 구체적인 검토 대상이 될 수 있다.

왕경의 구조는 『三國史記』 地理志에 보이는 왕도를 어떻게 파악하느냐에 따라 공간 범위를 달리 볼 여지가 생긴다. 地理志에 입각하여 왕도의 범위를 추산하면 대략 경주 시내와 부합한다. 그러나 앞에서도 언급하였다시피 지리지의 서문과 본문 사이에는 미묘한 층위차가 확인된다. 서문은 『三國史記』의 찬자인 김부식이 썼는데, 당시 그가 인식하였던 경우의 지리관이 반영되었을 개연성을 배제하기 어렵다. 이는 지리지에만 국한된 문제가 아니라, 각 志의 서문에 김부식의 지식이 반영된 공통점이 확인된다. 地理志에 입각하여 왕경을 바라볼 때 유념할 부분이라 생각된다.

그래서 여기서는 선행 연구 성과를 염두에 두면서 문헌과 물질자료를 접목시켜 통일기 왕경의 모습을 살펴보고자 한다. 왕경 연구는 문헌사학, 고고학, 지리학 등의 연구영역에서 충돌되는 교집합 부분에 대한 신중한 접근이 요구된다. 구슬을 아름답게 꿰기 위해 다양한 기술이 요구되는 것과 같은 이치라 하겠다.

왕경의 변화상을 짚어 내기 위해서는 정치적 혹은 사회적 변동을 유념할 필요가 있다. 한 국가의 생장소멸은 지방이 진원지일지라도 중앙인 수도에 그 여파가 남을 것임이 분명하기 때문이다. 왕경을 살아있는 일종의 유기체로 보았을 때, 성장과정에서 겪는 여러 흔적들은 나무의 나이테처럼 분명한 형태를 남기게 되는 것과 같은 맥락이다.

우선 왕경의 외적 변화를 초래한 요인으로는 마립간호의 사용, 중고기의 불교공인, 유학과 당 문물의 수용, 무열왕계의 권력독점 등을 거론할 수 있겠다. 불교와 유학은 신라인들의 세계관에 영향을 미쳤겠고, 무열왕계는 당 문물에 깊은 관심을 가졌다. 불교의 공인과 무열왕계의 집권은 신라사의 시기 구분에도 영향을 미쳤던 요소이다. 이는 왕경의 변화가 정치, 사회적 변화와 연동되어 있음을 시사한다. 이를 통해 당시 집권자들이 왕경을 통해 지배이념을 어떻게 표현하려 했는지도 엿볼 수 있을 것이다.

2. 연구내용과 방법

통일기 신라 왕경의 구조와 운영을 논하면서 주요하게 살펴볼 대상은 문헌사료이다. 왕경 연구의 출발은 왕경의 변화상이 반영된 문헌사료에서 비롯되어야 하지만 의외로 소략하고 영성하다. 우선 왕경과 관련된 문헌은 한국의 『三國史記』, 『三國遺事』, 『華嚴經寫經』, 『高麗史』, 『高麗史節要』, 중국의 『梁書』, 『南史』, 『舊唐書』, 『新唐書』, 『翰苑』의 「括地志」, 『通典』, 『太平寰宇記』, 일본의 『日本書紀』, 『續日本記』 등이 있다. 그리고 금석문으로는 「중성리신라비」, 「냉수리신라비」, 「울진 봉평리 신라비」, 「단양 신라적성비」, 「창녕 진흥왕척경비」, 「북한산 진흥왕순수비」, 「황초령 진흥왕순수비」, 「마운령 진흥왕순수비」, 「남산신성비 3비」, 「관문성 석각」, 「단속사 신행선사비」, 「개선사 석등기」, 「숭복사비」 등이 있고, 고고학 자료로는 「월성해자 9호」 및 「신 출토 1호 목간」과 「儀鳳四年皆土」, 「在城」, 「漢」, 「漢只」, 「習部井井」, 「習府」, 「本」, 「調露二年漢只伐部君若小舍三月三日作康」 명 등이 있다.[23)]

왕경의 공간구조와 관련해서 『三國史記』, 『三國遺事』의 部, 里, 坊, 『梁書』의 6탁평, 52읍륵, 『舊唐書』, 『新唐書』의 금성의 범위 등이 주로 거론된다. 그리고 금석문은 「關門城 石刻」의 金京, 「斷俗寺 神行禪師碑」의 東京, 「崇福寺碑」의 金城 등이 있다. 아울러 월성해자 9호 목간은 왕경의 공간 구조 속에서 행정 편제를 가했던 정황을 파악할 수 있다.

왕경과 관련된 문헌이 손에 꼽을 만큼 적다보니, 구체적인 王京像을 그리기 위해서는 문헌과 고고학 자료를 덧붙여 종합함으로써 새로운 돌파구를 마련할 수 있을 것이다.

우선 여기서는 논의에 앞서 신라의 왕경을 가리키는 用例를 정리해 보고자 한다. 수도를 의미하는 용례는 문헌과 금석문 상에서 다양하게 확인된다. 각 용어들은 크게 고유명사와 보통명사로 구분된다. 고유명사로는 金城, 新羅城, 斯羅, 東京, 東都, 金京 등이 있고, 보통명사는 京都, 王京, 王都, 王城, 京, 大京, 京城, 京邑, 京師, 玉京, 都, 都城, 邑, 健牟羅, 國城, 都邑, 轂下, 京華, 京輦, 帝鄕, 城邑 등이 확인된다.[24] 이중 轂下, 京華, 京輦, 帝鄕 등은 중국의 용례를 활용한 것으로 볼 수 있다. 이를 정리하면 아래의 <표 1>과 같다.[25]

<표 1> 신라 수도의 명칭

時期	名稱
上古	·京城(史記 始祖王 21年, 南解王 15年) ·金城(史記 始祖王 21, 26, 60年, 南解王 元年, 11年, 儒理王 33年, 脫解王 9, 24年, 破娑王 17年, 祇摩王 12年, 逸聖王 5年, 阿達羅王 7年, 伐休王 13年, 나

23) 박성현, 「신라 왕경 관련 문헌을 어떻게 연구할 것인가」, 『문헌으로 보는 신라의 왕경과 월성』, 국립경주문화재연구소, 2017을 바탕으로 추가.
24) 왕경 관련 용어 정리는 文暻鉉, 「新羅 國號의 研究」, 『增補 新羅史研究』, 도서출판 춤, 2000 및 李泳鎬, 「文字資料로 본 新羅王京」, 『大丘史學』 132, 2018 참조.
25) 이동주, 「신라 왕경의 정의와 그 범위」, 『문헌으로 보는 신라의 왕경과 월성』, 국립경주문화재연구소, 2017, 98쪽.

	해왕 10年, 助賁王 3年, 沾解王 7年, 味鄒王 元年, 儒禮王 14年, 訖解王 37年, 奈勿王 38年, 實聖王 14年, 訥祇王 28, 42年, 慈悲王 4년, 炤知王 4, 22年) ·徐羅伐(遺事 기이) ·徐伐(遺事 기이) ·斯羅(遺事 기이) ·斯盧(遺事 기이) ·曾尸茂梨(日本書紀 神代記) ·京都(史記 慈悲王 12年, 智證王 10年) ·京師(史記 阿達羅 17年) ·王城(史記 慈悲王 2年)
中古	·新羅城(廣開土王陵碑) ·東都(遺事 皇龍寺) ·京都(史記 慈悲王12年, 智證王10年, 遺事 阿道基羅) ·王京(遺事 圓光西學) ·王都(史記 竹竹) ·京師(史記 炤知王12年, 遺事 眞慈師/ 皇龍寺) ·邑(通典) ·健牟羅(通典, 梁書, 南史)
中代	·金城(翰苑) ·金京(大岾城石刻) ·王京(史記 金庾信) ·王都(史記 孝昭王 8年) ·王城(史記 金庾信) ·京(史記 文武王 7年) ·祥林(文武王陵碑) ·大京(白紙墨書華嚴經) ·京師(白紙墨書華嚴經, 聖德大王神鍾銘, 遺事 蛇福不言/ 元曉不羈) ·京城(史記 文武王 21年, 神文王 元年, 遺事 明朗神人/南月山) ·都(史記 神文王 9年) ·都城(史記 景德王 19年)
下代	·金城(崇福寺碑, 斷俗寺神行禪師碑, 大華嚴宗佛國寺, 新唐書, 舊唐書) ·東京(斷俗寺神行禪師碑, 遺事 天龍寺/ 衆生寺/ 十聖/ 圓光西學/ 處容郎) ·京轂(寶林寺普照禪師塔碑) ·京都(沙林寺弘覺禪師碑, 史記 景文王 15年, 憲康王 6年, 景明王 2年) ·京邑(金立之撰 聖住寺碑, 雙溪寺眞鑑禪師塔碑, 太子寺朗空大師塔碑) ·王京(史記 憲德王 14年, 景哀王 4年/ 崔致遠/ 金傅大王) ·王都(史記 元聖王 2年, 憲德王 14年, 景哀王 2年, 敬順王 9年, 新唐書,

甄萱, 地理志, 武官條, 鳳巖寺智證大師塔碑)
- 王城(史記 金陽, 高仙寺誓幢和尙塔碑, 聖住寺朗慧和尙塔碑,
  太子寺朗空大師塔碑, 續藏經)
- 國城(崇福寺碑)
- 都邑(塋原寺秀澈和尙塔碑)
- 都城(塋原寺秀澈和尙塔碑)
- 轂下(聖住寺朗慧和尙塔碑)
- 玉京(聖住寺朗慧和尙塔碑)
- 京(史記 元聖王 1年, 眞聖王 10年, 甄萱, 仁陽寺碑, 開仙寺石燈記,
  聖住寺朗慧和尙塔碑)
- 京城(遺事 鍪藏寺)
- 京邑(聖住寺朗慧和尙塔碑, 雙溪寺眞鑑禪師塔碑)
- 京師(史記 景文王 12年, 地理志, 遺事 處容郎, 大安寺寂忍禪師塔碑,
  大安寺廣慈大師塔碑)
- 京華(境淸禪院慈寂禪師塔碑)
- 京輦(興寧寺澄曉大師塔碑)
- 帝鄉(太子寺朗空大師塔碑)
- 城邑(聖住寺朗慧和尙塔碑)
- 邑(新唐書, 舊唐書)
- 健牟羅(新唐書, 舊唐書)

<표 1>에서 보듯 상고기에 신라 왕경을 가리키는 말은 금성이 압도적으로 많다. 그러다가 중고기 이후부터는 京, 師, 都와 합성된 보통명사가 많이 확인된다. 우선 京, 師, 都의 의미부터 살펴보자. 『삼국유사』에는 신라 당시의 주석이 많이 달려있다. 「신라시조 혁거세왕」조에는 나라이름과 관련하여 서라벌, 서벌, 사라, 사로를 나열하면서 徐伐에 대해 '지금 풍속에 京을 서벌이라고 부르는 것은 이 때문이다(今 俗訓 京字云 徐伐 以此故也)'라고 주석하고 있다. 당시 신라는 진한의 한 소국인 사로국이었다. 국호가 곧 수도의 의미와 동일한 의미로 사용되었다.

京은 『이아』 권1 釋詁편에는 '크다'라는 의미로 풀이되어 있고, 同書 권7 釋丘에는 사람이 '인위적으로 아주 높게 만든 언덕'이라 한다.26)

---

26) 이충구 외 역주, 『爾雅注疏』, 소명출판, 2004; 卷1 釋詁, "京·碩·濯·訏者, 秦晉之

『설문해자』에서도 '人所爲絶 高丘也 從高省 京象高形'이라 하여 높은 언덕으로 풀이하고 있다.

한편 『春秋左氏傳』에는 "경은 천자의 거소를 말한다(京曰 天子之居 也)"고 한다. 『日本書紀』에는 풍전국에 경이 성립되는 경위가 전하는데 '천황이 축자에 이르러 풍전국의 장협현에 도착하여 행궁을 짓고 거처하였다. 그런 까닭으로 그곳을 경이라 불렀다.'고 한다.27) 천황이 거처하는 공간이 곧 경을 성립시키는 중요한 요소임을 알 수 있다.

師는 『이아』에서 '많다' 혹은 '사람의 무리'라는 의미이다. 『제왕세기』에서 경사는 '천자의 畿內 사방 천리를 甸服이라 하고, 전복의 안에 있는 곳이 京師(『帝王世紀』曰 天子 畿方千里曰 甸服, 甸服之內曰 京師)'라 한다. 『백호통』에는 '경사는 무엇을 이르는가. 천리의 읍을 일컫는다. 경은 크다는 것이다. 사는 무리이다. 천자의 거하는 바가 있으므로 큰 무리라고 하는 것이다(京師者, 何謂也, 千里之邑號也. 京. 大也 ; 師, 衆也. 天子所居, 故以大衆言之, 明諸侯, 法日月之徑千里).' 또한 『책부원구』에는 수 문제의 조칙이 전하는데, '京師는 百官의 府署이자 四海가 (마음속으로) 귀속하는(곳이니) 짐 한 사람이 홀로 소유하는 곳이 아니다(然則 京師 百官之府, 四海歸嚮, 非朕一人之所獨有)'고 한다.28) 『춘추공양전』에 '京師는 천자가 거주하는 곳이다. 京은 큰 것이고, 師는 많은 것이다. 천자의 거소는 필히 많고 큰 것을 말한다(『春秋公羊傳曰』京師者 天子之居 也. 京者大也, 師者衆也, 天子之居必以衆大之辭言之)'고 한다.

都는 『이아』권1 釋詁편에는 어조사라고만 나와 정치적 중심지의 의

間, 凡人大謂之奘.", 卷7 釋丘, "絶高爲之京, 注: 人力所作. 音義: 作, 子各反. 疏:言 卓絶高大如丘, 而人力所作之者名京.

27) 『日本書紀』卷7, 大足彦忍代別天皇 景行天皇 十二年; "天皇遂幸築紫, 到豊前國長 峽縣, 興行宮而居. 故號其處曰京也."

28) 글자의 異同은 있지만 수문제의 조칙은 『隋書』卷1, 高祖紀 上 開皇二年條 및 『冊 府元龜』卷13, 帝王部 참조.

미는 찾기 어렵다. 다만 송대 宋敏求는 여러 문헌을 정리하여 『장안지』
를 편찬하였다. 그 가운데 『춘추좌씨전』에 '邑 가운데에는 先君의 宗廟
之柱가 있는 곳(『春秋左氏傳』曰 邑有 先君宗廟之柱曰 都)을 都'라 하였
으며, 『오경요의』에는 '천명을 받은 왕자가 나라를 처음 세워 도를 세울
때 반드시 중토에 세워 천지의 조화를 총괄하고, 음양이 올바르고 균형
있는 곳에 의거하여 사방을 통치함으로써 만국을 제어할 수 있다(『五經
要義』曰 王者受命創始建國, 入都必居中土所以總 天地之和, 據陰陽之正
均, 統四方以制 萬國者也)'고 한다. 『고금통론』에는 '東南方五千里, 名曰
赤縣神州, 中有和美鄕, 方三千里, 五嶽之城, 帝王之宅,聖賢所居也.'라 하
여 都의 구체적인 공간 이미지가 서술되어 있고, 『法訓』에는 '王者가 천
하의 중심에서 거주하는 곳(『法訓』曰 王者居 中國何也)'이란 기술이 확
인된다.

　신라 왕경과 관련된 용어 중 가장 빈도가 높은 것은 문헌에서는 京,
都, 師와 합성된 것이며, 금석문에서는 京, 都, 城, 邑 4자의 빈도가 높았
다. 京都 혹은 京師의 의미는 '왕자가 거주하는 곳이고, 그 위치는 천하
의 중심이며, 그곳에는 궁과 종묘가 있고 많은 사람이 무리를 지어 있는
곳'이라 정리할 수 있겠다.[29] 이는 동양의 도시 특징을 잘 반영하고 있
다고 생각된다. 동양과 서양의 도시 간에 가장 큰 차이는 서아시아나 유
럽이 생활, 경제의 중심인 '市'를 중핵으로 성립되었다면, 동아시아의 도
시는 정치와 관리의 중심인 '都'로 탄생되었기 때문이다.[30]

　신라 왕경의 고유명사 金城이다. 『三國史記』始祖 赫居世 21년조에
'築京城 號曰 金城' 혹은 同書 逸聖尼師今 5년조에 '置政事堂於金城', 同
書 味鄒尼師今 원년 7월조에 '金城西門災, 延燒人家百餘區', 同書 祇摩

---

29) 최재영, 「隋唐長安城과 市場의 위상」, 『中國 古中世 歷史空間으로서의 都城』제9
　　회 中國古中世史學會 國際學術大會 자료집, 2014, 144~145쪽.

30) 藤本强, 『都市と都城』, 同成社, 2007, 10~11쪽.

尼師今 12년 5월조에 '金城東民屋陷爲池'란 구절이 있다. 이때 사료에 보이는 금성은 작은 성으로 볼 여지도 있다. 더구나 『東京雜記』에는 '土築周二千五百七尺'이라는 구체적인 범위까지 제시하였다. 이에 문경현은 금성의 용례를 경주 평야에 정착한 단야족이 金銅鐵의 금속을 산출하고 제련하며 金土에 세거하여 이를 金村이라 한데서 연유한 것이라 한다. 그러다 진한 제국을 병합하고 고대 통일왕조로 발전해서는 국명으로도 사용했다고 한다.[31] 금성의 구체적인 위치를 월성 서북쪽 알천부근을 비정하거나,[32] 경주평야 남쪽,[33] 읍성,[34] 첨성대 부근[35]으로 보기도 하고, 월성의 이칭,[36] 왕도 전체의 대명사,[37] 협의의 궁성(황성 공원 일대)이자 광의의 국호로 간주하기도 한다.[38] 이에 반해 「崇福寺碑」에는 사찰의 위치를 설명하면서 '金城之离, 日觀之麓'이라 표현하거나, 「斷俗寺 神行禪師碑」에 '金城鼎足'이라 하여 자신의 출자를 드러낼 때 금성을 사용하고 있다. 이때의 금성은 신라 왕경을 가리킨다. 작은 성인 금성은 문헌상 상고기에 소멸되는 것으로 보이므로 그 상세를 단정하기는 어렵지만, 금성은 때로는 작은 성을 의미하기도 하고, 광역의 서울을 가리키는 것으로 보는 것이 온당할 듯하다.

다만 문제는 金城이라는 용례를 신라인들이 창출했는지 여부이다. 공교롭게도 그 용어가 『文選』에서도 확인된다. 『文選』은 중국의 周代부터 남조의 梁代까지 천년에 걸쳐 시, 문장, 논문 등을 집대성한 것이다. 신

31) 文暻鉉, 앞의 책, 2000, 9쪽.
32) 藤島亥治郎,「朝鮮三國時代の都市と城」,『日本古代史講座』4, 學生社, 1980.
33) 강종원,「신라왕경의 형성과정」,『백제연구』23, 충남대 백제연구소, 1992.
34) 藤田元春,「都城考」,『尺度綜考』, 刀江書院, 1929; 김병모,「신라 왕경의 도시계획」, 『역사도시 경주』, 열화당, 1984; 전덕재, 앞의 책, 2009.
35) 이기봉,『고대 도시 경주의 탄생』, 푸른역사, 2007.
36) 윤무병·김종철,「역사도시 경주의 보존에 대한 조사」,『문화재의 과학적 보존에 대한 연구 I』, 과학기술처, 1972.
37) 박방룡,「도성·성지」,『한국사론』15, 1985.
38) 김호상,「신라왕경의 금성연구」,『경주사학』18, 경주사학회, 1998.

라에는 언제 유입되었는지 알기 어렵지만, 태종무열왕대 활약한 강수가 『문선』을 익히고 있었다는 점을 감안하면 그 이전에 들어왔을 것으로 짐작할 수 있다. 『문선』에서 금성이라는 용어는 西都賦에서 확인된다. 서도부의 주된 골자는 漢이 천명을 받아 도읍을 정하고 그 궁전은 우주를 상징한다는 것이다. 거기에 '建金城而萬雉'이란 구절이 확인된다.[39] 여기서 금성은 성벽의 건고함이 마치 쇠붙이를 주조하여 이룬 것과 같음을 형용하는 말로 사용되고 있다. 신라인들이 금성이란 용례를 어디에 바탕을 두고 창안했는지는 알기 어렵다. 金이 금속을 의미할 수도 있고, 금붙이를 염두에 두었을 수도 있으며, 姓을 의미할 수도 있기 때문이다. 국가의 공식 기록이라 할 수 있는 「大岾城 石刻」의 제5 명문석에는 '金京'이라는 용어도 확인된다. 금성과 금경은 동일한 실체를 가리킨다. 다만 금경의 사례가 더 이상 확인되지 않아 아쉬움이 있다. 그렇다면 왕경의 범위는 어디까지일까. 현재까지 왕경의 범위는 방리 구획이 시행된 범위와 대체적으로 동일시하는 경향이 있다. 왕경의 방리구획에 대한 견해는 약간씩 차이는 있지만 동계는 명활산 부근, 동남계는 사천왕사와 망덕사 부근, 서남계는 포석정 일대, 서계는 서천, 북계는 황성동, 용강동 이내의 범위로 간주한다.[40] 방리구획의 시행범위는 크게 보아 현재의 경주시내와 대략 일치하고 있다. 이 범위는 『三國史記』 지리지의 왕도와 관련이 깊다. 즉 번화가를 의미하는 공간이지, 왕경 전체를 포괄하는 개념이 아니다. 그 외곽을 왕경이 아니라고 간주하기 어렵기 때문이다.

　왕경의 외곽은 왕기를 포함하는 광역의 개념이라고 할 수 있다. 이 전체 범위를 6부 지역을 망라하는 것으로 볼 수 있다. 그렇다면 그 범위

---

39) 김영문 외, 「西都賦」, 『문선역주1』, 소명출판, 2010.
40) 坊里 범위에 대한 연구사 정리는 이현태, 「신라 왕경의 리방구획 및 범위에 대한 연구 현황과 과제」, 『신라문화』40, 2012 참조.

의 추산은『삼국사기』지리지의 지방을 소거하는 방법, 다시말해 왕경을
감싸고 있는 지역을 소거하는 방식으로 추정할 수 있을 것이다. 지리지
에는 9주를 두게 되는 연유를 적고 있는데, "본국 경계 내에 3주를 두니,
왕성 동북쪽으로 당은포 향로에 당하는 곳을 상주라 하고, 왕성 남쪽을
양주, 서쪽을 강주라 하였다고 한다." 그래서 3주의 영역 가운데 왕성과
접점을 이루고 있는 부분을 제거해버리면 왕성 곧 왕경의 영역이 되는
셈이다. 우선 상주는 현재의 충북지역과 경북 북부지역을 망라하고 있어
해당사항이 없다. 그리고 강주도 현재의 남해안 일대에 걸쳐 있어 이 역
시 상관없는 공간이다. 왕경과 직접적인 관련을 가지는 지역은 양주의
영현인 거지화현과 임고군, 임관군, 의창군, 대성군, 상성군 등이다. 여기
서 거지화현은 현재의 울주 지역이며, 임고군은 영천, 관문성이 축조된
임관군, 약장현과 동기정의 대성군, 5기정의 상성군, 포항일대의 의창군
등이 그 대상이 된다.

　협의의 왕경은 현재의 경주 분지 내부이며, 도시화가 집중된 공간이
다. 그리고 그 외곽은 왕기인 광역의 왕경이 된다. 신라 왕경의 운영상
제도적으로 왕기제가 시행되었던 흔적은 없다. 그런데 원성왕릉 조영의
시말을 전하는「숭복사비」에는 '旋命所司 與王官之邑'이라는 구절이 확
인된다. 이는 '곧 해당 관사와 畿內의 고을에 명하여'로 해석되므로,[41]
왕릉이 조영된 곳이 기내 지역 곧 왕기임을 알 수 있는 자료라 할 수
있다. 이외『삼국사기』견훤열전의 왕기, 同 경순왕 5년조의 경기,「태
자사 낭공대사 백월서운탑비」에 경기 등의 표현은 분명 왕경과는 구별
되는 특수 공간이 존재했음을 증언하고 있다. 왕기를 포함한 광역의 왕
경은 동으로는 토함산과 그 동쪽의 양북면, 양남면, 감포읍, 북형산성,
강동면, 천북면, 서쪽으로는 건천읍과 서면, 산내면과 내남면 현곡면, 남

---

41) 崔英成 역,「新羅國 初月山 大崇福寺碑」,『四山碑銘』譯註 崔致遠全集1, 아세아문
　　화사, 2004, 233쪽.

서로는 울주 두동, 두서, 남동으로 관문성일대, 북으로는 안강 검단리 일대를 망라하였다고 짐작된다. 이 범위가 곧 6부의 범위를 의미할 것이다.

여기서는 이러한 공간적 범위를 염두에 두고 왕경의 구조와 운영양상에 대해 검토해 보려한다. 현재 발굴되어 드러나는 왕경의 모습은 많은 건물들을 한꺼번에 포개놓은 절정에 달한 모습이다. 따라서 본고에서는 왕경의 경관이 갖춰지는 과정을 시기별로 하나씩 들추어 보고, 점검해 보는 것이 목적이다.

우선 본고의 구성은 다음과 같다.

Ⅱ장 '통일기 이전의 왕경의 정비'에서는 자비마립간대 방리명 제정 기사의 의미에 대해 탐색해 보았다. 이 시기 국정운영은 부체제였다. 마립간이라는 초월적 지위자의 등장으로 인해 사로국의 중심 세력은 그들의 거주 공간을 京으로 인식하기 시작하였다. 이때 京은 지방과 대별되는 공간으로 인식되었다. 京 의식은 성장하였으나 권력의 행사에는 일정한 한계가 있었다. 국왕이 있었지만, 그는 6부의 유력한 부인 탁부의 長에 지나지 않았다.

자비마립간대 방리명 제정의 전모는 알기 어렵다. 다만 이 사건은 왕경관념을 제고시키는 하나의 계기가 되었고, 견고한 6부의 결속력에 균열을 가한 것이나 다름없다. 일정한 계획에 의거하여 제한된 범위에 주거공간을 집중시켰고, 그 결과 주변지역과는 구별되는 특별한 공간이 형성됐다고 볼 수 있다. 궁극적으로 왕경의 형성이란 왕권이 인식한 범위를 지배거점으로 정비하고, 지방과는 차별화된 공간을 창출하는 것이다. 이를 통해 권위는 위계화가 실현된다. 이는 부체제하 국왕권의 성장을 상징적으로 보여준다.

한편 신라 실성마립간과 눌지마립간의 즉위에 고구려가 직접 개입할 정도로 양국은 종속관계에 있었다. 그러나 자비마립간~소지마립간대에 이르러 對고구려 관계는 악화일로였다. 464년 왕경 주둔 고구려의 잔여 병력 100여명을 일거에 몰살시켰다. 이 사건은 그간 종속적이던 고구려에 대한 결별 선언에 다름아닙니다. 그 결과 고구려와의 전면전을 의식해서인지 전국적인 규모로 축성작업이 단행된다. 구체적으로 소백산맥 일대와 동해안로를 따라 방어선이 구축되었다. 더구나 백제는 한성이 함락되고 개로왕이 전사함으로써 국가적인 위기 상황에 직면하게 된다. 북방에서 전운이 감돌면서 신라는 소지마립간 즉위후 왕궁을 월성에서 잠시 명활산성으로 옮겼던것 같다. 신라는 임시피난처로서 명활성을 운영하면서 고구려의 공세에 대비한 느낌이 강하다. 위기상황을 활용하면서 왕경과 왕궁의 재정비를 본격적으로 추진한 듯 하다.[42]

이러한 평지성-산성의 이원구조는 고구려 도성 운영을 모방했던 것같다. 그리고 소지마립간대 우역, 관도의 정비, 월성의 수즙은 왕경의 모습을 크게 변화시킨 계기가 되었다. 역참의 설치는 지방의 물산이 왕경으로 집중되도록 유도함으로써 시장의 개설을 유도하였을 것이다. 관도 역시 물류유통의 원활함을 유지하기 위한 수단인 셈이다. 아울러 경주 분지에 적석목곽분이라는 거대한 고총을 집중적으로 조영하기 시작한다. 이는 계세적 내세관의 상징이자, 왕권을 수식하는 무대였다. 무덤에 부장되는 호화로운 물품들은 지방에 대한 복속의 결과물로서 권력의 집중도를 표상한다.

그러다가 불교가 공인이 되고, 법흥왕의 무덤이 산지로 이동하는 내세관의 변화가 생겨난다. 경주 분지의 도시화를 가로막는 가장 큰 걸림돌은 대형 고분들이었다. 이러한 고분들이 산지로 옮겨 감에 따라 도시공간이 확보되었다. 그 결과 왕경의 가장자리에는 사찰이 조영되기 시작한다. 사찰의 등장은 기와 건물의 본격적인 확산을 의미하였다. 기와 건축물들은 왕경의 경관 변화에 크게 기여하였다.

---

42) 최병현, 2016, 「경주 월성과 신라왕성체제의 변천」 『한국고고학보』98 54쪽.

한편 진흥왕은 新宮造營을 통해 『周禮』고공기에 입각한 중국식 도성제를 시도하려 한 것 같다. 중국에서 京의 북쪽에 宮이 위치하는 座北南朝의 구조는 曹魏의 鄴城이후 부터이다. 비록 신궁을 포기하고 황룡사로 전환되고 말았지만, 신라의 지배층들은 새로운 궁궐구조를 통해 권위를 실현할 필요성을 자각하고 있었다고 하겠다. 이후 진평왕은 자신의 가계를 佛家族에 빗대고, 聖骨을 표방하였다. 이때 남산신성이 축성된다. 왕경 운영에서 월성-명활성 체제에서 월성-남산신성의체제로 변동된 것이다. 진평왕 연간에는 왕경을 정비하기 위해 대규모의 지방민들이 동원된 정황이 확인된다. 남산신성비와 신출토 월성해자 목간은 당시 대규모 역역동원의 양상을 입증하고 있다.

Ⅲ장 '통일기 왕경의 변화'에서는 당 문물의 수용이후 왕경의 변화상을 집중적으로 조명하였다. 김춘추의 주도로 당문물이 신라로 유입이 되었고, 왕경의 외형은 일신하게 된다. 월성인근에 관부가 증설되었고, 조원전 등 正殿에서는 유교식 의례가 시행되었다. 진평왕대 국정운영의 핵심 이데올로기가 불교였다면 진덕여왕대는 유학으로 가는 과도기에 해당한다. 진덕왕은 신라 고유의 연호를 포기하고 당의 연호인 永徽를 받아 들였다. 이제 신라는 중국력에 따른 시간관념을 수용하게 된 것이다. 649년 中朝衣冠을 입기 시작하였고, 650년 진골이상의 지위에 있는 자들은 아홀을 쥐게 하였다. 관복은 그 사람의 지위를 표징하며 朝路라 불리는 전용도로를 이용하였다. 신라가 골품제하 본격적인 의례국가로서 변모하기 시작한 순간이었다. 김춘추는 그 이름에서도 연상되듯 유학적인 정치지향을 가지고 있었다. 그의 집권으로 중대가 서막을 올렸다. 중대왕실은 그간의 불교적 이데올로기로 수식된 진평왕계와는 달리 유학으로 그의 가문에 대한 정통성을 표출하였다. 삼국통일이라는 대업을 성취하였고, 일통삼한의 기치는 중대왕실의 존재 이유였다. 왕위의 계승에

天命의식을 표방하기도 하였다. 종묘제나 관료제의 정비는 바로 유학에 기반을 둔 정치지향과 궤를 함께한다.

이후 왕위를 계승한 문무왕은 통일전쟁이 수행되던 와중인 674년 궁궐에 연못을 조영하였고, 679년에는 대규모 토목공사를 시행하였다. 이 당시 토목공사를 상징적으로 보여주는 것이 바로 '儀鳳四年皆土'명 기와이다. 이 기와는 왕경의 전역에서 출토되고 있다. 왕경을 관리한 관부로는 京城周作典, 六部小監典, 典京府, 大日任典 등을 시야에 넣을 수 있다. 문무왕은 경성의 日新을 통해 자신이 지향했던 도성제의 외형을 수식하려 하였다. 그러나 『周禮』에 입각한 도성제는 지형적 한계로 인해 달성할 수가 없었다. 나름의 절충안으로 이루어진 것이 바로 궁역의 확대였다고 생각된다. 월성 주변에 위치한 좌우 대칭형의 건물은 바로 권위 건축물로 볼 수 있다.

당시 왕경의 경관을 크게 변모시킨 것이 바로 坊制였다. 방제는 치안, 인민 통제, 명령전달 등의 요소가 감안되었을 것이다. 이때부터 기와건물은 폭발적으로 증가한다. 통일신라시대 새로운 형식의 기와들이 보급되기 시작하였고, 시가지는 북천을 너머의 공간으로 까지 확대되기에 이르렀다. 방제의 시행은 도로의 조영을 통해 실현되었다. 도로는 지형에 순응한 형태로 바둑판식을 이루고 있는 것이 아니라 때로는 사선, S자형, ㄴ자형 등 꽤 다양한 형태로 조영되었다. 도로는 기반층을 굴착하여 자갈과 점토질의 흙을 섞어 다지는 형태로 조영되었다. 그 결과 문무왕 연간을 맞아 왕경은 月城, 城門, 官衙, 寺刹, 園林과 같은 많은 시설들이 한꺼번에 포개놓은 모습을 띠게 되었다.

Ⅳ장 '통일기 왕경의 구조'에서는 왕경의 외형과 생산시설에 대해 살펴보았다. 문무왕이 꿈꾼 도성제는 경주의 지형적 한계로 인해 달성하기 어려웠다. 이에 왕경의 지형을 최대한 활용하여 공간을 재편한 것 같다.

왕경은 시가지인 왕성과 외곽인 왕기로 구성된다. 『三國遺事』 염불사조
에는 왕경의 구조를 가늠할 수 있는 내용이 있다. 城中 360방은 왕성 내
360개의 방을 의미하는 것으로 여겨진다. 이때 염불사가 아미타송을 외
친 곳은 피리촌이다. 왕경은 도시화가 진전된 부-리-방 지역과 부-리-촌
지역으로 이원화되어 있음을 시사하는 대목이다. 왕성은 방리에 의해 월
성-관아-귀족저택-일반가옥으로 구획되었던 것으로 여겨지며, 왕성의 외
곽은 6畿停을 유념한다면 王畿로 설정이 되어 있었던 것 같다.

　물론 왕성 내에도 소규모 생산시설이 존재하였다. 가령 황남동 376유
적에서 출토된 官印명 인장은 관영수공업의 운영양상을 가늠할 수 있다.
그리고 동천동 일대에 포진된 청동공방은 內省 산하의 철유전 혹은 진
골귀족 들의 가산공방으로 추정된다. 왕성의 외곽인 왕기지역은 통일기
를 맞아 본격적으로 개발을 하였던 것 같다. 대표적으로 모량리 도시유
적의 경우 坊에 의해 가옥들이 정비되는 양상을 보인다. 일부 확인된 도
로 유적을 바탕으로 방을 복원을 해 보면 시가지와는 전혀 다른 양상을
띤다. 정연한 바둑판식의 구획이 확인된 것이다. 월성해자 9호 목간에서
말해주고 있듯, 이 지역이 새로이 행정 구획화가 된 결과일 것이다. 아울
러 천북면 일대의 토기와 숯, 현곡면 일대의 기와는 단위면적당 생산량
이 왕경에서 가장 많다. 내남면의 경우 토기와 기와의 생산 규모가 서로
엇비슷하다. 대부분의 생산 유적은 계곡을 끼고 형성이 되었다. 이러한
유적의 양상은 『三國史記』 三國有名未詳地分조에 보이는 鄕, 成과 같은
특수 수공업 생산 공방으로 파악해 볼 수 있다. 서울 사당동 출토 器村
명 토기에서 유추할 수 있듯 신라의 지배층들은 기술자 집단을 일정한
공간에 집주시켜 운영하였다. 인화문토기의 등장, 통일기 양식의 기와
등은 새로운 기술자 집단의 편제를 통해 생산이 가능해졌다고 보이기 때
문이다. 이곳에서 생산된 물품들은 五通이라는 간선도로를 통해 유입되
었다. 이러한 제품들은 실질적으로 왕경을 지탱하고 운영하는데 필요한

물자들이었다.

삼국 통일의 위업을 달성하고 왕경을 그기에 걸맞게 개조하고 싶었지만 제한이 너무 많았다. 왕경 쇄신의 어려움은 일차적으로 수세기 동안 수도가 한 곳에 고정된데 있었다. 신문왕의 천도 계획은 지방의 지배제도가 완성된 시점에 이루어진 것이어서 뭔가 어색하다. 그럼에도 신문왕은 천도를 추진하였다. 이점 왕경이 가진 자연적 한계를 벗어나 새로운 도시계획의 기도라는 측면에서 파악해 볼 여지가 있다. 달구벌이라는 넓은 공간에다 왕경에서는 실현하지 못한 공간 편성을 실현하고자 하는 의도일 수 있기 때문이다. 중대 왕권이 꿈꿨던 왕경 쇄신은 『周禮』의 이상적인 도성 공간이었다. 신문왕 자신도 왕경을 『주례』적인 위계 공간으로 재편하고 싶었을 것이다. 천도의 후보지였던 달구벌은 왕경 보다 도시화의 진전이 더뎠고, 공간의 범위는 훨씬 넓었다. 하지만 천도는 무위로 돌아가고 말았다. 이후 왕경은 재정비를 통해 공간에 권위를 더하였다. 효소왕대 西市와 南市의 설치, 성덕왕대 관문성의 축성 등은 신라의 지배층들이 왕경이란 공간을 최대한 활용하는 방향으로 선회하였음을 증언해 준다.

II. 통일기 이전 왕경의 정비

1. 왕경의 성립

1) 방리명 제정의 의미

사로국이 소국을 초월하여 중앙집권국가로 발전할 때 그 영역은 왕경, 피복속지는 지방으로 정립되기 시작하였다. 왕경으로의 전환은 그것에 대응되는 지방이 전제되어야 가능한 개념이다. 지방지배가 현저해지자 새로운 왕호로 마립간이 사용되었고, 왕위는 김씨들에 의해 독점되었다. 신라는 399년 백제, 가야, 왜의 연합 병력의 공격을 받아 왕경이 함락되는 일대 위기에 직면하였다. 고구려의 도움으로 국난을 극복하였지만, 그들은 내정의 관여를 넘어 왕위계승에 까지 간섭하기에 이르렀다. 왕경의 함락은 내부 시설의 극심한 손상이 동반되었을 것이다. 향후 왕권의 위상 재고는 제반 시설의 복구가 동반되는 방향으로 진행되었을 개연성이 높다. 신라의 지방 지배가 진전되자 고구려와 충돌의 여지가 높아졌다. 따라서 신라의 성장은 고구려의 간섭을 배제해 나가는 과정이라 해도 과언이 아니다. 이에 눌지왕은 실성왕을 제거하고 왕위에 오른 후 부자상속을 도모하고, 나제동맹을 체결함으로서 고구려의 영향으로부터 벗어나고자 하였다.

신라 왕경이 성립할 즈음 정치형태는 부체제였다. 신라 부체제는 탁부와 사탁부가 우세한 二部 중심의 체제였다. 왕성은 곧 사로국의 영역, 6부에서 비롯되었다. 이러한 체제 아래에서 왕은 신라 전체의 대표이기도 하지만, 그가 속한 부를 대표하여 국정 운영에 참여하였다.

그런데 자비마립간은 재위 12년(469) '경도에 방리명을 정했다'[1]고

하면서 왕경에 인위적인 행정조치를 단행한 사실이 확인된다. 자비마립
간의 행정개편은 二部 중심의 체제가 공고한 가운데서 비롯된 것이었다.
이 무렵 각 부는 자신의 영역에 일정한 자치권을 행사하고 있었으나, 방
리명을 정했다는데서 유추할 수 있듯 국가적인 차원에서 일정한 공간을
대상으로 물리적 행정개편이 시행되었던 것이다. 즉 그간 자연적인 촌락
에 행정을 부여하여 인위적인 단위로 재편했음을 시사한다. 그래서 일각
에서는 이 무렵부터 왕경의 도시계획이 시작되었다고 보기도 한다.[2] 다
만 이 기사는 당시에는 방리 모두 이름을 정했던 것이 아니라 리제에
국한되었으며, 통일이후 왕경을 개편하면서 방제를 시행하였다고 보는
것이 대체적인 이해이다. 예컨대 리제와 방제를 시기차를 두고 시행하였
다는 것이다.[3]

　　자비마립간대 이러한 조치는 인공적인 坊里를 통해 6부의 공간을 행
정구역화를 하겠다는 의지의 표현일 수 있다. 초보적이나마 도시의 모습
을 갖추어 가기 시작했다. 왕경은 6부로 구성되었는데, 행정단위로는 덩
치가 컸다. 이에 부 아래 리라는 하위 단위로 쪼개는 행정조치를 가한
것이다. 후대의 사례지만 신라가 州郡을 편제할 때 기준이 된 것은 田丁
과 戶口의 多少였다.[4] 이처럼 里名의 확정과정은 人民의 밀집도가 높은
지역에 대해 국가 권력이 침투해서 장악하는 과정을 여실히 보여주는 것
이라 생각된다. 이는 지배자 공동체의 결속력을 이완시켜 국왕 중심으로
재편하려는 단초로 볼 수 있다. 왕경에 방리명을 정했다는 그 자체를 가
벼이 여길 수 없는 이유이다. 바로 공권력이 部의 견고함에 손을 대기

---

1) 『三國史記』卷3, 新羅本紀3 慈悲 麻立干 十二年 春正月; 定京都坊里名.
2) 민덕식, 「신라 왕경의 도시계획과 운영에 관한 고찰」, 『백산학보』33, 백산학회,
　 1986; 오영훈, 「신라 왕경에 대한 고찰」, 『경주사학』11, 경주사학회, 1992; 박방룡,
　 「황룡사와 신라 왕경의 조성」, 『신라문화제학술회의논문집』22, 2001.
3) 신형석, 「신라 자비왕대 방리명의 설정과 그 의미」, 『경북사학』23, 경북사학회, 2000.
4) 『新增東國輿地勝覽』卷7, 京畿 驪州牧 古跡 登神莊條; 今按新羅建置州郡時 其田
　 丁戶口 未堪爲縣者 或置鄕 或置部曲 屬于所在之邑.

시작한 것과 다름이 없기 때문이다.

그렇다면 자비마립간은 6부의 공간에 왜 리제를 적용하였을까. 이러한 행정조치는 국제적인 환경에 짝하여 이루어진 것으로 보인다. 464년 신라는 왕경 주둔 고구려 군사를 모조리 살해하였다.[5] 이는 고구려에 대한 결별이자 선전포고나 다름없었다. 이에 왕경의 정비와 짝하여 지방 정비에도 박차를 가하였는데, 전국 교통로상의 군사적 요충지에 대대적인 축성공사가 동반되었다. 후술하겠지만 자비마립간과 소지마립간대 고구려의 공격에 대비한 일종의 전시체제는 왕경의 운영에도 영향을 미쳤다.

행정단위의 개혁은 역역징발이나 조세수취와 같은 경제적인 관점이 동반되는 경우가 많다. 우선 신라군의 주력은 6부민으로 구성된 군단이었다. 지방민을 망라하는 군사조직인 州兵이나 州軍이 6정군단의 주축을 이룬 시기가 중고기였다.[6] 이러한 위협이 가중되는 상황에서 6부민을 군사로 차출하는 경우가 늘어났고, 지방민을 동원하여 축성에 동원했던 것처럼 왕경에서도 6부민을 효과적으로 동원할 수 있는 시스템이 필요하였을 것이다. 이로 인해 6부민이 거주하는 취락들을 里로 편제하였던 것으로 이해된다.[7]

자비마립간의 방리명 제정은 왕경을 체계적으로 통제하여 수취의 균일성을 확보하고, 인민의 징발을 효율적으로 하려는 중앙정부의 의지였다고 볼 수 있다. 당시 리제의 운영과 관련된 자료가 없어 더 이상의 추정은 어렵지만 이와 관련하여 월성해자 9호 목간은 왕경의 리제와 관련하여 시사하는 바가 크다. 이 목간은 월성해자 다480N20그리드에서 수

---

5) 『日本書紀』 卷14, 雄略天皇 8年; 遣使馳告國人曰. 人殺家内所養鷄之雄者. 國人知意. 盡殺國内所有高麗人.
6) 전덕재, 「신라 중고기 주의 성격변화와 군주」, 『역사와 현실』40, 한국역사연구회, 2001, 72~75쪽.
7) 신형석, 앞의 논문, 2000, 18~19쪽.

십 점의 목간과 함께 수습되었다.8) 우선 아래는 9호 목간의 판독안이다.

[9호 목간] 4면목간. 완형. 25×1.4×1.3

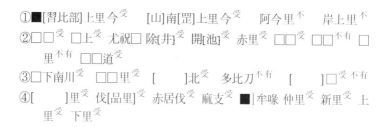

목간의 정확한 연대를 판정하기는 어렵다. 다만 목간이 수습된 연못형 해자의 뻘층에서 출토된 토기와 고식 수막새를 감안하면 5세기 후반에서 7세기 중후반의 연대관을 갖는다. 여기에 서체의 유사성을 고려하면 목간에 적힌 牟喙의 牟자는 남산신성비 2비(591)의 자형과 유사하므로 그 무렵을 크게 벗어났다고 보기 어렵다.9) 그리고 목간의 내용을 중시한 견해에 의하면 州郡縣의 문제(1호), 이두사용(2호), 문장구조(4호), 唐 曆法도입(6호), 6부(9호), 典太等(12호), 大宮(10호), 道使(26호) 등의 용례를 감안하면 연대는 6세기 초에서 7세기말까지이며, 중심연대는 6세기 후반에서 7세기 후반이 된다.10)

9호 목간에는 습비부와 모량부 산하의 리명이 열거되어 있고, 무엇인가 수취한 내용이 적혀 있다. 리의 명칭은 크게 고유식과 한식, 고유식과 한식의 합성으로 구분된다. 고유식은 阿今里, 岸上里 등을 들 수 있고,

8) 國立慶州文化財研究所, 『月城垓子Ⅱ』(고찰), 2004 및 이경섭, 「신라 월성해자 목간의 출토상황과 월성 주변의 경관 변화」, 『한국고대사연구』49, 2008; 『신라 목간의 세계』, 景仁文化社, 2013, 40쪽.

9) 전덕재, 『신라왕경의 역사』, 새문사, 2009, 128쪽.

10) 이용현, 『韓國木簡基礎硏究』, 신서원, 2006.

한식은 △上里, 仲里, 新里, 上里, 下里 등이며, 고유식과 한식이 합성된 白品鄒上里, 山南置上里 등이 확인된다.

　이와 관련된 한 연구에서는 왕도 내의 부는 里로 끝나고, 왕도 밖에 위치한 리가 아닌 지역은 그 부의 수취단위였다고 한다.[11] 구체적으로 의례용품의 공납관계의 내용으로 보았다.[12] 이 견해는 왕도 내부가 리로 편재되어 있고, 그 외곽은 자연적인 촌락 형태로 구성된 공간 개념을 전제하고 있다. 이와는 달리 왕경의 部-里 관계 속에서 국가 공사의 노동력 동원, 즉 課役과 관련된 것으로 볼 여지도 있어[13] 문제는 그리 간단하지 않다. 課役과 관련될 경우 수취단위로 연동되었다는 견해와는 배치되기 때문이다. 최근 출토된 월성해자 <목간 신1호>에는 古拿村에 부여된 역역동원과 관련된 책무를 수여받은 정황이 적혀있다.[14] 책무의 구체적인 양상을 알기는 어렵지만 문장의 표현에 '受'가 확인된다. 월성해자라는 공간적 특성을 고려하면 역역동원과 관련된 책무에 '受'란 용어를 사용했음을 짐작할 수 있다. 그럴 경우 월성해자 9호 목간의 성격은 왕경 6부 예하의 리에 부여된 역역동원과 관련될 소지도 있다.

　월성해자 9호 목간이 貢納이든 課役이든 간에 무엇인가 수취한 결과를 적은 문서 목간이 맞다면, 합리적인 수취를 위해서는 공간을 구체적으로 지칭하는 것이 효율적이다. 이를테면 습비부에 100이란 수취량을 책정할 때, 습비부의 예하 촌락 마다 인구수, 경제 여건 등이 모두 달랐을 것이다. 9호 목간에 각 리마다 적기된 '今受', '受', '不', '不有' 등의 세주형식의 명문은 이러한 각 촌락의 경제사정이나 징발사정이 반영된

---

11) 윤선태, 「新羅 中古期 六部의 構造와 그 起源」, 『신라문화』 44, 2014.
12) 윤선태, 「월성해자 출토 신라 문서목간」, 『역사와 현실』 56, 한국역사연구회, 2005.
13) 이용현, 위의 책, 2006 및 이경섭, 앞의 책, 2013, 51쪽.
14) 주보돈, 「月城과 垓字출토 木簡의 의미」, 『동아시아 고대 도성의 축조의례와 월성해자목간』 한국목간학회 창립 10주년 기념 국제학술회의, 국립경주문화재연구소·한국목간학회, 2017, 26~27쪽.

표현일 수 있다.

9호 목간의 기재방식에서 공간 구조의 일단을 짐작할 수 있다. 습비부의 경우 고유식과 한식이 합성된 리가 맨 처음 나오고, 그 다음 고유식의 리와 리로 편재되지 않은 지역이 나열되었다가 다시 리와 편재되지 않은 지역이 무질서하게 나열되어 있다. 이 현상은 습비부 예하의 리가 위치한 자연지세에 말미암은 결과가 아닌가 싶다. 즉 수취지역의 기재를 어느 기준을 바탕으로 위에서 아래로 혹은 좌에서 우로 나열한 결과이지 않을까. 왕경의 지세를 감안하면 오히려 고유명과 한식이 혼재된 상황이 자연스럽다.[15) 또한 이 목간을 통해 알 수 있는 사실은 습비부 예하에는 里로 편재된 지역과 그렇지 않은 지역이 공존하고 있다. 이들은 서로 대등한 수취단위로 기능하고 있었다. 리로 편재되지 않은 지역이 수취단위로 책정된 것은 공간의 크기, 인구 등 경제 능력이 뒷받침되었기 때문일 것이다. 그리고 습비부의 리에 토착지명이 한화되는 형식으로 2차적인 행정개편이 있었음을 알 수 있다.[16) 모량부의 경우 한식의 리만 존재한다는 점에서 어느 시기에 일괄적으로 새로이 행정개편이 있었음을 시사한다. 이는 왕경의 공간적 범위는 변함없는 상황에 따라 토지의 활용 양상만 달리 했음을 의미할 것이다.

자비마립간의 방리명 제정기사도 이러한 연장선상에서 이해할 수 있을 것 같다. 6부라는 광역의 공간보다는 각 부 예하에 행정개편을 통해 구분을 한다면 수취나 역역동원에서 합리성을 추구할 수 있다. 더욱이 공동체성이 강한 부의 견고함에 손을 대었다는 사실 자체가 국왕권의 성장을 증언한다. 어쩌면 부의 해체 혹은 균열의 단초는 자비마립간기에

15) 박성현, 「신라 왕경 관련 문헌을 어떻게 연구할 것인가」, 『문헌으로 보는 신라의 왕경과 월성』, 국립경주문화재연구소, 2017, 75~76쪽.
16) 윤선태, 「월성해자목간의 연구 성과와 신출토목간의 판독」, 『동아시아 고대 도성의 축조의례와 월성해자목간』한국목간학회 창립 10주년 기념 국제학술회의, 국립경주문화재연구소·한국목간학회, 2017, 69쪽.

그 맹아가 보인다.

이러한 행정 역량의 성숙이 바탕이 되어 소지마립간 9년에는 지방관
인 道使를 직접 파견하였다. 소지마립간은 재위 9년(487) 3월에 郵驛을
처음 설치하였고, 담당 관리에게 官道를 修理하도록 명령하였다. 郵驛이
란 徒步로 遞送하는 것을 郵라 하고, 騎馬로 遞送하는 것을 驛이라고 한
다.[17] 중앙과 지방 사이에 명령, 문서, 공물 등을 徒步나 騎馬를 중계하
여 전하는 교통수단이다. 중계를 하기 위해서는 공무를 수행하는 인간에
게 교통과 숙박의 편의를 제공해 주어야 한다. 따라서 우역체계의 발달
은 도로망의 개설과 정비를 뜻하며, 말, 수레, 배 등 여러 수단의 발달없
이는 불가능하다.

官道는 왕경과 지방을 연결하는 공용도로를 말한다. 삼국시대부터 사
용된 문경의 串岬遷道는 최소 폭이 3m이고, 계립령의 옛길도 최소 5m에
달한다. 따라서 이러한 도로 폭을 감안하면 신라 官道의 너비는 적어도
3~5m정도는 되었을 것이다.[18] 이와 관련하여 尙州의 州治로 추정되는
복룡동 유적에서 정연한 방리구획이 확인되었다. 방리구획을 따라 격자
형으로 설치된 도로의 너비는 5m 내외였다.[19] 신라시대 官道를 고찰할
때 참고가 될 듯하다. 이와함께 도로망과 교통수단을 관리하고, 유지 보
수하는 官署의 정비도 동반되었을 것이다. 소지마립간 12년(490) 시장의
개설은 사방에서 운집되는 재화를 유통시키기 위한 목적이며, 이러한 과정
의 결과로 볼 수 있다. 이즈음 월성과 명활성도 대대적으로 수축된다.

---

17) 樓祖詒·朱傳譽, 『中國郵驛發達史』, 天一出版社, 1971, 3쪽.
18) 徐榮一, 「新羅 陸上交通路 硏究」 檀國大學校 大學院 史學科 博士學位論文, 1998;
   『신라 육상 교통로 연구』, 1999, 학연문화사.
19) 박달석, 「統一新羅時代 沙伐州의 里坊制 檢討」, 『大東考古』創刊號, 대동문화재연
   구원, 2007, 98쪽.

2) 평지성-산성의 이원구조

월성은 『三國史記』 파사이사금 22년(101년)에 처음 등장하는데, 사로국 단계에 왕궁의 역할을 했을리 없다. 월성이 왕궁으로 두각을 드러내는 시기는 마립간기에 이르러서 였다. 마립간기 이전의 시기는 호공과 석탈해의 설화에서 유추할 수 있듯 분쟁으로 쟁탈할 수 있는 吉地에 불과했다. 이 설화는 월성이 宅에서 宮으로 전환되는 과정을 상징적으로 보여준다.

『三國史記』 지리지의 서문에는 왕의 거처를 서술하면서 금성, 월성, 재성, 신월성, 만월성 등 왕의 거처를 서술하면서 동반해서 명활성과 남산성이 기술되었다.[20) 왕궁과 병렬적으로 기술되어 있다는 점에서 왕경의 운영상 명활성과 남산성이 가지는 위상을 짐작할 수 있다. 설명의 편의를 위해 중고기 이전까지 월성과 금성, 명활성과 관련된 문헌기록을 정리하면 다음과 같다.

<표 2> 월성과 금성, 명활성 관련기사

	월성 및 남당	금성 및 명활산성
이사금기	혁거세 然而脣似雞觜將浴於月城北川其觜撥落(유사) 탈해1(57) 望楊山下瓠公宅‥其地後爲月城(사기) 파사22(101) 春二月, 築城, 名月城.(사기) 파사22(101) 秋七月, 王移居月城.(사기) 지마9(120) 春二月, 大星隆月城西, 聲如雷.(사기) 일성10(143) 春二月, 修葺宮室.(사기) 벌휴13(196) 春二月, 重修宮室.(사기) 첨해3(249)	혁거세21(前37)築京城, 號曰金城(사기) 혁거세 營宮室於南山西麓 今昌林寺(유사) 혁거세26(前32) 春正月, 營宮室於金城.(사기) 혁거세60(3) 秋九月, 二龍見於金城井中(사기) 남해1(4) 秋七月, 樂浪兵至, 國金城數重(사기) 남해11(14) 樂浪謂內虛, 求攻金城甚急(사기) 남해 此王代樂浪國人來侵金城 不克而還(유사)

---

20) 『三國史記』 卷34, 雜志3 地理1 新羅; 又新月城東有明活城, 周一千九百六步. 又新月城南有南山城, 周二千八百四步.

	秋七月,作南堂於宮南 南堂或云都堂.(사기) 첨해5(251)春正月, 始聽政於南堂.(사기) 미추7(268) 春夏不雨, 會群臣於南堂.(사기) 미추15(276) 春二月, 臣寮請改作宮室(사기) 유례7(290) 夏五月, 大水, 月城頹毀.(사기) 흘해41(350)春三月, 鵲巢月城隅.(사기)	노례14(37)伊西國人來攻金城(유사) 유리 伊西國人來攻金城(유사) 유리33(56)夏四月, 龍見金城井(사기) 탈해9(65) 春三月王夜聞金城西始林樹間有鷄鳴聲(사기) 탈해24(80) 夏四月, 京都大風, 金城東門自壞.(사기) 파사17(96) 秋七月, 暴風自南, 拔金城南大樹.(사기) 지마12(123) 五月, 金城東民屋陷爲池, 芙蕖生.(사기) 일성5(138) 春二月, 置政事堂於金城.(사기) 아달라7(160)金城北門自毀.(사기) 벌휴13(196) 夏四月 震宮南大樹 又震金城東門(사기) 내해10(205) 八月, 狐鳴金城及始祖廟庭(사기) 조분3(232)夏四月, 倭人猝至圍金城.(사기) 첨해7(253) 夏四月,龍見宮東池. 金城南臥柳自起.(사기) 미추1(262) 秋七月, 金城西門災(사기) 유례14(297) 春正月, 伊西古國來攻金城.(사기) 흘해37(346) 又進圍金城急攻.(사기)
마립간기	눌지7(423)夏四月, 養老於南堂(사기) 자비2(459) 夏四月,倭人--進圍月城, 四面矢石如雨. 王城守, 賊將退, 出兵擊敗之(사기) 소지9(487)秋七月, 葺月城.(사기) 소지10(488) 春正月, 王移居月城(사기) 소지10(488) 乃內殿焚修僧與宮主潛通而所奸也(유사) 소지18(496) 三月, 重修宮室.(사기)	나물38(393) 夏五月, 倭人來圍金城, 五日不解.(사기) 실성4(405) 夏四月, 倭兵來攻明活城, 不克而歸.(사기) 실성14(415) 秋七月, 又御金城南門觀射.(사기) 눌지15(431) 夏四月, 倭兵來侵東邊, 圍明活城.(사기) 눌지28(444) 夏四月, 倭兵圍金城十日, 糧盡乃歸.(사기) 눌지42(458) 春二月, 地震. 金城南門自毀.(사기) 자비4(461)夏四月, 龍見金城井中.(사기) 자비16(473)秋七月, 葺明活城.(사기) 자비18(475)春正月, 王移居明活城.(사기) 소지4(482)春二月, 金城南門火.(사기) 소지22(500)夏四月, 龍見金城井.(사기)

문헌만 놓고 보면 월성이 신라 건국초기부터 인지되고 있었고, 파사이사금대 축성이 된 것으로 보인다. 그러나 이 기년은 그대로 신뢰하기는 어렵다. 국가의 대소사를 의논하던 정청의 경우 일성이사금대 금성내설치된 정사당이 가장 이른시기의 기록이다. 하지만 금성내에 설치된 정사당이 어떤 기능을 수행하였는지는 알기 어렵다. 국왕이 신료들과 정사를 논의하던 정청은 첨해이사금대 설치된 남당으로 보는 것이 합리적이다. 마립간기까지 금성은 월성보다 더 많이 확인된다. 그런데 주목되는점은 마립간기에 들어 월성과 명활성의 수즙빈도가 늘어나며, 실제 왕이이거하였다는 기사가 확인된다. 왕이 산성으로 이거하였다는 사실은 전시체제에 준하는 국가 경영이 상기된다.

실제 명활성은 고구려의 남진에 대비하여 십 수년간 왕궁의 기능을하였고, 그 기간 동안 월성은 重修를 마칠 수 있었다. 그 결과 월성은왕궁으로서의 면모를 갖췄다고 여겨진다. 이때 중수된 월성에는 처음으로 기와가 사용되었던 것 같다. 기와를 올림으로서 기왕의 초가와는 외형이 달라져 왕의 권위도 한층 高揚되었을 것이다.

이러한 왕경 내부의 변화를 추동한 요인은 여럿 있겠지만, 그 가운데하나를 대고구려 관계의 악화에서 찾아 볼 수 있다. 눌지마립간대 왕경에 주둔한 고구려군의 살해로 양국의 관계는 파국으로 치달았다. 그간고구려는 신라의 왕위계승에도 관여할 정도로 내정간섭이 심하였다. 왕권의 신장 차원에서 고구려를 배제해 나갔다고 볼 수 있다. 내정간섭의이면에는 경제적 부담으로 작용하는 貢納도 배제할 수 없다. 이는 고구려의 영향아래 있었던 옥저의 사례를 참고할 필요가 있을 것 같다. 옥저는 고구려의 과도한 공납에 시달려 왔다. 사료에서는 확인되지 않지만신라의 경우도 이와 크게 달랐다고 보기 어렵다. 고구려의 간섭 범위는왕위 교체를 위한 왕의 살해에 까지 미치고 있었기 때문이다.

그렇다면 고구려가 신라에게 공납으로 요구한 물품은 무엇이었을까.

추정의 단계 이상 나아가지는 못하나, 신라의 풍부한 황금이나 철기가 주목된다. 실제 마립간기의 묘제인 적석목곽분에는 유례를 찾아보기 어려울 정도로 많은 양의 황금과 철기가 埋納되었다. 특히 백제와의 우호관계 속에서 선물로 증여한 것 가운데 良金이 있었다.[21] 良金이라는 표현에서 알 수 있듯 불순물 함유량에 따라 금에도 일정한 구분이 있었던 것 같다. 이처럼 신라 내에서 황금이나 철기의 유통이 활발하였다면 공납물로서의 가능성도 염두에 둘 필요가 있을 것 같다. 어쩌면 신라가 고구려의 질서에서 벗어나고자 하는 배경에는 과도한 공납이라는 문제가 빌미로 작용했을 가능성을 배제하기 어렵다.

백제는 433년 신라에 화친을 청했고, 신라 눌지마립간은 이를 받아들여 나제동맹이 체결되었다. 백제에서 良馬와 白鷹을 보내었고(434년 9월), 신라도 良金과 明珠로 답례(434년 10월)하는 등 동맹관계가 돈독해졌다. 신라의 對고구려 관계는 눌지마립간 38년(454) 고구려가 신라를 침입함으로써 대립적으로 변하였다. 자비마립간 11년(468)에 고구려가 悉直城을 기습한 이후 何瑟羅人을 동원하여 泥河에 성을 쌓는다. 사실 고구려가 실직성을 기습하긴 하였지만, 주 공격대상은 백제였던 것 같다. 475년 한성 백제가 종언을 고하는 것에서 유추할 수 있듯, 고구려의 銳鋒은 백제를 향해 있었다. 자비마립간의 재위 기간 중에는 방어망 구축에 주력한 느낌이 강한데, 그 결과 三年山城, 芼老城, 一牟城, 沙尸城, 廣石城, 沓達城, 仇禮城, 坐羅城 등이 축성되었다. 니하의 경우 동해안로에 해당하며, 나머지는 신라 서북변에 해당하는 소백산맥 너머에 집중되었다. 당시 신라 왕경 내에서도 명활성을 대대적인 수축하고, 전시에 왕성으로 기능할 대피성으로 구축하였다. 실제 백제의 한성이 함락되자 왕은 명활성으로 居所를 옮겨 십여년을 그곳에서 거주하기도 하였다. 이는 동해안을 통해 지속적으로 침입해왔던 倭를 의식한 것일 수도 있겠지만,

---

21) 『三國史記』 卷25, 百濟本紀3 毗有王 8年 10月; 新羅報聘, 以良金·明珠.

한성 함락으로 인한 對高句麗의 위기의식이 강하게 반영된 결과일수 있다.[22] 소지왕 3년(481) 고구려가 동해안로를 따라 흥해의 미질부까지 쳐들어왔는데, 이는 실직 니하의 방어망이 뚫렸을 경우 흥해-영일을 통해 왕경이 공격에 노출될 수 있음을 단적으로 보여준다.

한성 공략이 완료된 이후 고구려의 예봉은 신라로 향하였다. 소지마립간대에는 고구려의 침입에 대비하여 소백산맥 이북의 거점성인 삼년산성(충북 보은), 굴산성(충북 옥천)을 개축했고, 내륙 교통의 요지인 의성(구벌성), 상주(도나성, 견아성)에서 축성을 단행하였다. 구벌성은 죽령로, 도나성은 계립령로, 추풍령로에 해당하므로 이 일대에 대한 방어선이 구축되었음을 의미한다.[23] 그 결과 소지마립간 말년 捺已郡 碧花 사례에서 볼 수 있듯, 왕이 미복차림으로 그곳까지 갈수 있었던 사실[24]은 그 만큼 영역이 안정되었기 때문일 것이다.

신라는 악화일로의 국제정세에 맞추어 평지성인 월성과 산성인 명활성의 이원구조로 왕경을 운영하였던 것 같다. 신라는 464년 왕경 주둔 고구려군사를 일거에 몰살시켰고, 그 결과 고구려와 결별하였다. 475년 장수왕이 이끄는 고구려군에 의해 한성이 함락당했고 개로왕까지 전사하기에 이르렀다. 북방에서 전운이 감돌자 신라는 미리 왕궁을 명활성으로 옮기게 된 것이다. 왕궁을 산성에서 운영하는 방식은 고구려의 영향이다. 고구려는 青岩里土城(平壤城)과 대성산성의 평지성-산성이 결합된 형태로 왕경을 운영하였다. 이것이 고구려의 군사 지배 아래 신라로 전수된 것 같다. 신라는 이외에도 기마술, 마구류 제작, 공격-방어의 거점으로서 축성기술, 금속 가공기술에 이르기까지 여러 선진기술들을 고구려로부터 전수받았다.[25]

---

22) 閔德植, 「新羅의 慶州 明活城碑에 관한 고찰-新羅王京研究를 위한 일환으로-」, 『東方學志』72, 1992, 124쪽.
23) 장창은, 『신라 상고기 정치변동과 고구려관계』, 신서원, 2008, 145~176쪽.
24) 『三國史記』 卷3, 新羅本紀3 炤知麻立干 22년 9월조.

최근 신라의 왕성이었던 월성의 발굴조사가 진행되고 있다. 월성에 대한 최초 조사는 일제강점기 월성의 남벽 서쪽일부를 발굴하여 선사시대 문화층을 확인한 바 있다. 당시 조사의 주된 목적은 월성 하부의 퇴적층이었다. 이후 1979~80년 동문지와 일부 성벽을 조사하여 문지와 석축해자의 존재를 파악하였다. 1984~85년에는 해자에 대한 시굴조사가 이루어졌고, 1985~89년 해자와 북쪽의 건물지를 조사하였는데, 다수의 목간이 출토되었다. 그리고 1990~95년까지 첨성대 남편과 월성 북서편 건물지를 조사하였고, 1999~2006년에는 4호 해자, 2007~09년에는 5호 해자, 2009~14년에는 '라' 구역에 대한 조사가 진행되었다. 2003~04년에는 월성 내부에 대한 지표조사, 2007~08년에는 내부 지하에 대한 레이더 탐사가 실시되었다.[26] 2014년 12월부터는 월성 내부에 대한 전면조사가 본격적으로 이루어지게 되었고, 현재도 진행중이다. 하층조사까지는 요원하지만, 머지않아 월성의 경관이 백일하에 드러나게 될 것이다.

월성 내부의 전면조사가 이루어지기 전까지는 월성과 그 주변지역에 대한 지표조사나 소규모 발굴조사에 국한되었다. 월성의 내부도 지하레이더 탐사 등을 통해 건물의 대략적인 배치상황이 파악된 상태였다. 지하 레이더 탐사는 월성 내부를 임의의 14개 구역으로 구분하여 조사하였는데, 그 중 동쪽 가장자리에 해당하는 14구역내 14구역내 □자형 대형 건물, 12구역내 □자형 대형 건물 등은 독립된 공간을 가진 건물로 주목된다. 최근 월성의 내부조사가 이루어지고 있는데, 14개 구역을 바탕으로 서쪽에서부터 크게 A, B, C, D지구로 구분하였다. 월성 동문지

---

25) 東潮, 「三國新羅の考古學と倭」, 『古代を考える日本と朝鮮』, 吉川弘文館, 2005, 152쪽.

26) 박성현, 「경주 월성 발굴의 의미와 성과」, 『내일을 여는 역사』68, 2017, 154~155쪽. 박정재, 「경주 월성 해자 조사 성과와 목간」, 『동아시아 고대 도성의 축조의례와 월성해자목간』한국목간학회 창립 10주년 기념 국제학술회의, 국립경주문화재연구소·한국목간학회, 2017, 34쪽.

나 12, 14구역은 모두 D지구에 해당하며 현재는 미조사구역으로 남아 있다. 현재는 A와 C지구를 대상으로 내부조사를 실시하고 있는데, C지구의 경우 ⌐자형으로 담장이 구획된 독립공간이 검출되었다. 건축물을 중심으로 담장이 둘러졌다는 사실을 통해 별도의 권위적인 공간이었음을 짐작해 볼 수 있다.

현재까지 조사된 현황을 정리하면 월성 북쪽 성벽의 기저부를 따라 해자가 조성되었고, 월성 북편과 계림, 첨성대 남측일대에는 삼국시대 수혈건물지, 굴립주건물지, 통일신라시대 적심 건물지 등이 확인된다. 이를 바탕으로 시기별로 월성 주변의 경관을 복원해 보면, 4세기대에는 월성의 주변에 수혈과 굴립주 건물로 구성된 취락이 형성되어 있었다. 그러던 것이 5세기대에 이르러 성의 모습을 갖춘 것으로 짐작된다. 성벽의 구체적인 축조 시점을 특정할 수 있는 유물로는 서쪽 성벽의 기저부에서 출토된 황남대총 단계의 토기를 들 수 있다. 성벽의 경우 서쪽은 자연 구릉을 이용하였을 것이라는 기왕의 통설과는 달리 평지에서부터 쌓아 올려졌음이 밝혀졌다. 이 시기에 월성 구릉의 가장자리를 따라 해자를 조성하고, 파낸 흙을 이용하여 성벽을 축조하였다. 해자는 기반층을 溝의 형태로 굴착하여 조성하였고, 발천에서 끌어온 물을 담수하여 외부에서 출입하는 것을 제한하였다. 해자의 내부에서는 이단투창고배, 단각고배, 고식수막새 등 5~7세기의 삼국시대 유물만 출토되었다.

월성 발굴조사의 현황은 그간의 통설에 적지 않은 수정을 요하게 되었다. 우선 월성은 고지대에 약간의 성벽을 보강한 자연순응형의 성곽이 아니었다. 동쪽의 경우 발굴 결과를 기다려야 하겠지만, 적어도 서쪽은 거의 전면적으로 봉분을 축조하듯 쌓아 올렸기 때문이다. 축조시기도 파사이사금의 기사를 액면 그대로 신뢰할 수는 없지만 적어도 3세기 말이나 4세기 전반 무렵에는 축성된 것으로 보았다. 그런데 성벽의 기저부에서 황남대총 단계의 토기가 출토되었다. 황남대총의 경우 피장자의 논란이 있지만 대략 5세기 무렵의 연대관을 가진다. 따라서 월성을 수즙한 소지마립간 9년(487)의 기사와 연관지어 해석할 수 있는 여지가 있다. 수즙의 범위를 어디까지 볼 수 있느냐가 관건이긴 하지만, 당시 명활산성이 475~488년 동안 임시 왕궁으로서 기능하였다. 13년이란 시간은 결코 짧지 않다. 이 기간 동안 월성의 주변에는 해자가 둘러지고, 성벽이 크게 축조되었다. 『삼국유사』사금갑조를 보면 내전 분수승이 등장한다. 여기서 내전은 정전의 상대적인 의미이다. 이 당시 완전한 정전이 있었는지는 알기 어렵다. 하지만 내전이라는 용어를 통해 內裏로 인식할 수 있던 공간이 존재하였던 것은 아닐까. 어쨌든 평지에 거대한 성을 修築할 수 있었던 역량은 그간 적석목곽분이라는 대형 봉토를 쌓아왔던 토목기술의 경험이 바탕이 되었을 것이다.

한편 월성 주변의 경관을 변화시킨 가장 획기적인 요소로 연못형 해자가 거론된다(<그림 1>참조). 해자가 축조되기 이전 시기(Ⅰ기), 연못형 해자의 존속기(Ⅱ기), 연못형 해자의 폐쇄기(Ⅲ기)로 나뉘는데, Ⅲ기는 구체적으로 679년이 유의된다.[27]

---

27) 李相俊, 「慶州 月城의 變遷過程에 대한 小考」, 『嶺南考古學』21, 嶺南考古學會, 1997, 156쪽.

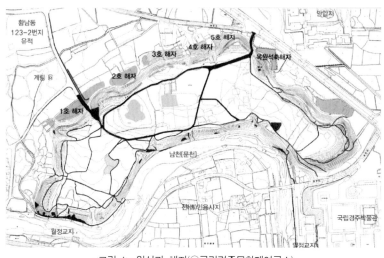

<그림 1> 월성과 해자(ⓒ국립경주문화재연구소)

월성은 7세기 후반 해자가 매립되고 그 주변에 건물이 조영되면서 경관이 크게 일신되었다는 견해가 주류를 점한다.[28] 다만 이러한 이해에는 문제가 없지 않다. 해자의 뻘층에서 출토된 토기와 수막새는 층위의 안정성을 보장받는다. 월성은 신라에서 가장 이른 시기의 기와를 사용하였다. 기와 사용시기에 대해 논란이 있지만 대체로 월성 등지에는 적어도 6세기 전반경에는 백제 양식의 수막새가 사용이 되었고,[29] 월성 해자와 물천리 와요지의 조사 결과를 볼 때 6세기 초반경에는 연화문이 시문된 원와당이 본격적으로 사용되었다[30]고 볼 수 있다. 그렇다면 적어도 6세기 전반 무렵에는 월성 해자의 주변부를 매립하여 기와를 올린 건물을 세웠을 가능성도 배제하기 어렵다.

28) 金洛中,「新羅 月城의 性格과 變遷」,『韓國上古史學報』27, 韓國上古史學會, 1998, 235쪽.

29) 申昌秀,「三國時代 新羅기와의 硏究-皇龍寺址출토 新羅기와를 中心으로-」,『文化財』20, 文化財管理局, 1987, 33~34쪽.

30) 金誠龜,『新羅瓦塼』, 國立慶州博物館, 2000, 430쪽

최근 월성해자에서는 병오년의 간지가 있는 목간이 출토되었다. 절대
연대를 가졌다는 점에서 목간의 의미는 지대하다. 병오년은 진평왕 연간
인 586년으로 추정된다. 후술하겠지만 목간의 내용은 고나촌이 국가적
인 책무를 받았는데 이를 완수하기 위해 무술년에 일벌이 와서 머물렀
고, 병오년에 간지가 와서 어떤 국가적인 책무를 하였다는 내용으로 추
정된다.[31] 더구나 591년은 남산신성이 축조된 시기이다. 전국적인 규모
의 대대적인 역역징발이 이즈음 있었다는 사실을 짐작할 수 있다. 그렇
다면 남산신성 축성의 이전에 왕궁을 정비했음을 알 수 있다. 진평왕 연
간에 관부가 크게 설치되는데, 이는 왕궁의 공간을 재편함으로서 가능한
일이다. 그러므로 월성을 보호하기 위한 해자는 그 기능을 일찍부터 상
실했을 가능성이 있다. 왕궁의 주변에 대대적인 관부의 설치는 월성의
경관을 크게 변화시켰을 것이다.

7세기 말 해자의 폐쇄는 궁역의 정비에 고정된 결과로 볼 수 있다.
어쩌면 해자의 매립은 의외로 시기가 거슬러 올라갈 수도 있다. 월성에
서 출토된 원형돌기식 수막새는 백제의 영향이 강하다. 구체적으로 백제
대통사식 수막새 양식이다. 이는 신라 초기 기와의 제작에 백제의 영향
이 강하게 내재되었음을 시사한다.[32] 이와 관련하여 화곡리 와요지에서
출토된 원형돌기식 수막새는 한성기 백제기와의 제작방식이 구사되었
다. 출토된 수막새 가운데 완벽하게 문양이 구사된 것도 있지만 주연부
의 처리가 미흡하여 일그러진 것들도 확인된다. 이러한 현상은 숙련된
공인에 의해 지식이 전수되는 과정에서 발생된 결과일 것이다.[33] 기와

---

31) 윤선태, 「월성 해자 목간의 연구 성과와 신출토목간의 판독」 『동아시아 고대 고성
    의 축조의례와 월성해자 목간』, 국립경주문화재연구소·한국목간학회, 2017, 75쪽.
32) 崔英姬, 「新羅 古式 수막새의 製作技法과 傳統」, 『韓國上古史學報』70, 韓國上古史
    學會, 2010.
33) 이동주, 「慶州 花谷遺蹟 出土 기와의 需給과 歷史的 意味」, 『嶺南考古學』67, 嶺南
    考古學會, 2013, 78~79쪽.

건물의 등장은 왕경의 경관을 크게 변화 시켰다. 신라 기와의 등장에 백제의 기술이 영향을 미치고 있었음을 엿볼 수 있는 사례라 하겠다.

한편 명활성은 월성에서 동쪽으로 직선거리로 2.5km 떨어진 곳에 축성되었다. 명활성의 역사적 기록을 보면 실성이사금 4년 왜구를 물리쳤다는 기사를 시작으로 자비마립간 18년(475)부터 소지마립간 10년(488)까지 임시로 왕궁의 기능을 수행하였다. 명활성의 축조는 긴장감이 고조되어 가던 국제관계에 적절히 대비하기 위한 전략적 필요에서 유사시 왕성으로 사용할 목적이었던 것이다.

최근 명활성 북문 일대에 대한 발굴조사가 이루어졌다.[34] 조사 결과 명활산작성비에 보이는 古他門으로 비정할 수 있는 북문지가 확인되었다. <그림 2>에서 보듯 북문 진입로에는 석축으로 된 등성이 축조되어 있었다. 이는 수레가 성내로 진입하기 용이한 시설이다. 등성 주변으로 7세기 전반의 기와와 확쇠가 출토되었다. 북문에는 목제 문과 기와를 올린 문루의 존재가 상정된다. 북문의 너비는 3.6m이고, 안에서 바깥으로 여는 外開形이다. 문은 열린 상태에서 폐기되었다.

---

34) 계림문화재연구원, 『경주 명활성 발굴조사보고서』, 2015.

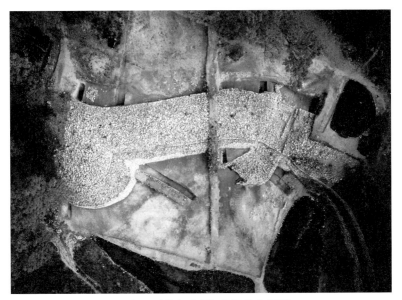

<그림 2> 명활성 전경(ⓒ계림문화재연구원)

북문 인근에서는 雉城도 확인되었다. 치성은 문의 인근에 돌출된 부분이며, 공격해 오는 적들을 측면에서 압박하는 시설이다. 치성의 전통은 5세기 말에서 6세기 중엽에 축조된 보은 삼년산성과 문경 고모산성에서도 확인된다. 그 가운데 삼년산성에서만 치성이 10개소나 확인되었다. 삼년산성이 자비마립간 재위 연간에 축성되었던 사실을 감안해 본다면 명활성의 보수(473년) 과정 속에 치성도 축성의 중요한 공정이었음을 추정해 볼 수 있다. 발굴조사 결과 통일신라시대 유물이 거의 확인되지 않았다. 이 현상은 비담의 난 이후 명활성이 철저하게 폐기되었음을 의미한다. 더구나 월지의 호안석축으로 사용된 부재 가운데 명활성비[35]가 있다. 그것도 온전한 상태가 아니라 적재하기 용이하도록 네모반듯하게 잘려있다. 산성이 폐기된 이후 막대한 양의 석재가 궁을 정비하는 건축

---

35) 주보돈, 「雁鴨池出土碑에 대한 고찰」, 『금석문과 신라사』, 지식산업사, 2002.

부재로 반출되었음을 시사한다.

한편 제사공간에도 변화가 생겼다. 중고기 제사의 공간으로 시조묘를 대신하여 神宮이 중시되었다. 국가 및 왕실의 최고제사가 시조묘에서 신궁으로 옮겨간 것이다. 시조묘의 경우 2대 남해 차차웅때 설치된 이후 21대 소지마립간대 2회 친견을 마지막으로 친사가 한동안 중단된다. 그러다가 하대인 애장왕, 헌덕왕, 홍덕왕대 친사한 것이 전부이다. 신라왕에게 시조묘의 親祀는 정례화된 즉위 의례였던 것 같다. 시조묘의 주신은 혁거세였다. 그런데 마립간기에 이르러 김씨족이 권력을 장악함으로서 박혁거세를 대체할 것이 필요하였을 것이다.

『三國史記』 제사지에는 "於始祖誕降之地奈乙, 創立神宮以享之"로 적혀있다. 신궁의 설치시기는 소지마립간설과 지증왕설이 양립하고 있다. 신궁의 主神은 설치시점이 상고기말이면서, 소지마립간 혹은 지증왕의 성이 김씨였음을 감안한다면 공통분모를 띠는 인물이 金閼智이다. 김알지는 하늘에서 誕降한 인물이자, 김씨의 시조이기 때문이다. 설치시기의 논란에 대해서는 소지마립간대 신궁이 설치되었고, 즉위 의례로 친사한 왕은 지증왕이기 때문에 양 기사가 모두 기록되었다고 보는 견해가 대체로 받아들여지고 있다.[36] 시조묘는 신궁 설치 이후 정치 사회적인 의미가 약화되었다. 즉위의례의 정례화는 시조묘를 대신하여 신궁의 친사를 통해 정통성을 표방하였다.

마립간 말기에 해당하는 소지왕과 지증왕의 다툼은 눌지-자비-소지로 이어지는 탁부와 눌지 이후 왕위에서 밀려난 王弟의 가계인 사탁부 간의 알력다툼으로 정리할 수 있다. 그 결과 지증왕은 사탁부 소속으로 정상적인 상황에서는 왕위계승의 자격이 없었지만 왕위에 오르게 되었다. 즉위년의 나이가 64세였다는 점에서 왕위계승이 예정된 일이 아니었지만, 정식 즉위까지도 갈문왕을 칭하며 3년의 시간이 걸렸다. 최근 지증

---

36) 崔光植, 「新羅의 神宮 設置에 대한 新考察」, 『韓國史研究』43, 1983.

왕이 왕좌에 있지 않으며 국정을 주도한 3년 기간을 섭정으로 본 견해[37]
가 제출된 근거였다. 부체제 기간 동안 신라의 주도권은 탁부와 사탁부
에 의해 주도되었다. 二部가 주도하였지만 그럼에도 탁부 매금과 사탁부
갈문왕으로 엄연히 우열이 존재하였다. 사탁부 소속의 지증왕의 즉위는
바로 탁부 중심주의를 청산하고 부의 통합을 촉진한 것으로 여겨진다.
즉 탁부와 사탁부를 아우르는 초월적 지위자로 등장하게 된 것이다. 이
제 왕호는 부체제의 회의기구의 장인 마립간이라는 의미를 넘어선 권력
의 중심을 표방하는 王이라는 이미지가 필요하였다.

　한편 박씨족은 눌지 이후 김씨 족내혼으로 왕비족의 지위에서 멀어진
상태였다. 그러나 지증왕의 즉위로 모량부는 박씨족의 위상을 되찾았고,
법흥, 진흥대까지 왕비족으로 권력의 중심부로 이동할 수 있었다. 눌지
계와의 분쟁소지를 없애고, 왕위의 정당성을 표방하기 위해 지증왕은 거
근설화, 모량부 상공의 거구설화를 바탕으로 비범한 신체적 조건을 부각
시켰다. 이 설화를 통해 사탁부 출신이라는 한계를 지우고, 초월적 권능
의 소지자로써 풍요와 발전의 담지자를 표방하려 했던 것 같다. 지증왕
은 모량부 세력과 결탁함으로써 눌지계와의 분쟁에서 승리할 수 있었던
것으로 보인다.

　왕위에 오른 지증왕은 '덕업일신, 망라사방'에서 '신라'란 국호를 윤
색하였다. 국호의 확정은 집권층의 정치의지 슬로건이자, 정치이념, 정
치적 지향이 함의되어 있고, 정치적 중심지로서 수도의 이미지를 창출할
수 있다. 그간 병렬적으로 존재한 국호를 모두 폐기하고 신라로 고정한
것은 대외적인 메시지로도 기능했을 것이다. 말하자면 경주분지 내의 공
간을 사로라고 인식하였다면, 신라는 확대된 영토는 지금의 영남지방 일
원을 망라하게끔 사고의 진전이 이루어지게 된 것이었다.

　왕경의 도시화가 크게 진전되자 지증왕 재위 6년(505) 주·군·현을 분

---

37) 윤진석, 「신라 至都盧葛文王의 '攝政'」, 『한국고대사연구』55, 2009, 71~107쪽.

정하고, 실직주를 설치하여 이사부를 군주로 파견하였다. 재위 15년에는 아시촌에 소경을 두었다. 신라는 주군제를 시행하면서 본격적으로 지방관을 직접 파견하고, 지방의 유력자에게 외위를 수여하여 통제하는 직접 통치방식으로 전환하였다. 소경은 대경의 상대적인 의미이다. 따라서 소경의 존재를 통해 왕경이 그 이전 보다 더 성장한 모습이 짐작된다.

물류를 유통시킬 목적으로 지증왕 9년(508)에 東市典을, 그 다음 해에 東市를 개설하였다. 지증왕 당시 東市라는 용어를 사용했다기 보다는 후대 서시가 설치되면서 상대적인 의미로 소급시켜 명명했을 가능성이 높다. 처음부터 서시를 염두에 두고 동쪽에 시장을 설치했다고 보이지는 않기 때문이다. 왕경은 지방에서 올라오는 각종 물품들을 유통할 수 있을 정도의 수준에 이르게 되었음을 짐작할 수 있다. 평지에 도시화가 진전되자 산짐승에 대한 방비책도 필요했던 것 같다. 함정을 설치하여 맹수의 피해를 없애고자 했다[38]는 것은 역으로 그 이전에는 맹수의 피해가 있었다는 말이다.

지증왕의 뒤를 이은 법흥왕은 율령반포, 불교공인, 관료조직정비 등을 단행하면서 왕권 중심의 개혁을 단행하였다. 개혁의 초석은 이미 지증왕 대에 단초를 열었지만, 실질적인 제도개혁은 법흥왕에 이르러서였다. 특히 율령은 법제화된 국가를 지향하는 합리적인 근거가 되었고, 불교는 왕경의 경관 변화에 직접 작용한 이데올로기였다.

---

38) 『三國史記』 卷4, 新羅本紀4 智證王 10年 3月; 設檻穽以除猛獸之害.

2. 중고기 왕경의 정비

1) 궁성과 도시의 재정비

마립간기에 이르면 경주분지에는 적석목곽분이 조영된다. 월성인근의 황남리 고분군, 노동리 고분군, 노서리 고분군 등이 대표적이다. 경주선상지는 북천에 의해 형성이 되었는데, 동고서저의 지형을 이루고 있다.[39] 고분군은 선상지의 선단부에 입지하고 있다. 황남동 고분군의 경우 주변부에 비해 낮은 곳에 입지하고 있어서 지하수위가 높아 습지가 형성되었다. 각 고분군들은 모든 방향으로 개방된 곳에 입지하고 있는데, 이는 당시 고분 입지 선정에 대한 사고방식이 반영된 결과이다. 평지에 고분군을 조영하였다는 점에서 권력이 경주분지 내로 집중되었음을 시사한다. 그러던 것이 지증왕의 즉위 시점부터 많은 변화가 생겨나게 된다. 지증왕은 사탁부 갈문왕의 신분으로 정상적인 상황에서는 왕위에 오르기 어려웠다. 이러한 상황을 타개하기 위해 6부 중심의 지배체제를 국왕을 정점으로 하는 중앙집권적인 지배체제로 변모시키기 위한 일련의 개혁정책을 추진하였다.

그 결과 부가 해체되고 지배조직은 국왕을 정점으로 일원화되었다. 포항 중성리신라비에는 6부 소속의 사람들이 신라의 관제에 규정된 경위 관등과 다른 관등이 확인된다. 신라 6부가 내부적으로 독자적 관원을 두는 등 자치적 성격을 가진 정치체임을 보여준다.[40] 이럴 경우 왕의 권력행사는 제한적일 수 밖에 없다. 국왕 중심의 지배체제로 전환하기 위

---

39) 황상일 외, 「경주지역 선상지 지형발달」, 『新羅古墳環境調査分析報告書』, 國立慶州文化財研究所, 2008, 117쪽.

40) 홍승우, 「왕실의 경제 기반」, 『신라의 산업과 경제』(신라의 천년의 역사와 문화 10), 경상북도, 2016, 161쪽.

해서는 이러한 사적인 조직들을 국가로 편입시킬 수 밖에 없다.

법흥왕대에 이르면 王權과 臣權이 나뉘는 율령국가체제로 재편된다. 이로인해 권위가 높아진 국왕의 정무 공간인 正殿, 사적 공간인 內殿 등 공간의 구분이 필요하였을 것이다. 법흥왕대 반포된 율령의 성격을 잘 알기 어렵지만, 울진 봉평리 신라비를 보면 지방 촌락에 대한 차별이 전제되어 있다. 이러한 차별적인 요소는 당시 율령의 성격을 가늠하는데 시사하는 바가 크다. 왕경 내에서도 집단적 신분제인 골품제와 개인을 등급화한 관등제가 이즈음 제도적으로 정착된 것[41]으로 볼 수 있기 때문이다. 골품제의 대상은 오로지 왕경인만이었고, 관등제는 京位와 外位로 二元化되었는데, 內外의식이 전제된 개념이었다. 따라서 관등제의 성립은 京이라는 상징적인 공간의 탄생과 밀접한 관련이 있겠다.

그 선상에서 지증왕의 개혁정책은 이데올로기의 전환으로 까지는 이어지지 못하였지만, 순장제의 폐지,[42]와 상복법의 제정[43] 등을 통해 매장의례에 변화를 예고하였다. 뒤를 이은 법흥왕은 율령의 반포와 불교를 공인하였다. 불교는 눌지왕대 즈음 신라로 처음 유입된 것으로 보이지만 공인받지 못하였고, 소지왕대 사금갑 설화에서 유추할 수 있듯 탄압의 대상이었다. 우여곡절 끝에 법흥왕대에 이르러서야 공인이 되었다.

법흥왕은 천전리서석 을묘년명을 보면 태왕을 표방하고 있었다. 태왕은 왕중왕이란 의미로 명실공히 신라의 초월자적 지도자가 등장하였음을 의미한다고 하겠다. 아버지인 지증왕이 국호의 확정을 통해 건국자의 이미지를 부각하였고, 법흥왕은 紀年하기 위해 별도의 연호를 제정하였다. 연호의 사용은 새로운 정치적 의지를 표명하겠다는 의미이다. 다시

---

41) 주보돈, 「신라 骨品制 연구의 새로운 傾向과 課題」, 『한국고대사연구』54, 한국고대사학회, 2009.
42) 『三國史記』 卷4, 新羅本紀4 智證王 3年 春三月; 下令, 禁殉葬. 前國王薨, 則殉以男女各五人, 至是禁焉.
43) 『三國史記』 卷4, 新羅本紀4 智證王 5年 夏四月; 制喪服法, 頒行.

말해 建元이 '근본을 세우다'는 의미를 가졌다고 한다면 새시대의 시작을 알리고 싶었는지 모르겠다. 이를 통해 지증왕계의 정당성을 대중에게 환기시키고, 왕위의 자주성을 표현할 수 있다.

이제 집권층은 권력의 중추인 京을 꾸밀 필요가 있었을 것이다. 그런 측면에서 법흥왕 사후 그의 무덤이 애공사의 北峰으로 옮겨간 사실은 주목된다. 北峰이라는 표현에서 알 수 있듯 그간 평지에 무덤을 조영하던 것과는 양상을 달리하기 때문이다. 그래서인지 윤무병은 법흥왕릉부터 신라 왕경의 발전으로 인하여 적석목곽분이 평지를 떠나 산록으로 이동하였고, 이때 적석목곽분이 종말을 맞았다고 한다.[44] 여기에 대한 반론도 없지 않다. 박보현은 적석목곽분이 어느 순간 동시에 평지의 장지를 포기하고 산기슭으로 옮긴 것은 아니며, 전통 묘역을 고수하는 집단도 있었다는 것이다.[45] 시내에 위치한 28호, 傳나물왕릉(29호), 91호, 118호, 牛塚(131호), 馬塚(133호), 雙床塚(137호), 151호, 용강동 고분 등이 석실분[46]이라는 점에서 이 지적은 충분히 수긍이 간다. 다만 이러한 현상은 묘역의 선정이 종료된 상태를 의미하거나, 혈연중심의 묘역의 존재일 가능성이 높다. 조상대대로 지속된 묘역을 단숨에 옮겨가는 것은 그리 간단한 문제가 아니다. 그 선상에서 지배층의 무덤이 옮겨지기 시작하였다는 점은 그간의 매장패턴에 변화가 있었음을 시사한다. 선봉에는 왕실이 앞장서서 모범을 보였다. 따라서 그 이면에는 강제로 묘역을 옮기라는 무언의 압박이 내재되어 있었을 터이다.

묘제 고수의 보수성은 냉수리 고분을 통해서도 짐작할 수 있다. 왕경

---

44) 윤무병, 「한국 묘제의 변천」, 『논문집』Ⅱ-5호, 충남대 인문과학연구소, 1975, 1069~1070쪽.

45) 박보현, 「이식으로 본 보문리 부부총의 성격」, 『과기고고연구』6, 아주대학교 박물관, 2000, 82~83쪽.

46) 金大煥, 「新羅 王京 古墳의 분포와 체계 변화-石室墓 출현기를 중심으로」, 『신라 왕경의 구조와 체계』(新羅文化祭學術論文集 27), 2006, 220쪽.

의 지척에 있는 이 고분은 5세기 후반에 조영된 횡혈식 석실분이다. 이를 미루어보면 지방에는 유행하던 묘제가 외려 왕경에서는 도입되지 않았던 것이다. 묘제의 교체는 집권층의 의지가 없고서는 불가능한 사실임을 짐작할 수 있다. 그 선상에서 지증왕대 시행된 순장금지나 상복법 제정 등은 喪禮法의 개정과 일정한 관련이 있을 수 있다. 다만 순장금지는 전국적으로 망라되지는 못했던 것 같다. 양산의 북정리 집단은 금공품의 분여로 지방 지배를 관철한 지역이다. 그런데 양산 부부총에는 순장된 인골 3구가 확인되었다.47) 그리고 6세기 초로 비정되는 창녕 송현동 15호분에서도 남녀가 각각 2구씩 순장된 무덤이 발굴되었다. 이는 지증왕의 권력행사가 지방을 아우르는데 일정한 한계가 있었음을 시사한다.

왕경의 묘제가 횡혈식 석실분으로 교체된 시기에 대해서는 6세기 전기 후반설,48) 6세기 중엽설,49) 6세기 후반설50) 등 다양한 견해가 있다. 석실분의 등장 시기에 차이는 있지만 공통적으로 6세기에 이르러 법흥왕대 불교의 공인, 율령의 반포 등은 葬法에도 일정한 영향이 있었음이 분명하다. 현재까지 확인된 자료 가운데 적석목곽분의 소멸기에 산지에 조영된 경우가 보문리 부부총을 들 수 있다. 보문리 부부총은 일제강점기인 1916년 關野貞 일행에 의해 조사되었다. 조사결과 夫塚이 적석목곽분, 婦塚이 횡혈식석실분이라는 사실이 밝혀지게 되었다. 그래서 묘제의 변천에 이 고분이 標識로 이용되곤 한다. 최근 제출된 보고서에는 피장자가 모두 여성이므로 '普門里夫婦塚'이라는 명칭 대신 '普門洞合葬墳'으로 고쳐 부르자고 제언하였다.51)

---

47) 홍보식, 앞의 책, 2003, 298쪽.

48) 강현숙, 「경주에서 횡혈식석실분의 등장에 대하여」, 『신라고고학의 제문제』, 한국고고학회, 1996.

49) 최병현, 『신라고분연구』, 一志社, 1992.

50) 홍보식, 『新羅 後期 古墳文化 硏究』, 춘추각, 2003.

51) 尹相悳, 「考察」, 『慶州 普門洞合葬墳 -舊 慶州 普門里夫婦塚』, 國立慶州博物館, 2011, 142~143쪽.

고분의 조영연대는 적석목곽분의 경우 有蓋式 高杯가 520~540년대에 해당한다. 그리고 횡혈식 석실분의 경우 卜字形 蓋와 中期樣式 Ⅰa期에 속하는 臺附直口壺를 고려하면 540~560년 무렵에 조영되었다. 따라서 횡혈식 석실분은 적석목곽분이 조영된 후 바로 다음 시기에 축조되었음을 짐작할 수 있다.[52] 李熙濬의 분류안에 의하면 피장자는 位階의 服飾群(Ⅰ~L群)에 속하는 상위계층의 인물에 해당한다.[53]

산지의 일부에 적석목곽분이 조영되었지만 대체로 횡혈식 석실로 전환되었다. 따라서 묘역의 이동은 역시 국가차원에서의 제도개혁에서 논해져야 한다. 서악리 석침총은 왕경인이 수용한 횡혈식 석실 가운데 가장 이른 시기의 것이다. 이 고분을 경계로 왕경의 묘제는 적석목곽묘에서 횡혈식 석실로 무게중심이 기울어진다.[54] 무덤은 死者를 처리하는 공간이다. 한 집단의 매장관념은 무덤에 반영되며, 그 형태와 부장품의 매납에도 영향을 미친다. 매장관념은 상당히 보수적이어서 변화의 폭이 좁다. 그러므로 급격한 묘제의 교체는 매장관념의 변화와 짝한다. 이 변동의 배경에는 종교, 정치세력의 의도 등 외부의 자극을 상정할 수 있겠다.

횡혈식 석실분의 특징으로 薄葬化를 거론할 수 있다. 이는 죽음에 소비되는 비용을 절감하려는 현실적인 사회분위기가 반영되었을 가능성이 있다. 왕릉은 특별한 장소에 조영되는 거대한 기념물이다. 그곳에서는 성대한 장송의례와 제의가 이루어지는 공간이다.[55] 때문에 석실분이 채택되면서 조상숭배에 대한 관념이 달라졌을 것이다. 석실분 도입의 사상적 배경이 불교와 관련되었는지는 알기 어렵다. 적어도 묘제가 대체되었다는 사실은 사후세계의 관념이 전환되지 않고서는 상상하기 어렵다. 그

---

52) 尹相悳, 앞의 책, 2011, 139쪽.
53) 李熙濬, 「4~5世紀 新羅 고분 被葬者의 服飾品 着裝 定型」, 『韓國考古學報』47, 韓國考古學會, 2002.
54) 홍보식, 앞의 책, 2003, 321~322쪽.
55) 都出比呂志, 『王陵の考古學』, 岩波新書, 2000.

런 측면에서 繼世的 來世觀이 불교의 業說이나 輪回說로의 전환이 적석
목곽묘의 소멸을 자극하였을 것이다. 그 선상에서 불교 사원은 조상숭배
를 위한 추숭공간으로도 활용할 수 있다.

그간 왕경의 주된 묘역은 월성지구의 고분군이었다. 거기에 적석목곽
묘가 대규모 군집을 이루고 있었다. 왕경의 도시화가 진전되기 위해서는
절대 공간이 필요하다. 생활공간이 증가함에 따라 월성과 그 주변은 적
석목곽묘로 가로막혀 확장될 수 없었다. 석실묘가 채택되면서 동쪽으로
는 보문동 고분군, 서쪽으로는 서악동-충효동-석장동 일대의 고분군, 북
쪽으로는 용강동-동천동 고분군 등 크게 세 개 지구로 묘역이 확산된다.
이러한 석실묘 출현기의 묘역 이동 현상은 금척리 고분군에서도 확인된
다. 금척리 고분군도 적석목곽묘를 주묘제로 군집을 이루고 있었다. 그
러다가 석실묘가 채택되면서 현재의 방내리 일대로 묘역이 산지로 이동
하였다. 금척리 고분군 조영 세력 역시 왕경의 내부와 동일한 현상이 확
인된 점은 시사하는 바가 크다. 이는 크게 보아 경주 분지에 고분을 조
영하는 그룹과 금척리 고분의 조영 집단으로 양분되었음을 의미하기 때
문이다.

결국 장지의 이동을 통해 산자와 죽은 자의 공간이 서로 분리되었다.
산자의 공간은 王者를 중심으로 하는 도시공간으로 재편되었던 것이다.
당시 왕경의 경관을 크게 변모시킨 것은 불교 사원이었다. 당시 신라 사
회가 불교로 경도된 분위기는 심지어『三國遺事』에는 법흥왕과 진흥왕
이 출가한 사실을 적고 있다.56) 문헌 기록대로 본다면 왕실이 앞장서서
불교의 열풍을 주도한 것처럼 느껴진다. 석실분의 공간적 분포는 지금의

---

56)『三國遺事』卷3, 興法3 原宗興法 厭髑滅身; 前王姓金氏, 出家法雲, 字法空. 僧傳与
   諸說亦以王妃出家名法雲, 又眞興王爲法雲, 又以爲眞興之妃名法雲, 頗多疑混. 冊府元龜
   云, "姓募, 名䄎. 初興役之乙卯歲王妃亦創永興寺, 慕史氏之遺風同王落彩爲尼名妙
   法, 亦住永興寺, 有年而終." 國史云 "建福三十一年永興寺塑像自壞, 未幾眞興王妃
   比丘尼卒."

시가지를 에워싼 산지에 조영되었다. 따라서 신라인의 주된 생활공간은
자연스레 이 범위를 제외한 부분이 된다.

묘역이 이동되면서 분지의 빈 공간은 자연스레 도시화가 이루어질 수
있었다. 적석목곽묘가 사라지긴 하였지만 외형을 크게 일신할 만큼 건축
물을 지을 공간도 별로 없었다. 따라서 사찰을 짓기 위해서는 빈 공간이
필요했다. 왕경은 서천, 남천, 북천의 세 하천이 있어 건축부재의 운반에
용이하며, 초기 사찰이 숲에 조영되고 있어 목재의 확보에도 유리하였다.

불교의 공인은 신라왕경의 경관 변화에 상당히 강한 자극이 되었을
것으로 보인다. 불교는 단순한 종교를 넘어 그 이면에는 선진적인 기술
이 바탕이 되어 있었다. 이를테면 건축 기술, 製瓦術의 발전은 왕경의
건축물 보급에 직접적으로 관련이 있는 것들이다. 불교사찰의 확대는 건
물의 대형화에 기여했을 것이며, 이는 권위건축물의 등장을 의미한다.
따라서 승려들은 불경에도 능통하기도 하였지만 고도의 기술을 가진 의
사, 통역가, 기술자이기도 하였다.[57] 진흥왕대 지어진 신라 최초의 사찰
흥륜사는[58] 이렇듯 고도의 토목기술이 구사되었다. 흥륜사와 관련된 문
헌 기록을 보자.

> A-1. 眞興大王 즉위 5년 甲子에 大興輪寺를 지었다. 『國史』와 향전에 의하
> 면, 실은 법흥왕 14년 丁未(527)에 터를 잡고, 21년 乙卯(535)에 天鏡
> 林을 크게 벌채하여 처음으로 공사를 일으키고, 서까래와 대들보를 모
> 두 그 숲에서 취해 쓰기에 넉넉했고, 계단의 초석이나 석감도 모두 있었
> 다. 진흥왕 5년 甲子(544)에 절이 낙성되었으므로 갑자라고 한 것이다.
> 『僧傳』에 7년이라고 한 것은 잘못이다.

---

57) 대구 「무술오작비」(578)는 塢라는 일종의 저수둑을 만들었던 始末을 적기해 놓은
것이다. 그 가운데 都維那란 직명을 가진 寶藏, 慧藏이란 승려가 확인된다. 승려들
의 지식이 저수지의 축조 과정에서 많은 영향을 미쳤을 것이다.

58) 『三國遺事』卷3, 興法3 原宗興法 厭髑滅身; 眞興大王卽位五年甲子, 造大興輪寺.
按國史與鄕傳, 實法興王十四年丁未始開, 二十一年乙卯大伐天鏡林始興工, 梁棟之材皆於
其林中取足, 而階礎石龕皆有之. 至眞興王五年甲子, 寺成故云甲子. 僧傳云七年, 誤.

A-1을 보면 흥륜사는 진흥왕대 완성되었지만, 공사는 이 보다 앞서 법흥왕대부터 진행되었음을 알 수 있다. 사찰은 그간의 굴립주 건물과는 달리 적심을 다져 초석을 올리고, 지붕에 기와를 올리는 구조이다. 기와 의 하중을 지탱하기 위해서는 지붕을 구성하고 있는 가구 구조가 튼튼해 야 한다. 천경림에서 나무를 벌채했다고 해서 바로 사용할 수 없다. 내구 성을 가지려면 최소한 몇 년은 건조과정을 거쳐야 하기 때문이다. 異次 頓의 죽음으로 인해 공사가 독려되었다는 점을 감안하면, 꽤 오랜 시간 이 걸려 완공된 셈이다. 우연의 일치인지는 모르겠지만 사찰이 낙성된 갑자년(544)은 신라의 건국 기년이 갖는 의미와 무관하지 않다. 이는 그 간 始祖廟와 神宮에서 지내던 제사가 불교로 이관되는 것과도 관련이 있을 수 있다.59)

신라의 불교는 법흥왕과 진흥왕을 거치면서 왕경 전반을 휩쓸었다. 이 후 중고 왕실은 선덕 여왕대까지 대형 사찰들을 건립하였다. 흥륜사 (544), 영흥사(540년대), 황룡사(553), 천주사와 신원사, 안홍사(진평왕 대), 삼랑사(597), 분황사(634), 영묘사(635)는 바로 중고기의 소산이다.

늪지에 조성된 황룡사를 제외하고 흥륜사와 영흥사, 삼랑사, 신원사, 분황사 등은 서천과 남천, 북천가에 위치하고 있다. 혹자는 이를 통해 불국토를 구현하려 했다고 하는데, 왕경의 택지선정과 건축부재의 조달 등을 감안하면 오히려 川邊이 공간 확보에 유리하였을 것이다. 더욱이 경주분지가 선상지라는 지형적 여건은 초창기 불교 사찰을 세우는데 난 제로 작용하였을 것이다.

하천가의 불모지를 적극 개발한 결과 초창기 사찰을 중심으로 주택가 가 형성될 수 있었다. 진평왕 18년(596)에 발생한 영흥사의 대화재는 주 변의 민가 350여 채도 같이 태워버렸다. 이러한 정황은 사찰을 중심으로

---

59) 김복순, 「興輪寺와 七處 伽藍」, 『新羅文化』20, 동국대 신라문화연구소, 2002, 39~ 56쪽.

도시화가 진전되고 있었음을 웅변해 준다.

6세기 전반 무렵 신라 왕경에는 기와를 올린 건축물들이 등장하기 시작하였다. 기와는 공급이 제한된 건축부재이다. 기와 건물에는 초가와는 달리 지붕의 하중을 지탱하는 초석이라는 새로운 건축개념이 도입되었다. 기와는 외형적인 면에서 권위를 표현하는데 적합하였는데, 왕궁, 神廟와 사찰, 관부 등에 한정되어,[60] 사용된 일종의 사치품이었다.[61] 그래서 기와를 올린 건물과 올리지 않은 건물 사이에는 엄연히 격의 차이가 존재한다. 기와건물의 등장은 도시화를 진전시켰다. 그리고 궁역, 관아, 귀족 거주공간 등 공간의 위계화를 촉진시켰다.

일본의 경우 평성경을 조영하면서 기와를 올려 京師를 장엄하려는 태정관의 상주문에서 그런 모습이 확인된다.

A-2. 11월 갑자, 태정관이 아뢰기를, "오랜 옛날에는 순박해서 겨울은 굴에서 지내고, 여름은 둥지에서 지냈습니다. 후세의 성인이 바꾸어 宮室을 사용하였습니다. 또한 京師를 두어 제왕이 거주하였습니다. 만국이 조회하는 곳이니, 장대하고 화려하지 않으면, 무엇으로써 덕을 드러낼 수 있겠습니까. 판자로 벽을 만들고 풀로 지붕을 이은 집은 中古의 遺制이나, 짓기도 어렵고 부서지기 쉬워서 헛되이 백성의 재물을 없앱니다. 청컨대 관리에게 명하여 5위 이상과 庶人으로서 능력이 되는 자는 기와집을 짓고, 붉고 희게 칠하도록 하소서"라고 하였다. 이를 허락하였다.[62]

A-2의 겨울에 굴에 살고 여름에 둥지에 산다는 식의 표현은 『易經』繫辭편, 『文選』서문, 『禮記』禮運편에 유사한 문구가 확인된다.[63] 京師

---

60) 『舊唐書』卷199上, 列傳149上 東夷傳 高麗條; 其所居必依山谷, 皆以茅草葺舍, 唯佛寺·神廟及王宮·官府, 乃用瓦.

61) 森郁夫, 「古代の瓦と塼」『日本の古代瓦』, 雄山閣出版, 1991, 105쪽.

62) 『續日本紀』卷9, 神龜元年 十一月甲子; 太政官奏言. 上古淳朴. 冬穴夏巢. 後世聖人. 代以宮室. 亦有京師. 帝王爲居. 万國所朝. 非是壯麗. 何以表德. 其板屋草舍. 中古遺制. 難營易破. 空殫民財. 請仰有司. 令五位已上及庶人堪營者搆立瓦舍. 塗爲赤白. 奏可之.

의 경관을 장엄하는데 초가를 대신하여 기와 건물을 조영하고, 거기에 더해 건물에 색깔을 칠함으로서 권위의 顯現을 기도한 사례라 할 수 있다. 말하자면 경사는 지배하의 국내와 종속하는 諸外國에 대한 제왕의 권위와 권력을 과시하기 위해 보다 화려하지 않으면 안된다. 이 말은 宮都가 권위의 장엄으로 고대국가의 중앙집권적 지배체제를 유지하기 위한 장치였음을 단적으로 드러내고 있다.64) 그러므로 기와는 방습 및 방수의 본연적인 기능 이외에 정치적, 종교적 권위와 거주인의 사회 경제적 지위를 표징한다는 지적은 경청할 만 하다.65) 아래 <그림 3>에서 볼 수 있듯 신라에서 가장 오래된 기와가 월성, 나정, 인왕동 건물지 등에서 출토된 정황도66) 이러한 맥락에서 이해할 수 있다.

63) 菅野眞道 外·이근우 역, 『속일본기Ⅰ』, 지식을 만드는 지식, 2008, 339쪽.
64) 佐藤信 外, 『都市社會史』 新体系日本史6, 山川出版社, 2001, 12쪽.
65) 上原眞人, 「平安貴族は瓦葺邸宅に住んでいなかった」『高井悌三郎先生喜壽記念論集 歷史學と考古學』, 眞陽社, 1988, 523쪽
66) 이동주, 「기와로 본 신라왕경의 공간변화」, 『역사와 현실』68, 2008, 128~130쪽. 경주 항공사진의 사용을 허락하신 국립경주문화재연구소 관계자 분께 감사의 말씀을 드린다.

<그림 3> 삼국시대 적심건물의 분포(ⓒ국립경주문화재연구소)

그림을 보면 기와 건물은 5세기 말~6세기 전반까지는 월성을 중심으로 나정 일대까지 형성되었다. 그러다가 6세기 중엽부터 7세기까지는 황룡사일대, 인왕동, 황오동 일대까지 확산된 양상을 보이지만 북천을 넘지 않는 범위에 국한된다. 특히 월성을 중심으로는 6세기 전반까지 고식 기와를 올린 건물들이 분포하였다. 따라서 이 건물들은 당시 왕경에서 가장 격이 높았던 건물이라 할 수 있다.

6세기 중엽 이후 왕경 내에서 기와 사용량이 급증하게 되는데, 북천 치수의 결과로 보인다. 북천 치수와 관련된 한 견해에 따르면 6세기에 이르러 치수된 결과 경주 분지 내에서 홍수의 빈도가 감소되었다고 한다.[67] 북천은 범람에 의해 자주 침수 피해를 초래하였다. 『三國史記』에 공식적으로 전하는 북천 범람기사만 해도 3건[68]이 확인된다. 후대의 일이긴 하지만 김주원이 왕위를 계승하지 못한 이유도 바로 북천의 범람 때문이었다. 또한 언제인지 명확하지는 않지만 봉덕사는 범람으로 사찰이 폐절되었고, 파묻힌 종을 1460년 영묘사에 옮겨 달기도 하였다.

현재까지 북천변에서 신라시대 교량의 흔적은 발견되지 않고 있는데, 평소의 유량을 고려하면 앞으로도 나올 가능성은 희박하다. 북천은 평소 건천이고, 북천 이남과 이북의 도로가 서로 맞물리지 않는 정황을 미루어 보면 교량이 없었을 공산이 크다. 그런데 평소 건천인 북천은 집중호우가 내리게 되면 상황이 달라진다. 계곡에서 방류된 물이 하나로 합류되어 소금강산과 명활산을 거치면서 개활지를 만나게 되는데, 이때 운동에너지량은 극에 달하게 된다. 홍수의 피해도 이 때문에 생긴다. 김경신이 북천신에게 빌어 왕이 되었다는 설화는 평소 건천이었다가도 호우가 되면 홍수로 변하는 현상을 목격한 신라인의 경험일 지도 모른다. 급격

---

67) 姜奉遠, 「경주 북천의 수리에 관한 역사 및 고고학적 고찰」, 『新羅文化』 25, 2005, 348~349쪽.

68) 『三國史記』 卷2, 新羅本紀2 阿達羅尼師今 7년 4월조; 『三國史記』 卷3, 新羅本紀3 炤知麻立干 18년 5월조; 『三國史記』 卷10, 新羅本紀10 元聖王 1년 1월조.

하게 늘어나는 유량을 북천신이라는 신격화된 대상으로 감정이 이입되었을 가능성도 없지 않다.

이러한 북천의 지형적 특성으로 인하여 분황사, 황룡사가 입지한 지역은 물을 차단시키는 차수시설이 필요했을 것이다. 차수시설은 실제 발굴을 통해서 그 존재가 확인되었는데, 점토대로 보고하였다. 신라왕경숲 조성부지내 유적에서는 E360~E400지점에서 동서방향으로 진행하는 길이 71m규모의 벽이 확인되었다. 인접한 구황동 원지유적에서도 E300지점에서 점토벽이 남북방향으로 길게 확인된 바 있다.[69] 또한 E400~E440 지점에서 확인된 점토대는 남쪽으로 진행하고 있었다. 이를 감안하면 점토대의 전체길이는 동서 140m 정도의 규모이다.

점토대는 모래와 자갈 등으로 형성된 하상 퇴적층을 수직으로 굴광한 다음 황갈색과 적갈색의 점질토를 채워넣어 만들었다. 규모는 너비 1m, 높이 1.1~1.2m정도로 계측된다. 점토대의 하단면은 구역마다 약간씩 차이를 보인다. 가령 E360지점에서는 점토대 밑바닥이 별다른 굴광없이 바로 지면에 맞닿아 있다. 그런데 E400지점에서는 지면을 10cm정도 굴광하여 점토대를 만들었다. 전체적인 양상은 북천의 곡류지점 南岸을 에워싸듯 축조하였다. 즉 일정한 범위를 정하여 하상퇴적층 내부에 형성된 수맥을 의도적으로 차단하려는 목적을 가졌을 것이다.[70] 그러므로 점토대 시설은 북천 유로에 따른 지하수의 용출을 차단하기 위한 시설로 생각된다. 치수는 제방의 축조와 차수시설 등을 통해 지속적으로 이루어졌다. 그 결과 북천 이남에 대한 도시화가 진전될 수 있는 단초가 마련되었다. 치수의 시기는 구체적으로 파악하기는 어렵지만 적어도 황룡사(신궁) 조영 이전 무렵인 6세기 초로 보는 것이 타당할 듯 하다.

---

69) 國立慶州文化財研究所,『왕경지구내 가스관매설지 발굴조사 보고서』, 1996, 38쪽.

70) 國立慶州文化財研究所,『경주 구황동 신라왕경숲 조성사업 부지내 유적 발굴조사 보고서』學術研究叢書51, 2008, 111쪽.

한편 『三國史記』 열전 사다함 고사를 보면[71] 북천 일대는 당대인들 사이에 불모지로 인식되었다. 경주분지의 물적 기반이 가장 좋은 지역은 남천의 남동방향과 시내의 남쪽, 형산강 부근, 大川의 서쪽이다. 북천 부근은 단애와 암반이 많아 토지 활용의 여건이 좋지 않다. 따라서 6세기 중엽 동천동 일대는 미개척 지역이라고 보아도 좋다. 북천을 기준으로 발굴 조사 결과를 보면 월성을 중심으로 한 인왕동·황오동·구황동의 도로 축조 시기는 대부분 6세기 중엽 이후부터이다. 그리고 황룡사지 주변 일대는 삼국통일 이전의 7세기가 중심시기를 이루고 있다. 이러한 고고학적 정황은 문헌의 내용과도 부합한다. 한편 탑동 20번지 유적의 발굴조사에서는 5~6세기 삼국시대 목곽묘, 적석목곽묘 등 다양한 묘제의 고분과 삼국시대~통일신라시대 수혈유구, 적심건물지 등 생활유적이 2개의 문화층에서 중복되어 밀집분포하고 있음이 확인되었다. 이는 주변 유적 발굴조사 내용과 종합해 볼 때, 이 일대가 원삼국시대~삼국시대 고분군으로 활용되다가 통일신라시대 주거공간으로 변모되는 일련의 공간의 재배치 과정을 확인할 수 있다.[72]

결국 왕경이란 공간은 인위적인 위계화를 통해 구현할 수 있다. 이는 작게 보면 왕경 내에서도 위계화를 달성할 수 있지만, 크게 보면 지방과 왕경 간의 위계화를 달성할 수 있다. 이를 통해 왕경은 권위적인 공간으로 탈바꿈할 수 있게 된다. 따라서 왕경이란 도시는 인간의 의도에 따라 어느 공간이든 조영할 수 있다.

---

71) 『三國史記』卷44, 列傳4 斯多含; [前略] 洎師還 王策功賜加羅人口三百 受已皆放 無一留者 又賜田固辭 王强之 請賜閼川不毛之地而已.

72) 한국문화재단, 『경주 탑동 20번지 단독주택 신축부지내 문화유적 국비지원 발굴조사 약식 보고서』, 2016.

2) 황룡사와 도시 계획

황룡사는 신라 삼보 가운데 장육상과 9층탑이 있었던 호국사찰이었다. 황룡사와 관련된 연구는 가람배치와 구조 등이 중점적으로 검토되었다. 그 가운데 1탑 3금당식이라는 특이한 평면배치가 주목되었다.[73] 황룡사의 기본 형태는 창건가람을 폐기하고 1차 중건가람부터라는 것이 조사를 통해 밝혀지게 되었다.[74] 다만 평면 변화의 계기와 이유에 대해서는 명확하게 밝혀지지 않았다. 그리고 금당에 봉안된 장육존상의 양식에 대해서도 다루어졌다. 장육존상의 양식은 문헌에 전하는 아육왕 양식이었을 것이라는 게 통설이지만,[75] 반론도 있었다.[76] 한편 황룡사의 창건을 王室佛敎, 轉輪聖王, 釋迦佛意識, 9층탑과 자장 등을 접목한 연구의 결론도 대부분 왕권강화로 귀결되었다.

진흥왕은 불교를 통해 자신의 神聖을 드러내려고 했던 것 같다. 인간은 권력을 초자연적인 존재에게서 부여 받은 것처럼 신비화함으로써 세속적인 현실을 우주적인 것으로 위장하고자 한다. 권력을 재편하려는 곳에는 스스로 체득하기 어려운 신비주의적인 요소가 가미되기도 하며, 마치 신이 자신에게 권력을 준 것처럼 의도적인 상징조작을 통해 권위를 드러내려 한다. 진흥왕은 불교의 정치적 의미와 효과를 충분히 이해하고 통치에 접목시키려고 했던 것 같다. 전륜성왕을 자처한 그가 다스리는 땅이 곧 불국토인 셈이다. 이러한 사고의 확장에는 자장이 도움이 있었을 것이다. 실제 중고기 유학승의 대부분은 진골출신들인데, 정치, 외교,

---

73) 趙由典, 「新羅 皇龍寺伽藍에 關한 硏究」 동아대학교 대학원 사학과 박사학위논문, 1987.

74) 金正基, 『皇龍寺』發掘調査報告書 I, 1984.

75) 김리나, 「황룡사의 장육존상과 신라의 아육왕상계불상」, 『진단학보』46·47合號, 1979.

76) 문명대, 「신라 삼보 황룡사 금당 석가장육삼존의 복원과 황룡사지 출토 금동불입상의 연구」, 『녹원스님고희기념학술논총(한국불교의 좌표)』, 1997.

군사, 예술 등 다방면에서 활동하였다.[77] 이들은 王法과 佛法이 일치한다는 教說을 표방하여 국왕 중심의 지배체제를 合法化하고 옹호하였다.[78]

그러나 간과해서는 안될 사실은 황룡사의 조영은 신라 도성제의 발전 과정 속에서 고찰되어야 한다는 것이다. 발굴조사결과에서 입증되었듯이 광범위한 寺域을 매립할 정도의 토목공사는 公權力이 동반되지 않으면 어렵기 때문이다. 황룡사 창건이후 왕경에는 이에 버금가는 대규모 토목공사가 없었다는 점도 王京의 운영상 황룡사가 차지하는 위상을 반영한다.

진흥왕은 전륜성왕을 표방하면서, 궁궐을 포기하고 불교 사원으로 전환하여 자신의 왕권을 뒷받침하는 사상적 배경을 확보했다.[79] 사찰로의 전환은 진흥왕이 결정하였을 가능성이 높다. 그런데 진흥왕은 단순히 왕권을 강화하고 싶어서 사찰로 전환하였을까. 황룡사의 발굴조사나 지금 진행되고 있는 남측 담장 외곽일대는 실제 늪지를 메운 곳이다. 황룡사 일대를 발굴하면 토층에서 하천의 역석과 갯벌 흙인 흑색점토층이 반드시 확인된다. 이는 황룡사 일대가 상시적인 범람으로 인해 토지 사용이 제한적이었음을 시사한다. 실제 황룡사의 조영과정은 『三國史記』와 『三國遺事』에 다음과 같이 전한다.

> A-3. 14년 봄 2월에 왕이 담당 관청에 명하여 月城의 동쪽에 새로운 궁궐을 짓게 하였는데, 黃龍이 그곳에서 나타났다. 왕이 이상하게 여겨서 [계획을] 바꾸어 절로 만들고 이름을 皇龍이라고 하였다.[80]
>
> A-4. 27년 황룡사의 공사를 끝냈다.[81]

---

77) 李基白, 「皇龍寺와 그 創建」, 『新羅時代 國家佛敎와 儒敎』, 한국연구원, 1978; 『新羅思想史硏究』, 一潮閣, 1986, 31~36쪽.

78) 李基東, 「韓國 古代의 國家權力과 宗敎」, 『東國史學』35·36合輯, 2001, 6쪽.

79) 최선자, 「신라 황룡사의 창건과 진흥왕의 왕권강화」, 『韓國古代史硏究』72, 2013.

80) 『三國史記』 卷4, 新羅本紀4 眞興王 14年 2月; 王命所司築新宮於月城東, 黃龍見其地. 王疑之, 改爲佛寺, 賜號曰皇龍.

81) 『三國史記』 卷4, 新羅本紀4 眞興王 27年; 皇龍寺畢功.

A-5. 신라 제24대 眞興王 즉위 14년 계유 2월 장차 궁궐을 龍宮의 남쪽에
지으려 하는데 黃龍이 그 땅에 나타나서 이에 바꾸어 절로 삼고 黃龍
寺라고 하였다. 기축년(569년)에 이르러 담을 두르고 17년 만에 바야흐
로 완성하였다.[82)]

황룡사의 완공은 『三國史記』와 『三國遺事』가 서로 다르게 적고 있다.
우선 A-3, A-4를 보면 진흥왕 14년(553)에 창건되어 동왕 30년(566)에
창건 가람이 완성되었다. A-5에는 담을 두른 시점을 창건 가람의 완성
시점으로 보고 있다. 이는 완공의 기준을 어디에 두느냐의 차이로 보인
다. 『三國遺事』에서 주요한 완공 기준은 담이었다. 담은 해당 건축물의
경계를 의미한다는 점에서 『三國史記』의 완공기사는 중요한 건축물들
이 모두 갖추어 졌음을 시사한다.[83)]

담장이 두른 후에도 내부 공사는 계속 이루어졌던 것 같다. 창건가람
은 중앙에 금당을 두고 양 측면에 동회랑과 서회랑으로 3분할된 一塔一
金堂 형식이었다. 특히 창건 가람의 금당에서 翼廊의 흔적이 확인되었
다. 사찰에서 익랑의 설치는 통일신라시대부터 시작된다는 점에서 이 흔
적을 新宮과 관련시키기도 한다.[84)] 이후 진흥왕 35년(574)에는 장육상
을 금당에 안치하고, 동-서 금당이 나란히 배치되는 3금당으로 완비되었
다. 그리고 9층 목탑은 선덕여왕 14년(645)에 조성되면서 중건가람이 완
성되는데, 창건으로부터 93년에 걸친 대역사였다. 황룡사는 경덕왕 13년
(754)에 대종이 주성되었고, 종루와 경루가 추가되면서 중건가람에도 약
간의 변화가 있었다. 몽고의 병란으로 사찰이 소실되기 까지 9층목탑은
지진이나 화재로 인해 여섯 차례나 중수되었는데, 이때 주변의 건축물들

---

82) 『三國遺事』 卷3, 塔像4 皇龍寺丈六; 新羅第二十四眞興王卽位十四年癸酉二月, 將
築紫宮於龍宮南, 有黃龍現其地乃改置爲佛寺号黃龍寺. 至己丑年周圍墻宇, 至十七
年方畢.
83) 李基白, 앞의 책, 1986, 64~65쪽.
84) 김창호, 「皇龍寺 창건가람에 대하여」, 『慶州史學』19, 2000, 74~75쪽.

도 동반해서 관리되었을 것이다. 황룡사는 시간이 흐르면서 목탑이나 종루, 경루 등이 추가 조영되었지만, 평면공간은 진흥왕 30년(569) 담장이 드리워진 이래 큰 변화가 없었다. 이는 창건가람이후 필요한 건물을 세울 때마다 그 곳에 있거나 장애되는 건물을 제거하는 형태로 건물을 조영했던 것으로 볼 수 있다. 황룡사의 평면공간은 폐절될 때 까지 변함이 없었던 것이다. 이는 택지 조성에서 범위가 정해졌음을 의미한다.

왕경에서 가장 핵심적인 공간은 궁이다. 궁은 왕을 정점으로 일원적인 권력행사가 이루어지는 핵심적인 공간이다. 따라서 新宮 설치의 의도는 왕경의 운영과정에서 새로움을 시도한 것으로 볼 수 있다. 新宮의 조영은 바로 그 시작이다. 『日本書紀』에는 豊前國에 京이 성립되는 경위가 전해지고 있다. 즉 '천황이 드디어 築紫에 이르러 豊前國 長峽縣에 도착하여 行宮을 짓고 그곳에 거처하였다. 그런 까닭으로 그곳을 京이라 불렀다'는 것이다.[85] 천황이 거처하는 공간인 宮의 조영이 京을 성립시키는 중요한 요소였음을 유추해 볼 수 있다.

진흥왕이 어떤 목적을 가지고 新宮을 계획하였고, 처음부터 전체적인 도시계획을 염두에 두었는지, 사찰로 전환된 후 이곳을 기준으로 도시화를 진행하였는지는 알기 어렵다. 공교롭게도 황룡사가 대략 4개의 방 정도의 면적을 차지하고 있다는 점과 사찰의 사방이 도로에 의해 구획되었음을 유념한다면 新宮을 조영하려 했을 당시 이미 택지 분할을 염두에 두고 공사를 진행하였을 가능성은 높다.

황룡사 주변은 湧泉水가 샘솟는 저지대여서 토목공사의 애로가 많은 공간이다. 목조건축물에 습지란 환경은 치명적이며, 공사를 진행하더라도 이후 유지 보수에서 많은 어려움이 동반된다. 인근 북천은 홀로세(Holocene)중에도 자주 범람을 겪어 황룡사, 월지, 월성 북쪽으로 이어지

---

85)『日本書紀』卷7, 大足彦忍代別天皇 景行天皇 十二年; 天皇遂幸築紫, 到豊前國長峽縣, 興行宮而居. 故號其處曰京也.

는 경로로 흘렀다. 그것이 북천변에 제방을 축조하고 숲을 조성하여 비로소 그 내부에 인간 활동이 가능하게 됨으로써 본격적으로 건물군이 조성될 수 있었다.[86] 어쩌면 상시적으로 드러나는 물로 인해 당시 사람들은 이 일대를 龍宮에 빗대었는지도 모르겠다. 신라인들은 이러한 자연적인 제약을 성분이 다른 여러 흙을 시루떡처럼 성토하는 방식으로 극복하고자 하였다. S1E1유적이나 황룡사 남측의 도시유적에서는 성토의 흔적이 확인되지 않는 점에서 그 범위는 황룡사 일대에만 국한되었다. 황룡사의 사역은 동서 288m, 남북 284m인데 성토 범위는 동쪽은 남북도로 서쪽 배수로, 서쪽은 서쪽 담장 부근, 남쪽은 동서 도로 북쪽 배수로, 북쪽은 동서 도로 남측까지이다. 대지 조성은 평면과 단면 형태, 성토 성분, 바닥 처리에 의해 크게 다섯 단위로 구분된다. 성토의 두께는 1~2단위에는 20~50cm 내외, 3~4 단위에는 두께 100~130cm, 5단위는 약 60cm 정도이다. 이는 성토의 말단부에 해당하며, 사역의 중심부인 금당지·중문지·강당지에서는 180~260cm로 가장 두터우며, 동회랑지에서는 80~110cm, 서회랑지에서는 200~260cm 정도로 확인된다.[87] 사역의 중심부로 갈수록 깊이가 깊었던 셈이다. 그리고 도로를 연해 성토가 마무리되었다는 사실을 미루어 볼 때 건물 배치의 큰 계획 아래 대지가 조성되었음을 짐작해 볼 수 있겠다. 성토 방법은 남쪽에서 북쪽, 동쪽에서 서쪽방향으로 흙이 30°경사지게 비스듬하게 교대로 쌓아나갔다. 그리고 지면에는 자갈을 깔아 배수를 용이하게 하였다. 성토층 아래에서 6세기 무렵의 토기편이 확인되었는데, 황룡사의 초창시기와도 맞물린다. <그림 4>에서 보듯 흙을 수평으로 쌓지않고 비스듬하게 성토한 이유는 아무래도 건축물의 하중을 직접 습지로 전달되는 것을 막기 위해서였을 것이

---

86) 이기봉, 『고대도시 경주의 탄생』, 푸른역사, 2007.
87) 이민형, 「신라 황룡사 대지조성기법과 범위」, 『신라문화유산연구』 2호, 신라문화유산연구원, 2018, 112쪽.

<그림 4> 황룡사 토층 전경

다. 연약지반에 대한 지반침하를 대처하기 위한 토목기술이 구사되었던 셈이다.[88]

토목공사의 어려움에도 불구하고 공사가 강행된 이유는 부지 선정의 의도 때문일 수 있다. 신라는 정궁의 기능을 수행한 월성이 왕경의 남쪽에 위치하여 중국적 궁궐 배치를 실현하기 어려웠다. 따라서 신궁은 왕경의 중심성을 함의할 수 있는 곳이어야 한다. 그리고 당시 도시화의 진전이 더딘 곳이라야 궁궐 공사가 훨씬 수월하다. 더구나 황룡사 인근의 狼山은 통일 전 삼산이자 중악으로 인식된 성소였다.[89] 신궁의 조영 장소로 선정된 낭산일대는 의외로 넓은 들판이 형성되어 있다. 그래서 장

---

88) 신라문화유산연구원, 「경주 황룡사 남쪽담장 외곽 정비사업부지(1차)내 유적 발굴조사」현장설명회자료집, 2016.
89) 주보돈, 「신라 狼山의 歷史性」, 『新羅文化』44, 2014.

방형의 택지를 수월하게 조성할 수 있었을 것이다. 진흥왕의 의도대로 新宮이 완성되었다면 궁궐을 북쪽에 두는 중국식 도성제를 실현할 수 있었다. 중국 도성의 공간구조는 曹魏의 鄴城부터는 京域의 북부에 궁이 위치한다. 이로 인해 남북축선을 개설하고 궁을 위치시키는 이른바 左北朝南의 도성구조가 보편화되기 시작한 것이다.90) 이로인해 왕의 자리는 남면한다는 사고가 확산되었고, 신라도 월성을 대신하여 새로운 궁궐을 조영함으로서 이를 실현하고자 했던 것 같다.

낭산에 인접하여 조영된 新宮은 왕경의 중심이 되는 곳에 王者의 居所를 짓는다는 개념이 투영된 것 같다. 그런데 신궁이 무위로 돌아가고 사찰로 바뀐 다음의 사명조차 皇龍寺였다. 皇과 黃은 音相似이며, 여기서 黃은 오방의 중앙 혹은 中이란 의미를 지닌다. 심지어 낭산의 인근인 九皇洞 일대에는 皇福寺, 皇聖寺, 芬皇寺 등 유독 皇자가 붙은 사찰의 밀도가 높다. 이는 왕실과 관련된 건물이 밀집한 존귀한 영역이었음을 시사한다.91) 황복사는 낭산의 東麓에 그 遺址가 전해지고 있고, 황성사는 무진주 안길이 上守吏로 왔을 때 거득공의 집을 찾을 때 등장한다. 사찰 대부분이 중고기에 조성된 공통점이 있다. 따라서 황룡사를 조영한 주체들은 이 지역을 왕경의 중심으로 여겼을 공산이 크다. 낭산은 선덕여왕 말년 그의 사후 귀의처인 도리천이었고, 이 관념은 신라의 국왕, 왕경, 그 밖의 세계에 대한 신라인들의 인식을 반영한다.92) 이는 낭산을 포함한 왕경을 다른 지역과 구분하여 인식한 결과일 것이다.

사실 황룡을 중앙의 상징으로 보는 것은 신라만의 것이 아니라 동아시아의 보편적인 관념이었던 것 같다. 황룡이 서상으로 나타나자 중앙부

---

90) 王維坤, 「中國 古代都城의 構造와 里坊制의 기원에 관하여」, 『地理敎育論集』38, 1997, 92~93쪽.

91) 남동신, 「新羅 中古期 佛敎治國策과 皇龍寺」, 『황룡사의 종합적 고찰』(신라문화제 학술논문집 22), 신라문화선양회, 2001, 12쪽.

92) 김창석, 「통일신라의 천하관과 대일(對日)인식」, 『역사와 현실』56, 2005, 153쪽.

에서 모종의 행위를 한 것이 중국에서도 확인된다. 가령 당의 道宣이 649년 찬한 『廣弘明集』은 梁의 僧祐가 지은 『弘明集』을 확대 개정한 책인데, 부처의 공덕을 찬양하는 불덕편에 황룡의 서상과 관련된 내용이 있다. 구체적으로 부처님을 찬양하는 「상보리수송계」에는 "삼가 그릇으로써 承露를 나타내고, 동아에서 천명하오니, 서상이 黃龍으로 나타나 中山에서 찬송을 지었습니다. 신이 비록 불민하여 어리석은 마음뿐이나 삼가 '보리수송' 한 수를 지어 올립니다."라는 기사가 확인된다.[93] 여기서 承露는 承露盤으로 감로수를 받는 쟁반을 의미하며, 동아는 위나라의 읍인데, 공덕을 찬하는 명을 새기려 할 때 서상으로 황룡이 나타났던 것 같다. 이로인해 中山에 올라 부처의 공덕을 찬송하는 노래를 지은 것이다. 여기서도 황룡은 곧 중앙의 상징으로 받아들여지고 있다.

다만 황룡이 나타났다는 서상으로 궁을 포기하고 사찰로 전환하였다는 사실은 다소 막연하게 느껴진다. 불교에서 용은 여러 상징성을 갖는다. 그 가운데 크게 보면 주술적 목적, 홍수와 가뭄을 다스리는 水神, 미래를 예언해 주는 예언자, 왕권, 절대 권력의 상징, 호국과 호법신, 권위와 길상의 상징 등으로 압축해 볼 수 있다.[94] 당시 신궁 공사를 진행하면서 신라인들이 느낀 황룡의 서상은 절대 권력의 상징과 호국, 호법신으로서의 용의 이미지는 아니었을까. 중국의 秦漢代에도 용은 제왕을 상징하는 동물로 인식되었고, 대체로 王者의 聖德을 나타내는 瑞祥으로 이해되었다. 고구려 동명왕 3년(기원전 35) 3월 鶻嶺에 출현한 황룡은 그해 7월 골령 남쪽에 나타는 상서로운 구름과 함께 왕조의 창업과 성군의 출현을 표징하는 상서로 풀이되었다.[95] 따라서 진흥왕의 新宮조영은 도

---

93) 『廣弘明集』 卷15, 佛德編; 伏以器表承露東阿薦瑞啓黃龍中山興頌. 臣惟不敏實有 愚心謹上菩提樹頌一首.

94) 李章赫, 「佛敎經典에 나타난 龍의 象徵性 硏究」 威德大學校 佛敎大學院 碩士學位 論文, 2008.

95) 이희덕, 『韓國古代 自然觀과 王道政治』, 혜안, 1999, 202~204쪽.

성 경영의 틀을 변화시키려고 했던 관점에서 접근할 필요가 있다. 진흥왕은 삼국의 항쟁기에 두각을 드러내기 시작하였고, 실제 가야제국의 대부분과 단양 적성을 필두로 한성 일대의 진출 성공, 동해안의 마운령, 황초령 일대까지 석권하였다. 이러한 야심에 찬 영토 확장은 정복군주로서의 아소카왕의 이미지와 유사하며, 진흥왕에게 많은 영감을 주었을 것이기 때문이다.

황룡사를 가섭불이 설법한 장소였음을 강조한 것이나, 정복군주 아소카왕도 실패한 불상 재료 등을 이용하여 장육존상을 만들었다는 연기설화가 전한다. 이러한 연기설화는 신라를 불국토로 윤색시키고, 진흥왕의 권위를 높이는 작용을 하였다. 황룡사 장육은 아육왕상 신앙과 밀접한 관련을 가진다. 중국의 경우 양무제대에 불상이 국가나 황제권력과 밀착하여 왕조의 정통성을 담보받는 정치적 서상으로 기능하고 있었다. 이러한 서상은 국가의 중대사가 있을 때 마다 불상은 어떠한 징조를 보여줌으로서 왕권과 매개되어 있음을 드러낸다.[96] 황룡사의 장육왕도 완성하지 못한 한계를 극복하였다는 점을 강조하고 있다. 이는 진흥왕의 신성을 더욱 고양시키는 효과가 있다. 더구나 6세기 중국에서는 장육이 곧 석가모니, 모든 부처의 眞身으로 인식되었다. 황룡사의 불상이 곧 석가상이므로 장육상은 석가의 진신이 된다. 그러므로 황룡사의 장육상은 신라에 석가가 온 것과 다름없는 셈이다.

황룡사의 입지 양상을 고고학적으로 접근한다면, 월성의 북문을 기준으로 남북가로구획이 동편과 서편의 각도가 서로 다르다. 사실 왕경 내에서 방의 규모와 가로구획의 각도가 차이가 있다는 사실은 널리 인정되는 바이다. 구체적으로 동편의 가로구획은 서쪽으로 기울고, 서편의 가로구획은 동쪽으로 기울어져 있다. 龜田博의 계측에 의하면 서편은

---

96) 소현숙, 「新羅 皇龍寺 丈六像의 淵源과 性格 : 6세기 중국 南北朝時代 '政治的 瑞像'과 比較分析을 통한 연구」, 『선사와 고대』37권 37호, 한국고대학회, 2012.

N-2°50'-E, 동편은 N-1°25'-W, 북천 이북지역은 N-7°-E로 나타난다.[97] 그리고 동서가로구획의 경우 분황사를 기준으로 북편은 서북-동남, 남편은 서남-동북으로 기울어져 있다. 다만 동서가로구획의 경우 그 기울기 정도는 미미하다. 이러한 양상을 기존 연구에서는 왕경의 단계별 확장설의 주요한 근거로 보았다.[98] 가로구획의 차이가 공교롭게도 월성의 북문과 분황사를 경계로 하고 있다는 점은 가벼이 여길 수 없다. 월성 북문을 기준으로 한 동편은 황룡사가 자리잡고 있다는 점에서 모종의 도시계획의 편린을 확인할 수 있기 때문이다. 이에 왕경의 도시계획이 황룡사를 기준으로 시작되어 이후 확장되어 나갔다는 기존 견해는 동의하기 어렵다. 가로구획이 기울어졌다고 본 도면들의 경우 현재의 시가지를 기준으로 하고 있고, 조사 보고된 신라의 도로와 진행방향도 다른 것들도 확인되기 때문이다.

최근 황룡사 남쪽 담장의 외곽에 대한 발굴조사가 진행되었다. 그 결과 남북도로와 동서도로, 남북소로 등이 발굴되었다.[99] 황룡사 동편 남북도로의 경우 S1E1과 교차되는 십자로도 확인되었다. 다만 유의되는 사실은 황룡사 남편으로 도로를 포함하여 약 50m에 달하는 도로와 광장이 조영되어 있다는 점이다. 도로와 광장의 경계가 모호하지만 이 공간은 월지로 이어진다. 애초 황룡사의 남측에 조영된 도로는 서쪽으로는 월지로 이어진다. 그런데 이 도로는 월지의 동편에 건물이 들어서면서 폐기된다. 월지 동편의 유적은 크게 4시기로 구분된다. 우선 1기는 7세기 중반이전으로 습지를 메워 황룡사 남편으로 이어지는 도로가 조영하였다. 2차는 7세기 후반 무렵으로 도로가 폐기되고 왕궁의 건물이 확장

---

97) 龜田博, 『日韓古代宮都の硏究』, 學生社, 2000, 248~249쪽.

98) 이은석, 「왕경의 성립과 발전」, 『통일신라시대 고고학』 28회 한국고고학 전국대회 발표집, 2004.

99) 신라문화유산연구원, 「경주 황룡사 남쪽담장 외곽 정비사업부지(2차)내 유적 발굴조사」현장설명회자료집, 2017.

되는 시기이다. 구체적으로 문무왕 19년에 해당되며, 대표적인 유물로 '儀鳳四年皆土'명 기와가 있다. 3차는 8세기 무렵으로 宮牆이 설치되고, 출입시설과 부속건물들이 설치되는 시기이다. 마지막으로 4차는 8세기 말에서 9세기로 궁장 밖으로 건물이 건설되는 시기이다.[100] 다만 2차와 3차의 세부적인 구분은 어렵지 않나 여겨진다. 크게 보아 문무왕의 대역사를 기준으로 그 이전에 해당되는 중고기, 중대, 하대로 구분될 수 있다고 생각된다. 궁역의 확장은 황룡사의 남측도로에도 상당한 영향을 끼치게 된다.

황룡사의 동서도로는 경주박물관 미술관 부지에서 발견된 남북도로와 월지 동편인근에서 십자교차로를 형성하였을 것이다. 그런데 월지동편에 건물이 들어서게 되는데, 공간부족으로 인해 기존의 도로를 매몰하고 세우게 된다. 그 결과 황룡사 남측도로는 월지의 동편에서 끊어지고 만다. 황룡사 남측도 통일기를 맞아 공간상 변화를 맞이한 것 같다. 최근 조사에서 확인된 광장이 바로 통일기때 조영된 것으로 보이기 때문이다. 광장은 황룡사 남측의 방과 담장으로 격절되며, 방은 남북도로에 의해 분할되며, 남북소로도 확인되었다. 기존 방의 1/4크기의 공간이 확인되었는데, 방의 분할인지, 독립된 공간인지는 향후 조사를 기다려 볼 수밖에 없다.

특히 광활한 늪지를 매립하고 황룡사를 조영한 후 한참 시간이 흐른 뒤인 중대에 이르러서야 S1E1을 위시하여 여러 건물들을 주변에 세우게 된 사실을 유의할 필요가 있다. 이는 택지를 조성한 다음 시기가 한참 흐른 뒤에야 건물을 세웠던 것이기 때문이다. 이는 황룡사를 중심으로 한 일군의 건물들이 조영되었는데, 그 주변은 여전히 도시화가 진행되었다고 보기는 어렵다. 이러한 고고학적 현상은 중고기 황룡사를 기준으로

---

100) 이희준, 「신라 왕경유적 발굴조사 성과」, 『韓國의 都城』, 國立慶州文化財研究所 외, 2010, 83쪽.

도시가 확장되어 나갔다는 통설과는 배치되는 사실이다. 더욱이 S1E1 주변의 대형 배수로, 공백지대, 황룡사의 남측 광장 등은 중고기 조영된 황룡사와 그 주변에 조성된 도시유적 간의 공간 활용을 달리했음을 의미한다. 대형 배수로는 S1E1 서편에서만 발견되고 다른 세 방향에서는 도로의 측구 외에는 배수 시설이 발견되지 않는다. 두 대형 배수로 사이에는 별도의 유구가 없는 공백지대이다. 방의 동편과 북편을 놓고 보면 황룡사와의 사이에 매우 넓은 공간을 사이에 두고 있다. 우선 1대형 배수로는 서배수로라 불리며 토층조사를 통해 남북도로의 동측구가 이 배수로의 조성시 성토에 의해 파괴되고 있으므로 S1E1 서편의 남북도로보다는 후대에 축조되었다. 그리고 2대형 배수로는 동배수로라 불리며 S1E1 서편 담장과 약 10m 거리를 두고 있다. 두 배수로는 너비 30m의 면적에 조영이 되었다. 이는 장마철 황룡사 일대에서 발생하는 빗물들을 배수하기 위한 용도로 사용되었을 것이다. 황룡사는 늪지대를 매립하여 조영하였기 때문에 장마철 빗물을 관리하고, 지면에 스며드는 것을 미연에 방지하기 위한 시설이 필요하였다.

황룡사 주변의 공백지대는 바둑판식의 정연한 도시구획과는 거리가 있다. 신궁의 포기로 사찰이 된 황룡사의 주변은 중고기 당시 도시화가 크게 이루어지지 않았음을 알 수 있다. 황룡사 주변에 도시화가 진전되는 시기는 궁극적으로 7세기 후반 무렵이다. 이 사실은 도시재편이라는 것도 결국 지배층의 의지에 따라 달리 적용될 수 있음을 의미한다.

최근 新宮의 성격과 관련하여 그것을 동궁에 비정한 견해가 제기되었다.101) 이 견해는 새로운 궁의 위치가 월성의 동쪽에 위치하고 있다는 점이 주요한 입론의 근거가 되었다. 이와 더불어 당시 태자제도가 정립되어 가던 시대상과 연관시켜 신궁은 곧 동궁의 신축일 가능성에 무게를

---

101) 홍승우, 「문헌으로 본 新羅의 東宮과 그 운영」, 『문헌으로 보는 신라의 왕경과 월성』, 국립경주문화재연구소, 2017.

둔 것이다. 황룡사의 입지도 중고기에 새롭게 조성된 왕경 방리의 동서
도로의 중심선상에 있는 것에 주목하였다. 이에 황룡사는 왕경의 동쪽
경계, 곧 東極에 있었을 것이라는 견해를 수용하여 자신의 설을 보강하
였다. 그런데 이 견해는 왕경이란 개념을 경주분지에 한정해서 보는 것
도 문제이며, 왕경의 동극이라는 것도 최근 보문동 일대에서 보고되고
있는 고고학적 자료를 감안한다면 그대로 수용하기 어렵다. 때문에 단순
히 동쪽이라는 방위만으로 그것을 東宮에 연결시키는 데에는 일말의 불
안감이 남는다.

　물론 진흥왕대 공식적인 태자 제도가 성립되고 있다는 차원에서 동궁
일 가능성도 없지 않지만 그렇더라도 이 이후 문무왕대에 이르기까지 왜
동궁을 짓지 않았는가에 대한 의문도 남는다. 진흥왕대 동륜의 태자 책
봉을 王太子制의 확립으로 이해하지만, 당시의 태자책봉을 태자제의 정
착으로 까지 확대하기 어려운 측면이 있다. 가령 동륜의 사망으로 태자
의 위치가 변동되었다면 그것은 적손 백정(진평왕)의 몫이지 사륜(진지
왕)의 몫이 될 수 없기 때문이다. 더구나 진평왕의 즉위에서 주요한 힘으
로 작용한 국인, 여왕의 계위는 태자제의 미숙을 여실히 보여준다.[102]
신라에서 태자 제도의 공식적인 확립은 역시 문무왕대 태자의 책봉과
東宮의 始創을 무시하기 어려우며, 태자의 근시기구인 세택과 동궁아관
의 설치 등 일련의 작업이 이루어지는 중대를 태자제도의 도입과 정착
시기라 할 수 있을 것이다. 태자제도의 핵심은 적장자 위주의 직계로 왕
위가 계승되는 유교적 繼位와 관련이 있다. 이는 중대 왕실이 아들에 집
착하게 되는 하나의 이유가 되었다.

　진흥왕은 법흥왕의 유지를 이어받아 국왕 중심의 지배체제를 공고히
하려고 했다. 7세의 어린 나이에 보위에 올라 지소태후가 섭정을 하였

---

102) 김병곤, 「신라의 태자 책봉제 수용 과정 고찰」, 『한국고대사연구』64, 한국고대사
　　학회, 2011, 409쪽.

고, 이사부와 거칠부 같은 명신의 보필을 받아 신라의 영토는 최대판도를 자랑하였다. 금관가야를 석권하였으며, 단양 적성을 공략하여 남한강 상류를 확보하는 전과를 올렸다. 진흥왕이 왕위에 올랐을 때는 미증유의 삼국 항쟁기였다. 이런 상황에서 한가로이 기존의 월성을 포기하고 새로이 평지형의 궁궐을 건설하려고 했던 이유가 무엇일까. 여기서 유의할 것은 551년 「명활산 작성비」이다. 명활성은 소지왕대 잠시 이궁으로 활용되었던 만큼 전시 상황에서 왕궁의 기능을 수행하던 곳이다. 551년 18세가 되는 해에 이르러 연호를 開國으로 바꾸었다. 개국이라는 단어는 박혁거세가 처음 신라를 세우며 개국했다는 말을 쓴 이래, 진흥왕이 다시 사용하였다. 개국은 '나라를 연다'는 의미로 신라를 새롭게 만들겠다는 진흥왕의 의지로 점철되었다.[103] 연호의 개정은 그가 친정을 하기 시작하였음을 의미한다고 추측된다.[104] 연호 제정이 갖는 궁극적인 의도는 제정자의 大一統 이념에 있다. 진흥왕은 국사를 편찬하여 자신의 가계를 명확하게 정리했을 것이다. 따라서 국사는 자신의 조상들에게 권위를 부여한 김씨일족 중심의 연대기일 수 있다.

진흥왕의 신궁은 그러한 왕의 권위를 수식하려는 과정에서 파생된 것이었다. 신궁은 紫宮으로도 나온다.[105] 당 원화 연간에 남간사의 일념스님이 '髑香墳禮佛結社文'을 지어 이차돈을 추모한바 있다. 그런데 법흥왕을 거론하면서 즉위한 공간을 구체적으로 紫極之殿이라고 명기하고 있다.[106] 자극지전과 자궁은 동일한 개념이다. 실제 법흥왕이 자극지전

---

103) 주보돈, 「거칠부의 出家와 出仕」, 『韓國古代史研究』76, 한국고대사학회, 2014, 190쪽.

104) 이기백, 앞의 책, 1986, 65쪽.

105) 『三國遺事』 卷3, 塔像4 皇龍寺丈六; 新羅第二十四眞興王卽位十四年癸酉二月, 將築紫宮於龍宮南, 有黃龍現其地乃改置爲佛寺号黃龍寺. 至己丑年周圍墻宇, 至十七年方畢.

106) 『三國遺事』 卷3, 興法3 原宗興法 厭髑滅身; 元和中南澗寺沙門一念撰髑香墳禮佛結社文, 載此事甚詳. 其略曰. 昔在法興大王垂拱紫極之殿俯察扶桑之域以謂, "昔

에서 즉위했는지는 알기 어렵다. 그러나 후대인들이 법흥왕의 즉위공간을 그렇게 이해하고 있었다는 점을 주목할 필요가 있을 듯 하다. 자극전은 곧 북쪽을 상징한다. 북쪽 하늘에는 북극성이 있고, 뭇별들이 그것을 중심으로 도는 것을 정치에 비유하곤 하였다. 북쪽에 궁을 쌓게 되면 자연스레 왕은 남면하게 된다. 황룡사 남측의 벌판을 고려해 보면 신궁은 궁을 북쪽에 위치시키는 중국식의 궁궐배치를 의도했던 것 같다. 이는 남면이 하안단구인 월성의 지형적 한계를 극복해 보려는 조치로 볼 수 있다.

분황사와 황룡사의 사이에는 용궁이 있었다. 용궁을 황룡사 인근의 대형우물로 본 경우가 있지만 사실여부는 단정하기 어렵다. 다만 앞에서도 언급하였다시피 이 일대는 용천수가 샘솟는 저지대이며, 물과 관련이 깊다. 따라서 신궁을 짓게 된다면 궁의 뒤편은 자연스레 금원의 영역으로 활용할 수 있다.

신궁은 황룡이 나타났다는 단순한 이유를 들어 무위로 돌아가고 말았다. 하지만 진흥왕과 그의 후손들이 황룡사를 적극적으로 이용하고 있는 데서 완전 수포로 돌아간 것은 아닌 듯 싶다. 거칠부를 따라 들어온 고구려승 혜량을 국통으로 임명하면서 엄청난 예우를 하였다. 혜량의 국통 임명은 진흥왕의 불교정책이나 이념을 내세울 때 조력자의 역할을 수행할 수 있었다고 여겨진다. 당시 신라는 남조계통의 전륜성왕 의식과 북조 계통의 왕즉불 의식이 함께 들어오면서 융합되었다.

진흥왕은 자기 아들의 이름을 동륜과 사륜으로 지은 것을 미루어 보면, 왕권을 불교의 이상적인 제왕인 전륜성왕과 동일시하려 했던 것으로 파악해 볼 수 있다. 이러한 佛家族 의식은 향후 자기 후손들에게 엄청난 영향을 끼치게 된다. 신라불교의 특징은 왕가를 신성화하는데 이용되었다. 중고기의 왕인 법흥왕에서 부터 진덕왕까지의 왕명은 모두 불교식에

漢明感夢佛法東流. 寡人自登位願爲蒼生欲造修福滅罪之處."

기반을 두었다. 왕명이 석가모니 가문의 환생이라는 진종설에 바탕을 두고 있는 셈이다.[107] 그 선상에서 애초 진흥왕이 신궁을 조영하려 했던 이유는 上帝로서의 이미지를 표방하려 했기 때문이다. 그러다가 전륜성왕의 이미지를 통해 불가족을 내세우게 되면서 사찰로 전환하게 되었다. 이때 북조의 왕즉불은 왕권을 수식하는데 더없이 좋은 이념을 제공해 주었다. 그 결과 황룡사는 부처가 사는 궁궐인 동시에 진흥왕의 왕권을 공고히 해주는 공간으로 전환되었다. 자신이 곧 부처와 동일한 실체이므로 그것이 궁이 되었든 사찰이 되었든 간에 권위를 드러내는 데는 크게 상관이 없었기 때문이다. 이러한 관념은 『삼국사기』에 "왕이 어린 나이에 즉위하여 한결같은 마음으로 불교를 받들고, 말년에는 머리를 깎고 승복을 입었으며, 스스로 法雲이라고 칭하다가 죽었다"[108]는 기록과도 일맥상통한다.

3) 왕성 운영 체제의 변동

진평왕은 진지왕의 폐위로 인해 왕위를 계승하였다. 신라의 관제는 6세기에 이르러 대대적으로 정비가 이루어지기 시작하였고, 특히 진평왕대는 주요한 시점이었다. 우선 그의 왕위계승에 관한 내용을 보면 진지왕은 왕위에 올라 나라를 다스린지 4년만에 주색에 빠져 정사가 어지러워 國人들이 그를 폐위시켰다고 한다. 국인들의 실체를 잘 알기 어렵지만 사료를 보면 의외로 이들이 왕위계승과정까지 간섭하고 있음이 확인된다. 이를테면 국인들이 직접 왕을 세운 경우 남해차차웅(4) 벌휴이사금(184), 미추이사금(262), 실성이사금(402), 선덕여왕(632), 성덕왕(702),

---

107) 金哲俊, 「新羅 上代社會의 Dual Organization」『歷史學報』1·2, 歷史學會, 1952, 251쪽; 『韓國古代社會研究』, 서울대학교 출판부, 1990.
108) 『三國史記』卷4, 新羅本紀4 眞興王 37년 8월; "王幼年卽位, 一心奉佛. 至末年祝髮被僧衣, 自號法雲, 以終其身."

신덕왕(912) 등이다. 그밖에 파사이사금(80)은 즉위년에 愛民을 국인들
이 가상히 여겼다거나, 조분이사금(230)은 畏敬하였다고 하며, 원성왕
(785)이 즉위할 때는 만세를 불렀다.『舊唐書』에는 혜공왕이 국인에 의
해 왕위에 오른 것으로 나온다.[109]

　국인을 대개 화백회의와 관련짓거나, 6부족장, 群臣, 지방소국의 干
層, 民으로 보는 이유도 그 성격이 모호하기 때문이다.[110] 사료에 의하
면 국인들은 주로 국왕 추대나 폐위, 국왕에 대한 평가, 국왕의 장례 주
관, 기타 국정관련 활동을 하고 있다. 국왕의 추대의 경우 선왕이 無子거
나 태자가 미숙하여 선왕의 後嗣없는 경우 국인이 활동한다. 다만 여러
상황을 종합해 볼 때 국인들은 신라하대까지 왕위계승을 간섭하고 있는
데에서 그들을 6부족장이나 지방소국의 干層으로 보기는 어렵다. 더욱
이 선덕왕 死後 김주원은 群臣에 의해 왕위를 추대 받았지만, 김경신의
즉위로 萬歲를 부른 이들은 국인들이다. 이로인해 群臣=國人의 등식은
성립하기 어렵다. 사실 民의 경우 골품제의 제약이 만연한 사회에서 그
들이 왕위를 간섭한다는 것은 상상하기 어렵기 때문이다. 그렇다면 국인
은 화백과 같은 일종의 합의체로 국가 원로회의와 같은 성격을 가진 것
은 아닐까. 어쨌든 분명한 사실은 국인들에 의해 진지왕은 왕위에서 쫓
겨나고, 그의 조카인 진평왕이 즉위했다는 점이다. 이제 왕계는 사륜계
에서 동륜계로 넘어가게 되었다.

　진지왕은 폐위된 지 머지않은 시점인 579년 7월 17일에 죽음을 맞았
다. 그는 건강상의 이유로 폐위가 된 것이 아니었다. 이로인해 진평왕은
즉위 후 어쩌면 정치적 타살로 비춰질지 모르는 부담감이 있었을 것이
다. 진평왕은 聖君의 이미지와 天命에 의한 왕위계승이었음을 부각할 필

---

109) 『舊唐書』 卷199, 新羅傳; 大曆二年 憲英卒 國人立其子乾運爲王.
110) 최의광, 「『三國史記』『三國遺事』에 보이는 新羅의 '國人'記事 檢討」, 『新羅文化』
　　 25, 2005.

요가 있었다. 즉 진지왕계나 대중들이 볼 때 일반인과는 다른 범상함이 요구되었다. 문헌에 전하는 그의 용모는 기이하고, 신체가 장대하였다고 한다. 그리고 내제석궁에 행차하여서는 돌계단을 밟아 세 개가 한꺼번에 부러지기까지 했다.[111] 이 설화의 이면에는 진평왕이 외모에서부터 지혜에 이르기까지 凡人을 압도하고, 주색잡기에 능한 진지왕과는 차별된 사람이라는 것이 부각되었다. 여기에 더해 진평왕은 불교적 관념에서 차용해온 진종설화를 바탕으로 그의 가계를 신성화하였다. 진평왕은 스스로를 석가모니의 아버지인 白淨, 왕비를 마야부인이라 일컬었고, 아들들을 동륜과 사륜 등으로 지음으로서 불교의 진종설에 가계를 가탁하였다.[112] 그 결과 같은 진흥왕의 후손이었지만 김춘추는 진골이었고, 그는 성골이 될 수 있는 배경으로 작용하였다. 왕실을 포함한 최고의 귀족군을 성골이나 진골로 표방함으로서 배타적 우월의식의 기초를 완성했던 것이다. 사실 신성한 것은 왕 개인이 아니라 왕의 지위이다.

그래서 그는 神聖을 더 높이기 위한 연출이 필요하였다. 왕권의 신성에 동원된 소재는 천사옥대였다. 즉위 원년에 천사가 내려와 상제가 전해주라는 것이라며 옥대를 선사하였다. 옥대는 郊廟와 大祀 등 중요한 국가의례 집행시 착용하였다. 천사옥대는 황룡사의 장육상, 황룡사의 구층탑과 함께 신라 삼보의 하나였다.[113] 신라가 망하고 고려에 귀부할 때

---

111) 『三國史記』卷4, 新羅本紀4 眞平王; 一年秋七月 王生有奇相, 身體長大, 志識沉毅明達.
　　『三國遺事』卷1, 紀異1 天賜玉帶; 駕幸内帝釋宮, 亦名天柱寺, 王之所創. 踏石梯三石並折. 王謂左右曰 "不動此石以示後來", 卽城中五不動石之一也.

112) 崔柄憲, 「新羅 佛敎思想의 전개」, 『역사도시 경주』, 열화당, 1984, 369~372쪽.

113) 『三國遺事』卷1, 大賜玉帶; 卽位元年有天使降於殿庭謂王曰, "上皇命我傳賜玉帶." 王親奉跪受然後其使上天. 凡郊廟大祀皆服之. 後高麗王將謀伐羅乃曰, "新羅有三寶不可犯何謂也." "皇龍寺丈六尊像一, 其寺九層塔二, 眞平王天賜玉帶三也." 乃止其謀. 讚曰. 雲外天頒玉帶圍, 辟雍龍袞雅相宜. 吾君自此身彌重, 准擬明朝鐵作墀.

왕권 이양의 상징으로 경순왕이 왕건에게 바치기도 하였다.114) 왕건은 천사옥대가 가진 상징성을 자신에게 전가하려 했던 것 같다. 무력적인 방법보다 귀부를 통한 입수로 자연스레 왕좌의 이동을 연출할 수 있다. 이를 통해 자신의 가계도 윤색할 수 있다. 고려 왕실의 가계를 정리한 金寬毅의 『編年通錄』에 왕건의 6대조인 호경이 백두산의 성골장군으로 표방하고 있음을 적기한 것도 이러한 맥락으로 이해될 수 있기 때문이다.

진평왕가는 그들의 가계를 성골로 표방하였는데, 발생학적인 측면에서 성골은 중고기 어느 시기에 왕권을 배경으로 왕자 지배를 합리화하기 위해 창안된 것이라고 한다.115) 그런데 중고기의 諸王은 성골이라고는 하지만 진평왕 때에 왕실 친족집단이 나물왕의 방계 왕족 집단 및 일반 진골 귀족과 구별하기 위한 정치적 의도에서 나왔으므로 진골과의 혈연적인 차이는 분명하지 않다. 사회적 등급에 대한 고질화된 관념은 항상 새로운 구별을 만들어 내려는 경향이 있다. 왕통 계보가 곧 왕위의 연속성을 통해 現王의 위치를 확인시키는 것이며, 그것은 왕위 계승의 정당성의 확인임과 동시에 앞으로의 연속성 보장을 상징한다는 의미를 가진다.116)

진평왕 자신은 정반을 자처했고, 아내는 마야부인을, 딸은 덕만이라 이름하였다. 덕만은 『大般涅槃經』에서 유래하였으며, 왕호인 善德은 『大方等無想經』에서 취한 것이다.117) 선덕은 석가모니가 열반에 든 후 150년 뒤에 아쇼카왕으로 환생하여 전륜성왕이 될 사람이었다. 진평왕계는 여자의 몸으로 왕위에 오른 덕만의 불안을 이러한 불교적 수사를 통해 불식하고자 했을 수 있다. 그런데 근본적으로 성골 관념은 단순히 특별

---

114) 『三國遺事』 卷1, 紀異1 天賜玉帶; 天賜玉帶 淸泰四年丁酉五月正承金傅獻鑲金粧
    玉排方腰帶一條, 長十圍鑲銙六十二.日是眞平王天賜帶也. 太祖受之藏之內庫.
115) 李基東, 「新羅 奈勿王系의 血緣意識」, 『新羅 骨品制社會와 花郞徒』, 一潮閣, 1997,
    84~89쪽.
116) 나희라, 『신라의 국가제사』, 지식산업사, 2003.
117) 남동신, 「원효의 대중교화와 사상체계」 서울대학교 대학원 국사학과 박사학위논
    문, 1995, 24~26쪽.

한 왕족을 의미하는 것이 아니라 왕의 직계 혈족을 중심으로 하는 좁은 범위의 가계단위에 적용된 것이다. 그래서 진평왕 이전까지는 왕의 사후 왕위계승은 기본적으로는 아들로 이어졌지만, 無子일 경우 방계로 이어지는 경우도 있었다. 결국 왕위는 딸인 선덕여왕으로 이어졌다. 이는 왕의 직계혈족이 일반 왕족과 구별되는 존재로 자리잡았음을 의미한다. 진평왕가의 성골 표방은 진골집단의 큰 변동에 기인하였을 가능성이 있다. 국제적으로는 532년 금관가야의 병합, 562년 대가야의 병합을 통해 망국의 왕족들이 대거 신라로 유입되었다. 이들은 모두 진골로 편입되었을 것인데, 김유신 가문의 경우 사탁부에 소속되었다. 어쩌면 신라의 골품제는 권력의 정점에 있는 일부 가문에 대한 神聖을 사회적으로 분명히 하려는 장치일지도 모른다. 이는 他者를 분명히 함으로써 그들의 등장을 정당화하고, 안정적인 정치도구로 기능할 수 있다.

진평왕은 왕좌에 올라 자신의 가계에 神聖을 수식하고 관제를 대대적으로 개혁하였다. 관제개혁의 핵심은 체계의 확립이다. 다시 말해 피라미드형 조직을 통해 권한을 일원화시키고 분담을 명확히하여 명령체계를 수립하는 것이다. 체계가 불분명하면 직무 태만에 대한 책임도 묻기 어렵다. 따라서 체계적인 조직은 공적인 책임성과 능률을 동시에 제고시킨다. 그리고 효율성도 필요하다. 불필요한 관직이나 관청을 폐기하거나 통합하여 인적 구성을 효율적으로 활용하여 행정낭비를 막는 것도 중요하다. 정해진 규칙과 절차에 따라 행정을 집행하고, 개인의 자의가 개입하는 것을 미연에 방지함으로서 관료조직의 건전성을 기대할 수 있다.

진평왕은 연호를 건복으로 개원하였다. 사료를 바탕으로 진평왕대 설치된 관부를 일별하면 동왕 3년에 인사를 담당하는 位和府, 5년(583)에 선박을 관리 운영하는 船府, 6년(584)에 납세를 담당하는 調府와 수레를 담당하는 乘府에 각각 영(令) 1명, 8년(586)에 의례를 집행하는 禮部에 令 2명, 13년(591)에 외국 사신을 접대하는 領客府에 令 2명, 44년(622)

에 왕실재정업무와 관련된 內省私臣, 45년(623)에 兵部에 大監 2명, 46년(624)에 왕의 경호와 궁궐수비와 관련된 侍衛府에 大監 6명, 포상업무와 관련된 賞賜署와 도로의 유지 보수와 관련이 있을 大道署에 각각 大正 1명을 두었다.

진평왕이 가장 먼저 설치한 위화부는 인사를 담당한 관부이다. 왕을 정점으로 한 관료제 개편의 前兆에 해당한다고 할 수 있겠다. 그리고 배와 수레는 軍政과 관련된 기물들인데, 이를 병부에서 분리시킨 사실도 유의된다. 이는 병부령의 권한 행사에 일정한 변화를 시도한 조치로 볼 수 있다.[118]

한편 진평왕의 성골관념은 왕실의 개념을 뚜렷하게 드러내게 하였다. 그 결과 왕실 소유의 자산과 국가의 공적 자산이 구분될 필요가 있었을 것이다. 왕실 업무를 담당하는 관부의 시작은 진평왕 7년(585)에 大宮·梁宮·沙梁宮에 각각 私臣을 둔 시점에서 비롯된다. 私臣이라는 용례를 통해 公的인 영역과는 대비되며, 조정의 관료와는 성격을 달리한다. 大宮은 本宮으로 왕궁을 의미할 것이며, 梁宮(啄部)과 沙梁宮(沙啄部)은 6부 가운데 핵심적인 2부로서 왕실과 관련된 궁이라 할 수 있다. 본피궁의 존재에서 유추할 수 있듯 6부는 그기에 상응하는 궁이 있었을 것이다. 그런데 3개 궁을 관리하는 私臣을 둔 것은 국가 혹은 왕실에서 나머지 부의 궁을 귀족들의 소유로 돌렸을 가능성을 배제하기 어렵다.

진평왕 44년(622)에는 三宮을 합쳐 용수를 내성사신으로 삼았다. 차관직인 경 2인과 監 2인, 대사와 사지 각 1인으로 구성된 내정 관제가 갖춰진 것이다. 이때 월성 내외부에 많은 건물들이 들어섰을 것이며, 왕실재정을 관장하는 내성에서 업무를 총괄하였을 것이다. 진평왕대 관제 개혁은 주요 권한의 재분산을 통해 왕에게 권력을 집중하는 방향으로 진행되었다.

---

118) 金瑛河, 『韓國古代社會의 軍事와 政治』, 高麗大 民族文化硏究院, 2002.

관부의 증설은 시설들이 집중되는 관아지구를 형성한다. 진평왕대 설치된 관아들이 궁궐의 주변에서 크게 벗어나지 않는 곳에 배치되었다면, 월성의 경관에도 상당한 변화가 초래되었을 것이다. 월성은 성벽을 따라 11개소의 문이 설치되어 있었다.[119] 월성의 외형은 흙과 돌로 쌓아 올려진 성벽, 그리고 성벽과 성벽사이 비어있는 공간에 배치된 성문으로 구분된다. 문지의 번호는 현재의 경주박물관 인근 성벽을 문지 1번으로 하여 반시계방향으로 문천변에 설치된 문지를 마지막 11번으로 부여하였다. 그리고 월성의 외곽에는 해자를 둘렀다. 그런데 해자의 표고차는 18m에 달하며, 전체가 하나로 연결되지 않고 연못형을 이루고 있다. 각각의 연못형 해자 사이에는 땅으로 메뀌진 공간이 존재하고 좁은 수로를 두어 그 다음 해자로 급수하였다. 해자 사이의 공간은 각 문지로 이어지는 도로 가설공간이 된다. 사실 11개에 달하는 궁문은 궁궐의 경비를 감안하면 방어상 취약성이 드러난 구조이다. 면적대비 궁문의 수가 너무 많기 때문이다. 그럼에도 수많은 궁문이 필요했던 이유는 무엇일까.

진평왕은 왕경에 대대적인 축성을 단행하였다. 591년 남산신성을 쌓았으며, 593년 명활성과 서형산성을 고쳐쌓았다. 명활성은 소지마립간 당시 임시 왕성의 역할을 한 공간이며, 남산신성은 월성 인근에 위치하고 있어 비상시 대피성의 기능을 담당할 수 있다. 진평왕 13년(591) 남산신성의 축성은 신라 왕경 운영상에서도 의미가 있다. 新城을 새로운 성으로 볼 수 있다면 새 시대의 슬로건이기 때문이다. 신성을 축성하면서 전국에 걸쳐 역역 동원을 하였다. 남산신성비 3비에는 部監이라는 직명이 보인다. 이는 6부 소감전의 소속관원으로 監郎, 監臣, 監大舍와 통한다.[120] 6부 소감전이 6부를 관할하던 행정기관이라는 점에서 왕경내 축성에 참여한 점이 눈길을 끈다. 신성의 축성에는 왕경 6부를 비롯하여

---

119) 國立慶州文化財研究所, 『月城 地表調査報告書』, 2004, 47~67쪽.
120) 전덕재, 『신라 왕경의 역사』, 새문사, 2009, 83~84쪽.

지방을 망라하여 역역이 동원되었다. 법대로 만든 후에 3년 만에 붕괴되면 하늘에 죄를 받는다는 문구가 남산신성비를 관류하고 있다. 여기서 법이란 율령을 의미할 것이다. 진평왕은 왕경뿐만 아니라 지방에 대한 재편도 아울러 진행하였고, 왕권을 정점으로 하는 율령제적 지배체제가 출범하였다. 그 선상에서 남산신성의 축성작업은 새로운 체제의 성립을 대내외에 선포 혹은 과시하려는 목적을 가진 국왕에 대한 충성 맹세의식에 다름 아니다.121)

한편 최근 월성해자에서는 丙午年과 戊戌年의 간지가 적힌 문서 목간이 출토되었다. 이 목간은 <목간 신1호>로 번호를 부여받았고, 하단부가 약간 파손된 상태이다. 현존크기는 (24.7)×5.1×1.2이며, 앞·뒤면에는 3행으로 문자가 쓰여져 있다.122) 명문은 앞·뒤면에 각각 ①功以受汳荷四煞功卄二以八十四人越蒜山走入蔥(파손) ②受一伐戊戌年往留丙午年年干支受 ③□二로 판독된다.123) 문서목간은 맞지만 해석은 용이하지 않다. 우선 ①의 해석은 어렵고, ②의 경우 古拏村이 보여 一伐은 외위소지가 맞다. 따라서 대체로 무술년에 고나촌에 할당된 책무를 완수하기 위해 일벌이 왕경에 머물렀고, 병오년에 간지가 와서 □二의 국가적 책무를 받았다는 의미로 추정된다.124)

목간에 보이는 무술년(578)과 병오년(586)을 진평왕 연간으로 볼 수 있다면 왕경의 경관 변화와 관련하여 유의미한 해석이 가능하다. 이 목간의 구체적인 내용이 밝혀지지 않았지만 이두가 사용이 되었고, 신라

121) 주보돈, 「남산신성의 축조와 남산신성비 제9비」, 『금석문과 신라사』, 지식산업사, 2002, 257~267쪽.
122) 국립경주문화재연구소·국립경주박물관, 2017, 『신라왕궁 월성』공동기획 특별전 도록, 61쪽.
123) 윤선태, 「월성 해자 목간의 연구 성과와 신출토목간의 판독」, 『동아시아 고대도성의 축조의례와 월성해자 목간』한국목간학회 창립 10주년 기념 국제학술회의, 국립경주문화재연구소·한국목간학회, 2017, 75쪽.
124) 윤선태, 위의 논문, 2017, 74~75쪽.

중앙정부가 지방 유력자를 통해 노동력을 동원, 감독했던 사실이 적혀있다. 병오년 목간의 내용을 586년으로 볼 수 있다면 5년후인 591년은 남산신성이 대대적으로 축조된 시기이다. 남산신성은 대략 200여개의 분담구역을 두고 지방민이 대거 동원된 국가적인 차원의 대규모 토목공사였다. 전국적인 차원의 역역징발이 왕궁을 중심으로 먼저 이루어졌음을 유추할 수 있다. 월성에서 토목공사가 이루어졌다면 우선적으로 왕궁 내부를 중심으로 공사가 진행되었을 것이다. 그렇다면 진평왕 연간에 신설된 관부와 함께 왕실 업무를 전담하기 위해 진행된 전면적인 개편과도 궤를 함께한다고 볼 수 있다. 그런측면에서 보면 해자는 왕궁의 보호라는 본래의 기능에 근본적인 변화가 야기되었을 가능성이 높다. 어쩌면 월성의 보호와 안팍의 구획이라는 해자의 본래적인 기능이 완

<그림 5> 월성해자 출토 병오년 목간

전히 해소된 것도 이 시점이었을 공산이 크다.125) 그렇다면 진평왕 연간에 신설된 관부들은 월성이나 고분군 사이의 빈 공간에 배치되어 왕궁과 유기적으로 연결되었을 것이다. 그럴 경우 왕궁과 관부 사이가 최단코스로 서로 연결되어 있다면 업무의 효율성을 증대시킬 수 있다. 월성내 11개의 궁문은 새 통로와 연결되는 업무망의 기능을 담당하였다고 볼 여지가 크다. 6세기 월성의 경관은 관부의 증설로 상당히 변화하였고, 그 이면에는 대대적인 지방민들의 역역 동원의 결과라 해도 과언이 아니다.

---

125) 주보돈, 「月城과 垓字출토 木簡의 의미」 『동아시아 고대 고성의 축조의례와 월성해자 목간』, 국립경주문화재연구소·한국목간학회, 2017, 27쪽.

Ⅲ. 통일기 왕경의 변화

1. 당 문화의 수용과 왕경의 정비

1) 당 문물의 수용

선덕여왕은 '聖骨男盡'의 명목으로 왕위에 올랐다. 그의 즉위 사정을 통해 당시 성골인 남자는 모두 죽었으며, 그 다음의 왕인 진덕여왕도 성골이었다는 사실을 알 수 있다. 그렇다면 당시 성골이라면 생물학적 성별에 구애받지 않고 왕위 계승자격이 있었다고 볼 수 있다. 여성이 왕위에 오르자 대외적으로도 얕잡아 보는 경향이 있었던 것 같다. 신라 삼보 가운데 하나인 황룡사의 9층목탑을 건립하는 사정에 자장이 태화지를 지나면서 신인과 나눈 대화에서 "지금 너희 나라는 여자가 왕이 되어 덕은 있으나 위엄이 없기에 이웃 나라들이 침략을 도모하니 그대는 빨리 본국으로 돌아가야 한다"고 하였다.[1]

덧붙여 당 태종은 643년 '女主不能善理'의 발언은 신라 사회에 끼친 영향이 컸다. 실제 647년 상대등 비담은 이런 이유로 반란을 일으켰던 것이다. 비담의 난은 김춘추와 김유신 세력에 의해 성공적으로 진압되었다. 다만 여왕을 반대하던 세력들이 완전히 제거되었는지는 알기 어렵다. 최근 명활산성의 북문 일대에 대해 대대적인 발굴조사 결과 北門址 부근부터 횡혈식 석실분이 확인되었다.[2] 이러한 고고학적 정황은 비담의 난이 실패로 돌아가자 반란의 근거지였던 명활산성을 철저히 파괴시

---

1) 『三國遺事』 卷3, 塔像4, 皇龍寺九層塔.
2) 류환성, 「경주 명활성의 발굴성과와 향후 과제」, 『韓國城郭研究의 新傾向』, 한국 성곽학회, 2014.

킨 결과인 것이다. 선덕여왕은 반란의 와중에 사망하였고, 그 뒤를 이어 진덕여왕이 추대되었다. 성골로서 마지막 왕이었다. 진덕여왕의 즉위는 불교에서 유학으로 정치지향이 변모하는 과도기에 해당된다. 당시 최고 위 집정자는 김춘추였고, 그는 새로운 시대정신을 갖고 있었다. 다만 중대이후 귀족들의 지속적인 저항에서 유추할 수 있듯, 김춘추의 권력행사는 제한적이었다고 여겨진다.

7세기 무렵 신라가 처한 국제적인 환경은 고구려와 백제, 양국으로부터 직접적인 위협에 노출되었다. 이에 신라는 중국의 隋와 唐에 乞師하였다. 수당이 고구려의 직접 원정에 실패하게 되고, 수나라는 그 여파와 내란으로 곧 멸망하게 되었다. 이에 당은 고구려의 직접 공격에서 백제를 공격하는 방향으로 선회하였다.

더욱이 김춘추의 사위 품석의 방탕에서 비롯된 대야성의 함락(642)은 신라 조정을 위기국면으로 몰아 넣었다. 진덕여왕 원년(647)에 茂山城, 甘勿城, 桐岑城 3성이 백제군의 공격을 받았다. 이에 김유신은 1만의 병사로 이를 물리쳤고, 이듬해(648) 백제군은 또다시 腰車城 등 10여성을 점령했지만 김유신이 막았다. 649년 백제군은 석토 등 7개성을 점령하였고, 김유신은 도살성에서 크게 물리쳤다. 백제는 진덕여왕 초기 근 3년을 연이어 신라의 성들을 공격하였고, 그때마다 김유신의 활약으로 성을 회복할 수 있었다. 이러한 상황을 타개하기 위해 신라에게 주어진 선택권은 그리 넓지 않았다.

고구려에서의 협상이 결렬되자 김춘추는 당을 주목하였다. 648년 당으로 간 김춘추는 당 태종을 만나 적극적인 친당정책을 추진하였다. 국학에서 공자의 제사인 釋奠과 講論의 참석을 허락받았다. 당의 국학은 직관의 설치가 아주 체계적이었고, 직무는 세밀하고 책임은 분명하였다. 국학에는 좨주 1인과 사업 2인을 배치하여 국가 유학교육과 정책강령을 관장하게 하였다. 학례로는 석전의 주관이 중시되었다. 석전은 문성왕에게 올리는 제사이다. 설치한다[置]의 釋과 그친다[停]의 奠이 합성된 용어인데, 제수를 올릴 뿐이고 잔을 돌리지 않기 때문에 붙여진 이름이다.3) 석전은 2월과 8월 첫 정일에 공자께 지내는 제사로서 태뢰를 제물로 쓴다. 登歌와 軒懸의 음악을 사용하며 좨주가 초헌하고 사업이 아헌을 맡았다.4) 이러한 석전은 당대 이후 국가제사에 편제되었다. 신라에서 공자를 공식적으로 모신 시기는 성덕왕대로 추정된다. 당에 숙위하던 김수충이 귀국하면서 공자와 10철, 72제자의 화상을 가져왔는데, 왕명으로 국학에 안치시켰다. 성덕왕 16년의 일이었다.5) 신라의 국학에서 공자를 제사지낼 정도로 까지 조직체계가 갖추어졌음을 알 수 있다. 『삼국사기』 직관지의 말미에는 '관직의 이름이 여러 전기에 보이나 관직 설치의 시점과 위계의 높고 낮음을 잘 알 수 없는 것을 적는다'고 하면서 '孔子廟堂大舍'이 나열되어 있다.6) 신라에 공자의 사당이 있었고, 관원까지 설치되었던 것이다. 국학 내에 공자의 묘당의 존재를 가늠할 수 있고, 이는 결국 성덕왕대에 이르러 국학이 점차 정비되어 가는 모습을 반영하는 사실로 볼 수 있다.7)

한편 당 태종은 친히 지은 溫湯碑와 晉祠碑의 탁본, 『晉書』 등을 하사하였다. 특히 『晉書』의 高祖宣帝紀, 世祖武帝紀, 陸機陸雲傳, 王羲之傳은 태종이 직접 편찬에 관여하였다. 당 태종이 이러한 물건을 김춘추에게 하사한 배경에는 그 자신 好學君主로 비춰지길 기대했을지 모르겠다. 당 태종은 經籍이 성인의 시대로 부터 멀리 떨어져 문자에 오류가 많다고 인식하고 있었다. 또 유학에 학파가 많아 章句가 번잡하여 뜻이

---

3) 채미하, 『신라의 오례와 왕권』, 2015, 혜안, 15쪽.
4) 조익, 「수·당 교육제도의 성취 및 특색과 신라 국학과의 관계」 『신라 국학과 인재양성』, 2015, 민속원, 362쪽.
5) 『三國史記』 卷8, 新羅本紀8, 聖德王 16年 秋9月; "入唐大監守忠廻 獻文宣王十哲七十二弟子圖 卽置於大學."
6) 『三國史記』 卷40, 雜志 9 職官下
7) 이영호, 「신라 국학의 성립과 변천」 『신라국학의 수용과 전개』, 2015, 민속원, 86쪽.

여러 갈래로 나뉘는 것을 우려하였다.8) 중국은 남북조를 거치면서 경학의 門戶가 복잡해지고 章句에 대한 해설이 난립하게 되었다. 수대에 이르러 경학을 통일하려는 시도가 여러차례 있었지만 현실적으로 쉬운 일이 아니었다. 그래서 당 태종은 전 중서시랑 顔師古에게는 五經을 考定하게 하고, 국자감좨주 孔穎達과 여러 학자들에게는 『오경의소』를 撰定케 조칙을 내렸다. 이에 안사고는 顔氏定本을 편찬하였고, 공영달은 고전에 관한 주석을 종합 정리하여 도합 170권의 『五經正義』를 편찬하게 된 것이다. 구체적으로 『주역』은 마가운과 조건협, 『상서』는 왕덕소, 이자운, 『모시』는 왕덕소와 제위, 『춘추』는 곡나율과 양사훈, 『예기』는 주자사, 이선신, 가공언, 유사선, 범의군, 장권 등이 담당하였다. 표제에 공영달만 언급된 것은 이들 가운데 연배가 가장 높았고 책임자였기 때문이다.9) 통일된 경전이 반포된 후 관리의 등용은 모두 이를 따르게 된다. 당의 경학은 이러한 과정을 통해 통일된 유학 경전을 확보할 수 있었다. 이러한 유학 경전의 정리는 신라 유학의 전개 과정에도 상당한 영향을 미쳤을 것이다.

애초 김춘추의 입당은 대야성 함락으로 인한 신라의 위기 탈출의 일환이었다. 태종이 그에게 소회를 묻자 禮服을 고쳐 唐制로 따르기를 말할 뿐이었다. 그는 바로 본론부터 말하지 않고 문화 외교를 우선 하려는 움직임을 보임으로서 고도의 지략을 발휘했던 것으로 볼 수 있다. 또한 귀국시 자신의 아들 문왕을 숙위로 남겨 둠으로서 믿음의 신표로 삼았다. 당의 입장에서도 당시 對高句麗전의 선봉에 섰던 장손무기, 방현령, 이적이 건재하게 남아 있어 나당동맹은 큰 무리없이 진행될 수 있었을 것이다.

---

8) 『舊唐書』列傳139 儒學上
9) 田好根, 「十三經注疏 解題-經과 傳의 文明史的 意義-」 『周易正義』, 2017, 전통문화연구회, 12쪽.

김춘추의 외교 결과 신라는 고유한 의관제를 파기하고 당의 의관제를 채택하였다(649). 중국 복식의 도입은 김춘추가 주도한 것으로 여겨지지만,[10] 『삼국유사』에는 자장이 주요한 역할을 담당했던 것으로 적혀 있어[11] 차이가 있다. 중조의관은 중국의 의관을 의미하며 국가의 공식행사에 착용하는 복장이다. 사실 신라는 법흥왕 7년(520)에 백관의 공복을 제정한 바 있다.[12] 이때 제정의 대상은 6부인이었으며, 복색의 존비제도를 정하였다.[13] 6부인을 대상으로 하였다는 점에서 지방민은 배제되었다. 왕경인을 구성하는 사람들이 바로 6부인이었으므로 왕경 내에서도 인간이 등급화되었음을 의미한다. 다만 후대의 시선이었겠지만, 당시의 복색제도는 夷俗으로 규정되었다. 골품제사회에서 관복의 색상은 관등의 질서와 신분의 차이를 시각화해 준다는 점에서 의미있는 정치수단이 된다. 전근대 사회에서 관복은 율령국가의 중요한 정치적 수단이다. 고유연호 太和를 마지막으로 당의 연호인 永徽로 개원하였다(650). 당의 복식과 연호를 사용하였다는 점은 신라가 중국의 시간 질서에 편입되었음을 의미한다.

『일본서기』를 보면 진덕여왕 5년(651) 신라의 朝貢使 沙飡 知萬이 唐服을 입고 축자에 정박하였다고 한다. 일본 조정에서는 마음대로 복장을 바꾼 것을 불쾌히 여겨 책망하여 쫓아 보냈다[14]고 한다. 심지어 이 일을 두고 신라 정벌 계획을 둘 정도로 일본은 충격에 휩싸였던 것 같다. 이

10) 『三國史記』 卷33, 雜志2 色服; 至眞德在位二年, 金春秋入唐, 請襲唐儀. 玄宗皇帝詔可之, 兼賜衣帶. 遂還來施行, 以夷易華.

11) 『三國遺事』 卷4, 義解5 慈藏定律; 嘗以邦國服章不同諸夏, 擧議於朝簽允曰藏. 乃以眞德王三年己酉始服中朝衣冠. 明年庚戌又奉正朔始行永徽号. 自後每有朝覲列在上蕃, 藏之功也.

12) 『三國史記』 卷4, 新羅本紀4 法興王; 七年, 春正月, 頒示律令, 始制百官公服朱紫之秩.

13) 『三國史記』 卷33, 雜志2 色服; 至第二十三葉法興王, 始定六部人服色尊卑之制, 猶是夷俗.

14) 『日本書紀』 卷25, 孝德天皇 白雉 2년; 是歲, 新羅貢調使知萬沙飡等, 着唐國服, 泊于筑紫. 朝庭, 惡恣移俗, 訶嘖追還.

사례를 통해 당시 신라 사회에서 唐風의 유행 속도를 짐작할 수 있다.

그리고 651년 정월 朔日에는 처음으로 朝元殿에서 하정례가 거행되었다. 이는 중국력에 따른 정월 초하루의 기원 의례가 시작되었음을 의미한다. 그간 신라에서는 시조묘 2월례 15회, 정월례 8회이고, 신궁 2월례 9회, 정월례 9회의 빈도를 보이고 있다. 신라인에게 2월은 매우 특별한 시간의 새로운 시작 마디였음을 보여준다.[15] 이러한 전통이 중국력이 도입된 이래 정월 삭일의 의례가 새해의 새로운 출발이 되었다.

중국 연호의 수용과 더불어 진골로서 관직에 있는 자들에게 牙笏을 들게 했다. 이 사례는 진골신분이 그전과는 달리 배타적 지위 강화라는 측면에서 이해할 수 있다. 법흥왕대 의관 규정에 따르면 진골뿐만 아니라 아찬에서 급찬까지 緋衣를 입던 신료들도 아홀을 들수 있었다. 즉 6두품에게도 허용되었던 것이 진골로 일원화된 것이다. 홀은 관복을 입을 때 허리띠에 꽂거나, 국가의 공식행사에 입는 朝服이나, 祭服을 착용할 때는 손에 쥐는 권위를 상징하는 물건이다. 당에서는 홀을 쥐었다는 사실은 朝會에 참석자격을 얻었다는 의미이며, 이는 왕과 대면할 수 있음을 의미하는 것이라고 한다. 따라서 조원전에서 베풀어진 하정례는 정기적으로 왕과 대면하는 의례의 시작이었음을 알 수 있다. 조원전 등 조회가 이루어지는 공간은 왕경 내에서도 권위가 집중된 場이다.

특히 진덕여왕대 관부의 개정은 품주를 집사부로 개정하는 등 한화정책을 추구하였다. 김춘추는 의관제, 예제, 관제정비 등과 같은 당의 체제를 수용하여 새로운 정치질서로 삼았다.[16] 그리고 調府, 倉部, 禮部, 領客典, 左理方府, 賞賜署, 音聲署, 彩典, 工匠府, 典祀署 등 관제개혁을 하였다. 이 당시 관제개혁은 진평왕이래 최대 규모였다. 신라의 관부는 진

---

15) 김일권, 「천문과 역법」, 『신라의 학문과 교육·과학·기술』연구총서11(신라 천년의 역사와 문화), 경상북도, 2016, 203쪽.

16) 劉占鳳, 「新羅의 唐 文化 受容과 그 變用」慶北大學校 大學院 史學科 博士學位論文, 2012, 37쪽.

평-진덕왕대 큰 틀이 정해지고, 이후는 치폐와 명칭 변경에 주력한 느낌이 강하다. 진평왕이래 궁역 주변에 관아지구가 설정되면서 월성인근의 경관은 크게 변모하였을 것이다.

진덕왕대 정치개혁은 당식으로 개편되었고, 관부의 증설을 통해 왕경의 경관, 구체적으로 월성 주변은 관아지대가 형성되었다. 왕경에서 관아지대로 볼 수 있는 공간은 동쪽으로는 월지일대를 포함한 경주고교, 서쪽으로는 재매정지일대, 동남쪽으로는 경주박물관 인근, 북쪽으로는 선덕여고 일대를 망라하였다고 여겨진다. 즉 이 공간을 중심으로 월성 안팎에는 중앙 관서가 44개소, 내성 및 어룡성 소속 관서 115개소의 관아가 배치되었던 것으로 짐작된다.

월성 안팎에 국가를 운영하기 위한 여러 시설이 존재하였을 것이지만 단정할 만한 유구는 부족한 편이다. 다만 문헌을 제외하고 금석문상으로 확인되는 주요 관부로는 예부(제천 점말동굴, 홍녕사징효대사탑비), 國學(문무왕릉비), 執事部(감산사아미타상조상기 및 성덕대왕신종명), 執事省(창림사무구정탑원기, 황룡사구층목탑사리함기, 성주사낭혜화상탑비, 봉림사진경대사탑비, 비로암진공대사탑비, 태자사낭공대사탑비), 兵部(성덕대왕신종명, 단속사신행선사비, 황룡사구층목탑사리함기, 보림사보조선사탑비, 사림사홍각선사탑비, 봉암사지증대사탑비), 司馭府(성덕대왕신종명), 修城府(성덕대왕신종명, 단속사신행선사비), 肅正臺(성덕대왕신종명, 봉암사지증대사탑비), 右司祿館(성덕대왕신종명), 倉府(창림사무구정탑원기, 황룡사구층목탑사리함기), 倉部(홍덕왕릉비, 고달원원종대사탑비), 國子監(개선사석등기), 南宮(성주사낭혜화상탑비, 국립경주박물관 미술관부지 우물출토 기와, 경주 동천동 692-2번지 유적 출토 기와), 夏官(성주사낭혜화상탑비), 殿中(성덕대왕신종명, 보림사보조선사탑비), 內省(황룡사구층목탑사리함기), 翰林臺(성덕대왕신종명, 고선사서당화상비, 창림사무구정탑원기, 민애대왕석탑사리함기, 대안사적인선사탑비, 홍덕

왕릉비, 성주사낭혜화상탑비), 洗宅(창림사무구정탑원기, 경주박물관남
측부지 출토 청동접시, 월지출토 묵서토기 및 목간), 中書省(봉림사진경
대사탑비, 홍녕사징효대사비, 황룡사구층목탑사리함기), 春宮(황룡사구
층목탑사리함기, 영원사수철화상탑비), 崇文臺(황룡사구층목탑사리함기,
쌍계사진감선사탑비), 宣敎省(보림사보조선사탑비, 봉암사지증대사탑비),
崇文館(사림사홍각선사탑비), 瑞書院(봉암사지증대사탑비), 北廂(월지
목간 183호), 蘭省 및 栢臺(지장선원낭원대사탑비), 東宮(경주박물관 남
측 부지 출토 청동접시, 홍녕사징효대사탑비), 東宮衙(국립경주박물관
남측부지 출토 호, 분황사출토 토기, 월성출토 토기, 월지 출토 자물쇠), 思
政堂(월지 출토 자물쇠), 合零闠(월지 출토 자물쇠), 昭玄精署 및 政法司
(숭복사비), 成典(황룡사구층목탑사리함기), 監四天王寺府·修營奉德寺使
院·修營眞智大王寺使院·修營感恩寺使院(성덕대왕신종명) 등이 확인된다.[17]

신라 관부가 열거된 문자자료는 승려의 탑비명이 대부분이지만, 왕경
에서 출토된 자료의 경우 유물이 확인된 지점이 의미가 있을 것이다. 이
를테면 南宮, 東宮, 東宮衙, 洗宅, 北廂, 思政堂, 合零闠 등은 월성 인근
에 배치된 관부의 경관을 어렴풋하게나마 추정할 수 있는 근거가 될 수
있다. 이에 반해 위치를 확정할 수 있는 관부는 성전이 설치된 사천왕사,
감은사, 황룡사 정도가 된다.[18]

한편, 시가지는 북천을 넘지 않은 공간에 집중적으로 형성되었다. 최
근 발굴조사를 통해 보면 방리구획은 적어도 중고기 무렵으로 소급해 볼
수 있겠는데, 인왕동 일대에 축조된 7세기 이전의 도로를 통해 짐작할

---

17) 이상 정리는 李泳鎬, 「文字資料로 본 新羅王京」, 『大丘史學』132, 2018, 92~95쪽 참조.
18) 李泳鎬, 위의 논문, 2018, 103쪽. 고려시대 기와여서 직접 거론하지는 않았지만 砲
    石명 문자기와는 후대에도 그곳이 포석정으로 전승되고 있었음을 짐작할 수 있다.
    한편 견훤이 왕경을 습격한 기사를 보면 포석정 인근에 離宮이 있었음이 인정된
    다. 『三國史記』卷50, 列傳10 甄萱; 冬十月, 太祖將出師援助, 萱猝入新羅王都. 時
    王與夫人嬪御, 出遊鮑石亭, 置酒娛樂, 賊至狼狽, 不知所爲. 與夫人歸城南離宮.

수 있다. 다만 신라 왕경 고고학의 한 가지 의문은 7세기대 건물지가 거의 확인되지 않은데 있다. 그래서 왕경은 7세기대 주거건축의 특성은 초석 건물이 아닌 굴립주건물이었음이 확실해졌다[19]고 보는 견해가 나온 이유였다. 이 견해의 문제점은 왕경의 경관을 日新시켰던 기와사용의 시기를 가볍게 보고 있다는 점이다. 왕경내 굴립주 건물의 사용 양상을 검토하기 위해 지방 도시와의 비교를 통해 결론을 도출하는 것도 바람직하지는 않다. 왕경은 국왕이 권력을 행사하는 일국의 중추이다. 저자도 지적하였다시피 통일기 왕경의 쇄신 과정에서 前代의 유구가 사라졌을 수도 있고, 초기 기와의 사용이 반드시 깊게 굴착한 적심을 필요로 하지 않았을 수도 있기 때문이다.

초기 기와의 미미한 수량을 감안하면 지붕 전면에 葺瓦되었을 가능성은 낮다고 여겨진다. 오히려 바로 이 점이 신라 왕경에서 기와를 처음 사용했을 당시의 모습을 잘 보여준다. 왕경에서는 적어도 6세기 전반에는 기와가 지붕에 올려졌다. 그렇다면 지붕의 전면에 모두 올려졌을까. 이와 관련하여 최근 월성에서 출토된 측면에 턱이 있는 암키와[20]는 초기 기와사용에 중요한 단서를 제공한다. 암키와는 지붕에 올려져 기와골을 형성하여 빗물의 배수를 돕는다. 그런데 측면에 턱이 있는 암키와의 경우 정상적인 상태로는 즙와할 수 없다. 또한 <그림 6>은 월성에서 출토되었다고 하는 토기구연암막새는 거의 U자형에 가깝다.[21] 이 상태로 지붕에 올리면 기와골에 소용되는 알매흙의 하중을 견딜 수 없다. 월성에서 출토되는 초기 기와들의 형상은 무엇을 의미할까. 바로 지붕의 전

---

19) 이은석, 「7세기대 신라 가옥구조에 대한 고찰」, 『新羅史學報』37, 新羅史學會, 2016.
20) 이인숙, 「월성 A지구(서편지역) 출토 삼국시대 기와 검토」, 『한국고고학의 기원론과 계통론』(40회 한국고고학회 전국대회 발표 자료집), 2016.
21) 국립경주박물관, 『新羅瓦塼』 특별전도록, 2000, 33쪽 no.62.
   최근 국립경주박물관 수장고에서 유물을 실견한 서라벌문화재연구원 류환성의 전언에 의하면 암막새의 내면에서 포목흔이 확인된다고 한다. 그렇다면 와통을 사용하여 성형하였을 개연성도 배제하기 어렵다.

<그림 6> 월성 출토 토기구연 암막새(ⓒ국립경주박물관)

면 좁와임을 시사한다. 기와는 공간에 권위를 부여할 수 있는 건축부재이다. 신라 왕경에서 초기 기와의 사용은 바로 이러한 양상이었을 것이다. 따라서 6~7세기 신라 왕경에 기와 건물이 없었다고 단정하는 것은 넌센스이다. 신라사의 전개과정에서 왕경은 지배층이 의지를 갖고 재편하려는 움직임을 계속해서 보여 왔다. 이는 왕경이라는 공간을 어떻게 위계화할 것인가라는 문제와도 관련을 가진다. 특히 왕경은 유학이 수용되면서 본격적으로 쇄신될 발판을 마련할 수 있게 되었다.

2) 유학 중심의 정치 지향

김춘추의 즉위는 中代와 下古의 획기가 될 만큼 신라사의 전개과정에서 중요한 의미를 가진다. 중대 정권은 김춘추와 김유신의 결합으로 성립되었다. 중대를 개창한 김춘추는 새로운 정치지향을 가지고 있었다. 중고기가 불교적 이데올로기가 중심이 되었다면, 중대는 유학적 이데올로기를 통치의 근간으로 삼았다.

김춘추는 유학의 鼻祖인 공자에게 강한 인상을 받았던 것 같다. 648

년 입당할 당시 본연의 목적은 군사적 원조를 요청하는 데 있었을 것이다. 그런데 그의 행로를 보면 당태종에게 바로 군사적 원조를 청하지 않았다. 국학을 예방하는 동시에 석전과 강론을 듣게 해달라는 요구를 먼저 하였다. 그 후 군사적 원조와 함께 백제로 인해 매년 述職이 불가함을 주장하였다. 신라 국학은 김춘추의 당나라 국학에 대한 견학에서 비롯된 것이다. 국학은 김춘추의 유교정치이념 수용과 밀접히 연관된 중요한 정책 중 하나였다.

당 태종 역시 유학에 경도된 모습을 보이는데, 太史令 傅奕과 나눈 대화에는 불교를 바라보는 감정이 녹아있다. 그는 부혁에게 "부처의 가르침은 현묘하여 스승으로 삼을 만한데, 어찌 홀로 깨닫지 못하는 가"며 본적이 있었다. 부혁은 "부처는 호족 가운데 있는 桀詰한 사람이고, 속여서 빛난 사람"이라고 하면서, "장자와 노자의 사례에 보태어 백성들에게 이익되는 바 없고, 나라에는 해로움이 있다"고 대답한다.[22] 아마 이 대화는 부혁이 황제에게 불교폐지와 관련된 상소를 올린 일이 빌미가 되었던 것 같다. 몇 달 전 부혁은 상소에서 "불교의 승려들은 충성스럽지도 효성스럽지도 않고 빈손으로 놀고먹고는 租賦에서 도망한다"고 하였다. 그리고 "법회를 열어 사람들을 현혹시켜 보시를 받아내는" 등 폐단이 적지 않음을 열거하고 있다.[23] 태종의 눈에도 불교는 사람들의 마음을 미혹시키고, 국가 재정의 근간이 되는 세금에 미온적으로 대처하는 모습을 보았을 것이다. 그렇다고 일방적으로 불교를 탄압의 대상으로 보

---

22) 『資治通鑑』唐紀8, 高祖神堯大聖光孝皇帝下之上 武德九年(丙戌, 626) 四月 戊寅; 太史令傅奕上疏請除佛法曰: "佛在西域, 言妖路遠; 漢譯胡書, 恣其假托. 使不忠不孝削髮而揖君親, 遊手遊食易服以逃租賦. 偽啓三塗, 謬張六道, 恐怵愚夫. 詐欺庸品. 乃追懺既往之罪, 虛規將來之福; 布施萬錢, 希萬倍之報, 持齋一日, 冀百日之糧.

23) 『資治通鑑』唐紀8, 高祖神堯大聖光孝皇帝下之下 武德九年(丙戌, 626) 十二月, 己巳; 上嘗謂奕曰: "佛之爲教, 玄妙可師, 卿何獨不悟其理？" 對曰: "佛乃胡中桀黠, 誑耀彼土. 中國邪僻之人, 取莊·老玄談, 飾以妖幻之語, 用欺愚俗. 無益於民, 有害於國, 臣非不悟, 鄙不學也." 上頗然之.

지는 않았다. 初唐시기 虞世南 등은 外儒內佛을 표방했고, 貞觀시기에는 和合儒釋을 추구하였다. 그러다가 大曆 연간에 이르면 始儒終佛로 인식이 바뀐다.24) 따라서 유학은 통치의 이데올로기로서 작용한 바가 크고, 불교는 내세관에 영향을 끼쳤던 것 같다. 신라 중대왕실이 사원 성전을 통해 불교계를 재편하려 하였고, 조상의 追崇 공간으로 활용했던 점을 염두에 둘 필요가 있을 것 같다. 중대에 이르러 승려가 직접 정치에 관여하는 빈도가 확인되지 않는다는 점에서 불교의 정치개입이 확연히 줄어들었음을 엿 볼 수 있다.

김춘추는 章服을 고쳐 중국의 제도를 따를 것과 자신의 아들을 당에 남아 숙위할 수 있도록 요청했다. 김춘추의 이런 적극적인 외교술을 통해 당 태종은 지난날 사신 邯帙許를 문책하며 신라의 독자적 연호 사용을 힐난했던 앙금도 해소되었을 것이다. 그 결과 중대의 개창은 최치원이 찬한 「聖住寺 朗慧和尙 白月葆光塔碑」에는 무열왕의 8세손으로 중국에서 불법을 배워 온 낭혜를 찬양하며 "이때(무열왕 귀국 후)부터 우리는 한번 변하여 노나라가 되었다(自玆吾土一變至於魯)든지, 두 적국을 평정하고 문명에 접하게 하여 주셨다(平二敵國俾人變外飾)"는 인식을 가지게 되었던 것으로 보인다. 신라인에게 중대의 유학적 국정 운영은 신라가 공자의 고향인 노나라로 변화하였다는 인식을 풍길 정도로 강렬했던 것 같다.

유학으로 경도되기 시작한 신라 사회 분위기는 7세기대 활약한 인물 가운데 김유신, 비령자, 죽죽의 아버지인 郝熱 찬간 등의 이름에서도 확인할 수 있다. 이들은 『논어』를 자신들의 좌우명이나 작명에 활용할 정도로 개인의 일상사에 활용하고 있다. 김춘추의 이름도 이러한 분위기 속에서 파악해 볼 수 있다. 이름의 경우 작명자의 의지가 강하게 개입되

---

24) 張弓, 「「始儒終佛」: 唐代 士人의 심리 역정」, 『중국고중세사연구』14권, 중국고중세사학회, 2005, 163~192쪽.

는 성질이 있으므로 김춘추의 아버지인 김용춘의 지향일 수 있다. 김용춘의 다른 이름인 용수는 용수보살에서 따온 것이다. 용수보살은 인도의 승려로 대승 불교의 교리를 체계화하는데 크게 이바지하였다. 용수란 작명에는 아버지인 진지왕의 불교적 지향성이 반영되었을 개연성이 높다. 그런데 시대적 분위기가 변화하자 용수는 스스로 용춘으로 개명하여 유학적 지향성을 표방하였을 것이라는 견해가 있다.[25] 용춘 말년의 유학으로의 경도는 아들의 이름을 짓는데 유학의 비조인 공자가 저술한 서명을 따와 짓는데 영향을 끼쳤던 셈이다. 나머지 아들들도 율법과 관련된 法敏, 仁을 묻는다는 의미의 仁問, 文王, 仁泰, 智鏡, 愷元 등 모두 유학과 직접 관련이 되거나 그런 지향성을 바탕으로 작명하고 있음이 확인된다. 이는 불교식 이름을 가진 아버지가 아들의 이름은 유교식으로 짓는 당시 사회가 유교적 소양을 중시하는 분위기의 반영일 수 있다.[26] 가령 강수의 아버지 昔諦는 불교식 이름이다. 그런데 아들에게는 유교를 배우도록 허락하는 분위기는 주요한 이데올로기적 변화를 보여준다.

사실 중대를 개창한 김춘추의 즉위과정은 그리 순탄하지 않았다. 聖骨男盡의 명목으로 왕위를 계승한 여왕들이 죽자, 진골로서 섭정 후보에 오른 이가 바로 알천이었다. 알천은 섭정의 자리를 사양으로 포기하였다. 섭정 1순위도 아닌 김춘추의 즉위는 화백회의의 결정을 번복시킨 것이나 다름없었다. 이에 왕위 계승의 불안정은 天命에 의한 계승자라는 정당성을 확보할 필요가 있었을 것이다. 더구나 김춘추의 조부는 政亂荒淫하다는 이유로 國人들에 의해 강제 폐위된 진지왕이었다. 이 사건은 그의 가문이 정치적으로 중앙을 향해 나아가려 할 때 상당히 큰 부담으로 작용한 것 같다. 진지왕의 강제적인 폐위가 진평왕의 즉위로 귀결된

---

25) 주보돈, 「김춘추의 정치지향과 유학」, 『국왕, 의례, 정치』(문화로 본 한국사 4), 태학사, 2009, 33~37쪽.
26) 노중국, 「교육과 인재 개발」, 『신라의 학문과 교육·과학·기술』연구총서11(신라 천년의 역사와 문화), 경상북도, 2016, 172쪽.

만큼, 무열왕계은 어떻게든 가문의 神聖을 회복할 필요가 있었을 것이다.

상징조작이라고 할 수 있는 '前兆의 조작'은 진덕여왕 말년부터 보인다. 진덕여왕의 죽음을 암시하듯 눈이 많이 내려 왕궁의 남문이 까닭없이 저절로 무너졌다든지,[27] 무열왕 2년 10월에는 瑞祥로서 우수주에서 흰 사슴,[28] 굴불군에서 두 몸에 발이 여덟 달린 흰 돼지를 바쳤다.[29] 사슴이나 돼지가 祭天之牲으로 이용되는 동물이며, 흰색이나 흰색동물의 종교적인 의미는 신성함과 행운의 표징으로 간주된다. 더 나아가 天神을 상징하는 하늘의 사자임과 동시에 하늘과 인간 사이를 연결해 주는 교량자의 의미도 내포한다.[30] 흰 동물들은 인간의 기원을 해결하는 신성하고 상스러운 靈物이다. 따라서 이 기사들은 천명에 의한 김춘추의 왕위 계승의 정당성에 무게를 실어준다.

한편 『翰苑』「括地志」에 따르면 적어도 7세기 초, 중반 무렵까지 중국 측에서는 金氏의 出自를 알 수 없다고 인식하였다.[31] 「括地志」는 당 태종의 4자인 魏王泰가 명하여 641년 蘇冣, 蘇德言 등이 편찬한 책이다. 당시 신라와의 빈번한 교류를 감안한다면 당시 당이 신라의 왕실인 김씨를 몰랐다고 단정하기 어렵다. 아마 신라가 정리된 왕실 계보를 제공해 주지 않았을 가능성이 클 것이다.[32] 그렇다면 적어도 7세기 초, 중반 무렵에는 신라의 김씨 왕실 조상의 새로운 계보는 정리되지 않은 상태라 할 수 있다. 이와 관련하여 『三國史記』 백제본기 의자왕조의 史論을 보면[33] 김성을 칭하게 된 연유를 김알지의 설화에 기인하는 것과 중국의

---

27) 『三國史記』 卷5, 新羅本紀5 眞德王 六年 春三月; 京都大雪, 王宮南門無故自毁.
28) 『三國史記』 卷5, 新羅本紀5 太宗武烈王 二年 冬十月; 牛首州獻白鹿.
29) 『三國史記』 卷5, 新羅本紀5 太宗武烈王 二年; 屈弗郡進白猪, 一首二身八足.
30) 정희경, 「동명설화와 고대사회」, 『歷史學報』98, 歷史學會, 1983.
31) 『翰苑』 卷30, 蕃夷部 新羅國條; 括地志曰, 新羅王姓金氏, 其先所出未之詳也.
32) 나희라, 『신라의 국가제사』, 지식산업사, 2003, 145쪽 각주 38번 참조.
33) 『三國史記』 卷28, 百濟本紀6 義慈王條; 新羅古事云 天降金樻 故姓金氏 其言可怪 而不可信 臣修史 以其傳之舊 不得刪落其辭 然而又聞 "新羅人自以小昊金天氏之後

<그림 7> 무열왕릉

신화적 인물인 소호금천씨에 가탁한 것 등이 확인된다.[34] 즉 김씨가 성을 김으로 칭하게 된 연유는 김알지 설화와 중국의 소호금천씨 설화, 두 종류였던 셈이다. 김씨가 권력을 독점하면서부터 자신의 계보를 여러 연원에서 찾았을 수 있다. 최초의 김씨였던 김알지, 최초의 김씨 왕인 미추, 은하수와 관계된 성한 등은 계보를 윤색할 때 神聖을 부여할 수 있는 소재가 된다. 김씨 집단은 알지, 성한, 미추, 나물 등 여러 인물을 시조로 인식하려던 흔적을 남기고 있다. 이는 김씨가 나물왕계와 무열왕계, 금륜 태자계와 사륜 태자계 등으로 갈렸듯이, 혈족집단이 분지화된 가계집단이 권위나 위세를 유지하는 방편으로 나름의 시조를 내세웠던 역사의 흔적일 것이다.[35] 이로 인해 진골 귀족들의 가계의 分枝化는 무

故姓金氏 見新羅國子博士薛因宣撰金庾信碑及朴居勿撰姚克一書三郎寺碑文.

34) 이문기,「신라 김씨 왕실의 소호금천씨 출자관념의 표방과 변화」,『역사교육논집』 23·24, 1999.

35) 나희라,「신라의 건국신화」,『신라의 건국과 성장』2(신라천년의 역사와 문화), 경

열왕계와 나물왕계로 양분되어 길항하게 되는 빌미가 되었다.

　김춘추의 즉위는 새로운 시대라는 인식 속에서 역대 김씨 왕실이 가졌던 계보 인식을 완전히 폐기하였다. 중대가 내세운 왕실계보의 연원은 중국의 상고 전승에 해당된다. 중고기 동륜계 왕실이 불교적 이데올로기를 앞세운 眞種說에 입각하여 계보를 윤색하였다면, 중대는 소호금천씨와 연결시켜 자신의 정통성을 추구하였던 것이다. 실제 「문무왕비」에 의하면 신라 왕조의 뿌리를 火官에 두고, 그 갈래가 秺侯를 거쳐 7세손까지 계승되다가 문무왕의 15대조인 성한왕으로 이어졌다는 서사가 전한다. 중국에서 처음 金姓을 칭한 투후 김일제를 世系로 끌어들인 것이다. 비문에는 "그 바탕이 하늘에서 내리고 그 영이 仙岳에서 나왔다"는 구절은 출자의 신성성을 天降을 통해 정당화하려는 관용적인 표현일 수 있다.[36]

　중대에 이르면 가야계의 후손인 김유신의 가문의 권위도 동반 상승된다. 김유신비에는 그의 가계를 소호금천씨에 두고 있었다고 하며, 이러한 내용은 사적비인 삼랑사비에서도 확인된다고 한다. 김유신비는 두 종류가 있었던 것으로 보이는데, 그의 사후 7세기 말 문무왕의 명에 의해 건립된 묘비와 9세기 국자박사 설인선이 찬한 유신비가 있다.[37] 어느 비에 이 같은 내용이 나오는지는 단정하기 어렵다. 하지만 신라 중대를 개창한 김춘추와 김유신 가문은 그들의 연원을 중국에 가탁하고 있던 공통점이 확인된다. 문무왕대에 이르러 金庾信·文明王后 등 가야계 후손의 정치적 비중은 절정에 달하고, 金官小京도 설치되었다. 수로신화를 비롯한 가락국의 역사가 정리되었는데, 구체적으로 『開皇曆』일 가능성이 있

상북도, 2016, 71쪽.

36) 나희라, 앞의 책, 2003.

37) 이문기, 앞의 논문, 1999, 662~667쪽. 다만 김유신의 비가 2개라는 점은 약간의 의문이 든다. 신라의 국왕조차도 陵碑는 널리 유포되지 못하였다. 오히려 立碑 자체를 철저히 통제하고 관리하였다. 주보돈, 「통일신라의 (陵)墓碑에 대한 몇 가지 논의」, 『木簡과 文字』9, 한국목간학회, 2012.

다. 개황은 隋 文帝의 연호이고 김유신이 개황 15년에 출생한 것을 염두에 두면, 『開皇曆』의 편찬시기는 김유신과 관련하여 문무왕 재위 연간일 가능성이 높다. 이 책은 가락국의 왕력이 포함되었을 것이며, 신라의 왕력과 밀접한 관련 속에서 정리되었을 가능성이 있다.[38] 그 결과 무열왕계에 이어 김유신 가문도 친왕실 세력으로 권위를 인정받았다. 김유신 가문의 조상이었던 수로왕은 亡國으로 제사마저 소홀해졌는데, 수로왕릉이 새로이 수즙되고 추숭이 재개되었다.

그렇다면 중대 왕실은 어떠한 방식으로 중고기 왕실과 차별을 두었을까. 중고기 왕실이 불교적 진종설에 입각하였다면, 중대왕실은 진골출신으로서 성골왕과는 구분되는 다른 요소들을 창출함으로써 혈통적 열등감을 보완했으리라 여겨진다. 그것은 앞서 언급하였다시피 중국의 신화적 인물에 자신의 출자를 가탁시키는 방식으로 神聖을 확보하였을 것이다. 여기에 더해 유교적 혼인을 통해 배타적 권위를 표방했을 것으로 여겨진다. 중대 왕실은 무열왕 직계 존속을 위한 배타적 혼인을 추구하였다. 왕비들은 주로 병권을 장악한 귀족세력과 결합하는 경향을 보이고 있다.[39] 중대는 일부일처제의 유교적 혼인 제도를 추구하였다. 그런데 효성왕의 경우 正妃인 순원의 딸 이외에 후궁으로 파진찬 여종의 딸을 두고 있었다. 후궁의 가문이 파진찬이라는 점에서 그녀는 유력 진골가문의 출신이었다. 후궁의 존재를 통해 妻妾制가 실재하였음을 추정해 볼 수 있다. 그리고 문헌에는 왕족과 귀족을 구분하였던 정황이 확인된다.

B-1. 당나라 令狐澄의 『新羅記』에서 말하기를 "그 나라의 왕족은 第一骨이라 하고, 나머지 귀족은 第二骨이라고 한다.[40]

38) 金泰植, 『加耶聯盟史』, 一潮閣, 1993, 40쪽.
39) 이영호, 「新羅의 王權과 貴族社會」, 『新羅文化』22, 2003; 『신라 중대의 정치와 권력구조』, 지식산업사, 2014.
40) 『三國史記』 卷5, 新羅本紀5 眞德王 八年 春三月; 唐令狐澄新羅記曰, "其國王族, 謂

　　영호징의 『新羅記』는 顧愔이 지은 『新羅國記』를 말하는 것 같다. 唐은 신라의 집권세력이 크게 왕족인 1골과 귀족인 2골로 구분하고 있음을 인식하고 있었다. 관련 내용은 『新唐書』에 더 자세하게 부연되어 있다.

　　　B-2. 그 족속의 이름은 첫째 一骨, 둘째 二骨로 스스로 구별한다. 형제의 딸, 고모, 이모, 재종누이와 모두 예를 갖춰 처로 삼는다. 왕족은 一骨이며, 처 역시 그 족속이고, 아들이 태어나면 모두 一骨이다. 二骨의 딸을 취하지 않으며, 만약 취한다면 항상 첩으로 보내는 것을 상규로 한다.[41]

　　B-1, 2에 보이는 一骨과 二骨은 통혼의 범위를 말하는 것 같다. 여기서 일골이 이골보다 더 우세하게 묘사되어 있다. 효성왕의 후궁사례가 처첩제가 맞다면,[42] 이는 통혼권을 벗어난 예가 된다. 효성왕과 정비는 일골이며, 후궁은 첩이므로 파진찬 永宗은 이골에 해당되기 때문이다. 영종 역시 파진찬으로서 진골에 해당되는 인물이다. 이 사례는 중대 무열왕계의 배타적 혼인을 의미하는 것일 수 있다. 따라서 일골은 무열왕계이며, 나머지 귀족들은 이골로 격하시켜 구분을 지었던 것으로 볼 수 있다. 이는 흡사 성골과 진골로 구분짓기를 한 중고기 왕실의 신성관념이 중대에 이르러 변용된 사례가 아닐까한다.

　　유교적 혼인제도에서 長子는 중요한 존재이다. 장자는 곧 조상제사를 주관하는 사람이기 때문이다. 무열왕은 즉위 하여 곧 부모를 文興大王과 文貞太后로 추봉함으로써[43] 진지왕에서 비롯된 중대 왕실의 계통을 명확히 하였다. 그리고 신문왕은 원자의 출생을 종묘에서 아뢰고 있는데,

---

　　之第一骨, 餘貴族第二骨."
41) 『新唐書』 卷220, 列傳145 新羅; 其族名第一骨·第二骨以自別. 兄弟女·姑·姨·從姊妹, 皆聘爲妻. 王族爲第一骨, 妻亦其族, 生子皆爲第一骨, 不娶第二骨女, 雖娶, 常爲妾媵.
42) 『三國史記』 卷9, 新羅本紀9 孝成王 4년 8월; 先是, 永宗女入後宮, 王絶愛之, 恩渥日甚, 王妃嫉妒, 與族人謀殺之.
43) 『三國史記』 卷5, 新羅本紀5, 太宗武烈王 元年.

영전은 태조대왕-진지대왕-문흥대왕-태종대왕-문무대왕이었다. 5대 직계로 설정한 것은 오묘제의 흔적으로 볼 수 있다. 여기서 태조는 태종의 상대적인 의미인데, 무열왕계의 마지막 왕인 혜공왕대 五廟를 정하면서 태조를 미추왕으로 세우고 있음이 확인된다.[44] 오묘의 설치시기에 대해서는 논란이 있으나 새로운 조상제도라는 점을 감안한다면 중대초인 신문왕대일 가능성이 높다. 혜공왕대 오묘는 제도를 정했다는 것이 아니라 다섯의 廟主를 확정한 듯한 인상을 준다. 이는 문장 속에 무열, 문무 두 왕을 불훼지종으로 삼고, 親廟 둘을 더하여 오묘로 구성하였다는 것에서 짐작할 수 있다. 종묘는 종족의 개념을 구체적으로 시각화하는 것인데, 종족 관념을 규범화한 것으로 적장자상속제의 성립으로 종가와 분가의 신분 질서를 형성하게 된다. 이러한 종족의식의 중심지인 종묘를 통일기 초부터 왕경에 세우지 않았을 리 없다. 종묘와 관련된 시설물로 월성 북편의 계림로 건물지가 유의된다. 이 건물은 월성해자의 매몰이후 궁역이 확장되면서 세워진 것으로 보인다. 구체적으로 계림과 첨성대 사이에 위치하고 있다. 중앙건물을 중심으로 좌우 대칭으로 10여칸의 긴 건물의 형태를 하고 있다. 성격을 예단하기 어렵지만 제의적인 건물임은 분명하다고 하겠다.

한편 7세기 후반 신라 중대를 개창한 주역들 가운데 금관국의 출신들도 있었다. 중대 개창의 근원은 김춘추의 혈통과 김유신의 무력으로 압축해서 볼 수 있다. 일통삼한의 대업은 이 힘을 통해 가능했던 것이다. 그러므로 중대 김씨 계보의 윤색은 김유신 가문에서도 확인된다. 김유신은 자신의 누이를 김춘추에게 혼인시켰고, 또 그 사이에서 태어난 질녀와 혼인을 혈연적으로 중첩된 상태였다. 가계의 동질성은 바로 중복혼을

---

44) 『三國史記』卷35, 雜志1 祭祀; 至第三十六代惠恭王, 始定五廟. 以味鄒王爲金姓始祖, 以太宗大王‧文武大王, 平百濟‧高句麗有大功德, 並爲世世不毁之宗, 兼親廟二爲五廟.

통해 혈연의식을 강화한 결과이다. 그 결과 중대왕실은 김유신 가문과 동성인 혈족으로 인식되었다.[45] 이제 중대정권은 중고적인 지배질서를 벗어나 국왕 중심의 지배체제를 구축할 수 있는 발판을 마련한 셈이다.

김춘추의 집권은 새로운 세계관을 가진 정치가의 등장이라 할 수 있다. 新思潮로서 유학은 신라 사회에 왕권의 전제화에 영향을 끼쳤다. 당 문물의 유입결과 신라는 골품제에 기초한 중국식의 복잡한 의례국가로 재탄생할 수 있게 되었다. 의례란 나라와 왕실을 운영하는 질서나 의식을 일컬으며, 유교정치의 핵심이다. 이러한 의례를 집행하는 과정에서 도덕적으로 국가 기강이 공고히 될 수 있었다. 의례를 전담하는 관청은 있었으나 전적으로 한 관청에서 집행되는 경우는 없고, 여러 중앙관청이 동시에 동원되며, 때에 따라 임시관청이 두어지기도 하였다. 유교식 의례를 통해 왕권은 제도적으로 존엄을 내세울 수 있었다.

한편 무열왕릉은 피장자를 알 수 있는 몇 안되는 신라 왕릉 중 하나이다. 무열왕은 사후 永敬寺 北쪽에 묻혔다고 한다.[46] 그런데 무열왕릉의 위쪽으로는 중고기 무덤으로 추정되는 대형 고분 4기가 자리하고 있다. 피장자의 논란은 있지만,『三國史記』新羅本紀에는 법흥왕과 진흥왕의 장지를 '哀公寺北峰', 진지왕과 무열왕의 장지를 '永敬寺北'으로 기록되어 있다. 그리고『三國遺事』왕력과 기이편에서는 법흥왕, 진지왕, 무열왕의 무덤을 애공사를 중심으로 방향을 설정하고 있다. 따라서 서악동 고분군에는 법흥왕, 진흥왕, 진지왕, 무열왕 등 4명의 왕이 묻혔음을 알수 있다.[47] 다만 무열왕릉 뒤편으로 4기의 고분이 있다. 1명의 주인공이 불분명한 셈이다(<그림 8>).

---

45) 李文基, 앞의 논문, 1999, 667쪽.
46) 『三國史記』卷5, 新羅本紀5, 太宗武烈王 8年 6月; 葬于永敬寺北.
47) 이근직,『신라왕릉연구』, 학연문화사, 2012, 201~203쪽.

<그림 8> 서악동 고분군

무열왕릉의 조영과정은 문무왕의 의지가 강하게 작용했을 수 있다. 葬地의 선택도 정치적 의도가 내재되었을 것이다. 진흥왕 사후 동륜계와 사륜계가 정치적 갈등을 겪었고, 진지왕은 사후 서형산 아래에 묻혔다. 이에 반해 동륜계의 진평왕은 漢岐部에 묻혔다. 오히려 진지왕의 매장공간이 법흥왕, 진흥왕의 직계의식이 강하게 반영된 느낌이다. 이근직은 서악동 4호분이 가장 안정적으로 조영되었다는 점에서 이 무덤을 가장 빠른 법흥왕릉으로 보고 있다. 그리고 3호분을 보도부인, 2호분을 진흥왕릉, 1호분을 진지왕릉으로 추정하고 있다. 倒葬之法 즉 逆葬이 이루어진 것으로 본 것이다.[48] 서악동 고분군의 피장자 논란은 조영 순서를 어떻게 보느냐에 따라 달라진다. 그런데 최근 통일신라시대 능묘에 대해 전기탐사 방법을 활용하여 구조와 묘도 입구를 파악한 성과가 제출되었다.[49] 그 결과 서악동 고분군은 모두 횡혈식 석실분으로 밝혀졌다. 조영

---

48) 이근직, 앞의 책, 2012, 236쪽.

시기는 서악동 1·2호분이 비슷하며, 3·4호분과 무열왕릉이 비슷한 시기였다. 1·2호분은 나머지 고분에 비해 점토질이 적고 모래 성분이 많은데, 이러한 흙의 차이는 축조 연대의 차이를 반영한다는 것이다. 특히 서악동 1호분의 경우 내부구조가 김유신묘와 일성왕릉의 것과 유사한 형태라고 한다. 그렇다면 서악동 고분의 축조순서는 위에서 아래로 조영이 된 셈이다. 이 결과는 이근직의 추정과는 背馳된다. 사실 3호분을 보도부인으로 비정한 것도 큰 틀에서 보면 횡혈식 석실분의 특성을 간과한 것이다. 추가장이 가능한 藏法이 도입된 상황에 왕과 왕비를 따로 매장할 이유가 없기 때문이다.

서악동 고분군에서 주목되는 현상은 그간 적석목곽분과는 달리 왕의 무덤이 별도의 묘역을 형성하고 있다는 점이다. 그래서인지는 몰라도 1·2·3·4호분의 무덤축이 정확히 일치하고 있지는 않다. 특히 2·3호분은 거의 아슬아슬하게 거의 붙어 있는 모습이다. 왕릉의 주변에 일체 다른 무덤을 조영하지 않은 까닭이 陪冢의 소멸인지는 모르겠지만, 왕과 귀족의 묘역이 분리된 점은 시사하는 바가 크다.

무열왕의 장지 선택이 문무왕의 직계의식을 염두에 두었다면, 단정하기는 어려우나 4호분이 김용춘의 무덤일 가능성이 높다고 여겨진다.50) 그간 4호분이 김용춘의 무덤이 아니라는 견해의 전제는 사전 그가 태자에 직위에 있거나 왕위를 계승하지 않은 신분적 한계에 주목한 것이었다.51) 그러나 김용춘이 왕위를 계승하지는 않았지만 내성사신을 겸하였고, 황룡사 9층탑의 건립을 감독하는 위치에 있는 등 결코 지위가 낮지

---

49) 이진락, 「신라왕릉 전기탐사와 구조해석-경주지역 통일신라시대를 중심으로-」 경주대학교 대학원 문화재학과 박사학위논문, 2013.

50) 강인구, 「신라왕릉의 재검토(1)」, 『고분연구』, 학연문화사, 2000, 418~428쪽: 김용성, 「경주 서악동 신라 중고기 왕릉 연구에 대한 질의」, 『三國遺事 기이편 발표요지문』, 한국학중앙연구원 동북아고대사연구소, 2005, 121~122쪽.

51) 이근직, 앞의 책, 2012, 224~227쪽.

않았다. 따라서 신분의 한계로 인해 아버지의 무덤 부근에 매장될 수 없었다는 견해는 따르기 어렵다. 혹시라도 다른 곳에 매장되었다면 移葬되었을 가능성과 봉분이 작았다면 改築되었을 개연성도 배제하기 어렵기 때문이다. 무열왕은 즉위 원년 아버지와 어머니를 大王과 太后로 추봉하였으며,[52] 신문왕대에는 祖廟에 배위된 상태였다. 만약 4호분을 김용춘의 무덤으로 볼 수 있다면 이는 오히려 중대에 이르러 유교적 예제에 따른 祀典정비와 짝하는 상황으로 볼 수 있겠다. 그러므로 무열왕릉이 서악동에 조영된 배경에는 가문의 직계의식 표방이 내재되어 있을 가능성이 높다.

한편 신라 왕권이 고양될 수 있었던 주된 밑거름으로는 다음이 거론된다. 우선 무열왕과 문무왕 부자의 집념과 노력으로 통일의 대업이 달성되었다. 그 결과 무열왕계의 권위가 고양된 점, 통일 전쟁 전후한 시기 대당 전쟁에 소극적이거나 왕권 강화에 저해되는 유력 진골 귀족을 성공적으로 제거한 점, 국왕의 비서기관에 해당하는 집사부에 상급 행정 기관들의 업무를 조정 통제토록 함과 동시에 유학적 정치이념의 도입을 강행함으로서 국왕에 대한 충성도가 높은 관료 제도가 발달한 점 등이다.[53]

국왕 중심의 지배체제는 왕을 정점으로 유학의 정치사상과 예적 질서를 근간으로 이루어진다. 김춘추 세력이 희망했던 새로운 지향은 유학에 기반을 둔 왕도정치의 구현이었다.[54] 이 점 전륜성왕이나 王卽佛에 입각한 佛家族의식으로 왕권을 수식하던 그 전과는 분명히 차별된다. 그리고 불교를 통해 나라를 통치하려했던 비담 일파와는 근본적으로 지향하는 바가 달랐다고 할 수 있다. 이러한 사상적 차이는 양자가 국정을 운영할 때 어떠한 형태로든 충돌할 여지를 안고 있었다.

---

52) 『三國史記』 卷5, 新羅本紀5, 太宗武烈王 元年 4月; 追封王考爲文興大王, 母爲文貞太后.

53) 李基東, 「新羅社會와 佛敎」, 『新羅 社會史 硏究』, 一潮閣, 1997, 95쪽.

54) 주보돈, 앞의 책, 2009.

김춘추의 아들들도 이미 그 전부터 당과 관련된 외교 사무를 독립적으로 담당하고 있었다. 이러한 분위기 속에서 당조의 의관제도의 채용은 유학적 정치 지향을 추구하는 첫 걸음이었을 것이다. 신라는 진골로서 관직에 있는 자들에게 牙笏을 지니게 하였는데, 唐朝의 3품 이상의 관원이 牙笏을 지니는 의례를 모방하여 제정한 것이다. 그리고 당의 연호인 永徽를 사용함으로서 신라와 당 사이의 藩屬外交 관계가 마침내 성립했음을 보여 주고 있다. 이는 당 조정이 동아시아의 질서를 유지하는 책임을 강화하는 방편이다.[55]

무열왕은 당으로부터 里方府格, 諡號法, 廟號制, 致仕制와 几杖下賜, 中朝衣裳制, 東宮制, 九州制, 五廟制, 解官制 등 율령과 제도에 관한 일체를 받아들였다. 이 제도들의 근간이 바로 유학이었다. 관제의 운영은 율령에 입각해서 이루어졌던 것 같다. 김춘추가 즉위하자마자 바로 시행한 조치는 사면에 이어 理方府 良首에게 율령을 상세히 살펴 理方府格 60여 조를 가다듬어 정하게 하였다.[56] 그리고 이듬해 상대등을 비롯한 자신의 아들들에 대한 인사를 단행한다. 10월에는 월성에 鼓樓도 세웠다.[57] 당은 태극궁 외조의 정전인 승천문에 고루를 설치하였다. 고루에서 북을 치면 먼저 도성과 궁성의 문을 개폐하고, 각 街鼓에서 북을 치면 坊門을 개폐하여 도성민의 통행을 제한하였다. 고루는 도성내 거주하는 인간의 일상사를 통제하는 기구였던 것이다. 그러므로 고루를 율령국가의 관료 운영에서 그 기능을 찾는다면, 근무 기강과 문의 개폐 등을 시야에 넣을 수 있다. 가령 일본의 경우 관료의 출퇴근 시간과 문의 개폐에 鐘鼓를 사용하고 있다.[58] 종이나 북소리에 맞추어 출퇴근하고, 도

---

55) 拜根興,「七世紀 中葉 羅唐關係 硏究」慶北大學校 大學院 史學科 博士學位論文, 2002, 29쪽.

56)『三國史記』卷5, 新羅本紀5 太宗武烈王 1년 5月; 命理方府令良首等, 詳酌律令, 修定理方府格六十餘條.

57)『三國史記』卷5, 新羅本紀5 太宗武烈王 2年; 立鼓樓月城內.

성내 문의 개폐를 일률적으로 통제한다. 이때 열쇠의 관리부터 출입자의 신상까지 일률적으로 관리된다. 관리의 출퇴근을 알리는 鐘臺는 中庭에 세웠다고 하는데 朝堂院과 천황이 생활하는 內裏사이에 위치한다.[59] 일본은 율령제의 정비와 함께 물시계를 이용하여 시간을 측정하였다. 그리고 이것을 기준으로 도성의 문의 개폐, 관인의 근무기강 등을 통제했던 것이다. 이점 월성 내에 고루의 기능을 고찰할 때 시사하는 바가 크다. 월지 및 왕경유적에서 발견되는 자물쇠, 월지출토 186번 목간 등은 인원의 통제를 통한 치안유지가 목적이었을 것이다. 아울러 관료들은 일정한 시간마다 울리는 북소리를 통해 근무기강과 질서를 유지할 수 있었다. 이 장치는 왕경인들의 일상생활에도 규칙성을 부여하였다.

한편 관료의 획득양상도 달라졌다. 왕은 유학에서 추구하는 예의, 곧 상하 신분질서의 상징이다. 신분질서는 왕을 정점으로 부채꼴로 펼쳐지는 모양을 이룬다. 이는 관료제의 핵심이라 할 수 있다. 따라서 관료는 별도의 교육기관을 통해 양성될 필요가 있었다. 국학은 경전과 문장의 기본 소양을 익히면서 문서행정의 전반과 민의 통치를 담당할 수 있는 예비 관료군의 양성을 목적으로 한다. 신라에서 관료로 진출하는 방법은 화랑도에 의한 천거와 국학을 졸업하는 과정을 염두에 둘 수 있다. 천거를 통해 관직을 진출할 경우 혈연이나 지연이 개입될 소지가 크며 사적 이해관계를 위한 파당이 생길 여지가 있다.

신라 국학은 설치시기를 진덕왕 5년으로 보는 견해[60]와 신문왕대로

---

58) 『日本書紀』卷23, 舒明天皇 8年 7月條; 自今以後, 卯時朝之, 巳後退之, 因以鍾爲節. 『日本書紀』卷25, 孝德天皇 3年 4月條; 其擊 鍾史者垂赤巾於前. 其鍾臺者起於中庭. 『令義解』卷5, 宮衛令 16; 凡開閉門者. 第一開閉門鼓擊訖. 卽開諸門. 第二開閉門鼓擊訖. 卽開大門.

59) 연민수 외, 『역주 일본서기3』, 동북아역사재단, 2013, 222쪽 각주 383번.

60) 李基東, 「新羅 古代의 官僚制와 骨品制」, 『新羅 骨品制社會와 花郞徒』, 一潮閣, 1984; 李丙燾, 『國譯 三國史記』, 乙酉文化社, 1984;『한국유학사』,아세아문화사, 1989; 김희만, 「신라국학의 성립과 운영」, 『남도영박사고희기념논총』, 1993.

보는 견해[61]로 나뉜다. 이로인해 진덕왕대 국학과 신문왕대 국학이 성격이 다르다고 보는 견해도 생겼다.[62] 국학은 진덕왕 5년에 大舍 2인을 두면서 시작되었다. 공교롭게도 이때는 김춘추가 당에서 돌아온 지 4년 후이며, 당의 경우 『顔氏定本』과 『오경정의』가 완성되어 경학이 통일된 직후이다. 국학의 설치에 김춘추의 영향을 가늠할 수 있다. 김춘추는 국립 교육기관을 설치함으로써 혈연이나 지연의 개입 소지를 사전에 차단하고 개인의 능력, 곧 학력과 학벌이 중시된 관료를 선발하려고 했던것 같다.

신문왕대에는 국학의 학장이라고 할 수 있는 경이 설치된다. 따라서 관부로서 국학의 창설은 신문왕대로 보는 것이 합리적이다.[63] 국학 설치 이전 신라의 인재 획득은 주로 화랑도를 통해 이루어졌다. 그러므로 관료는 화랑도와 비화랑도 출신으로 크게 양분되었는데, 양자간에는 화합하기 어려운 갈등도 존재하였다. 이를테면 근랑의 낭도 출신인 검군의 사례를 들 수 있다. 검군은 사량궁 사인으로서 동료들의 공동 부정행위에 가담하지 않고 거부하다가 죽음을 맞이하였다. 유년시절 배워온 불의에 길에 발을 담그지 않았던 것이다. 문헌에 보이는 화랑도 출신들은 개인의 사욕을 멀리하고, 道義를 위해서라면 목숨을 초개처럼 버린다. 『삼국사기』에는 김대문의 『화랑세기』를 인용하며 "현좌충신과 양장용졸이 화랑으로 부터 비롯되었다"고 한다. 화랑도 제정의 목적을 서로의 선악을 알아 유능한 자를 천거하기 위함이라고도 밝혀 놓았다. 화랑도의 운영은 用人之術의 하나이다. 즉 인재를 발굴하고 조정에 추천하기 위해 제정된 것이다. 그런 측면에서 김춘추는 하루아침에 국학으로 인재획득의 통로를 변경시키기 어려웠을 것이다. 이는 전적으로 김춘추의 한계를

---

61) 李基白, 「新羅骨品制下의 儒教的 政治理念」, 『新羅思想史研究』, 一潮閣, 1986.

62) 박순교, 「김춘추의 집권과정연구」 경북대학교 대학원 사학과 박사학위논문, 1999.

63) 李泳鎬, 「新羅 國學의 成立과 變遷」, 『歷史教育論集』57, 歷史教育學會, 2015, 72쪽; 이영호, 「신라 국학의 성립과 변천」 『신라 국학과 인재 양성』, 2015, 민속원, 79~80쪽.

의미할 수 있다. 자신의 정치적 파트너였던 김유신 조차 용화낭도의 구성원이었고, 그의 아들 역시 법민랑으로 화랑도에 몸담고 있었기 때문이다. 당시 신라는 전시체제기에 준하는 행정이 요구되었을 것이다. 이럴 때 세속오계로 정신을 무장하고 滅私奉公을 지향하는 화랑도는 중요한 시대정신이다. 그런 측면에서 당시 국학을 통한 인재양성은 고답적이고 형이상학적으로 비춰졌을 수 있다.

신라에서 국학 설치의 의미는 천거나 화랑도에 의존했던 인재 획득의 통로를 국가기구를 경유시키고자 했다는 점이다. 다시말해 관부 운영의 실제 담당자들을 사적인 영역에서 공적인 영역으로 전환시켜 운영하려 했다. 신라의 국학이 당의 국자감을 모델로 했으므로 운영과정에서 상당 부분이 닮아 있다. 아래 <표 3>은 당과 신라 국학의 교수과목을 정리한 것이다.64)

<표 3> 당과 신라의 국학 교수과목

	당	신라	비고
필수	『논어』, 『효경』, 『노자』	『논어』, 『효경』	『노자』 제외
선택	『주역』, 『상서』, 『모시』, 『주례』, 『의례』, 『예기』, 『춘추좌씨』, 『공양』, 『곡량』	『주역』, 『상서』, 『모시』, 『예기』, 『춘추좌씨』, 『문선』	『주례』, 『의례』 제외 『문선』 추가

필수과목의 경우 당은 『노자』가 있는 반면, 신라는 없다. 아마 당의 황실 성인 李와 노자를 연관시켜 존중했기 때문일 것이다. 선택과목의 경우 당은 유교경전의 핵심인 9경으로 구성되었다. 신라는 9경의 핵심만을 추려 5경으로 구성하였다. 당은 『예기』, 『춘주좌씨전』을 대경, 『시경』, 『주례』, 『의례』를 중경, 『역경』, 『상서』, 『춘추공양전』, 『춘추곡량

---

64) 한준수, 「신라 國學의 수용」 『신라국학의 수용과 전개』, 2015, 민속원, 67쪽.

전』을 소경으로 구분하여 하나의 경을 마치지 않으면 다음으로 넘어 가지 못하도록 하였다. 신라의 경우도 3개의 業으로 구성이 되었는데, 『예기』, 『주역』, 『논어』, 『효경』이 하나의 업을 이루고, 『춘추좌씨전』, 『모시』, 『논어』, 『효경』과 『상서』, 『논어』, 『효경』, 『문선』 등을 각각 하나의 업으로 묶었다.65) 업은 교육 과정을 위해 과목을 기준으로 분류 한 하나의 단위인 셈이다.

신라의 경우 국학에서 『문선』을 배운다. 이는 신라의 취사지과의 방 식이 당과 근본적으로 달랐기 때문이다. 신라의 국학 규정에는 퇴학이나 졸업만 언급되어 있다. 당에서는 9경의 학습만으로는 과거 급제를 보장 받을 수 없었다. 따라서 개별적으로 『문선』을 학습하여 제술능력을 갖 춰야만 했다. 그런데 신라에서는 국학을 졸업하면 관료로 나라가는 것이 일반적인 수순이다. 과거제를 거치지 않고 바로 관리로 임용되었다. 그 러므로 5경 학습에 덧붙여 문서행정의 자질을 향상시킬 수 있는 『문선』 이 필요했던 것이다. 국학의 문선업은 문장의 여러 전범들을 학습하는 것이어서 관료의 인문학적 소양을 배가시켜 줄 수 있었을 것이다. 국학 의 수업 연한은 당과 신라 공히 9년이다. 9년이라는 시간은 『예기』 학기 의 "9년이면 사물의 종류를 알아 통달하고, 강건하게 서서에 어긋나지 않으면 이를 일컬어 대성이라 한다"는 구절에서 기인한 것이다. 수업연 한의 관념을 『예기』에서 수용하고 있다는 점이 주목된다.

한편 신라 국학에서는 지정된 특정 과목을 대상으로 시험을 치룬 성 적을 토대로 3등급으로 분류하여 관료로 진출시켰다. 이를테면 『춘추좌 씨전』, 『예기』, 『문선』, 『논어』, 『효경』에 능하면 상, 『곡례』, 『논어』,

---

65) 『三國史記』卷38, 雜志7 職官 上; 敎授之法 以周易·尙書·毛詩·禮記·春秋左氏傳·
文選 分而爲之業 博士若助敎一人 或以禮記·周易·論語·孝經 或以春秋左傳·毛詩·
論語·孝經 或以尙書·論語·孝經·文選敎授之 諸生 讀書以三品出身 讀春秋左氏傳
若禮記 若文選 而能通其義 兼明論語·孝經者爲上 讀曲禮·論語·孝經者爲中 讀曲
禮·孝經者爲下 若能兼通五經·三史·諸子百家書者 超擢用之.

『효경』에 능하면 중, 『곡례』, 『효경』에 능하면 하로 구분하였다. 사실
이러한 3품의 구별은 788년 제정된 독서삼품과의 규정과 같다. 독서삼
품과는 원성왕 4년에 처음 제정되었는데, 유교경전의 이해도에 따라 3등
급으로 구분하였다. 등급의 구분과 해당 경전의 이름도 정확하게 일치한
다. 따라서 직관지의 편찬자는 신라본기의 기사를 바탕으로 재정리하였
을 것이다. 이는 적어도 독서삼품과가 국학 운영과 깊이 관계됨을 나타
내기 위한 조치일 수 있다.66) 다만 배우는 과목과 시험과목은 차이가 있
다. 상품의 경우 공통과목인 『논어』와 『효경』이 있고, 각각의 업에서 한
과목씩 추출하여 시험 과목으로 선정하였다. 중품의 경우 공통과목인 『논
어』와 『효경』이 있고, 『예기』의 일부분인 『곡례』를 시험 과목으로 지정
하였다. 하품의 경우 공통과목인 『효경』과 『곡례』를 대상으로 하고 있다.

　　중대 이후 신라의 관리임용은 유학의 기초를 시험 보도록 함으로써
관료의 소양을 중시하였다. 국학은 관료로 임용되기 위한 하나의 중요한
기준이 되었다. 이는 관리임용에 족벌이나 개별 인물의 인맥에서 벗어나
학벌이나 학력이 상당부분 작용하고 있었음을 웅변한다. 후대의 일이지
만 원성왕 5년(788) 子玉이라는 자가 楊根縣 少守로 임명되자, 執事部
史인 毛肖가 반대하고 나섰다. 文籍출신이 아니라는 이유였다. 자옥은
도당유학생이란 이력으로 관리가 될 수 있었다. 文籍은 아마 독서삼품과
내지 국학을 의미하는 것 같고, 화랑도의 黃券에 대비되는 개념일 수 있
다. 신라의 인재 등용은 국학과 아울러 화랑도 역시 중요한 통로였기 때
문이다. 이에 侍中까지 나서서 자옥의 기용에 문제가 없다고 변호하기에
이르렀다. 이 사건은 문적이 관리 임용의 관행이었음을 알 수 있다. 이는
국학을 거치지 않고서는 관리로 임용되기 어려운 사회 분위기가 정착되
었음을 의미한다.

---

66) 주보돈, 「신라의 國學 受容과 그 展開」 『신라국학의 수용과 전개』, 2015, 민속원.

2. 문무왕의 왕경 개조

1) 왕경 개조와 택일

신라는 660년 백제, 668년 고구려를 차례로 멸망시키면서 삼국통일을 달성하였다. 그런데 동맹을 형성했던 당은 평양에 안동도호부를 설치하면서 본격적으로 한반도 지배를 노골화하였다. 신라는 고구려 유민을 지원하는 방향으로 당에게 저항하기 시작하였다. 이에 당은 669년 4월 3만 8천 3백호의 대규모 인민을 내지로 사민하는 정책을 취하였다. 아마 저항의 구심점을 약화시키는 조치였다고 보인다. 다만 이즈음 유인궤 역시 평양에서 군사를 물렸다. 이로인해 평양은 戰力의 공백지대가 되고 말았고, 안동도호부는 669년 평양에서 요동의 新城으로 이동하였다. 한반도의 북부지역에 대한 당의 영향력이 현저하게 축소되는 사건이라 할 만하다. 670년대 초반 토번은 천산남로와 청해지역을 확보하여 대제국을 이루었다. 이때 안동도호였던 설인귀가 토번전선에 투입되어 토번과 싸웠지만, 대비천전투에서 무참히 패배하여 그 자신 제명되기에 이르렀다. 그 결과 토번은 서역의 지배권을 공고히 할 수 있었다.

사실 나당전쟁은 세계 최강국이었던 당과의 결전을 불사하는 것이었다. 자칫하면 국가의 존망을 장담할 수 없게 된다. 실제 신라가 백제나 고구려의 부흥군이 없이 독자적으로 당과 결전을 치루면서 부담을 느꼈던 것은 사실인 것 같다. 『三國遺事』문호왕법민조67)를 보면 신라는 이

---

67) 『三國遺事』 卷2, 紀異2 文武王法敏; 後年辛未唐更遣趙憲爲帥, 亦以五万兵來征, 又作其法舡沒如前. 是時翰林郞朴文俊隨仁問在獄中, 高宗召文俊曰, "汝國有何密法再發大兵無生還者." 文俊奏曰, "陪臣等來於上國一十餘年, 不知本國之事. 但遙聞一事爾, 厚荷上國之恩一統三國, 欲報之德, 新刱天王寺於狼山之南, 祝皇壽万年長開法席而已."

전쟁을 佛力에 의지하여 해소하려는 인상을 준다.

> B-3. [前略]그 후 辛未(671년)에 당나라가 趙憲을 장수로 삼아 보내고 또한 군사 5만 명으로써 쳐들어왔는데, 그 법을 썼더니 배들이 전과 같이 침몰하였다. 이때 翰林郎 朴文俊이 인문을 따라 옥 중에 있었는데, 고종이 문준을 불러 묻기를, "너희 나라에는 무슨 비법이 있기에 대군을 두 번이나 발했는데도 살아서 돌아온 사람이 없느냐?"라고 하였다. 문준이 아뢰기를, "陪臣 등은 상국에 온 지가 10여 년이나 되었으므로 본국의 일을 알지 못합니다. 다만 멀리서 한 가지 일을 들었는데, 상국의 은혜를 두터이 입어서 삼국을 통일하였기에 그 은덕을 갚기 위하여 낭산 남쪽에 天王寺를 새로 짓고, 황제의 만년 수명을 축원하는 法席을 오래 열었다는 사실 뿐입니다."라고 하였다.

670년 의상 스님으로부터 전해진 당군의 침공 소식은 신라 사회를 공포의 도가니로 몰아넣었다. 이에 김천존의 천거로 명랑법사가 神遊林에 사천왕사를 지어 도량을 개설하여 이 난관을 타개하고자 하였다. 670년 무렵 당 수군이 국경에 이르렀다. 신라는 급히 채색비단을 두른 뒤 풀로 오방신장을 만들고, 유가승 12명으로 하여금 문두루 비법을 설하게 했는데 공교롭게도 당의 배가 모두 침몰했다. 그리고 바로 이듬해인 671년에 또다시 군사 5만이 침몰했다. 연이은 침몰에 황제는 격노했고, 옥중생활을 하던 박문준이 취조를 받았다. 그는 天王寺의 성격이 황제의 萬年壽命을 축원하는 法席이라 응대하였다. 이 기사는 그저 신라의 불안감을 해소하기 위한 작의적인 내용일까. 671년 당시 실제 물에 빠져 죽은 사람이 존재한다. 중국 낙양 고대예술관에 소장된 「郭行節墓誌」는 671년 무렵 계림도판관 겸 지자영총관, 압운사로 신라를 침공하였다가 요동에 이르렀을 때 큰 파도로 인해 낳은 배들이 부서졌고, 장군들과 군사들이 익사한 始末이 적혀져 있다.[68]

---

68) 양은경 외, 「곽행절묘지」, 『중국 소재 한국 고대 금석문』, 한국학중앙연구원출판부, 2015.

B-4. [前略]그래서 배를 타고 전장으로 갔는데 돛대를 올리고 출항하여 동해
　　로 나아갔다. 수군의 배들이 요천에 도착하였을 때 갑자기 바다에서 큰
　　파도가 일어났다. 많은 배들이 부서졌고 많은 장군들과 군사들이 죽고
　　물속으로 가라앉았다. 이 일은 당나라 함형 2년(671)에 일어났고 당시
　　공은 41세의 나이로 죽었다.

　　어느 정도 과장은 있겠지만 당군의 水葬소식은 신라에게는 기사회생
의 기회이자, 대당결전의 의지를 다잡는 동기부여가 될 수 있다. 다만
陸戰에서 당은 671년 안시성에서 고구려 유이민을 격파한 후 672년 8월
고간이 이끄는 군대가 평양에 군영을 지었다. 황해도 석문에서 신라군이
대패하였고, 673년 5월 이근행의 군대가 고구려 부흥군을 호로하에서
격퇴시켰다. 그 결과 674년 무렵 안동도호부는 다시 평양에 설치되었다.
그러나 675년 유인궤의 칠중성 공격 실패와 설인귀의 천성 공략 실패가
잇달았다. 더욱이 매초성에서 이근행 군대의 참패와 676년 11월 설인귀
의 수군마저 기벌포에서 대패하자 나당전쟁은 무기한 휴전에 돌입하고
말았다. 676년 무렵 안동도호부는 요동으로 완전히 밀려나게 되었다. 사
실 신라는 대외적으로 당과 왜의 재침에 직면하고 있었다. 676년 나당전
쟁의 휴전 이후 당은 신라의 재침의지를 버리지 않았다. 당 고종은 678
년 9월 신라를 치려하자 시중 장문관이 토번 문제가 더 시급함을 들어
만류하는 것에서 당의 의중이 짐작되기 때문이다. 이러한 불안감은 나당
전쟁 휴전 후 급진적인 군비증강으로 이어졌다. 대규모의 군 조직은 문
무왕 말년에서부터 신문왕대에 이르는 비교적 단기간에 이루어졌다.
　　그럼에도 당과의 무기한 휴전상태는 명실공히 전시행정에서 평시행

『唐代墓誌彙編續集』,『全唐文補遺』5「大周故泉州龍溪縣令郭君墓誌銘幷序」"君諱
行節, △△該, 太原人也, 源乎高辛之才子, 派乎周文之令弟. 錫土始於下陽, 受氏基
於東國.……屬靑丘背命, 玄菟挺災. 軍將等以公習戎昭, 凤閑韜略, 遂表公爲鷄林道
判官兼知子營總管. 又秦公爲押運使. 於是揚船巨海. 鼓棹遼川, 風起濤驚. 船壞而溺,
形沉水府, 神往脩文, 其化迹之時. 卽唐咸亨二年之歲也, 春秋四十有一."

정으로 전환할 수 있는 여건이 되었다고 할 수 있다. 삼국이 통일되면서 왕경의 쇄신을 위한 대규모 토목공사들이 대대적으로 이루어진다. 전시 체제기에 무리한 토목공사는 국력 낭비의 원천이며, 이보다 앞서 한성기 백제의 종언 역시 다름아닌 왕성의 보강을 위한 토목공사가 원인으로 거론된다. 『삼국사기』에는 왕경 쇄신에 고뇌하는 문무왕의 모습을 전하고 있다.[69]

> B-5. 왕이 왕경에 성을 새로 쌓으려고 하여 승려 義相에게 물어보니, 의상이 대답하였다. "비록 들판의 띠집에 살아도 바른 도를 행하면 곧 복업이 길 것이요, 진실로 그렇지 않으면 비록 사람을 힘들게 하여 성을 만들지 라도 또한 이익되는 바가 없습니다." 이에 왕이 공사를 그만두었다.

위 기사는 문무왕 21년 곧 681년 6월의 사실을 전하고 있다. 후술하겠지만 문무왕 19년에는 왕경에서 대규모 토목공사가 이루어졌던 해이다. 東宮이 처음으로 지어졌고, 궁역이 확대되었으며, 많은 사찰들이 조영되었다. 따라서 문무왕과 의상과의 대화에서 보이는 성은 왕성이라기보다는 외성의 의미를 지녔을 가능성이 있다. 왕경 조영의 마지막 단계가 바로 외성의 축성이기 때문이다. 공사를 그만두었다는 점에서 어느 정도 시공이 이루어진 상태였음을 짐작할 수 있으나 그 상세를 단정하기 어렵다.[70] 조심스럽지만 이와 관련하여 신대리성이 유의된다. 흔히 관문성이라 불리는 성은 장성과 신대리성 2개로 구성되었다. 장성은 외동읍의 서편 치술령 줄기의 남쪽에서부터 울산광역시와 경북의 도계를 따라 외동읍 모화리의 동쪽 산아래까지 뻗친 12km의 석성으로 성덕왕대 축성되었다.

---

69) 『三國史記』 卷7, 新羅本紀7 文武王 21年 6月; 王欲新京城, 問浮屠義相, 對曰, "雖 在草野茅屋, 行正道卽福業長, 苟爲不然, 雖勞人作城, 亦無益." 王乃止役.

70) 박방룡, 『신라도성』, 학연문화사, 2013.

이에 반해 신대리성은 속칭 성말랭이라 불리며, 동대산 정상을 에워싼 1.8km의 타원형 석성이다. 이 성에서 양남면의 동해안 일대와 남쪽의 울산만, 서쪽의 모화리가 동시에 조망된다. 성벽에는 당시 공사 기록을 새겨 놓은 명문석 10개가 발견되었다. 축성연대는 7세기 후반이며, 미완의 상태로 공사가 종료되었다. 무슨 연유로 공사가 중단되었는지는 알기 어렵지만, 여러 지방민이 동원되었고 특히 성의 하단부는 고구려 축성기법인 물려쌓기가 구사되었다. 그리고 축성에 동원된 집단이 작업 분담 거리를 성의 하단에 새겨 넣었다. 이러한 표기 방식은 「南山新城碑」나 「明活山作城碑」와는 거리가 있고, 오히려 고구려 평양성의 석각과 닮아 있다. 이러한 기술적인 면을 고려해 보면 고구려 유이민과 관련된 공인 집단이 개입하였을 가능성도 배제하기 어렵다. 이 성은 향후 성덕왕 21년(722) 축성된 毛伐郡城과 연결된다.[71] 모벌군성은 일명 관문성으로 불린다. 關門은 주요 지점의 통로에서 지나가는 사람과 물품을 조사하는 關의 門 역할을 한다. 관문은 곧 경계를 의미한다. 따라서 모벌군성의 축성은 왕경의 운영과정에서 고찰할 필요가 있다. 京城周作典의 장관인 令과 차관인 卿이 성덕왕 31년(732)과 32년(733)에 각각 설치된다. 관부의 설치연대를 확정하기 어렵지만, 성덕왕 연간일 가능성이 높다.[72] 京城周作典은 경덕왕대 修城府로 개명되며, 명칭을 미루어 볼 때 왕경을 관리하는 관부이다. '周作'이라는 용어는 '둘레에 (성을) 만든다'는 의미가 있다고 생각된다.[73] 신라 왕경에 나성은 없으나 大城郡과 商城郡 등 왕기에 위치한 郡名에서 유추할 수 있듯 성이 중요한 의미를 갖고 있다. 그리고 임관군의 명칭을 관문에 맞닿아 있다는 의미로 볼 수 있다면 이

---

71) 『三國史記』 卷8 新羅本紀8 聖德王 21年; 築毛伐郡城, 以遮日本賊路.

72) 武田幸男, 「新羅六部와 그 展開」, 『民族史의 展開와 그 文化』 上, 1990.

73) 「明活山 作城碑」의 '作城'의 경우 성을 만든다는 의미를 가진다. 박남수 역시 '京城周作典'을 '京城의 周作을 맡는 典'이란 의미로 풀었다. 박남수, 『신라수공업사』, 신서원, 2009.

역시 성의 의미가 부각된 지명이라 할 수 있다. 그렇다면 王畿에 위치한 성들을 나성처럼 외성의 개념으로 파악할 필요가 있겠다.

한편 중대 왕경 쇄신의 배경에는 통일국가의 수도로서 면모를 갖추려고 했던 것 같다. 이러한 자신감은 일통삼한의식과 치환할 수 있다. 일통삼한은 중대왕실을 지탱하는 큰 축을 이루고 있었다. 문무왕은 통일국가의 수도로서 면모를 일신하여 국왕의 권위를 드높이고 싶었을 것이다. 일통삼한의 의식은 혜공왕(771)대 완성된 성덕대왕신종에서도 '爰有我 國合爲一鄕'이라하여 통일국가를 찬미하였고, 同王代 오묘제를 정비하면서도 무열왕과 문무왕, 두 왕의 묘는 불훼지종으로 삼았다. 심지어 혈연적 종속성이 약해진 하대 애장왕대에도 태종대왕과 문무왕의 廟는 毁撤이 아니라 別立했을 정도로 일통삼한의 과업이 신라인에게 던진 충격은 상당하였다.

물론 일각에서는 신라 중대 왕실이 실제로는 일통삼한을 의식하지 않았다고 보고, 통일 전쟁을 그저 백제 통합전쟁에 불과하다는 견해도 있다.[74] 또한 일통삼한의 인식 자체를 나말여초[75]나 고려전기에 생겨났다고 보는 경우도 있다.[76] 이 견해의 주된 논거는 청주 운천동 사적비의 건립연대 문제였다. 신문왕 6년(686)무렵 세워진 청주 운천동 사적비는 중앙이 아닌 지방에까지 '일통삼한'의식이 확산된 주요 근거로 사용되어 왔다. 그런데 이를 부정하는 견해는 이 비의 내용이 왕건의 후삼국통일 과정과 매우 흡사함을 지적하였다. 더욱이 비문의 문장이 유려한 사륙변려문을 구사한 점, 당시 신라가 당과 사대관계에 있는 상황에서 천하를

---

74) 김영하, 「一統三韓의 실상과 의식」, 『한국고대사연구』59, 한국고대사학회, 2010, 309~310쪽.
75) 윤경진, 「신라 神武-文聖王代의 정치 변동과 三韓一統意識의 출현」, 『신라문화』 46, 2015; 「신라 景文王의 통합 정책과 皇龍寺九層木塔의 改建 : 9세기 三韓一統 意識의 확립과 관련하여」, 『한국사학보』61, 2015.
76) 윤경진, 「청주 운천동사적비의 건립 시기에 대한 재검토」 『사림』45, 2013.

상징하는 '四海'를 표기하기 어려운 점, 왕건 역시 삼한일통의 위엄을 나타낸 점, 경위 표기가 阿湌이 아닌 阿干으로 된 점 등이 모두 고려전기의 인식과 부합한다는 것이다.

우선 비문의 전문을 알 수 없는 상황에서 사륙변려문이 구사되었는지의 여부는 확인하기 어렵다. 천하를 상징하는 四海나 삼한일통이 반드시 나말여초나 고려전기로 내려갈 이유도 없다고 생각된다. 이를테면 사적비 가운데 四海라는 용어는 선진시대이래 四方, 四國, 九州 등과 함께 사용된 중국적 천하의 대명사이다. 河洛靈圖는 河圖洛書와 같은 의미로 여겨지는데, 하도란 복희가 황하에서 얻은 그림으로 이를 바탕으로 팔괘의 易을 만들었다고 하며, 낙서는 禹가 낙수에서 얻은 글로 이것으로 천하를 다스리는 大法인 洪範九疇를 만들었다. 따라서 사적비에 보이는 "백성은 삼한을 합하여 땅이 넓어졌다"는 구절을 감안하면 중대 초의 모습과 너무나 닮아 있다. 더구나 사적비 측면의 '阿干'이 반드시 시간성을 반영한다고 보기도 어렵다. 674년 문무왕이 경위와 외위를 일원화하면서 지방인들도 경위를 사용할 수 있게 되었다. 비문에는 壽拱二年丙戌이라는 연호가 확인되는데, 壽拱은 垂拱의 오기이다. 서로 통하기 때문에 사용되었을 것이다. '阿干'이라는 표현 역시 중대 초 중앙과 지방간 문화적 층위차이로 볼 수는 없을까.

사적비 전체를 관류하는 내용은 새로운 시대인식이다. 신라 중대의 집권층이 새로운 시대 인식을 가졌고, 통일을 통해 새 시대의 개창과 동일시하려는 관념이 사적비의 내용과 상당부분 통한다고 생각된다. 김유신은 죽기 전 문무왕과 대화에서 "지금 삼한이 한 집안이 되고, 백성이 두 마음을 가지지 아니하며, 태평에는 이르지 못하였다고 하더라도, 소강이라고 할만하다"고 소회를 전하였다.[77] 또한 김유신 열전의 사론에는 "신라에서 庾信을 대우함에 있어 친근히 하여 간격이 없고, 위임하여

---

77) 『三國史記』 卷43, 列傳3 金庾信 下.

의심치 않으며, 그 계교를 행하고 말하는 바를 들어서 쓰지 않는다고 원망하지 않게 하였으니, 가히 六五 童蒙의 吉함을 얻었다고 할만하다. 그러므로 유신이 그 뜻한 바를 행할 수 있게 되어 중국과 협동모의해서 삼국을 합치어 한 집을 만들었다"고 한다.[78] 이는 『주역』의 궤를 풀어 김유신을 설명한 것이다. 六五는 궤의 六爻 중 五爻의 陰劃을 의미한다. 이 爻는 유순한 음으로 五의 높은 자리에 있으면서, 남의 가르침을 마다 않는 童蒙처럼 하기 때문에 吉하다는 것이다. 신라의 인군과 신하가 서로 화합하여 끝내 삼국통일의 과업을 이룰 수 있었던 정황을 빗대어 이야기한 것이다.[79] 이렇듯 일통삼한 의식은 중대 왕실의 정통성을 유지하는데 큰 버팀목이었다.

중대 왕실의 슬로건이라 할 수 있는 일통삼한은 이미 삼국시대 말 삼국인들 사이에 동질화가 크게 진전된 것에 기인한 바가 크다. 三韓은 본래 마한, 진한, 변한을 일컫는 것이었다. 이것이 어느 시기에 삼국을 의미하는 말로 바뀌어 사용되기 시작하였다. '일통삼한'의식은 삼국이 하나로 통합되었다는 말이며, 더 나아가 삼국의 주민이 하나라는 인식의 발로이다. 그 결과 수, 당인들의 눈에는 "제도, 문물, 풍속 등이 같다"거나 "같은 류의 집단"으로 비춰지기도 하였고, 삼국을 삼한이나 해동 삼국으로 표현하기도 하였다.[80] 삼국을 삼한과 동일시하는 의식은 중국에서 먼저 시작되어 후에 신라와 일본에서도 널리 받아들여졌다.[81]

문무왕은 죽기 전 조서에서 "서쪽을 정벌하고 북쪽을 토벌하여 능히 영토를 안정시켰다"거나 "무기를 녹여 농기구를 만들었다"는 서술[82]은

---

78) 『三國史記』 卷43, 列傳3 嚴 史論.
79) 李丙燾, 『國譯 三國史記』, 乙酉文化社, 1984, 377쪽.
80) 노태돈, 『한국고대사』, 경세원, 2014, 198쪽.
81) 조영광, 「7세기 중국인들의 대고구려 '삼한'호칭에 관하여」, 『백산학보』81, 2008.
82) 『三國史記』 卷7, 新羅本紀7 文武王 二十一年秋七月一日; 時當爭戰, 西征北討, 克定疆封, 鑄兵戈爲農器.

國泰民安을 상징하는 것이다. 사실 이러한 표현의 원조는 한나라 유학의 종정인 숙손통에서 비롯된 것으로 여겨진다. 숙손통이 진 2세황제와 대화에서 博士들이 諸國의 무장해제를 주장하자 "[진나라는] 천하를 통일하여 한집이 되게 하고, 각 군과 현의 성을 허물고 무기를 녹여 다시는 그 무기를 쓰지 않겠다는 뜻을 천하에 보였습니다"라고 상주하였다.[83] 물론 이 말은 2세 황제의 기분을 맞춰주려는 巧言에 불과하지만 국태민안의 상징으로 병기를 녹인다는 표현을 사용하고 있다. 이러한 서사구조는 태종 무열왕이 병기와 투구를 무장골에 숨겼다는 제스처와 정치적 의도를 같이 한다고 생각된다. 중대왕실은 당시의 시대를 태평으로 인식하고 있었고, 그 사상적 기반은 유학에 두고 있었다.

이러한 시대인식은 자신들의 연원을 중국의 신화적 인물에 가탁하거나, 지방 제도로 9주로 확정하여 나름의 천하관을 표방하고 있던 시대상과도 부합된다. 신라는 삼국을 병합한 후 백제와 고구려의 고지에 각각 3개씩의 주를 편성함으로서 9주의 편성을 마쳤다. 지방제도 재편의 궁극적인 목적은 중앙집권력의 강화를 통해 강력한 왕권의 기반을 마련하는데 있다.[84] 이제 왕경은 통일국가의 수도에 걸맞은 외형변화가 요구되었다.

문무왕은 그의 재위 말년인 679년 무렵 왕경에 대규모의 토목공사를 단행하였다. 당시 토목공사의 범위를 짐작할 수 있는 유물로 '儀鳳四年皆土'명 기와를 들 수 있다. 이 기와는 왕경에서 출토된 유일한 연호명 자료이다. 명문에 보이는 儀鳳은 당 고종의 연호로서 調露로 개원되기 전까지 사용되었다.[85] 다만 이 기와와 관련된 성과들을 검토해 보면 의

---

83) 『史記』 卷39, 劉敬·叔孫通列傳.

84) 주보돈, 「統一期 地方統治體制의 再編과 村落構造의 變化」, 『신라지방통치체제의 정비과정과 촌락』, 신서원, 2007, 272쪽.

85) 『舊唐書』 卷5, 本紀5 高宗 李治 下 儀鳳元年 102 壬申; 以陳州言鳳凰見於宛丘, 改上元三年曰儀鳳元年, 大赦; 『舊唐書』 卷5, 本紀5 高宗 李治 下 調露元年 104 六月辛亥; 制大赦天下, 改儀鳳四年爲調露元年.

외로 명문의 내용을 직접적으로 다룬 연구는 적다. 이는 아마 명문 속 '皆土'가 구체적으로 무엇을 의미하는지 모호하였기 때문은 아닌가 싶다. 그래서 대부분의 연구자들이 왕토사상이나 토목공사라는 결론을 이끌어내는 결정적인 역할을 한 것도 실은 '土'라는 단어를 통해서이다. 말하자면 왕토사상이나 토목공사 모두 '土'라는 공통분모를 가지고 있기 때문이다. 기와의 연대가 679년이고, 이 시기에 왕경의 대규모 役事가 실재했다는 점에서 그간 축적된 성과들은 어느 정도의 타당성은 확보하였다.

그런데 기와의 명문은 주로 제작자나 소비지, 시주자나 제작시기를 표현한 것들이 대부분이다. 이로인해 명문의 의미를 다른 시각에서 고찰해 볼 여지도 있다. 명문의 표현이 '皆土'로 되어 있어 이질적이다. 이러한 난관을 극복하기 위해 同時代 중국의 금석문 자료와 類比해 보기로 한다.

중국 서안의 비림박물관에 걸린 景龍觀鐘의 표면에는 도교의 찬양과 주성내력이 음각되어 있는데, 특이하게도 주성연대의 연월일에 해당하는 육십갑자가 붙어 있다. 그렇다면 오행의 土는 시간과 관련된 셈이다. '儀鳳四年皆土'에는 어떻게 적용할 수 있을까. 백가쟁명인 '皆土'를 직역하면 '모든 것이 토' 정도로 해석할 수 있다. 만약 '皆土'가 시간성을 구체적으로 표현하는 한 형태라면, 연월일의 간지가 모두 오행의 토에 해당하는 납음오행의 표현일 개연성이 높다고 할 수 있다. 즉 제작시기의 구체적인 표현인 셈이다. 의봉 연호는 679년 6월 조로로 개원되기 전까지 사용되었다. 그러므로 월간지의 구체적인 시점도 좁혀 볼 수 있다. 더 나아가 일본에는 칠지문서의 형태로 고대의 달력이 존재하고 있다. 달력에는 역주가 달려있는데, 각종 금기가 나열되었다. 그러므로 해당 일간지 중에서 금기일을 소거시키면 좀 더 구체적인 날짜도 추정해 볼 수 있다.

이 기와는 문무왕에 의해 기획된 왕경 개조에 동반하여 권위건축물에 공급되었다. 특히 제작기법이 다른 2종의 기와에서 각각 동일명문이 확인되어 주목된다. 즉 단판 타날기와와 중판 타날기와에서 이 명문이 모두 확인된다. 신라기와의 제작기법은 시간적 흐름 속에서 단판→ 중판→ 장판타날로 변화한다. 타날작업의 단축은 기와제작 공정의 단축과 직결되는데, 그 이면에는 막대한 수요가 전제되어 있다.

국가적인 차원에서 이루어진 대규모 역사에는 반드시 택일의 과정을 거쳐 공사가 이루어졌다. 택일은 음양이 조화를 이루는 날짜를 선택하는 것이다. 택일을 거쳐 공사가 시작되면 어느 시점에서 건축물의 최종 마감부재인 기와도 제작된다. 건축물의 준공일을 고려하면 기와의 제작시점도 중요한 의미를 가진다. 그 선상에서 기와의 제작일자를 의미하는 '皆土'는 연월일 간지 모두가 '土'라는 의미를 지닌다. 더 나아가 '토'는 오행의 방위에서 중앙에 위치한다. 이는 왕경의 개조에서 중심성을 창출하는 더 없이 좋은 방위개념이다. 薛守眞(薛守眞)은 666년 중국 문헌을 모아 『天地瑞祥志』를 편찬하였다.[86] 그 내용은 한에서 당에 이르기까지 지식-사상체계에 대한 신라의 습득상황을 반영하였다. 이 책은 단순한 천문서나 술수서가 아니다. 자신의 이해를 바탕으로 한 이래 五行, 符瑞에 관련된 내용을 엄밀히 받아들였다. 그리고 한에서 당까지의 모든 술수 계통을 잘라내어 조합함으로써 자신의 모습을 가진 儒家의 정치철학과 天道, 人事의 궁극적 규율에 관한 학문으로 혼합한 한부의 총집이 되었다.[87] 따라서 오행으로 시간을 표현하는 것은 어느날 갑자기 등장한 게 아니었다.

'儀鳳四年皆土'명 기와는 大坂金太郎에 의해 최초로 주목[88]을 받았다. 大坂이 소개한 기와는 원래 今西龍이 1919년 6월 월지 동남쪽 밭에서 습득한 것인데, 1969년에 이르러 기와의 탁본이 세간에 알려지게 된

---

86) 박승홍, 「『천지서상지』편찬자 연구」 『한국과학사회학지』 35권 1호, 2013.

87) 조익, 「수·당 교육제도의 성취 및 특색과 신라 국학과의 관계」 『신라 국학과 인재양성』, 2015, 민속원, 380쪽.

88) 大坂金太郎, 「[儀鳳四年皆土]在銘新羅古瓦」, 『朝鮮學報』53, 1969.

것이다. 그는 명문의 '皆土'를 佛典에 보이는 '全土' 혹은 '國土'와 같은
말에 해당된다고 전제한 후 '率土皆我國家'의 의미로 해석될 수 있다고
하였다. 어떤 과정을 거쳐 '皆土'란 단어에서 率土皆我國家라는 문단이
이끌어 내었는지 전후 사정은 알 수 없다. 다만 기와의 제작시점이 삼국
통일이 달성된 문무왕대인 점을 염두에 두고 모든 영토는 왕의 땅이라는
思考, 이른바 왕토사상이 반영된 것으로 간주한 것 같다. 사실 이러한
왕토사상은 적극적인 지지를 받았는데, 대체로 '皆土'를 삼국통일 그 자
체로 보았다.[89] 이러한 견해는 어떠한 확정적인 증거를 가지고 논한 것
은 아니지만 기와의 제작시점이 통일기인 문무왕대라는 점이 크게 작용
한 것으로 보인다.

이기동 역시 '皆土'를 '率土皆我國家'의 약어로 본 大坂의 견해를 수
용한 후 의봉 4년을 전후한 시기에 한반도의 모든 토지는 신라의 것이라
는 통일의식의 소산으로 간주하였다.[90] 다시 말해 문무왕 19년 전후의
시기에 한반도의 전 토지에 대해 신라의 것이라는 자랑스런 통일의식의
고취가 반영된 표현으로 본 것이다. 이러한 시각은 고경희에게서도 확인
이 된다.[91] 그는 '皆土'가 신라가 고구려와 백제의 토지를 합친 삼국통
일의 의미로 추정된다고 보았다. 그리고 더 나아가 고구려 19대왕인 광
개토왕의 시호인 '開土'와 비교된다고 하였다. 즉 광개토왕이 地境을 개
척한 업적을 기려 시호가 된 만큼 그 선상에서 '皆土'를 지경을 합친 의
미로 풀이하고 있는 것이다.

박홍국은 개토에 대한 적극적인 해석을 시도하지는 않았지만 삼국통
일을 의미한다는 데에 대해서는 다소 유보적인 입장을 표명하였다.[92]

---

89) 권오찬, 『신라의 빛』, 경주시, 1980; 윤경렬, 『경주고적이야기』, 경주박물관학교, 1984.
90) 李基東, 「新羅‘中代’序說 -權花郞의 진실과 虛妄-」, 『新羅文化』25, 2005.
91) 高敬姬, 「新羅 月池 出土 在銘遺物에 對한 銘文 硏究」東亞大學校 大學院 史學科
     碩士學位論文, 1993.
92) 林洪國, 「月城郡 內南面 望星里 瓦窯址와 出土瓦窯에 대한 考察」 『嶺南考古學』5,

즉 土란 용어에서 통일이라기보다는 뭔가 땅을 파헤치는 토목공사와 관련된 용어로 추정하면서도 차후 이 부분에 대한 정치한 분석을 요구하였다. 아울러 전덕재 역시 개토라는 의미를 정확하게 해석하기는 곤란하지만 무엇인가 땅을 파헤쳐 대규모 공사를 하였다는 의미로 보았다.[93] 토목공사와 관련된 견해 역시 입론의 배경에는 기와의 연대가 문무왕대 大役事의 시기와 부합한 측면이 고려된 것으로 이해된다.

이후 최민희는 '의봉사년개토'명 기와만 전적으로 다루었는데, 통일기년으로 보았다.[94] 즉 일통삼한의 해는 676년이 아니라 의봉사년인 679년으로 보고, 이 해야말로 삼한을 영토적으로 통합한 실질적인 해이자 통일기년이라는 것이다. 그리고 더 나아가 '皆土'의 의미를 민족 통일의 의미인 "삼국통일"이 아니라 일통삼한, 즉 "삼한을 영토적으로 통합한 것"으로 해석해야 옳다고 보았다. 그리고 최근 국립중앙박물관에서 기획·전시된 특별전 「문자, 그 이후」에서도 개토를 통합의 의미로 이해하였다.[95] 즉 676년 기벌포 전투에서 당군을 물리치고 (679년)탐라국 경략에 이어 궁궐을 중수하고 동궁을 창건하였는데, 바로 이 해에 이 기와를 만들어 왕경 전역에서 사용하였다는 것이다. 그래서 명문의 의미는 "의봉사년에 영토를 모두 함께 함"으로 풀이하였다.

지금까지 기와의 명문에 보이는 '皆土'의 의미를 제시한 여러 견해들은 크게 왕토사상, 토목공사, 일통삼한, 영토통합 등의 의미로 갈려있다고 볼 수 있다. 다만 이러한 견해들의 한계는 구체적인 증거가 결여되어 있다는 점이다. 우선 왕토사상의 경우 왜 굳이 기와의 넓은 서사 공간을 두고서 이를 압축적으로 표현했는가에 대한 의문이 든다. 아무리 기와의

1988.

93) 전덕재, 『신라 왕경의 역사』, 새문사, 2009.

94) 崔珉熙, 「[儀鳳四年皆土] 글씨기와를 통해 본 新羅의 統一意識과 統一紀年」, 『慶州史學』21, 2002.

95) 국립중앙박물관, 『문자, 그 이후』, 통천문화사, 2011.

표면이 좁다고 하더라도 '대왕의 영토' 정도의 내용도 담지 못할 만큼 서사공간이 좁지 않기 때문이다.

한편 토목과 관련된 견해 역시 굳이 토목이라는 용어 대신 왜 '皆土'를 사용했는지에 대한 설득력이 부족하다. 물론 기와의 제작시점이 문무왕 19년이며, 문헌에도 당시 대규모 토목공사가 시행된 점을 증언하고 있다. 그러나 이 역시 '皆土'의 '土'에서 '토목'이라는 용례를 이끌어 내었으나, '皆'라는 단어를 설명하기에는 부족함이 있다. 더구나 기와의 명문 가운데 토목공사를 지칭하는 용례가 보이지 않는다는 한계를 극복하기 어렵다고 생각된다.

일통삼한이나 영토통합에 대한 견해도 그렇다. 특히 일통삼한에 대한 견해는 당시 당은 토번에 모든 역량을 집중하고 있었고, 재침에 대한 우려가 종식된 상황을 간파한 신라의 자신감이 반영된 결과로 보고 있다. 그러나 이 시각은 신라가 對唐 긴장관계에서 자신감을 가졌으면서도 왜 하필 당의 연호를 기와에 찍어 왕경개조에 사용했는지에 대한 의문이 생긴다. 더구나 나당전쟁 이후 이루어진 신라의 급진적인 군비증강을 합리적으로 설명하기 어렵다. 평화기가 도래하면 군비축소는 필연적이다. 하지만 신라의 중앙군단인 9서당은 신문왕대에 이르러서야 비로소 완성이 되며, 성덕왕대 이전까지 당군의 재침논의는 지속된다. 당시 대부분의 고위 무관직은 진골귀족들이 장악하고 있었다.[96] 그러므로 전제왕권이 강화되던 시기 진골들의 참여는 국제전 재발에 대한 위기의식의 연장선상에서 이해하여야 한다.

통일신라시대 제작된 단문의 기와명문에 대한 백가쟁명의 원인은 사실 '土'와 문무왕 19년이라는 시기에 구속받고 있다. '土'라는 것이 영토를 의미할 수도 있고, 토목을 의미할 수도 있기 때문이다. 더구나 기와의 제작시기가 문무왕 19년의 대규모 役事와 겹치면서 여러 오해가 생길

---

96) 徐榮敎,『羅唐戰爭史硏究-약자가 선택한 전쟁-』, 아세아문화사, 2007.

여지가 드러나게 되었다고 생각된다. 하지만 기와의 명문은 주로 소비지
나 제작자, 시주자 혹은 제작시기를 표현한 것이 수량적으로 우세하다.
그런측면에서 기왕의 견해들은 재검토의 여지가 있다. 여기서는 '皆土'
가 가지는 의미가 시간성의 구체적인 표현임을 논증해 보고자 한다.[97]

최근 '개토'와 관련된 논쟁이 재현되었다. '개토'가 시간 표현의 한 형
태였다는 견해를 부정하고, 여전히 일통삼한의식의 발로라는 것이다.[98]
즉 711년의 중국종의 명문을 가지고 679년 신라기와의 명문을 바라보는
것은 심각한 시간배열의 문제가 발생한다는 것이다. 10여개의 질문형식
으로 논박을 하고 있지만, 그중 가장 큰 문제제기는 자료의 시간성일 것
이다. 경운종의 명문은 도교를 찬양하는 것이므로 납음이 예외적으로 한
번 사용되었다는데 논의의 초점이 맞추어져 있다. 그래서인지 다소 장황
하게 당 예종의 즉위과정과 도교우위론에 대해 서술하고 있다. 그런데
그의 견해대로 개토가 '모두 아울렀으니 우리 땅이 되었다'는 의미로 해
석될 수 있다면 적어도 9주의 州治나 지방의 유력한 사찰에도 동반해서
사용했다면 더욱 상징적이지 않을까? 백번양보해서 '일통삼한으로 통일
된 기념사업을 의봉4년에 대대적으로 시행하였다'는 신라인들의 통일의
식을 의미한다는 '개토'는 왜 정작 지붕 아래에 깔려 보이지 않는 걸까.
우선 이 문제는 뒤에서 詳論하기로 한다.

'의봉사년개토'명 기와가 등장하기 전까지는 기와의 표면에 명문을
타날하는 행위는 없었다. 겉으로는 미미한 변화처럼 보이지만 이 이후
신라가 멸망하기까지 왕경에서 연호명 기와가 등장하지 않았음을 상기
한다면 실로 제작상 큰 의미를 가진다.

명문의 현상은 종서로 2자씩 3행으로 ①儀鳳, ②四年, ③皆土로 배열

---

97) 이동주, 「新羅'儀鳳四年皆土'명 기와와 納音五行」, 『歷史學報』220, 歷史學會, 2013.
98) 최민희, 「『의봉4년개토儀鳳四年皆土』 글씨기와의 「개토」 재론 -「納音五行」론 비
판-」한국고대사탐구학회 69회 월례발표회, 2018.

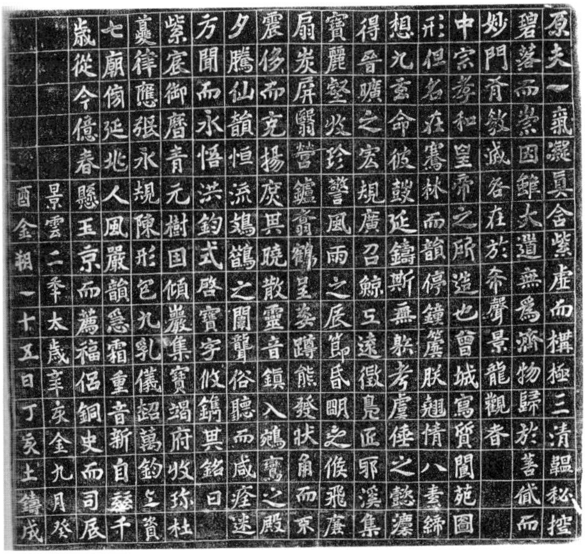

<그림 9> 당 경운종 명문의 탁본

되어 있다. 여기서 儀鳳은 당 고종의 연호이며, 그 四年은 679년에 해당
된다. 그러므로 명문 가운데 儀鳳四年까지는 일단 시간성을 반영하는 문
자가 분명하다. 다만 앞서 언급하였다시피 '皆土'의 의미는 굉장히 모호
하며 명확한 해석이 어려운 상태이다. 그래서 이 난관을 돌파하기 위해
同 時代 중국의 동종명을 살펴보기로 한다. 중국 서안의 비림박물관에는
당 예종 2년(711년)에 주성된 景龍觀鐘 일명 景雲鐘이 걸려있다. <그림
9>는 설명의 편의를 위해 경운종의 탁본을 제시한 것이다.[99)]

종의 표면에는 도교의 찬양과 주성내력을 가로 18칸 × 세로 17칸의
井間에다 당 예종의 친필을 음각을 해 놓았다.[100)] 명문의 말미에는 두
칸에 걸쳐 주성연대가 나오는데 위의 5칸을 비운 다음 글을 썼다. 경운
2년은 당 예종 2년으로 711년에 해당된다. 이 가운데 시간성을 보여주는

---

99) 碑林博物館, 『碑林博物館』, 陝西人民出版社, 2000, 17쪽.
100) 王翰章, 「景云鐘的鑄造技術及其銘文考釋」, 『文博』, 1986, 40쪽.

명문은 말미의 22자이다. 명문의 주된 골자는 말미에 종이 鑄成되었다는 것 빼고는 모두 연대를 나타내고 있다.

경운종과 관련된 중국 측 연구 성과를 참고하면 王翰章은 金九月에 끊은 다음 "金은 오행의 하나로 방위는 서이며, 때는 가을이다. 그래서 金九月은 곧 秋九月이다"고 한다.101) 9월을 오행의 방위와 관련시켜 가을이라는 계절성을 부가하고 있다. 실제 오행의 金은 방위가 서이며, 계절 역시 가을에 해당하므로 이러한 해석을 틀렸다고 할 수는 없다. 하지만 그의 석독은 끊어 읽기에서 오해의 소지가 있다. 오행은 연월일의 해당 간지의 말미에도 붙을 수 있기 때문이다. 십간과 십이지에도 음양과 오행의 구분이 있듯이 육십갑자도 마찬가지이다.102) 육십갑자에 오행을 배합시키는 것을 납음이라 한다. 여기서 납음이란 宮(土)·商(金)·角(木)·徵(火)·羽(水)의 오음을 육십갑자에 배속시키는 것이다. 즉 木, 火, 土, 金, 水의 다섯 요소가 음양의 원리에 따라 진행하여 우주의 만물이 생성하고 소멸한다는 고대 동양의 우주론이다. 중국인의 세계관에서는 '陰陽'이 중요한 것이었으나, 두 힘만이 반드시 고려되어야 하는 것은 아니었다.

오행은 얼핏 서양의 土, 大氣, 火, 水의 4원소가 연상되지만 동양의 오행은 물질을 만들어내는 근원적인 활동 원소가 아니라는 점에서 차이가 있다. 오행설은 전국시대 鄒衍이 체계화하였는데, 중국 역대왕조의 흥망성쇠를 이 원리로 해석을 하였다. 이 원리는 한대에 이르러 국가뿐아니라 개인의 일상사에도 적용이 되었고, 隋代에 이르러 簫吉이 기존의 이론을 집대성 해 『五行大義』란 책으로 정리하였다.

따라서 경운종은 연간지인 辛亥에 金, 삭간지인 癸酉에 金, 일간지인 丁亥에 土를 붙여 문장을 이룬 구조라 할 수 있다. 그래서 명문은 王翰

---

101) 王翰章, 「앞의 논문」, 1986, 42쪽.

102) 尹暢烈, 「六十甲子와 陰陽五行에 관한 考察」, 『大田大學校 韓醫學硏究所 論文集』 제5권 제1호, 1996, 1쪽.

章이 석독한 "秋九月"의 의미가 아니라 景雲二秊/ 太歲辛亥金/ 九月癸酉金朔/ 一十五日丁亥土/ 籌成으로 끊어 읽는 것이 옳다. 이에 문장 구조는 [연호+간지+목적]으로 되어 있는 셈이다. 그 달을 표기하는 수단에는 삭간지나 월건을 쓰는 방법이 있다. 금석문에서 월건에 대신하여 삭간지를 쓰는 경우가 있다. 삭간지를 알면 나머지 날짜를 쉽게 알 수 있기 때문이다. 이것은 어떤 주술적인 의미를 지닌 것은 아니며, 단순한 날짜 표현의 한 방법일 뿐이다.

다시 '儀鳳四年皆土'를 보자. 문장 구조는 [연호+∝(皆土)]로 되어 있다. 앞서 언급하였다시피 ∝(皆土)의 의미에 대해서는 여러 가설들이 존재한다. 그만큼 해석하기 어려운 용어임에는 틀림없다. 그러나 경운종의 사례처럼 간지에 오행이 붙은 형태라고 한다면 '儀鳳四年皆土'의 '皆土'도 시간성을 반영하고 있는 표현일 가능성이 농후하다. 명문의 의미를 직역해 보면 "의봉 4년 모든 것이 土" 정도의 의미가 될 것으로 생각된다. 이러한 이해가 타당하다면 명문 속에 보이는 '皆土'의 土가 오행과 관련된 납음임을 짐작할 수 있다. 즉 '모든 것'을 나타내는 '皆'라는 단어 속에는 연간지, 월간지, 일간지가 압축적으로 표현되어 있는 구조라 볼 수 있다.

납음을 비판한 최근의 견해는 도교 특수성을 제기하였다.[103] 당나라에서 도교가 불교보다 우위에 있었고, 도교를 찬미하는 경운종에만 납음이 사용되었다는 것이다. 그래서 향후 납음은 출현 불가능하다고 한다. 거듭 말하지만 경운종의 시간 표현이 납음오행으로 되어 있다고 해서 도교만의 전유물이 아니다. 오행은 도교뿐만 아니라 유가, 선가, 음양가 등이 모두 활용하고 있었다. 납음은 그저 시간을 표현하는 하나의 수단에 불과하다. 개토를 납음으로 보기 어렵다는 주된 논지는 자료이용의 심각한 시간적 모순이었다. 즉 '711년에 만든 경운종의 기록방식이 32년을

---

103) 최민희, 앞의 논문, 2018.

거슬러 의봉4년인 679년에 영향을 주었다는 결과가 초래된다'는 것이다. 다시말해 신라의 자료가 시간적으로 앞서는데, 이 보다 뒤인 당의 자료를 가지고 추론하는 것은 논리적 모순이라는 말로 받아들여진다. 의봉사년개토가 경운종보다 빠르다고 해서 납음이 신라에서 먼저 생겨났다고 보기는 어렵다. 현재까지 가장 이른 사례가 天水放馬灘 秦簡 日書 乙種 140에 보이는 '木日, 土日, 水日, 甲, 乙, 丙, 丁, 戊, 己, 庚, 辛, 壬, 癸, 凡是=十二段, 不可操土功'의 구절이다. 오행과 木·火·土·金·水가 같은 組로 표현한 것이다. 이는 오행의 날짜에 십간을 대응시킨 납음이다.[104]

일본의 경우 가장 오래된 납음은 522년의 자료이다. 일본 山梨縣의 지정문화재인 『王代記』는 窪八幡神社의 別当上之坊 普賢寺에 대대로 전해지는 문서이다. 전반부는 天神 7대부터 역대천황의 사적이 『王代記』로서 九州연호와 함께 기록되어 있다. 후반부는 『年代記』라 칭하는 「表」인데, 구주연호인 善記元年(522)부터 시작된다. 이 연호의 상단에 간지와 오행이 조합되어 있다.[105] 일본의 경우 평안귀족들은 납음을 일기에도 보편적으로 사용하고 있었다.

중국 진간이나 일본 문헌은 도교와 전혀 상관이 없다. 시간배열의 논리에 따른다면 秦簡이래 긴 침묵기를 거쳐 일본에서 부활하였고, 신라를 거쳐 당의 경운종에 나타나면 논리가 성립되는가. 앞에서도 언급하였다시피 납음은 수대에 이르러 소길이 『오행대의』란 책으로 정리하였다. 그렇다면 진간을 차치하더라도 수대이래의 자료가 있었을 수 있다. 자료가 확인되지 않는다고 해서 출현불가능하다는 논리는 받아들이기 어렵다.

여기서 주목한 것은 경운종의 날짜 표현방식이었고, 공교롭게도 679년이 오행의 토와 관련을 가졌기 때문이다. 당나라 보다 이른 사례가 확

---

104) 饒宗頤, 「秦簡中的五行說與納音說」 『古文學硏究』14, 1986, 中華書局; 薛夢瀟, 「上古時期的"五音"配置問題淺論」 『珞珈史苑』, 2011; 工藤元男, 「放馬灘秦簡<日書>所見<律音>和<納音>」 『睡虎地秦簡所見秦代國家和社會』, 2010, 上海古籍出版社.
105) 山梨縣敎育委員會, 『山梨縣の文化財』 第8集, 1967.

인된다고 해서 시간적 모순으로 간주하기 보다는 동아시아에서 납음이라는 관념이 보편적으로 유통되고 있었다는 사실을 주목할 필요가 있다. 오행이 시간, 방위 등 다방면에 적용되고 있다는 점은 사상적으로도 하나의 흐름을 이루고 있기 때문이다. 따라서 522년 일본 자료를 감안한다면 의봉사년개토의 심각한 시간배열 문제는 어느정도 해소되지 않았을까.

'의봉사년개토'명 기와도 토에 해당하는 연월일에 만들어졌다. 왜 하필 土일까. 오행에서 土는 사방 가운데 중앙에 위치하여 生成의 덕으로 4계절의 주체이다. 『樂記』에 "春生, 夏長, 秋收, 冬藏."이라는 구절이 확인된다. 즉 봄은 탄생, 여름은 성장, 가을은 추수, 겨울은 갈무리로 풀이된다. 토는 특정계절을 주관하지 않지만 오행 중 가장 존귀한 것으로 간주되며,106) 오행의 주인공으로 중앙에 위치한다. 더구나 오행은 최종적으로 그것과 관련된 온갖 사물들과 결부된다. 이를테면 맛, 냄새, 계절, 가축, 감각, 곡물, 악기, 나아가 정부의 관청에 이르기까지 다양하게 망라되어 있다. 그 중 정부의 관청을 예로 들자면, 농업 대신은 木, 군무 대신은 火, 首都는 土, 사법 대신은 金, 노동 대신은 수와 짝지어졌다.107) 따라서 오행의 토에 관한 이러한 지존의식은 통일기 신라의 왕경을 중심화하는데 더 없이 좋은 사상적 배경을 제공한다.

더구나 '의봉사년개토'의 儀자는 그 부수가 彳(두인변)으로 가획된 것이 있다. 나정과 월성에서 출토된 Ⅰ형의 경우 사람인변이지만, Ⅱ형은 의도적으로 두인변을 사용하였다. 물론 亻(사람인변)과 彳(두인변)의 부수 사용은 크게 보면 같은 의미의 한자이다. 그럼에도 의도적으로 가획한 한자를 사용한 사실에 주목하고자 한다. 가획은 음양의 원리에 의해 이루어지며, 때론 같은 글자를 두고 하는 경우도 있고, 하지 않는 경우도

---

106) 『白虎通』 卷3, 京師; 『樂記』曰 春生, 夏長, 秋收, 冬藏. 土所以不名時, 地, 土別名也, 比於五行最尊, 故不自居部職也.

107) 에드워드 H. 샤퍼, 『고대 중국』, 한국일보 타임-라이프, 1997, 104~105쪽.

있다. 오히려 모두 가획을 하지 않았다면 문제의 소지는 없을 것이나, 적어도 가획을 한 경우가 있기 때문에 주목할 필요가 있다. 백제 부소산 성에서 출토된 의봉이년명 기와는 가획이 되어 있다. 이는 매우 의도적이라 생각된다. 가획은 결획의 상대적인 개념이다. 결획은 의도적으로 획을 줄이는 것으로 왕의 이름이나 귀인의 이름과 겹치는 것을 미연에 방지하기 위해서이다.

가획은 황룡사에서 출토된 통일신라시대 대호에서도 확인된다. 대호의 구연부에 '-月三十日造得林家入○-'이 대칼로 쓰여져 있다.[108] 林의 경우 나무목에 한 획이 더 그어져 있다. 이 역시 뭔가 의도적으로 가획한 것으로 볼 수 있다. 이제 기와의 제작시점을 좀더 구체적으로 파악해보기 위해 어떤 원리로 작동하였는지 살펴보자. 설명의 편의를 위해 앞의 <그림 10>은 60화갑 납음표를 제시하였다.[109]

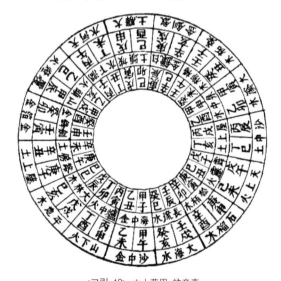

<그림 10> 六十花甲 納音表

---

108) 文化財硏究所, 『皇龍寺址』發掘調査報告書, 1982, 239쪽.
109) 김수길·윤상철 공역, 『五行大義』, 대유학술총서1, 2008.

60화갑 납음표는 2개의 원이 겹쳐 있는 구조를 하고 있다. 우선 작은 원은 6시방향 갑자부터 시작하여 반시계방향으로 한바퀴 돌아 계사에서 끝난다. 그리고 그 아래 큰 원은 갑오부터 시작하여 계해로 끝난다. 이 원형을 도해하면 아래 <표 4>와 같다.

<표 4> 납음오행표

六甲	納音五行	六甲	納音五行	六甲	納音五行	六甲	納音五行	六甲	納音五行
甲子乙丑	海中金	丙寅丁卯	爐中火	戊辰己巳	大林木	庚午辛未	路傍土	壬申癸酉	劍鋒金
甲戌乙亥	山頭火	丙子丁丑	潤下水	戊寅己卯	城頭土	庚辰辛巳	白鐵金	壬午癸未	楊柳木
甲申乙酉	泉中水	丙戌丁亥	屋上土	戊子己丑	霹靂火	庚寅辛卯	松栢木	壬辰癸巳	長流水
甲午乙未	沙中金	丙申丁酉	山下火	戊戌己亥	平地木	庚子辛丑	壁上土	壬寅癸卯	金箔金
甲辰乙巳	覆燈火	丙午丁未	天河水	戊申己酉	大驛土	庚戌辛亥	釵釧金	壬子癸丑	桑柘木
甲寅乙卯	大溪水	丙辰丁巳	沙中土	戊午己未	天上火	庚申辛酉	石榴木	壬戌癸亥	大海水

납음표를 보면 각 간지에 해당 오행이 배열되었다. 이를테면 甲子, 乙丑은 金, 甲戌, 乙亥는 火 순이다. 앞서 언급한 唐의 경운종의 경우 太歲辛亥年/ 九月癸酉金朔/ 一十五日丁亥土인데, 해당간지의 납음을 찾아보면 연간지는 辛亥는 釵釧金, 삭간지인 癸酉는 劍鋒金, 일간지인 丁亥는 屋上土가 된다. 그래서 오행에 해당하는 한자만 따와 간지와 결합시켜 신해금, 계유금, 정해토로 표기한 것이다.

그러면 경운종의 주성연대를 표현할 때 사용된 원리를 '의봉사년개토'명 기와에 적용해 보자. 우선 儀鳳四年은 679년 己卯年으로 연간지는

城頭土에 해당한다. 여기에 월간지의 경우 의봉연호가 679년 6월 3일 調路로 개원되기 전까지 사용되었다. 따라서 검토의 대상은 개원 이전의 달이 해당된다. 월건은 매월에 붙이는 지지는 동일하다. 월건은 규칙적으로 1월 寅, 2월 卯, 3월 辰 순으로 이어져 12월에는 丑으로 끝이 난다. 대신 그 앞에 붙는 천간이 매년 달라지게 되는데, 이것은 해당 연도의 천간과 밀접한 관련을 가진다. 이를 年頭法이라고 하는데 매년의 간지명 가운데 천간과 합하는 오행을 해당 천간에 붙이는 방식이다.[110] 참고로 다음 <표 5>는 월건을 계산하는 방법을 정리한 것이다.

<표 5> 월건을 계산하는 방법

年天干	五運合	生合五行	年頭 正月月建名	2월 월건명	3월 월건명	…
甲己年	甲己合土	火生土의 丙火	丙寅頭	丁卯月	戊辰月	…
乙庚年	乙庚合金	土生金의 戊土	戊寅頭	己卯月	庚辰月	…
丙辛年	丙辛合水	金生水의 庚金	庚寅頭	辛卯月	壬辰月	…
丁壬年	丁壬合木	水生木의 壬水	壬寅頭	癸卯月	甲辰月	…
戊癸年	戊癸合火	木生火의 甲木	甲寅頭	乙卯月	丙辰月	…

679년은 己卯年으로 오운합은 甲己合土이고, 이 토를 생하는 것은 火生土하여 丙火이다. 병화를 넣은 병인월을 年頭로 하여 정월의 월간지는 병인이 된다. 즉 679년 정월의 간지는 병인이다. 의봉4년은 679년 6월 3일까지 사용되었으므로 그 사이의 월간지를 정리하면 정월 丙寅, 2월 丁卯, 3월 戊辰, 4월 己巳, 5월 庚午, 6월 辛未의 순서가 된다. 여기에 오행의 토에 부합하는 월건은 5월 庚午, 6월 辛未가 路傍土가 된다.[111]

---

110) 월건의 계산 방법은 김일권, 「대한제국기 명시력 역서에 수록된 절후월령의 시간문화양상」『정신문화연구』148호, 2017참조.

111) 김일권, 앞의 논문, 2017을 접하고 기존 논고에서 월건 계산의 오류를 발견할 수

신라는 나당전쟁 기간 중임에도 개원하는 당의 연호를 정확하게 파악하여 사용하였다.[112]

구체적인 일간지까지 파악하기는 어렵지만, 『二十史朔閏表』를 바탕으로 추정해 본다면 5월은 1일 경진부터 29일 무신까지이고, 6월은 1일 기유부터 30일 무인까지이다. 따라서 오행의 토에 해당하는 날은 5월은 7, 8, 21, 22, 29일, 6월은 1, 8, 9, 22, 23, 30일이 해당된다.[113] 아래 <표 6>은 해당 연월일 간지를 해당 납음에 대입시켜 정리한 것이다.

<표 6> '儀鳳四年皆土'의 해당 納音

연간지	월간지	일간지
679년 己卯(城頭土)	5월 庚午(路傍土)	7일 丙戌(屋上土)
		8일 丁亥(屋上土)
		21일 庚子(壁上土)
		22일 辛丑(壁上土)
		29일 戊申(大驛土)
	6월 辛未(路傍土)	1일 己酉(大驛土)
		8일 丙辰(沙中土)
		9일 丁巳(沙中土)
		22일 庚午(路傍土)
		23일 辛未(路傍土)
		30일 戊寅(城頭土)

여기에 구체적인 제작시기를 좁혀 보기 위해 좀 더 추론을 해 보고자 한다. 일본에서는 고대의 실물 달력자료가 漆紙文書의 형태로 몇 점 출토된 바 있다. 칠지문서란 옻칠공방에서 옻칠용기의 덮개로 사용된 종이

있었다. 年頭法을 바탕으로 679년의 월건을 계산하면 5, 6월이 노방토에 해당하므로 여기서 바로 잡는다.
112) 노태돈, 『삼국통일전쟁사』, 서울대학교출판부, 2009, 264쪽.
113) 陳垣, 『二十史朔閏表』, 中華書局, 1978.

가 옻칠이 묻으면서 표면이 코팅됨으로 인해 썩지 않고 현전하게 된 문서를 의미한다. 지하에서 발굴되는 종이문서라는 점에서 그 당시의 자료로 인정된다.

참고로 아래 <표 7>은 일본에서 출토된 고대 구주력을 정리한 것이다.114)

<표 7> 일본 출토 고대 具注曆

연번	유적명	종별	역년	역명
1	石神遺蹟(奈良縣明日香村)	木簡	持統天皇3年(689)	元嘉曆
2	城山遺蹟(靜岡縣浜松市)	木簡	神龜6年(729)	儀鳳曆
3	武藏台遺蹟(東京都府中市)	漆紙文書	天平勝寶9歲(757)	儀鳳曆
4	秋田城蹟(秋田市)	漆紙文書	天平寶字3年(759)	儀鳳曆
5	山王遺蹟(宮城縣多賀城市)	漆紙文書	天平寶字7年(763)	儀鳳曆
6	平城宮蹟(奈良市)	木簡	年度未詳	儀鳳曆?
7	平城京蹟(右京二條三坊一坪)	漆紙文書	寶龜9年(778)	大衍曆
8	多賀城蹟(宮城縣多賀城市)	漆紙文書	寶龜11年(780)	大衍曆
9	鹿の子C遺蹟(茨城縣石岡市)	漆紙文書	延曆9年(790)	大衍曆
10	胆澤城蹟(岩手縣水澤市)	漆紙文書(앞)	延曆22年(803)	大衍曆
		漆紙文書(뒤)	延曆23年(804)	大衍曆
11	大浦B遺蹟(山形縣米澤市)	漆紙文書	延曆23年(804)	大衍曆
12	鹿の子遺蹟e地區(茨城縣石岡市)	漆紙文書	延曆年間?	大衍曆
13	多賀城蹟(宮城縣多賀城市)	漆紙文書	弘仁12年(821)	大衍曆
14	胆澤城蹟(岩手縣水澤市)	漆紙文書	嘉祥元年(848)	大衍曆
15	東の上遺蹟(埼玉縣所澤市)	漆紙文書	年度未詳	大衍曆?
16	磯岡遺蹟(栃木縣上三川町)	漆紙文書	年度未詳	大衍曆?
17	多賀城蹟(宮城縣多賀城市)	漆紙文書	年度未詳	不明
18	拂田柵蹟(秋田縣仙北町)	漆紙文書	年度未詳	不明

---

114) 奈良市教育委員會,「井戶から出土した平城京の曆」, 奈良市埋藏文化財調査センター速報展示資料 20, 2005참조.

具注曆은 달력에 注가 구체적으로 기입되어 있어서 붙여진 이름이다. 주는 크게 3단으로 구성이 되는데, 상단에는 납음·十二直, 중단에는 24절기·72候·60卦·沒·滅·弦·望·土用·社日·三伏·臘, 하단에는 大歲位·天恩·天赦·凶會·厭·厭對·重·復 등과 해 좋은 여러 일들을 기재한다.[115] 율령에 의하면 매년 11월 1일에 음양료에서 작성한 다음해의 달력은 中務省으로 보내지고, 중무성이 천황에게 진상한다. 이외 출토품은 아니지만 정창원 문서 가운데 천평 18년(746), 천평 21년(749), 천평승보 8歲(756)의 曆도 전하고 있다.[116]

달력에 주기를 기재하는 행위는 일찍이 중국에서 연유한 것인데, 달력의 근간이 되는 연월일과 그 간지, 24절기, 朔望 등과 아울러 각종 금기를 써놓았다고 한다. 그러므로 역주란 달력에 주기된 연월일시와 方角 등에 관한 금기 혹은 연중행사와 농사에 관한 주기를 포함하고 있다. 특히 일본은 중국의 역법을 고스란히 도입하면서 이러한 전통도 유입되었을 것이다. 일본은 나라시대부터 구주역에 일기를 쓰는 습관이 생겨났고, 이로인해 평안시대에는 여백 부분이 확대되었다. 국보로 지정된 藤原道長의 『御堂關白記』는 바로 구주력에 일기를 써 넣은 것이다. 당시에는 이것을 曆記라고 불렀다.

참고로 아래 <표 8>은 고대 일본의 달력에 역주하는 방법을 도식화한 것이다.[117] 문무왕대에 이르면 대나마 德福이 당에서 역법을 공부해 귀국하여 새로운 역법을 고쳐 쓴 사례도 확인된다.[118] 덕복이 들여온 역법은 李淳風이 劉焯의 『皇極曆』을 모범으로 하여 인덕 2년(665)에 반포

---

115) 國史大辭典編集委員會, 『國史大辭典』14, 吉川弘文館, 1993, 722~723쪽.

116) 平川南,「延曆二十二·二十三年具注曆」『漆紙文書の研究』, 吉川弘文館, 1989, 231쪽.

117) 平川南 著·국립나주문화재연구소 엮음, 『되살아나는 고대문서』, 주류성 출판사, 2010, 110쪽

118) 『三國史記』卷7, 新羅本紀7 文武王 下 14年 春正月; 入唐宿衛大奈麻德福, 傳學曆術還, 改用新曆法.

<표 8> 역주를 붙이는 방법

母倉	天恩	天赦	往亡	月煞	厭對	厭	九坎	歸忌	血忌	曆注
節切	不斷	季節切	入節日 부터센다	〃	〃	〃	〃	〃	節切	다루는 법
子亥	甲子 乙丑 丙寅 丁卯 戊辰	(春) 戊寅	七日	丑	辰	戌	辰	丑	丑	正月
子亥			十四日	戌	卯	酉	丑	寅	未	二月
午巳			廿一日	未	寅	申	戌	子	寅	三月
卯寅	己卯 庚辰 辛巳 壬午 癸未	(夏) 甲午	八日	辰	丑	未	未	丑	申	四月
卯寅			十六日	丑	子	午	卯	寅	卯	五月
午巳			廿四日	戌	亥	巳	子	子	酉	六月
辰丑 戌未		(秋) 戊申	九日	未	戌	辰	酉	丑	辰	七月
辰丑 戌未			十八日	辰	酉	卯	午	寅	戌	八月
午巳	己酉 庚戌 辛亥 壬子 癸丑	(冬) 甲子	廿七日	丑	申	寅	寅	子	巳	九月
酉申			十日	戌	未	丑	亥	丑	亥	十月
酉申			廿日	未	午	子	申	寅	午	十一月
午巳			三十日	辰	巳	亥	巳	子	子	十二月

한 麟德曆이다.[119] 역법의 전수는 당의 역법에 신라의 역법을 일치시켜 중국 중심의 시간축에 신라가 편입되는 방식이었다.[120]

일본의 역주에 대한 이해를 신라에도 적용할 수 있다면 5월의 子·丑·寅·卯·午, 6월의 子·巳·酉·戌·亥가 往亡, 月煞, 厭對, 厭, 九坎, 歸忌, 血忌에 해당되므로 이 날은 피했을 공산이 크다. 그래서 5월 7일(丙戌), 8일(丁亥), 21일(庚子), 22일(辛丑), 29일(戊申)과 6월 1일(己酉), 8일(丙

---

119) 역대 천문기록을 집성한 『增補文獻備考』 「象緯考」 역상 연혁 신라조에는 臣謹按 으로 논평하길 "덕복이 전해 배운 것은 인덕력임에 틀림없다."고 한다.
120) 김영하, 「儒學의 수용과 지배윤리」, 『新羅中代社會硏究』, 일지사, 2007, 207쪽.

辰), 9일(丁巳), 22일(庚午), 23일(辛未), 30일(戊寅)이 여기에 해당된다. 의봉연호가 679년 6월 3일에 조로로 개원되므로[121] 6월은 해당날짜가 없게 되고, 5월은 7, 8, 29일이 해당된다.

토목공사와 관련된 당의 법전인 『大唐六典』에는 공사와 관련된 공적 노동의 작업량을 短功·中功·長功으로 구분해 놓았다.

B-6. 凡計功程者, 夏三月與七月爲長功, 冬三月與春正月爲短功, 春之二 月三月之八月九月爲中功. 其役功, 則依戶部式.[122]

공정을 계산할 때는 여름 3월(4,5,6월)과 가을 7월은 장공으로 하고, 겨울 3월(1,2,3월)과 봄 정월은 단공으로 한다. 그리고 봄 2월, 3월, 가을 7월과 9월은 중공으로 한다고 한다. 즉 이러한 공정의 계산은 주간의 일 조시간과 밀접한 관련이 있다. 말하자면 낮의 길이가 가장 긴 하지에는 주간이 약 14시간 25분에 달한다. 그러므로 4월부터는 장공 규정의 작업 량이 할당되는 것이다.[123] 이러한 일조시간의 차이는 작업량의 차이와 밀접한 관련이 있다. 이로 인해 장공의 작업이 시작되는 夏三月부터는 役事를 시행하기에 적합한 시기가 된다.

한편 '개토'가 연월일을 아우르는 오행 토를 염두에 둔 시간성을 의미 하는 표현이라는 본고의 추론이 허락된다면 기와의 명문 구성은 [연호+ 간지의 오행]의 형태로 볼 수 있다. 이와 관련하여 기와 가운데 연호와

---

121) 『舊唐書』 卷5, 本紀5 高宗 李治 下 調露元年 104 六月辛亥; 制大赦天下, 改儀鳳 四年爲調露元年.

122) 『大唐六典』 卷7, 尙書工部·工部郎中職掌條. 한편 『大唐六典』 卷23 將作都水監 將作丞職掌條에는 凡功有長短, 役有輕重의 세주에 "凡計功程者, 四月五月六月 七月爲長功, 二月三月八月九月爲中功, 十月十一月十二月正月爲短功."이 보인다. 이는 『新唐書』 卷46 百官志 尙書工部 및 同書 卷48 百官志 將作監條에도 확인 된다. 약간의 월차는 확인되지만 4월부터는 長功이라는 공통분모는 인정된다.

123) 中村裕一, 『中國古代の年中行事 -第二冊 夏-』, 汲古書院, 2009.

간지가 동시에 등장하는 또 다른 사례로 부여 부소산성에서 출토된 '會
昌七年丁卯年末印'명 기와를 들 수 있을 것 같다. 회창은 당 무종의 연
호이며 847년에 해당된다. 문장의 구조는 [會昌七年(연호)+丁卯年(간
지)+末印(∝)]순이다. 역시 ∝에 해당하는 末印이라는 용어의 의미는 알
기 어려우며, 吉井秀夫도 명확한 해석은 피하였다.[124] 다만 기와의 구체
적인 제작시점을 적기한 것이라는 본고의 이해가 틀리지 않았다면 오히
려 12간지를 이용하여 월을 구분한 月建과 관련된 표현은 아닌가 싶다.
실제 최치원이 찬한 「海印寺妙吉祥塔記」에는 본문의 말미에 제작연대
를 '時乾寧二年申月旣望記'라 하였다.[125] 여기서 申月은 7월의 별칭이
며, 기망은 음력 열엿샛날을 의미한다. 따라서 명문은 '때는 건녕 2년
(895) 7월 16일에 기록한다'로 해석된다. 이때 최치원은 7월로 쓰지 않
고 독특하게 신월로 그 달을 표기하고 있다.

　　12지를 월에 대응시킨 사례는 『周書』 異域傳 백제전에는 7세기 백제
에 "음양과 오행을 터득하고 송나라의 원가력을 사용하여 인월로 세수
를 삼는다"[126]는 문헌이 확인된다. 신라에서도 월건을 이해하고 있었을
단서로 『三國史記』 효소왕 4년조에 子月(11월)을 정월로 바꾼 기사
나,[127] 동왕 9년에 다시 寅月(1월)을 정월로 회복하는 기사가 유의된
다.[128] 그 선상에서 '會昌七年丁卯年末印'명 기와의 명문 역시 구체적인
제작연월을 표현하였을 가능성이 있다. 물론 '末印'으로 표기되어 있지
만, 未·末이나 巳·已·己 등 자획이 유사한 한자가 서로 혼용해 사용되었
음을 감안한다면 12간지의 未로 볼 수 있다. 사문 승훈이 찬한 「五臺山

---

124) 吉井秀夫,「扶蘇山城出土"會昌七年"銘文字瓦をめぐつて」, 『古代文化』11, 2004.
125) 한국고대사회연구소, 1992, 「海印寺妙吉祥塔記」 『한국고대금석문』3권
126) 『周書』 卷49, 列傳 卷41 異域上 百濟 887; 又解陰陽五行. 用宋元嘉曆, 以建寅月
　　爲歲首.
127) 『三國史記』 卷8, 新羅本紀8 孝昭王 4年; 以立子月爲正.
128) 『三國史記』 卷8, 新羅本紀8 孝昭王 9年; 復以立寅月爲正.

寺吉祥塔詞」에는 '기유년(889)부터 을묘년(895)까지'라는 표현을 단순히 '自酉及卯'라고 하고 있다.[129] 과감한 생략을 통해 12지만 사용하여 시간을 나타내고 있다. 한편 기와의 마지막 글자 印은 이두로서 문자의 말미에 넣어 끝[130]을 의미하는 종결어로 사용하였다. 회창 7년명 기와의 명문 구조는 [회창7년 정묘년 6월], 즉 [연호+간지+제작월]로써 제작시점을 구체적으로 표현하였을 개연성이 높다고 하겠다.

기와에 연호가 동반되는 경우는 대부분 제작시기와 관련된다. '의봉사년개토'도 역시 구제적인 제작시점, 정확하게 말하면 679년 5월 7, 8, 29일에 제작된 것을 표현하고 있다. 사실 기와의 제작 시기는 봄과 초여름에 집중될 수밖에 없다. 겨울이 되면 태토의 결빙으로 제작 자체가 어려우며, 여름철에는 아시아 몬순 기후대에 위치한 한반도의 특성상 집중호우로 인해 가마의 운영상 애로가 많다. 때문에 기와의 명문에 보이는 해당 月은 기와의 제작상 좋은 시기임과도 조응하고 있다.

기와에 연호나 간지를 찍은 것는 것은 제작시점을 분명히 하기 위해서이다. 그 선상에서 기와에 '의봉사년개토'를 타날한 것도 어떤 모종의 의도성이 엿보인다고 평가할 수 있다. 후술하겠지만 이 기와는 문무왕대 왕경의 개조에 특별히 채택된 기와임을 염두에 둘 필요가 있다. 이러한 이해를 바탕으로 신라 왕경에서 이 기와가 가지는 의미를 왕경의 정비라는 차원에서 窮究해 보기로 한다.

2) 왕궁의 확대 정비

문무왕대 왕경의 개조와 관련된 실물자료로서 '의봉사년개토'명 기와를 들 수 있다. 이기와를 기점으로 고식수막새의 단조로운 단판연화문에

129) 한국고대사회연구소, 1992, 「五臺山寺吉祥塔詞」『한국고대금석문』3권
130) 黃壽永, 「高麗 靑銅銀入絲 香垸의 硏究」, 『佛敎學報』1, 1963, 431쪽.

서 벗어나 중판연화문으로 문양이 변화고, 주연에 연주문이 장식되는가
하면, 초보적이지만 암막새까지 등장하고 있다. 이러한 기와들이 통일기
양식의 시원이 된다. 월지에서 출토된 소위 무악식 암막새의 외면에도
이 명문이 타날되었다.131) 따라서 암막새의 시원인 무악식 암막새의 등
장 시점을 가늠할 수 있는 기준이 된다. 그리고 무악식 암막새는 중판연
화문 수막새와 조합관계에 있으므로 679년 무렵의 연대관을 부여하 수
있다.132) 이 기와들의 공통점은 문무왕의 토목공사와 직접적으로 관련
된 곳에서 출토된다는 사실이다.

현재까지 '의봉사년개토'명 기와, 무악식 암막새, 중판연화문 수막새
의 출토현황에 대해 도표로 정리하면 다음 <표 9>와 같다.133)

<표 9> '儀鳳四年皆土'명 기와 관련 출토지

유적명		번호	출전
궁궐 / 국가시설	월성/월성해자	(무악)no.63~64 (의봉)no.1147~1148 (중판)no.35	국립경주박물관(2000) 경주문화재연구소(2011, 2012, 2016)
	월지	(무악)no.195~196 (의봉)no.1145~1146 (중판)no.113	국립경주박물관(2000)
	동궁과 월지	(무악), (중판), (의봉)	경주문화재연구소(2012)
	경박미술관부지	(중판)	국립경주박물관(2002)
	경주박물관부지	(의봉)	국립중앙박물관(1975)
	인왕동왕경유적Ⅱ	(중판), (의봉)	신라문화유산연구원(2014)
	계림로건물지	(의봉)	경주문화재연구소(2004)
	황남동대형건물지	(중판)	경주문화재연구소(2009)
	황남동건물지	(중판)	경주문화재연구소(2003)

---

131) 국립경주박물관, 안압지 출토 유물카드「雁 510」
132) 朴洪國 앞의 논문, 1988, 80쪽.
133) 무악식 암막새는 (무악), '儀鳳四年皆土'명 기와는 (의봉), 중판연화문 수막새는
    (중판)으로 약칭. 이동주, 「기와로 본 신라왕경의 공간변화」, 『역사와 현실』68,
    2008, 139~140쪽.

	나정	(의봉)	중앙문화재연구원(2008)
	용강동원지	(중판)	영남문화재연구원(2001)
	전랑지	(중판)no.238	국립경주문화재연구소(1995)
	월성 발천 석교	(의봉)	서라벌문화재연구원(2017)
사찰유적	나원리사지	(의봉)	박홍국(1999)
	인왕동사지	(의봉)	국립경주박물관(2000)
	동남산 칠불암	(중판)	박홍국(1999)
	사천왕사지	(무악)no.477~478 (의봉) 도판28 (중판)no.473	국립경주박물관(2000) 김동현(1976)
	황룡사지	(무악)no.705, no.362 (중판)no.345	국립경주박물관(2000) 國立中央博物館(1990) 문화재연구소(1982)
	황룡사남편	(의봉)	신라문화유산연구원(2016)
	전)인용사지	(중판)	경주문화재연구소(2009)
	흥륜사	(중판)	국립경주박물관(2011)
	전)흥륜사	(무악)	계림문화재연구원(2012)
	굴불사지	(중판)	국립경주박물관(2000)
	감은사지	(무악)no.413	국립경주박물관(2000)
	보문사지	(중판)no.455	국립경주박물관(2000)
	석장사지	(중판)no.294	국립경주박물관(2000)
	분황사	(중판)	경주문화재연구소(2004)
	구황동 원지	(중판)	경주문화재연구소(2008)
	미탄사지	(의봉)	불교문화재연구소(2013)
	황복사	(중판), (무악)	성림문화재연구원(2017)
생산유적	망성와요지	(무악), (의봉), (중판)	국립경주박물관(2000) 박홍국(1988)
	망성리윗골들	(중판)	영남문화재연구원(2017)
	다경와요지	(무악)no.595	국립경주박물관(2000)
	화곡와요지	(중판)	성림문화재연구원(2012)
	동산리와요지	(중판)	신라문화유산연구원(2010)
	금장와요지	(중판)	경상북도문화재연구원(2007)
왕경유적	첨성대부근	(의봉)	경주문화재연구소(1990)
	재매정지	(중판)no.260	경주문화재연구소(1996)
	교동56-4	(중판)	신라문화유산연구원(2013)
	노동동12	(중판)	신라문화유산연구원(2017)
	북문로왕경유적	(무악), (중판)	한국문화재보호재단(2003)
	서부동147-2	(중판)	신라문화유산연구원(2012)
	성동동24	(중판)	국립경주문화재연구소(1995)

	사정동 170-5	(중판)	성림문화재연구원(2011)
	황성초강당부지	(무악) 도면63	동국대캠퍼스박물관(2002)
	황성동402-7	(중판)	성림문화재연구원(2009)
	인왕동910-1	(무악)no.1388	국립경주박물관(2000)
	인왕동566	(의봉), (중판)	경주문화재연구소(2003)
	인왕동왕경유적 I	(중판)	성림문화재연구원(2013)
	인왕동왕경유적 II	(의봉), (중판)	성림문화재연구원(2014)
	구황동가스관매설	(중판)	국립경주문화재연구소(1996)
	사정동170-5	(중판)	성림문화재연구원(2011)
	황오동115-8	(중판)	신라문화유산연구원(2011)
	황오동118-6	(중판)	영남문화재연구원(2003)
	황오동소방도로	(중판)	동국대경주박물관(2004)
	성건동342-17	(중판)	영남문화재연구원(2004)
	성건동677-145	(중판)	신라문화유산연구원(2011)
	성동동386-6	(중판)	영남문화재연구원(1999)
	성동동201-1	(중판)	신라문화유산연구원(2009)
	성동동 세무서	(중판)	신라문화유산연구원(2010)
	동천동7B/L	(중판)	경주대학교박물관(2009)
	동천동406-1	(무악)no.1392	국립경주박물관(2000)
	동천동789-10	(중판)	국립경주문화재연구소(1998)
	동천동793	(중판)	영남문화재연구원(2004)
	동천동820-5	(중판)	신라문화유산연구원(2009)
	S1E1	(무악), (중판), (의봉)	경주문화재연구소(2002)
지방	울산 하삼정유적	(중판)	울산대곡박물관(2014)
	군위 인각사	(중판)	불교문화재연구소(2011)
	인천 계양산성	(중판)	겨레문화유산연구원(2011)

(중판)	(의봉)	(무악)

표에서 알 수 있듯, 이 기와는 월성을 중심으로 주로 발견되지만, 지방에서도 확인된다. 가령 인천계양산성의 경우 왕경에서는 상당히 떨어진 곳인데도, 중판연화문 수막새가 출토되었다. 이곳에서는 통일신라시대 논어목간도 출토되어 지방문화의 거점으로 이해할 수 있다. 다만 수막새의 잔존 드림부가 9cm에 불과하여 왕경의 것과는 차이가 있다.

한편 사천왕사지와 나원리사지 모두 '의봉사년개토'명 기와가 수습되었다. 대체적인 방리 경계는 남동은 사천왕사지 남쪽, 망덕사지 북쪽이며, 거의 대척점에 위치한 나원리사지에서도 확인된 셈이다. 이를 미루어 보면 나원리사지가 왕실의 관여 아래 공사가 진행되었음을[134] 의미한다.

이 기와가 출토된 유적들은 월성 인근에 위치하거나, 사천왕사나 나원리사지의 경우처럼 서로 왕경의 대척점에 위치하고 있다. 월성 인근에서도 밀집도가 가장 높은 지역은 발천 사이의 공간이다. 이 공간에 왕궁과 관련된 시설들이 집중되었음을 알 수 있다.[135]

나원리사지의 경우 성전사원인 봉성사로 보는 견해[136]를 수용하면, 이 사원들은 官道의 입구에 세워져 지방인이 왕경으로 진입할 때 처음 접하게 되는 권위건축물이 된다. 더욱이 사천왕사의 경우 중대왕실의 비호 아래 창건된 사찰이다. 『삼국사기』 직관지에는 사천왕사, 봉성사, 감은사, 봉덕사, 봉은사, 영묘사, 영흥사 등의 성전사원의 명칭이 열거되었다. 직관지의 배열 순서라든지, 성덕대왕 신종의 명문 속의 사찰순서를 볼 때 사천왕사의 사격이 가장 높았다. 신라 중대에는 사천왕사가 그 이전 황룡사가 수행하던 승정기구로서의 여러 기능을 대신할 정도로 중요한 사원이었다.[137] 사천왕사의 낙성은 중대권력의 탄생과 밀접한 관련

134) 尹善泰, 「新羅 中代의 成典寺院과 國家儀禮」, 『新羅 金石文의 현황과 과제』(新羅文化祭學術論文集23), 2002, 95쪽.
135) 조성윤, 「신라 동궁 창건와전 연구」 경주대학교 대학원 문화재학과 박사학위논문, 2014.
136) 尹善泰, 앞의 논문, 2002.

이 있다고 생각된다. 즉 통일기를 맞아 황룡사를 중핵으로 하는 중고기 왕실세력을 대신하여 무열왕계가 중심이 된 권력 축으로 재편되는 과정을 대변해 준다. 특히 이 사찰에서 베풀어진 의례가 무열왕계의 공유의식을 도모하는데 중요한 역할을 하였다. 이러한 유대감, 공유의식의 형성은 왕조의 정통성을 획득하는 데 중요한 기제이다. 이렇듯 통일기 왕경의 개조는 무열왕계 중심의 새로운 지배질서를 예고하는 前兆와 같다.

당에서 의봉이라는 연호가 제정된 배경도 결코 가벼이 여길 수 없다. 즉 이 연호는 상서로운 새인 봉황을 목격한 연유로 인해 上元 연호를 대신하게 되었다.[138] 봉황의 몸체는 五常을 함의하고 있고, 그 출현은 천하태평과 상관성을 가지므로[139] 의봉연호의 사용은 왕경의 개조와 관련해서 더없이 좋은 이념적 배경을 제공한다고 할 수 있다. 때문에 문무왕대 이루어진 일련의 왕경 개조는 어떤 모종의 기획성이 감지된다.

한편 당시 왕경의 개조와 관련된 '의봉사년개토'명 기와는 크게 2종류가 확인된다. 다음 <그림 11>은 기와의 출토지를 정리한 것이며, <그림 12>는 기와의 유형을 분류한 것이다. 기와는 크게 I유형과 II유형으로 구분된다. II유형은 나정 출토품인데 명문판독에 애로가 있어 양호하게 남은 부분만 잘라 전재하였다.

여기서 I유형은 월지를 비롯한 대부분의 유적에서 확인되는 전형적인 것이고, II유형은 현재까지 나정과 월성인근 발천 석교지[140]에서만 출토되었다. 여기서 주목되는 점은 절대연대를 가진 두 기와의 타날 방

---

137) 李泳鎬, 「新羅 中代 王室寺院의 官寺的 機能」, 『韓國史研究』43, 1983; 蔡尙植, 「新羅統一期 成典寺院의 구조와 기능」, 『釜山史學』8, 1984.

138) 『舊唐書』卷5, 本紀5 高宗 李治 下 102 壬申; 以陳州言鳳凰見於宛丘, 改上元三年曰儀鳳元年, 大赦.

139) 『山海經』南次三經; 有鳥焉, 其狀如雞, 五采而文, 名曰鳳皇, 首文曰德, 翼文曰義, 背文曰禮, 膺文曰仁, 服文曰信. 是鳥也, 飲食自然, 自歌自舞, 見則天下安寧.

140) 서라벌문화재연구원, 「경주 동부사적지대 석교지 복원공사부지 내 유적(2차)」학술자문위원회의 자료집, 2017.

식이 전혀 다르다는데 있다. Ⅰ유형은 단판타날방식이며, Ⅱ유형은 중판
타날방식이다. 여기서 말하는 타날이란 기와의 제작공정 가운데 태토 내
의 공기를 빼고, 밀도를 높이는 작업을 의미한다. 태토 속에 공기가 있으
면 소성과정에서 열기에 의해 기포가 부풀어 올라 터져버린다. 이 작업
을 통해 불량률이 현저하게 낮아지게 된다.

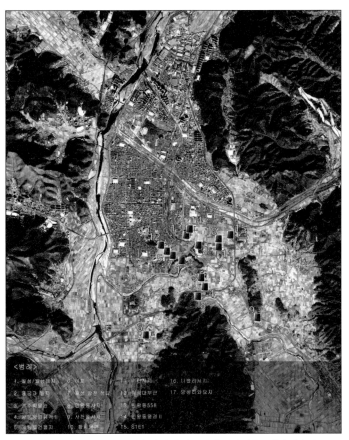

<그림 11> '儀鳳四年皆土'명 기와의 출토지(ⓒ국립경주문화재연구소)

Ⅰ유형   Ⅱ유형

<그림 12> '의봉사년개토'명 기와의 유형

현재까지 기와의 연구 성과에 의하면 시기별로 타날판의 크기가 단판
→중판→장판으로 변화한다는 점에는 제가의 견해가 일치하고 있
다.[141] 암키와를 기준으로 타날 작업은 단판은 4~5번, 중판은 2~3번, 장
판은 1번 정도 이루어진다. 그러므로 타날 작업의 단축은 제작공정의 단
축과 직결된다. Ⅰ유형의 경우 타날판에 명문과 문양이 함께 새겨져 있
으므로 타날 작업을 하게 되면 한꺼번에 찍힌다. 그러나 Ⅱ유형의 경우
호선과 선문으로 된 중판 타날판에 명문은 인장으로 따로 찍었다. 또한
기와 측면의 와도분할흔을 관찰해 보면 금속기를 사용하여 2~3번에 걸
쳐 말끔하게 깎아 냈다. 그만큼 기와제작에 공을 들인 것이다.

단판타날에서 중판 타날으로 제작기법이 변화한다는 일반적인 견해
를 수용한다면, 679년이라는 시간 속에는 두 제작기법이 공존하는 과도

---

141) 崔兌先, 「平瓦製作法의 變遷에 대한 研究」慶北大學校 大學院 考古人類學科 碩
士學位論文, 1993; 趙成允, 「慶州 出土 新羅 평기와의 編年 試案」慶州大學校 大
學院 文化財學科 碩士學位論文, 2000; 李仁淑, 「統一新羅~朝鮮前期 평기와 製作
技法의 變遷」慶北大學校 大學院 考古人類學科 碩士學位論文, 2004.

기가 된다. 그런데 염두에 두어야 할 것은 나정 출토 기와의 경우 중판 타날 후 '의봉사년개토'란 명문이 새겨진 인장을 별도로 찍었다는 사실이다. 기와에 명문의 내용이 반드시 필요한 의도성마저 느껴진다.

사실 Ⅰ유형의 기와만 하더라도 최소 4종류의 타날판이 존재하였다. 경주박물관에서 간행한 『新羅瓦塼』 도록에는 '의봉사년개토'명 기와가 5점 실려있다. 글씨는 사격자문의 방곽안에 배열되었다. 기와마다 세부적인 차이가 있는데, 이를 파악해 보면 글씨의 위치와 모양, 그리고 방곽을 이루는 문양의 위치와 조각의 깊이가 모두 다르다. 따라서 이 기와는 적어도 4종으로 분류할 수 있다.[142] 바꾸어 말하면 4개의 타날판이 존재한 셈이다. 더구나 중판 타날된 나정 출토 기와를 미루어 보면 이 기와는 679년에만 제작되었던 것 같지는 않고, 시차의 존재 가능성이 있다. 애초 문무왕 19년에 왕경을 대대적으로 일신하면서 상징적으로 이 기와를 사용하였다. 그러므로 기와의 문자 그 자체에도 어떤 상징성을 담고 있어야 할 것이다. 그 선상에서 이 기와명문이 가지는 의미를 음미해 보고 싶다.

특히 제작기법이 다르다는 점에서 이 기와는 장기간 지속적으로 생산되었을 가능성이 크다고 생각된다. 그렇다면 어째서 연호가 지난 기와를 계속 생산하였을까? 여기서 염두에 두어야 할 것은 의봉연호가 가진 그 상징성이다. 상원연호가 의봉으로 바뀐 연유는 바로 봉황을 목격하면서부터이다. 즉 의봉이라는 용어 그 자체가 봉황이라는 의미를 가지고 있다.

봉황은 중국 고대의 상서로운 상상의 새이다. 이 새는 세상을 태평성대로 이끄는 성스러운 군주와 동반해서 나타난다. 『설문해자』에 의하면 앞모습은 기러기, 뒤는 기린, 이마는 원앙, 용의 무늬에 거북의 등을 지니고 있고, 제비의 턱에 닭의 부리 모양을 하고 있고, 오색을 갖추었다고 한다. 『京房易傳』에는 봉황의 앞모습은 기린, 뒤는 사슴, 목은 뱀, 등은 거북이, 꼬리는 물고기, 부리는 닭, 날개는 제비이며, 오채색을 가지고

---

142) 崔珉熙, 앞의 논문, 2002, 18~19쪽.

높이는 2척이라고 묘사하고 있다.143) 그리고 『爾雅』의 郭璞 주에는 봉황은 닭머리, 제비의 턱, 뱀의 목, 거북의 등, 물고기의 꼬리모양이고, 오채색을 갖추고 있으며, 높이가 6척이 넘는다고 한다. 각 문헌간에 봉황의 이미지는 약간씩 차이는 있지만 대동소이하다. 이와는 달리 『산해경』에는 봉황은 단혈산에서 나오는데, 형상은 학과 비슷하며, 머리의 무늬는 덕을 말하고, 등 무늬는 의를 말하며, 날개 무늬는 순을, 배 무늬는 신, 가슴무늬는 인을 말한다고 한다.144) 그러므로 봉황은 유학에서 지향하는 인간의 덕목을 모두 갖춘 새라고 할 수 있다. 특히 오채색 모두를 가졌다는 점에서 중심성을 함의하고 있다고 하겠다. 이런 봉황이 가진 상징적인 의미와 개토라고 하는 중심성이 결합되어 왕경의 개조에 지속적으로 사용된 것이 아닌가 싶다.

이로 인해 의봉의 의미와 개토의 의미가 모두 중심성이 내재되어 있으므로 중대 정권이 정치적으로 이용했다는 느낌을 지울 수 없다. 어쨌든 제작공정의 단축과 다양한 타날판의 존재를 통해 범국가적인 차원에서 소비되는 기와제작의 한 단면을 살펴볼 수 있다.

그런 측면에서 기와가 제작된 679년은 신라왕경 내 기와 건물의 증가와 밀접한 관련이 있고, 문헌이 전하고 있는 문무왕의 대규모 토목공사와 부합한다. 문무왕은 통일의 위업을 달성한 다음 왕경에 대대적으로 토목공사를 단행하였다. '의봉사년개토'명 기와가 제작된 679년에는 다음의 기사가 유의된다.

B-7. 가을 8월에 금성(太白)이 달에 들어갔다. 각간 천존이 죽었다. 동궁을 짓

---

143) 『重刊宋本十三經注疏附校勘記』 春官宗伯下 附釋音周禮注疏卷第23 樂師350-2 『易傳』云：鳳皇麟前, 鹿後, 蛇頸, 龜背, 魚尾, 雞喙, 燕翼, 五采, 高二尺. 漢世鳳皇數出, 五色, 今皇舞與鳳皇之字同, 明雜以五采羽如鳳皇色.

144) 『山海經』, 鳳皇出丹穴山, 形似鶴, 首文曰德, 背文曰義, 翼文曰順, 腹文曰信, 膺文曰仁.

고, 궁궐 안팎의 여러 문 이름을 처음으로 정하였다. 사천왕사가 완성되
었다. 남산성을 증축하였다.[145]

B-7은 무왕대에 이르러 동궁을 창건하고, 궁궐 안팎의 여러 문의 액
호를 시정하며, 사천왕사를 낙성하고, 남산성을 증축하였다. 왕경내 문
은 臨海門, 仁化門, 武平門, 玄德門, 歸正門, 遵禮門, 的門, 월지출토 좌물
쇠에 北宜門 등이 확인된다. 그리고 월지 186번 목간에는 隅宮北門, 閣
宮西門, 大門, 開義門, 213호 목간에는 策事門, 思易門 등이 확인된다. 이
목간들은 궁궐의 경비와 관련된 것이다.[146] 월성의 문지는 11개소인데,
이 가운데 귀정문은 월성의 서쪽 출입문임을 알 수 있다. 임해문은 임해
전과 대응되며, 임해문의 파괴에 인화문 기사가 나란히 배치되어 있는
것[147]으로 볼 때 월지의 출입문과 관련될 가능성이 높다. 목간에 보이는
大門은 우궁으로 들어가는 정문을 의미하는 것 같다. 서문, 북문 등 방위
를 딴 이름을 사용하고 있다는 점에서 우궁의 사방에는 문이 설치되어
있음을 알 수 있다. 隅宮은 최근 국립경주문화재연구소가 발굴 조사한
월지 동편 모서리에 해당하며, 유력하게 동궁지로 추정되는 곳이다. 우
궁은 본궁을 기준으로 모퉁이에 조영된 의미가 내재되어 관념적으로 그
렇게 불렀을 개연성이 있다. 최근 동궁과 월지유적에서 출입시설이 확인
되었는데, 기단석과 계단을 갖췄고 방위상 동문에 해당한다. 그럴 경우
동문의 이름은 목간에 보이는 開義門일 수 있겠다. 동문을 벗어나면 경
주박물관 미술관 부지에서 확인된 23.5m의 남북 도로와 만나게 된다. 閣
宮은 隅宮과 그리 멀지 않은 곳에 조영된 궁으로 추정되며, 閣이 重屋의

---

145) 『三國史記』 卷7, 新羅本紀7 文武王 下 19年 秋八月; 太白入月. 角干天存卒. 創造
　　 東宮, 始定內外諸門額號. 四天王寺成, 增築南山城.
146) 윤선태, 「雁鴨池 出土 '門號木簡'과 新羅 東宮의 警備」, 『한국고대사연구』44, 한
　　 국고대사학회, 2006.
147) 『三國史記』 卷10, 新羅本紀10 昭聖王 2年 夏四月; 暴風折木蜚瓦. 瑞蘭殿簾飛不
　　 知處, 臨海·仁化二門壞.

의미를 가지므로 2층 건물이었을 것이다.

『삼국사기』에 전하는 기사 내용은 실제 월지 일대와 사천왕사 등지에서 '의봉사년개토'명 기와가 출토되고 있어 고고학적으로도 정확하게 부합한다. 다만 동궁이나 사천왕사가 완성되었다는 것은 적어도 몇 년 전부터 토목공사가 이루어지고 있었음을 의미할 것이다. 기와는 목조건물의 최종 마감부재이며, 기와 잇기의 종료가 그 건물의 완공을 의미하기 때문이다. 그러므로 '의봉사년개토'명 기와는 679년 완공되는 왕경 내에서도 주요 건물, 이른바 권위건축물에 한정해서 공급된 정황을 확인할 수 있다. 다만 대규모 왕경의 토목공사에 소비되는 기와의 생산량을 고려한다면 이 명문은 중대왕실의 일종의 슬로건으로 볼 수도 있을 것 같다. 중대왕실은 계속해서 중앙의식을 함의하고 있는 이 기와를 사용함으로서 권위의 현현을 시도했을 수도 있기 때문이다.

당시 왕경개조에 참고가 되었음직한 문헌으로 『文選』이 상기된다. 『문선』은 신라 국학의 교재였다. 이 책은 梁의 昭明太子가 周代부터 남조의 梁代에 이르기까지 1,000여년에 걸친 시·문장·논문 등을 집대성한 것이다. 언제 신라로 들어왔는지는 알 수 없다. 다만 태종무열왕대 활약한 강수가 『文選』을 익히고 있었던 점을 고려하면 적어도 그 이전에는 분명히 들어왔음은 확실하다. 『文選』에는 궁궐조영과 관련된 賦가 여럿 보이는데 그 중 西都賦는 漢이 천명을 받아 도읍을 조영하고 그 궁전은 우주를 상징하는 것이 주된 골자를 이루고 있다. 즉 궁실은 천지의 형태를 모방하고, 음양의 법에 맞추어 殿堂을 구축한다는 것이다.

일본의 경우 나라시대 하급관료들이 보편적으로 『文選』을 수학했음은 平城宮跡·秋田城跡의 출토목간, 胆澤城跡의 칠지문서를 통해 알 수 있다. 구체적으로 平城宮 제 13차 조사에서는 SK820 구덩이에서 각각 『李善注文選』과 당의 王勃의 시문집인 『王勃集』의 시구를 적은 목간편이 출토되었다.[148] 평성궁에서 『文選』이 확인된 유물은 목간과 土師器皿

등이 있다. 모두 습서라는 공통점이 확인되며, 서사재료를 이용하는데
일정한 구분이 있었음을 의미한다. 당시 문서행정의 환경에서 고대 관인
들의 학습 지향을 짐작할 수 있다.149) 그래서『文選』이 궁전을 배치하는
데 주요하게 작용하였다는 견해는 주목할 만 가치가 있다.150) 신라의 궁
궐도 액호를 정할 때나 건물의 營造시『文選』을 참고하였을 개연성이
그 만큼 높다.

　왕경에 대규모 토목공사를 단행한 문무왕 19년은 吉日을 택해서 공사
를 진행하였을 것이다. 택일을 한다는 것은 바로 음양오행이 가장 조화
를 이루는 날을 가려 뽑는다는 것을 의미한다. 중국의 경우 도읍을 건축
할 때 풍수 擇吉과 날짜 擇吉을 한다. 건축 공정의 중요한 단계의 일자
와 時辰을 가려 뽑는 과정이기도 하다. 중국에서 택일과 관련된 가장 이
른 문헌은『尙書』이며, 유가 역시 축성에 대한 금기가 있었다. 이를테면
『月令』에는 언제 축성을 금지해야하는지, 언제 담의 높이를 올리는지,
언제 대규모로 城牆을 수축해야 하는지에 대한 규정이 제시되었다.151)
이러한 세세한 규정은 토목공사를 일으키는 데에 정교한 시간적 宜忌가
작동되고 있었음을 시사한다. 그 결과 동아시아 국가의 영선령에는 공사
에 앞서 날짜를 택일하는 과정이 수반되어야 하였다.

　　B-8. 궁성내 큰 영조 및 수리가 있을 때 모두 태상시에서 택일하여 물은 연후
　　　　에 한다.152)
　　B-9. 무릇 사사로운 저택은 모두 누각을 세워서 사람이 사는 집을 내려다보
　　　　지 못하게 한다. 궁내에 영조나 수리가 있는 경우에는, 모두 음양료에

148) 岸俊男,『宮都の木簡』, 吉川弘文館, 2011.
149) 佐藤信,『古代の遺跡と文字資料』, 名著刊行會, 1999.
150) 内田和伸,「한·일 궁전의 설계사상에 관하여」,『韓日文化財論集』Ⅰ, 2007.
151) 楊華,「고대 중국 都邑 건설에서의 巫祝 의식」,『동아시아 고대 도성의 축조의례
　　와 월성해자 목간』, 국립경주문화재연구소·한국목간학회, 2017, 87쪽.
152)『天一閣藏明鈔本天聖令交證』下冊, 復原7; 宮城內有大營造及修理, 皆令太常擇日
　　以聞.

명해서 날을 택한다.153)

B-8는 '唐令'의 영선령 부분인데 '天聖令'이 발견되면서 복원된 조항
이다. 주된 골자는 궁성내의 영조와 큰 수리는 태상시에서 택일한 연후
에 공사를 시작한다는 것이다. B-9은 일본의 『양노령』인데 2개의 조문
이 하나로 합쳐져 적혀 있다. 『양노령』에 대한 주석서인 『양의해』에는
이 부분에 약간의 주석이 곁들여져 있다. 즉 저택의 부분에 "생각건대,
第는 甲乙의 등급이 있기 때문에, 따라서 第라고 한다. 樓라는 것은 층집
이고, 閣 역시 樓이다."고 한다.154) 두 기사간 호응관계는 확인하기 어렵
지만, 영조와 수리를 하는데, 음양료의 택일을 거쳐 시행하는 조치를 엿
볼 수 있다. 여기서 음양료란 천문관측, 달력작성, 시보, 이상한 일의 점
치기와 보고를 담당하는 일본의 율령제 관사 가운데 하나였다.155) 이 관
청에 소속된 陰陽師가 곧 중국의 太卜에 해당한다.

중국에서 태상에 관한 관직은 그 연원이 오래다. 그 屬官으로 太樂·
太祝·太宰·太史·太卜 太醫 등 여섯이 있는데,156) 音樂·祝禱·供奉·天文
曆法·卜筮·醫療 등을 담당하였다. 태상에 소속된 관원들은 주로 의례와
관련된 업무에 종사하였다. 때문에 동아시아의 문화적 흐름이 중국-한국
-일본이라는 루트의 상정이 타당하다면 분명 신라의 토목공사에도 이러
한 법령으로 규제되었을 공산이 크다.

신라에서 택일과 관련된 업무를 관장했을 관서는 여러 후보를 상정해
볼 수 있다. 첫째 중고기부터 국왕의 측근에서 근시 관료로서 각종 길흉
화복을 점치는 인물로 卜人이 존재하였다.157) 유인이 근시 관료가 된 연

---

153) 『養老令』營繕令 3條; 凡私第宅, 皆不得起樓閣, 臨視人家. 宮内有營造及修理, 皆
令陰陽寮擇日.
154) 이근우 역주, 『令義解譯註 下』, 세창출판사, 2014.
155) 平川南, 앞의 책, 2010, 101쪽.
156) 『漢書』卷19上, 百官公卿表 7 上 726; 屬官有太樂、太祝、太宰、太史、太卜、
太醫六令丞, 又均官、都水兩長丞.

유에는 국왕이 내리는 모든 결정을 점을 쳐 길흉화복의 결과를 자문해 주었기 때문이다. 그렇다면 이들은 주로 천문의 재앙과 복을 점치고 길일을 택하며, 하늘의 운행을 보고하는 일을 담당했을 것이다. 중고기 유인은 중대에 이르러 供奉卜師로 그 역할이 옮겨졌을 것으로 추정된다.[158] 供奉卜師의 경우 陰陽卜術을 맡은 관원인 점을 감안한다면 충분히 택일과 관련된 업무를 관장했을 것으로 추정해 볼 수 있다.

둘째 典祀署도 그 소임을 맡았을 후보로 거론해 볼 수 있다. 이 관부는 성덕왕 12년(713년)에 初置되었다고 하나 실무 관원에 해당하는 大舍는 진덕여왕 5년(651년)에 이미 설치되었다고 하므로[159], 문무왕의 대역사 이전에 토목 관련 실무진으로 존재하였음을 엿 볼 수 있다.

셋째 경덕왕대 典祀署로 개칭된 工匠府도 시야에 넣을 수 있다. 공장부는 의례와 관련된 소비물자의 제작에 직접 관련하였던 관부로 이해된다. 신라시대 전사서의 역할은 고려시대에 이르러 太常寺가 담당했을 것으로 이해된다.

사실 택일과 관련된 신라 당대의 자료에서는 확인되지 않는다. 하지만 현존하는 일본 奈良朝의 율령이 중국의 율령제도를 복원하는데 중요한 자료로 활용되고 있다. 이 점을 유념한다면 散逸된 신라의 율령 복원에 인접국의 율령은 시사하는 바가 크다.

기와는 건축물의 최종 마감부재로서 건물이 준공할 때 최종적으로 올려지게 된다. 최근 납음을 비판한 한 견해에 의하면 의봉4년과 왕경내 공사를 개시한 월과 일 모두의 오행이 똑같은 「토」가 되므로 「개토」라고 표기하였다고 서술하고 있다.[160] 그러나 이는 오독이다. 개토는 택일

---

157) 李文基, 「신라 中古의 국왕근시집단」, 『역사교육논집』5, 1983.

158) 李賢淑, 「신라의 민간 의료인」, 『新羅史學報』4, 新羅史學會, 2005, 111쪽.

159) 『三國史記』卷38, 雜志7 職官 上; 典祀署 屬禮部 聖德王十二年置 監一人 位自奈麻至大奈麻爲之 大舍二人 眞德王五年置 位自舍知至奈麻爲之 史四人.

160) 최민희, 앞의 논문, 2018.

의 과정을 거쳐 선택된 날짜이다. 그러므로 기와는 길일에 맞추어 건물
의 준공이 마감될 즈음 본격적으로 소비되기 시작한다. 다만 기와는 그
자체가 완결된 건축부재이지만 수천매가 동반해서 이어져야만 소기의
기능을 달성할 수 있다. 그런 측면에서 기와의 공급은 건축물의 완공시
점을 염두에 둔 다음, 체계적으로 생산했을 가능성이 높다. 이러한 이해
가 타당하다면 문무왕은 왕경내에 대규모 토목공사를 기획하면서 길일
을 택했고, 각 건축물의 준공일정을 맞추었을 개연성이 크다. 그리고 이
러한 기획성은 기와의 제작에도 고스란히 반영된 듯 하다. 이와 관련하
여 제작기법이 다른 '儀鳳四年皆土'명 기와가 2종이나 존재하는 점도 유
의된다. 나정에서 출토된 기와는 월성이나 월지의 것과는 판이하게 다르
다. 현재의 나정이 신라 당시의 나정과 동일한 실체인지는 확언할 수 없
지만 모종의 제사시설이라는 점에서는 제가의 견해가 합일된다.161) 따
라서 궁궐, 사찰, 모종의 제사시설 등 왕경 내 핵심적인 건물군에는 이
명문이 찍힌 기와가 필요했음이 看取된다.

신라 최초의 기년명 기와인 '儀鳳四年皆土'는 소비처와 공급일시를
염두에 두고 체계적으로 생산되었다. 기와를 공급받을 권위건축물들은
사전 길일을 택해 공사를 시작하였다. 그 길일은 왕조의 영속성과 안녕
을 담보받는 날이었을 가능성이 높다. 문무왕대 이루어진 왕경의 개조는
신라 최초의 연호명 기와인 '儀鳳四年皆土'를 제작하게 된 주요한 배경
이 되었다. 더 나아가 명문의 의미는 왕경의 중심성을 표상하는데 적합
한 오행의 중앙인 '토'이다.

이러한 이해의 선상에서 三寅劍의 존재도 참고된다. 예부터 劍은 전
쟁에서 적을 제압하기 위한 무기로서의 기능만이 아니라 사악한 기운을
끊고 재앙을 막는 도구로도 인식되었다. 이러한 상징성은 삼인검을 통해
서도 유추할 수 있는데, 제작시점을 寅年, 寅月, 寅日에 의도적으로 맞춘

---

161) 中央文化財研究院·慶州市, 『慶州蘿井』發掘調査報告 第140冊, 2008.

경우이다. 12간지 가운데 호랑이를 뜻하는 寅이 양의 성질을 지녀 음한 기운을 물리칠 수 있다는 염원을 담은 것이다. 만약 시각까지 寅時로 의식해서 만든다면 四寅劍이 되는 셈이다. 12支의 하나에 해당하는 날을 建日이라하며, 만물창조에 최적의 支와 관련시킨다. 그로인해 三重日, 四重日이 존중되며, 만물창조에 연관시켜 寅年, 寅月, 寅日, 寅刻을 선택하여 作刀하는 것이다. 공교롭게도 7세기말에 제작된 것으로 추정되는 삼인검의 실물자료가 日本 長野縣 小海町에 전해지고 있다. 검신과 검봉에는 복잡한 금·은象嵌이 되어 있고, 상감선을 이용하여 문자와 사천왕, 星宿, 梵字 등을 새겨 놓았다. 구체적으로 한 면의 위와 아래에는 각각 사천왕 1구씩, 三公, 三台, 北斗七星 등의 星宿가 있다. 반대 면의 위와 아래에 사천왕상 1구씩, 범자 9자가 배치되었다. 그리고 검의 등면에 삼인검이라는 세 글자와 거치문 및 물결문을 상감하였다.162) 별자리가 새겨진 칠성검도 삼인검의 범주에 포함된다. 삼인검은 나쁜 기운을 막기 위해 만들었기 때문에 북두칠성과 같은 별자리나 呪文 등 다양한 상징들을 칼에 새겨 넣었다.163) 당시 동아시아에서 어느 해당일을 만물창조의 적합한 날짜에 맞추는 사례들이 확인된다는 점에서 중시된다.

한편 신라의 경우 의도적으로 시간을 맞춘 사례로 월지에서 출토된 '調露二年 漢只伐部君若小舍 三月三日作康'명 보상화문전이 유의된다. 조로 2년은 680년이며, 한지벌부의 군약소사라고하는 인물이 제작에 관여한 것으로 추정된다. 그가 제작자인지 검수자인지는 알기 어렵다. 다만 제작일로 명기된 3월 3일은 상사일이다. 이 날은 양의 날이 겹친 길일이다. 성덕대왕 신종 역시 歲次는 신해년(771)이고, 월건은 12월인데, 이때로 말하자면 날과 달이 서로 빛을 빌고 음과 양이 기운을 조절하였

---

162) 水野正好, 「日本に文字が來たころ」, 『古代日本の文字世界』, 大修館書店, 2001, 40~42쪽.
163) 국립대구박물관, 『선사에서 조선까지 한국의 칼』특별전 도록, 2007.

다고 하며, 바람이 화창하고 하늘이 고요한 가운데 神器가 조화를 이룬 날이다. 뭔가 시간을 의도적으로 맞추었다는 징후가 확인된다.

신라는 삼국을 통일한 이후 나름의 천하관을 표방하였다. 즉 망국의 귀족 안승을 익산에 이거시키면서 보덕국이라는 괴뢰정부의 왕으로 세움164)으로서 그 실체를 구체화시킨다. 보덕국의 성립은 670년부터 본격화된 나당 간의 대립이라는 국제정세를 기저로 하고 있다. 보덕국의 등장은 고구려 유이민의 저항이 실패로 돌아가게되자 고구려의 계승성을 인정하지 않고, 신라에 대한 복속성을 강조한데서 나온 것으로 보인다. 고구려의 재건이라는 목적을 유이민의 원조없이 홀로 나당전쟁을 수행해야 하는 신라의 전략에 궤를 함께한 산물인 셈이다. 보덕국은 지배 체제로서의 部도 있었고, 지도층과 무력적 기반이 갖춰진 하나의 小國이었다. 즉 그들 스스로 고구려의 계승을 표방하면서 관등 역시 大兄, 小兄, 大相, 主簿, 大使 등을 칭하여 독립 국가로서의 면모도 갖추고자 하였기 때문이다. 심지어 보덕국은 나당전쟁 이후 일본에 사신을 파견하고 일본 사신이 답방하는 등 외교적인 자치권을 인정받고 있었다.165) 문무왕의 누이를 아내로 맞은 안승은 표문에서 스스로를 臣으로 낮추어 말하고 있다. 그리고 『三國史記』에 실린 고구려왕의 책봉문은 황제가 제후국에서 실시하는 책봉의 예와 같다.166) 문무왕의 유언은 詔라는 서식을 띠고 있어 신라는 나름의 독자적인 세계관이 존재했음을 알 수 있다.

한편 『周禮』에는 天官, 地官, 春官, 夏官, 秋官, 冬官 등 六官으로 구성되어 이다. 이 가운데 冬官을 제외한 五官의 冒頭에는 "惟王建國, 辨方正位, 體國經野, 設官分職, 以爲民極"이라는 구절이 있다. 이는 왕이

---

164) 『三國史記』 卷7, 新羅本紀7 文武王 下 14年 9月; 封安勝爲報德王.
165) 서영교, 「신문왕대 보덕성민의 반란과 핼리혜성」, 『핼리혜성과 신라의 왕위쟁탈전』, 글항아리, 2010, 90쪽.
166) 양정석, 「新羅 公式令의 王命文書樣式 考察」, 『韓國古代史硏究』15, 한국고대사학회, 1999, 175쪽.

국가를 세울 때 방위를 바르게 정하고 왕도와 봉토를 구획하며, 관직을 설하고, 백성의 안정을 기도한다는 기본이념의 선언이다.167) 따라서 皆土는 중대정권의 새로운 정치지향을 바탕으로 왕경을 개조할 때 더할나 위 없이 좋은 방위개념을 제공하며, 中土意識을 표방할 수 있다. 왕경은 국가의 중앙이며, 모든 지방에서 올라오는 인적, 물적 자원이 집중되는 場이다. 그러한 의미에서 국가의 상징적인 중심이자 권력의 중추가 형성된 왕경은 오행의 중앙에 위치한 土의 의미와 너무나 닮아 있다.

3. 왕경의 변화

1) 권위 건축물의 증가

수 왕조 초기에 계획된 장안성과 낙양성은 계속 발전하여 세계에서 가장 큰 도성이 되었다. 질서정연한 계획적인 도시계획은 이후 동아시아 도성의 건설에 큰 영향을 주었다.168) 장안성의 남북을 가로지르는 大道는 도성의 중축선을 이루게 되고, 그 좌우를 대칭되는 공간에 廟社와 市里, 거주자의 공간을 둔다. 궁성에 가까운 공간일수록 관위가 높은 사람에게 택지를 반급하게 된다. 그래서 수도내 주거공간만 보더라도 한 개인의 대략적인 위계를 가늠할 수 있다.

일본에서는 장안성 모델이 7세기 중엽에 알려지기 시작하였고, 등원경이 등장하는 7세기 말에는 조방제가 동반된 본격적인 도성으로 발전하였다고 한다.169) 그리고 택지 반급의 편의를 위해 8세기 중엽 이후에

---

167) 布野修司,「中國都城の基本モデル-『周禮』「考工記」」,『大元都市』, 京都大學學術出版會, 2015, 92쪽.

168) 董鑒泓 著·成周鐸 譯,『中國都城發達史』, 學研文化社, 1993, 65쪽.

시행된 토지구획이 條里制라 불리는 토지 분할을 실시하였다. 일본의 조리제는 직교하는 동서방향과 남북방향의 도로에 의해 한변 약 650m 사방의 정방형의 구획을 만들고 이 가운데 다시 종횡하여 각각 6등분한 것이다. 이것이 1坪, 즉 10단(反)이다. 360개의 구획은 1평에서 360평까지 번호를 부여하며, 이 부여방법에는 平行式과 千鳥式 2종류가 있다.[170] 그리고 일본의 平安京내에 위치하였던 저택에 대해서는 문헌자료가 풍부하여 건물배치과 정원이 복원된 예가 많다. 실제 발굴조사를 통해 실증적으로 그 성과가 축적되고 있다. 가령 1979년 右京 一條 三坊 九町의 발굴조사에서 平安時代 前期의 대규모 건물군이 검출되었다. 1町을 차지하는 저택은 북쪽으로 치우쳐 정면 7칸, 측면 4칸의 건물을 중심으로 작은 건물들이 ㄷ자형으로 에워싼 4동의 건물로 배치되어 있었다. 이러한 유형은 奈良時代이래 전통적인 건물배치의 흐름이었다.[171]

동아시아 도성제에서 왕경내 토지의 반급은 방제로 실현이 된다. 방제는 궁성을 중심으로 중축선을 설정하고 이를 바탕으로 도로와 택지를 일정한 계획아래 배치한다. 이를 통해 피지배자는 권력을 체감하고, 지배자와의 서열화를 시각적으로 체험하게 되는 수단이 되는 셈이다.[172] 궁극적으로 방리제는 왕경내부를 단순히 도로로 구획하는 차원을 벗어나 궁성을 중심으로 지배계급과 피지배계급의 거주지를 일정한 계획에 의해 배치하고, 지배계급 가운데에도 중하급 관료군의 거주지와 일반민의 거주지와 구별하게 된다. 이러한 계획적인 배치는 고대적인 도시설계 방식으로 한 단계 진전된 지배방식의 표현이라 할 수 있겠다.

다만 신라에서는 이러한 정형화된 건물배치를 읽어내기 어렵다. 삼국

---

169) 佐川英治, 『中國古代都城の設計と思想』, 勉誠出版, 2016.

170) 渡辺晃宏, 『平城京と木簡の世紀』 日本の歷史 04, 講談社, 2001.

171) 奈良文化財研究所, 『日中古代都城圖錄』創立50周年記念 奈良文化財研究所史料 第57冊, 2009, 113쪽.

172) 山中章, 『日本古代都城の研究』, 柏書房, 1997.

시대 이래 켜켜이 쌓여온 건물의 흔적들과 중첩되다 보니 더욱 그러하다. 따라서 신라 왕경에서 확인된 격자형의 도시구조는 자체적으로 형성되었다기 보다는 중국의 영향을 받았을 가능성을 시사한다. 비록 중축선이라고 할 수 있는 주작대로는 없지만 바둑판식의 방리제가 수용된 흔적은 확인된다. 이때 조영된 건축물의 특징은 배수로가 설치된 도로망에 의해 구획된 공간에 담장을 두르고, 기단부가 설치된 적심건물지이다. 적심은 초석을 놓기 위한 기초로서 지붕에는 기와를 올렸다. 그리고 각 집마다 우물이 1기 이상 축조한 것도 인상적이다. 이러한 건축부재는 대부분 강돌을 활용하고 있으며, 후술하겠지만 주거 공간에서 신분 간 일정한 차이가 확인된다.

그렇다면 신라 역시 중국과 일본처럼 대칭되는 공간에 의례 공간과 正殿, 궁에 가까울수록 위계가 높은 사람의 주거 공간이 배치되었던 것일까. 최근 한 연구에서는 왕경내 공간을 왕궁역, 귀족의 거주구역, 중·하급층·민·수공업 생산구역, 신흥귀족·중하급층·민·수공업 생산구역, 사원과 왕릉의 배치 등으로 공간을 분할하여 본 견해가 있다.[173] 다만 제시된 분류처럼 궁역으로 구획한 공간에 기존의 분묘도 포함되어 있고, 월정교에서 경주역 앞을 지나는 도로를 자로 잰 것처럼 분할하여 동측은 귀족거주구역, 서측은 중·하급층의 거주구역으로 분할하였다. 과연 그러할지는 의문이 든다. 이러한 의문은 방의 구획을 통해 일률적으로 인간의 재편성이 가능했겠느냐는 질문으로 귀결된다. 사실 효녀 지은의 설화에서 보듯 분황사 인근에는 거지에 준하는 빈한한 사람도 살고 있었던 정황은 재편성의 가능성을 희박하게 만든다.

택지반급은 도로의 구획을 통해 얻어진 공간을 불하하는 것이다. 신라 왕경에서도 인공구조물로서 도로는 현재 그 수가 85기를 헤아린다.

---

173) 홍보식, 「신라 도성의 건설과 구조」, 『삼국시대 고고학개론』1(도성과 토목), 진인진, 2014.

사방이 도로로 구획된 방은 황룡사 동편 S1E1, 동천동 7B/L, 경주박물관 남측부지, 모량리 도시유적 등 모두 4곳이다. 그렇다면 신라에서도 당의 장안성처럼 바둑판처럼 정형성 있는 도시설계가 가능하였을까. 신라의 왕경은 건국 이래 단 한번도 옮긴 적이 없었다. 이 말은 시간의 흐름에 따라 인간의 흔적이 한 공간에 고스란히 누적됨을 의미한다. 당의 장안성이나 일본의 평성경은 인간의 활동이 거의 없는 평지에 도시를 조영하였다. 이럴 경우 일률적으로 통일된 규격의 방을 구획할 수 있다. 평성경의 경우 택지반급과 관련하여 발굴조사의 데이터가 상당히 축적된 상태이다. 그 결과 평성경내에서 거주자의 경향성이 확인된다고 한다. 문헌에서도 평성경의 거주인을 조방에 따라 분석하는데, 가령 5위이상의 귀족은 모두 五條以北에 거주한다고 한다. 실제 발굴조사에서도 1坪이상의 면적을 가진 거주공간은 5조이북으로 한정된다. 궁에서 남으로 이격될 경우 면적이 세분화되는 경향도 확인된다. 이 현상은 귀족은 경의 북쪽에 1평이상의 택지가 반급되고, 6위 이하의 하급관인의 경우 $\frac{1}{2}$에서 $\frac{1}{3}$평으로 위계에 따라 면적을 경의 남쪽에 반급한 현상을 반영한다.[174]

　일본의 경우 귀족과 하급귀족간의 위계가 시각적으로 분명하게 드러난다. 하지만 신라의 경우 왕경의 조영은 전대의 건축물, 불규칙하게 드러난 산자락 등은 택지조성의 걸림돌이 된다. 여러 정황을 감안하면 신라 왕경은 귀족과 중·하급층, 민들이 뒤섞여 거주하는 것이 자연스럽다. 신라 전성기의 상황이라며 35개의 금입택이 나열되어 있다.[175] 유력한 귀족들은 금입택에 살았던 것이다.

　　B-10. 新羅全盛之時, 京中十七萬八千九百三十六戶, 一千三百六十坊, 五

174) 寺崎保廣, 『古代日本の都城と木簡』, 2006, 吉川弘文館, 15쪽.
175) 『三國遺事』 卷1, 紀異1 辰韓

十五里. 三十五金入宅, 言富潤大宅也. 南宅·北宅·亐比所宅·本彼宅·
梁宅·池上宅 本彼部·財買井宅 庾信公祖宗·北維宅·南維宅 反香寺下
坊·隊宅·賓支宅 反香寺北·長沙宅·上櫻宅·下櫻宅·水望宅·泉宅·楊
上宅 梁南·漢歧宅 法流寺南·鼻穴宅 上同·板積宅 芬皇寺上坊·別敎宅
川北·衙南宅·金楊宗宅 梁官寺南·曲水宅 川北·柳也宅·寺下宅·沙梁
宅·井上宅·里南宅 亐所宅·思內曲宅·池宅·寺上宅 大宿宅·林上宅 靑
龍之寺東方, 有池·橋南宅·巷叱宅 本彼部·樓上宅·里上宅·椧南宅·井
下宅.

　금입택은 35개로 되어 있지만 실제 39개이다. 시간이 흐름에 따라 계
속해서 늘어났던 것 같다. 재매정댁의 경우 김유신의 祖宗으로 표기되어
있다. 김유신의 가문이라는 점에서 그 기원은 중대초로 소급할 수 있다.
한편 김양종댁의 경우 헌덕왕 2~3년 집사부 시중을 역임한 김양종과 관
련된다. 김양종을 시조로 하는 가문일 경우 그 기원은 하대가 된다. 어느
한 시기에 고정된 기록이 아니었음을 증언한다.
　금입택은 그 위치가 표기되어 있다. 표기방법은 크게 방향(南, 北), 6
부명(本彼, 梁, 漢歧, 沙梁), 숲이나 나무(楊上, 柳也, 上櫻, 下櫻, 椧南),
관아지구(衙南, 隊, 板積), 자연지물(曲水, 池上, 長沙, 水望, 泉, 池, 林
上), 인공물(財買井, 里, 井上, 橋南, 樓上, 里上, 井下), 인물(金楊宗), 사
찰(寺上, 寺下), 미상(亐比所, 北維, 南維, 鼻穴, 別敎, 思內曲, 賓支, 巷叱)
으로 구분할 수 있을 것 같다.
　금입택의 입지상황을 보면 왕경의 사방에 산포된 듯한 인상을 준
다.176) 원성왕 사후 왕위 계승 1위였던 김주원은 그의 집이 왕경 북쪽
20리에 있었다고 한다. 유력자의 집이 번화가가 아니라 궁에서 상당히
떨어진 곳에 위치하고 있다는 점이 흥미롭다. 중국이나 일본은 유력자일
수록 그의 저택은 궁과 가깝다. 금입택의 입지는 신라 왕경의 특징을 반
영하고 있는 것이 아닌가 한다. 왕경은 처음부터 의도적으로 수도로 계

---

176) 李基東, 「新羅 金入宅考」 『新羅骨品制社會와 花郞徒』, 1997, 一潮閣.

획되어 성립된 것이 아니기 때문이다.

왕경은 통일기에 이르면 권위건축물이 증가하기 시작한다. 권위건축물은 단순한 주거용 공간이 아니며, 그곳에서 다양한 의례행위가 이루어지던 공간이자 광의의 예제건축이라고 할 수 있다. 예제건축의 범위를 축소하여 유교와 관련된 正殿, 宗廟, 社稷, 太學, 圜丘, 方壇, 明堂, 辟雍, 靈臺 등으로 한정하여 이해한다면, 예제건축의 수용은 당시 국가와 사회의 기본구조가 변화하였음을 시사한다.[177] 월성 인근에 대한 발굴성과가 어느 정도 축적되었음에도 현재로선 그 위치를 단정하기가 쉽지 않다. 중국의 경우 대강의 위치가 드러난다. 하지만 신라는 왕궁의 배치가 자연지리적인 한계로 인해 똑같이 구현할 수 없다. 즉『周禮』에 입각한 左廟右社, 前朝後市의 도성 조영원칙을 적용할 수 없었기 때문이다. 이러한 분위기 속에서 첨성대 靈臺說 및 월지 辟雍說,[178] 나정 神宮說,[179] 전랑지 明堂說[180] 등은 신라 왕경 내에서 권위건축물을 찾으려는 시도라 할 수 있겠다.

7세기 후반이 되면 월성의 주변에도 변화가 감지된다. 기존의 도로가 폐기되거나 전대의 건축물을 없애고 새로운 건물들을 세우기 시작한다. 이러한 변화의 이면에는 지배층이 경관을 새로이 재편하려는 의도가 작용하였을 것이다. 우선 여기서는 건축물의 성격을 단정하지는 않겠지만,

---

177) 양정석,「新羅 王京 中心區域 儀禮關聯 建築群에 대한 검토 -최근 禮制建築에 대한 認識을 중심으로-」,『역사와 담론』68, 호서사학회, 2013, 369~412쪽.

178) 김일권,「첨성대의 靈臺적 독법과 신라 왕경의 三雍제도 관점」,『신라사학보』18, 신라사학회, 2010, 5~31쪽.

179) 이문기,「文獻으로 본 蘿井」,『퇴계학과 유교문화』, 44, 경북대학교 퇴계연구소, 2009, 223~264쪽.

180) 李康根,「신라 통일왕조의 궁궐에 대한 斷想」,『효현문화』2, 慶州大學校 孝峴文化編纂委員會, 1996, 135~136쪽;「明堂建築으로 본 韓中關係」,『講座美術史』9, 東國大學校 佛敎美術文化研究所, 1997, 145~149쪽;「城東洞 殿廊址의 성격에 대한 再照明」,『선사와 고대』38, 한국고대학회, 2013, 339~364쪽.

권위건축물로 볼 수 있는 것들을 중심으로 살펴보려 한다.

　성동동에는 殿廊址라고 명명된 유적이 있다. 일제강점기인 1937년 齊藤忠에 의해 발굴되었는데, 당시 동서 180m, 남북 100m 규모의 長廊이 노출되었다. 殿堂址 6기, 長廊址 6기, 門址 2기, 담장지 3기 등이 확인되었다.[181] 그런 연유로 유적은 전랑지란 이름이 붙게 된 것이다. 이후 1993년에 도로 건설에 따른 추가 발굴조사가 이루어졌다. 조사 결과 서쪽으로 동서 45m, 남북 130m 규모에 물지 6기, 담장지 2기가 더 확인되었다.[182] 이로인해 상당히 넓은 면적에 유구가 조성이 되었음을 알 수 있었다. 전랑지에서 특이한 점은 성격미상의 3칸×3칸의 정사각형 건물지를 중심으로 좌우 대칭형의 건물이 조영되어 있다는 점이다(<그림 13>). 모두 5개의 中庭이 배치되어 있는데, 이러한 속성은 동아시아 궁궐 건축의 전통적 속성이기도 하다.[183]

　가장 중심이 되는 건물지 '나'는 확인된 부분만 남북길이 75.4m(24칸), 동서너비 15.3m(3칸), 면적 1,154㎡의 대형건물이었다. 내부에는 礎石積心群과 동서를 가로지르는 배수로, 기단부에는 地臺石만 있었지만 원래는 面石, 甲石이 갖춰진 架構式基壇이었음이 밝혀졌다.[184] 이러한 기단은 일반 거주용의 건축물에서는 찾아보기 어려운 구조이다.

181) 齊藤忠, 「新羅の王京跡」, 『新羅文化論攷』, 吉川弘文館, 1973.
182) 國立慶州文化財硏究所, 『殿廊址·南古壘 發掘調査報告書』, 1995.
183) 이강근, 위의 논문, 2013.
184) 국립경주문화재연구소, 위의 보고서, 1995.

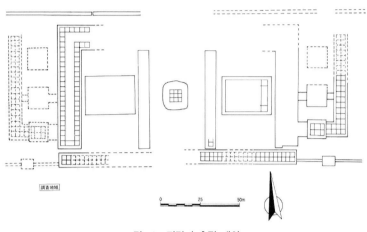

<그림 13> 전랑지 추정 배치도

전랑지의 남쪽 대척점에는 월성이 있다. 월성의 문은 지표조사 결과 11개로 확인되었다. 그 가운데 3호 문지가 월성의 최북단의 문에 해당한다. 전랑지의 정중앙의 연장선에는 월성의 3호 문지가 위치한다. 월성 3호 문지 앞 해자에서는 추정 너비 15m의 도로가 조사되었다.[185] 이 도로는 선덕여고 하층에서 조사된 도로와 연결되며, 다시 전랑지로 이어진다. 후술하겠지만 이 도로는 일반 통행용으로 조영된 것은 아니라고 생각된다. 전랑지는 국가 권력이 개입하여 세워진 건물로 볼 여지가 크기 때문이다. 왕궁인 월성과 대응하고 있다는 점에서 건물의 격 역시 이에 버금가는 시설이었을 것이다. 특히 中庭이 5개가 있다는 점에서 혜공왕대 발생한 별똥별이 떨어진 宮庭에 대응시킬 수 있을 것 같다.[186] 南宮이 월성 인근에 위치하므로, 북궁 역시 그 부근에 있었을 것이라는 것은

---

185) 國立慶州文化財研究所, 『月城-地表調査報告書-』, 2004, 50쪽.
186) 『三國遺事』 卷2 紀異2 惠恭王; 是年七月北宮庭中先有 二星墜地又一星墜, 三星皆沒入地.
　　『三國史記』 卷9, 新羅本紀9 惠恭王 3年 7月; 三星隕王庭相擊, 其光如火迸散.

정황증거일 뿐이다. 인왕동 일대에는 꽤 광범위한 지역에까지 권위건축물이 조영된 정황이 확인된다. 비근한 예로 경주고 진입로 부지에서 드러난 적심건물지는 관청으로 볼 수 있을 여지가 있을 정도의 규모이다. 도로를 연하여 담장이 조영이 되었고, 그 내부에 회랑과 적심건물이 배치되어 있다.[187] 대형 적심을 사용한 것으로 미루어 보면 규모가 꽤 큰 건물이 있었던 것으로 보인다. 그러므로 일반 주거용이 아니라 官的인 용도의 건물임을 유추할 수 있다.

관아지구를 자꾸 월성인근에서 구하려고 하니 그 형상이 잘 드러나지 않는 게 아닐까. 시야를 확대해 본다면 전랑지도 궁과 연관지어서 다루어져야 한다고 생각된다. 그렇다면 월성과 남북 대척점에 있다는 점에서 北宮일 가능성은 없는 것일까.[188]

한편 계림 북편 건물지는 15기가 확인되었다. 3기를 제외하면 모두 하나의 건물군으로 추정된다. 가장 북쪽에 위치한 정면 3칸×측면 3칸의 건물을 중심으로 동서로 정면 10칸×측면 2칸의 건물이 3동씩 마주보고 있다. 그래서 그 내부는 자연스레 中庭이 형성된다. 남쪽에는 정면 2칸×측면 2칸의 건물 2동이 내부에 위치하고 있다.[189] 건물의 남측에도 별도의 건물군이 확인되는데, 남쪽에 위치한 계림으로 계속 이어지는 형국이다. 여기서는 지진구로 사용된 유개합의 내부에 황칠이 확인된 바 있다. 이 건물군 역시 평면구조가 좌우대칭형이라는 점에서 권위건축물로 볼 수 있다. 다만 그 성격은 단정하기 어렵지만 일반적으로 거론되고 있는 관청은 아닌 것 같다. 관청이라면 별도의 中庭을 마련할 필요는 없었을 것 같기 때문이다. 이 건물 역시 월성의 정비 과정 속에서 연동되어 조영되었을 가능성이 있다. 그리고 바로 동쪽에 첨성대 남편 건물지라 명

187) 聖林文化財研究院, 『慶州 仁旺洞 王京遺蹟Ⅲ』, 2015.
188) 文暻鉉, 「新羅王京攷」, 『新羅王京研究』(新羅文化祭學術發表會論文集16), 1995.
189) 國立慶州文化財研究所, 『慶州 皇南洞 大形建物址-皇南洞 123-2番地 遺蹟』, 2009.

명된 건물들이 확인되었다. 현재 34동의 건물이 확인이 되었고, 담장 석열의 기준으로 내부의 건물지들이 외부의 건물지 보다 적심이 축조상태가 양호하다.[190] 외부의 건물들의 장축방향이 동-서인 반면, 내부의 건물들은 장축방향이 남-북이다. 이는 내,외부의 건물들이 시기를 달리하여 조영이 되었거나, 아니면 별도의 용도를 가졌던 것으로 볼 수 있다.

통일기로 접어들면서 남-북이라는 축선이 중시되었던 것 같다. 바로 인근의 계림북편 건물지의 사례에서 볼 수 있듯 의도적으로 남북으로 길게 조영되어 있다. 이는 南面을 통해 왕의 권위를 드러내고자 하는 사고와 밀접한 관련이 있을 것 이다. 첨성대 남편 건물지도 좌우대칭의 평면구조를 가졌다는 점에서 조성연대는 계림 북편 건물지와 시기차가 벌어지지는 않았을 것이다.

왕경에는 통일기에 이르러 망국의 귀족들이 集住하기 시작하였다. 왕경 내에 의도적으로 거주 공간을 제공해 준 경우를 문헌에서 찾아보면 대야성 전투에서 전사한 용석과 죽죽의 처자들,[191] 고구려 대신 연정토,[192] 보덕국왕 안승[193] 등의 사례 등이 있다. 삼국이 통일되면서 망국의 귀족, 기술자 집단, 노비 등 많은 인적 자원이 왕경으로 집중되었을 것이다. 이제 신라의 지배층은 생활공간을 재편해야 할 상황에 봉착하게 되었다.

---

190) 國立慶州文化財研究所, 『月城垓子』, 2004.

191) 『三國史記』 卷47, 列傳7 竹竹; 王聞之哀傷. 贈竹竹以級飡, 龍石以大奈麻. 賞其妻子, 遷之王都.

192) 『三國史記』 卷6, 新羅本紀6 文武王 6年 12月; 高句麗貴臣淵淨土, 以城十二·戶七百六十三·三千五百四十三, 來投. 淨土及從官二十四人, 給衣物·糧料·家舍, 安置王都及州府. 其八[八, 通鑑作十二]城完, [並;據通鑑補之]遣士卒鎭守.

193) 『三國史記』 卷8, 新羅本紀8 神文王 三年 冬十月; 徵報德王安勝爲蘇判, 賜姓金氏. 留京都, 賜甲第·良田.

2) 시가지의 확대와 도로의 정비

왕경내 인구의 밀집도가 높아지게 되자 不毛地로 인식되던 북천 이북
지역에 대한 개발이 본격화되었다. 이때 초석 건물들이 늘어나게 됨에
따라 기와의 수요도 늘어나게 되었다. 통일기 기와는 삼국시대의 기와와
는 확연한 차이를 보인다. 가장 큰 특징은 다양한 문양이 채택이 되었고,
태토가 거칠어졌다.194) 아마 이러한 변화는 삼국통일을 완수한 이후 유
입된 백제의 와공들과195) 盛唐 문화의 외연적 자극이 큰 영향을 끼쳤던
것 같다.196) 아래 <그림 14>를 보면 7세기 후반이 되면 왕경 내 인구가
늘어나게 되면서 그간 불모지로 인식되던 북천너머의 공간까지 통일기
기와가 확인된다.

중고기에 해당되는 7세기 무렵까지는 북천 이남지역에 기와 건물이
집중되었다면, 통일기에는 북천 이북 지역에 까지 기와 건물이 확산된
것이다. 다만 기와 출토의 범위는 현재의 경주 분지를 크게 벗어나지 않
는데, 이점 왕경의 방리가 구획된 범위를 파악하려 할 때 시사하는 바가
크다.

동아시아의 경우 다양한 전통사상이 도시 계획에 유기적으로 반영된다.
이를테면 우주의 거울로 왕도를 건설한다는 천문 사상, 왕조 의례의 무대
로 왕도를 짓는다는 禮思想,『周禮』가 제시한 이상 도시의 모델, 음양오행
사상, 王者에게 적합한 토지인지를 감정하는『易經』등이 그것이다.

---

194) 태토에 모래나 이물질을 섞는 이유는 갈라짐을 방지하기 위해서이다. 이는 토기
    제작공정에서 말하는 태토 조절(Tempering)의 원리와 같다. 참고로 일본의 법전
    에서 관련 내용이 찾아진다.『延喜式』卷34, 木工寮; 作瓦 '以沙一斗五升 交埴四
    百斤'

195) 金誠龜,「백제의 문양전돌」,『백제의 와전예술』, 주류성, 2004, 149쪽. 이와 같은
    전돌은 금성산 건물지·동남리·정림사지·구교리 등지에서 출토되었고, 부여 정
    암리 와요지 생산품이라고 한다.

196) 金誠龜,『옛기와』, 대원사, 2000, 65쪽

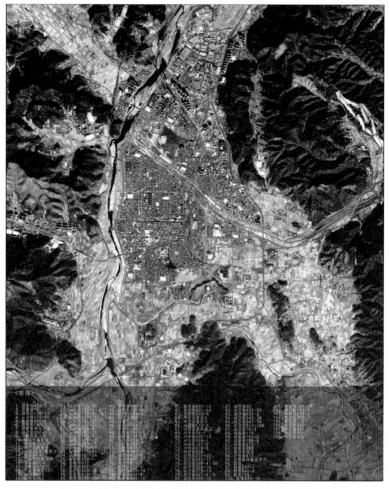

<그림14> 통일신라시대 적심건물의 분포(ⓒ국립경주문화재연구소)

　　격자형의 도시구조는 도로의 조영에서부터 비롯된다. 실제 왕경에서 확인된 대부분의 도로는 통일신라시대에 조영되었다. 이러한 고고학적 현상은 왕경내 가로구획의 필요성이 통일신라시대에 이르러 크게 대두되었음을 의미한다. 현재 신라 왕경에서 확인된 도로는 대략 85여 개소

(비포장 도로는 제외)인데, 대부분 통일신라시대 조영이 되었다. 왕경의 도시화는 도로의 축조에서 비롯된다. 가장 이른 시기의 도로는 6세기 전반 무렵 인왕동 566번지 일원에서 발견된 것들이다.[197] 도로에 대한 전체적인 윤곽이 드러나지 않은 상태에서 향후 6세기 전반 이상으로 소급될 가능성이 높은 유구가 확인될 여지가 있다. 통일기를 맞아 왕경에는 도로의 수가 폭발적으로 증가한다. 가령 동천동과 성건동 일대 지역은 7세기 후반, 8~9세기의 정연한 도로 유구가 확인된다. 도로의 구획은 거주공간의 편성과 관련하여 중요한데, 하나의 방 자체가 사방의 가로구획에 의해 공간화가 이루어지기 때문이다.

더욱이 도시화가 진전되기 위해서는 인적, 물적 자원이 원활하게 유통될 수 있는 도로망이 요구된다. 소비도시인 왕경의 시장이란 결국 바퀴 달린 수송수단이 적극적으로 사용되는 공간이다. 부피가 나가는 물건들을 수송할 수 있는 수단과 너비가 확보된 도로가 없다면 인간들의 행동반경에는 제약을 받기 마련이다. 따라서 유통은 도로를 통해 비로소 실현될 수 있다.

도로와 관련하여 유의되는 사실은 『周禮』考工記에 ‘經塗九軌’란 용어이다.[198] 즉 도성의 내부에 구획된 도로의 경우 폭이 수레바퀴 폭의 아홉 배가 된다는 말이므로, 3輛의 수레가 병렬로 한꺼번에 지나갈 수 있다. 당시 수레는 너비가 6.6尺이고 좌우로 7촌의 여유 공간을 인정하게 되면 九軌는 결국 72척이 된다. 이것은 곧 12步가 되며, 미터법으로 환산하면 18m가 된다.[199] 『周禮』의 주석에 의하면 徑은 牛馬를 수용할 수 있는 오솔길이고, 畛은 大車가 다닐 수 있는 小路, 途는 乘車 1대, 道는 乘車 2대, 路는 乘車 3대를 수용할 수 있으므로 각 길에는 등급에 따라

---

197) 張容碩, 「新羅 道路의 構造와 性格」, 『嶺南考古學』38, 嶺南考古學會, 2006.
198) 『周禮』考工記; “經塗九軌, 環塗七軌, 野塗五軌.”
199) 董鑒泓 著·成周鐸 譯, 『中國都城發達史』, 學研文化社, 1988, 25~26쪽.

구분되었음을 알 수 있다. 다만 신라의 경우도 도로를 무작정 임의대로 만든 것이 아니라 어떠한 규정에 의거하여 축조한 것으로 생각되는 바, 일률적으로 대·중·소로 구분하는 것은 신중함이 요구된다.

신라 왕경에서 도로에 권위를 부여한 사례가 확인된다. 진덕여왕대 조원전에서 하정례가 처음 이루어졌고, 애장왕 7년(806) 봄 3월에는 일본국의 사신을 조원전에서 引見했다. 신라의 정전은 조원전이며, 월성의 내부에 있었을 것이다. 그리고 신문왕의 납비[200]나, 성덕왕 33년 교시[201]에서 볼 수 있듯 월성의 정문은 북문이었다. 월성의 지형적 한계로 인해 왕궁의 정문을 북으로 낼 수 밖에 없다. 북문의 구체적인 위치는 현재의 계림에서 월성 안으로 들어가는 부근이었을 것이다. 경문왕 원년 무평문에 거둥하여 대사면을 실시한 사례[202]를 들어 월성의 정문을 武平門으로 보기도 한다.[203] 하지만 대사면이 이루어졌다면 정전인 朝元殿이나 平議殿 같은 곳에서 의결이 된다. 그렇다면 무평문은 월성의 정문이 아니라 殿과 관련된 문일 것이다. 월성의 정문과 연결된 길과 관련하여 선덕여고부지에서 검출된 도로가 유의된다. 이 도로는 북쪽으로 전랑지와 이어지며, 남쪽으로 월성의 최북단에 조영된 문지 3과 연결된다. 2001년 문지 3과 문지 4가 위치한 성벽 앞쪽의 해자가 조사되었다. 조사 결과 너비 15m에 달하는 도로가 확인되었다. 박방룡의 도로 구분안에 따르면 이 정도 너비의 도로는 大路에 해당한다.[204] 도로의 너비를 감안해보면 문지 3이 월성의 정문일 가능성이 높은 이유이다. 더욱이 월성의 정문과 대척점에 위치한 전랑지는 7세기 후반 무렵 건축되었다. 전랑지

200) 『三國史記』 卷8, 新羅本紀8 神文王 3年 夏五月七日; 至王宮北門, 下車入內.
201) 『三國史記』 卷8, 新羅本紀8 聖德王 33年 春正月; 教百官親入北門奏對.
202) 『三國史記』 卷11, 新羅本紀11 景文王 元年 春三月; 王御武平門, 大赦.
203) 여호규, 「신라 도성의 의례공간과 왕경제의 성립과정」, 『신라 왕경조사의 성과와 의의』, 국립문화재연구소·국립경주문화재연구소, 2003.
204) 박방룡, 『신라 도성』, 학연문화사, 2013.

를 월성의 대척점에 배치한 것 역시 의도성을 가진다고 볼 수 밖에 없을
것이다. 이러한 권위건축물의 배치양상은 왕궁 주변의 쇄신 과정 속에서
고찰되어야 할 것이다.

월성의 북문과 전랑지로 이어지는 길은 왕궁의 정 중앙을 관통한다는
측면에서 권위가 있었다. 그렇다면 구체적으로 어떤 길이었을까. 고대사
회에서 朝服을 입고 朝會에 참석한 자들이 다니는 전용 도로가 있었다.
바로 朝路이다. 조로는 국가의 공식행사나 업무를 수행하기 위해 왕궁으
로 진입하기 위한 전용도로이며, 조회에 참석자격이 없는 관원이나 백성
들은 접근할 수 없었다. 신라의 조로에는 진성여왕대 王居仁의 옥사로
유명한 정치 비방의 글이 걸린 적이 있었다.[205] 조로의 길목이라는 점에
서 글의 독자는 왕과 대면할 수 있는 관료군이 대상이었다. 후대의 사례
이지만 고려시대에도 조로는 관료의 전용도로이다. 조로 통행에 대한 처
벌 조항이 별도로 있을 만큼 도로의 권위는 현저하였다. 예를들어 차사
별감에 대한 예우와 각 아문 관원의 근무태도를 지적하며, 參上員이 朝
路에서 걸어 다니는 것도 아울러 논죄하라[206]고 한다든지, 충렬왕 14년
監察司에서 榜을 붙여 이르기를 조로는 전적으로 관료들이 다니는 길[207]
로 규정하였다.

조정의 관원들의 전용 도로와는 달리 하급관리나 궁녀, 지방관들이
다니는 길도 있었던 것 같다. 무주의 安吉이 上守吏로 서울에 올라와 車
得公을 찾을 때의 일이다. 노인이 궁성 서쪽의 귀정문으로 가서 출입하
는 궁녀를 기다려 사실을 말하라고 일러주었다.[208] 이를 통해 거득공을
만나기 위해서는 북문이나 동문이 지방관의 신분으로는 접근하기 어렵

---

205) 『三國史記』卷11, 新羅本紀11 眞聖王 二年; 時有無名子, 欺謗時政, 構辭榜於朝路.
206) 『高麗史』卷84, 志卷38 刑法1; 又參上員, 朝路步行, 幷論罪.
207) 『高麗史』卷85, 志卷39 刑法2; 僧徒及奴僕・雜類, 騎馬, 公行朝路, 無所畏忌, 或走
　　　馬, 踏殺行人.
208) 『三國遺事』卷2, 紀異, 文虎王法敏條.

다는 사실을 추정해 볼 수 있다. 안길의 신분으로는 서문인 귀정문으로 접근하는 것이 상대적으로 용이하였음을 알 수 있다. 여기에 좀더 추론을 보태면 상수리로 온 그가 근무할 京中諸曹가 궁의 서쪽부근에 배치되었을 가능성도 있겠다. 서문은 궁녀와 같은 궁인 및 관부의 하급 관인층들의 주된 출입로로 짐작된다.209) 이럴 경우 이 도로는 朝路보다는 상당히 격이 떨어진다고 볼 수 있다. 문헌에서 확인된 조로의 존재는 왕경의 운영과정에서 도로에 권위를 부여하고, 차별화하여 운영한 사례로 볼 수 있다.

현재까지 조사된 85기의 도로 가운데 너비를 확실히 알 수 있는 것은 30기 정도에 지나지 않는다. 완전한 도로로 인정할 수 있는 형태는 일단 양 측면을 배수로로 구획하거나 가장 자리에 구획된 담장이 확인된 경우이다. 도로에 의해 방으로 구획된 경우는 경주 박물관 남측 주차장 부지와 동천동 7B/L, S1E1 등이 있다. 하지만 각 유적간 도로의 정형성은 확인되지 않으며, 방의 크기도 모두 다르다는 점에서 공간 구획의 어려움이 느껴진다. 이러한 현상은 앞에서 언급했다시피 기존 도시화 혹은 매장 공간으로 인해 이미 도로를 설치할 여건이 좋지 않았던 것에 기인하는 것 같다. 참고로 아래 <그림 15>는 현재까지 신라 왕경에서 조사된 도로를 정리한 것이다.

신라 왕경에서 확인된 도로의 특징은 지형에 맞추어 조영되었다는 사실이다. 7번 황성동 강변 3-A유적, 27번 동천동 891-10번지 유적이나, 35번 성건동 배수펌프장 유적 등지에서 확인된 도로는 최대한 자연지형의 각에 맞추어 설정되었다. 27번 동천동 891-10번지 유적의 도로는 특이하게도 주축방향이 북서-남동방향(N-55°-W)으로 조성한 경우이다. 일반적으로 신라 왕경에서 확인되는 도로의 주축방향이 남-북 혹은 동-서

---

209) 이경섭, 「新羅 月城垓子 木簡의 출토상황으로 본 月城 周邊의 景觀 변화」, 『신라 목간의 세계』, 景仁文化社, 2013, 62~63쪽.

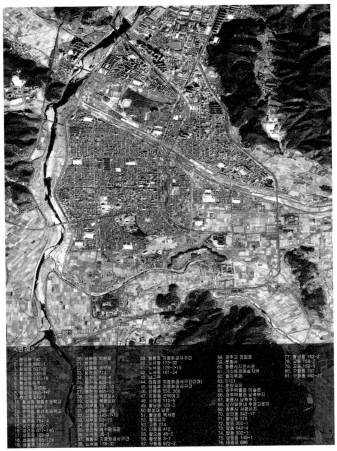

<그림 15> 신라 왕경의 도로(ⓒ국립경주문화재연구소)

방향으로 조영되는 것과는 차이가 있다. 도로가 구획된 동천동은 동쪽으
로 북서-남동 방향의 산지가 있으므로 이것을 기준으로 했던 것이다. 그
러므로 자연지형에 순응하여 도로를 조영한 것이자, 시가지의 동남쪽 경
계였을 가능성이 높다.210)

---

210) 신라문화유산조사단, 『王京遺蹟Ⅹ-慶州 東川洞 891-10番地 遺蹟-』調査硏究叢書
　　21, 2009.

북천이남 지역에서는 봉황로나 태종로에서 확인된 도로가 유의된다. 봉황로는 현재 봉황대 사이로 연장되는 형태를 띠고 있어 태종로의 도로와 만날 가능성이 높다. 이 도로는 천마총 방향으로 진행한다. 그리고 태종로의 경우 현 대릉원 건너 도로와 연하여 비스듬하게 팔우정 로터리 방향으로 꺾여 진행하고 있다. 이 도로들은 능원의 주위에 설치되었다는 점에서 도로 설계시 기존 묘역을 최대한 빗겨간 인상을 준다. 이 도로들은 松橋, 혹은 金橋로 대표되는 서천너머 유입되는 물류를 처리할 중요한 도로였다고 생각된다. 또한 48번 사정동 170-5번지 유적에서도 동서 도로와 남북 도로가 확인되었는데, 동서 도로의 경우 월성을 향해 비스듬하게 설정되어 있다. 도로 설계시 능원이 장애물로 작용한 결과일 것이다.

왕경의 도로 대부분은 통일기에 조영이 되었다. 이때부터 북천일대에 대한 대대적인 공간재편이 이루어진다. 동천동이나 황성동 일대의 도로의 경우 7세기 후반 무렵 조영되었으므로 통일기 왕경의 확장과 관련된 유구들로 볼 수 있다. 27번이나 35번 등 자연지형에 순응하여 조영된 도로를 제외하고 대부분 직교의 형태를 띠고 있는 점은 불모지를 개척하면서 분묘와 같은 인공 장애물을 거의 제거하였음을 시사한다.

최근 조사된 황복사 동편에서 발견된 남북도로의 경우 너비가 18m에 달한다. 이 도로의 배수로에는 일명 황복사 동편 고분의 부재가 전용이 되었다. 그런데 도로의 북편이 담장으로 막아진 소위 막다른 골목의 형국을 하고 있었다. 도로의 표면에는 황복사로 진입하였던 것으로 추정되는 수레바퀴 자국이 무질서하게 드러났다. 수레바퀴의 흔적은 막다른 골목을 의식해서인지 코너를 완만하게 돌고 있는 모습이었다. 과문한 탓이지만 신라 왕경에서 조사된 막다른 골목의 첫 사례가 아닌가 싶다.

신라 왕경의 도로는 지상식, 지면식, 지하식으로 구분된다.[211] 지상식

---

211) 이하 신라 왕경 도로의 특징은 國立慶州文化財硏究所, 『신라왕경의 도로』, 2016 참조.

은 노면을 성토하여 지면위에 축조한 것이다. 신라 왕경의 도로는 대부분 지상식에 속한다. 지상식 도로의 대표적인 유적은 경주박물관 동서도로, 황룡사전시관 건립부지내 유적 남북도로이다. 이에 반해 지면식 도로는 기반층을 굴착하지 않고, 자갈, 천석, 할석 등을 깔아 노면을 포장하는 방식이다. 성건동 배수펌프장 유적 동서도로, 황성동 유적의 도로가 여기에 해당된다. 다만 배수펌프장 유적의 경우 남북도로는 지상식으로 축조하였다. 이 경우 기술자 집단의 차이인지, 축조 연대의 차이인지는 판정하기 어렵다. 지하식 도로의 경우 기반층을 굴착한 다음 성분이 다른 점토질의 흙을 다진 다음 자갈 등을 노면에 포장하는 방식이다.

신라 왕경 도로의 특징은 비교적 대형도로가 월성과 황룡사, 전랑지 일대에 밀집된 양상을 띠고 있다. 배수시설의 축조 방식은 도로의 너비에 따라 다르다. 가령 너비가 좁은 소형의 경우 석축식이나 수혈식 배수로와 결합된다. 이에 반해 대형도로는 너비가 비교적 넓은 배수시설과 결합한다. 노면에는 수레바퀴 흔적이 확인되는데, 바퀴간 너비는 1~2m 내외이며, 人力車의 경우 바퀴너비가 0.7~1,1m이고, 물자 운반용 수레의 경우 1.6~2m로 차이가 있다.[212] 왕경내 도로에서는 이러한 수레의 흔적이 모두 나타난다. 다만 최근 왕경 도로의 연구에서 대부분 동서와 남북의 직선으로 연결되었으므로, 도시계획이 바둑판의 형태를 나타낸다고 하는 지적은 따르기 어렵다. 더욱이 도로가 규격화, 정형화된 도로망을 구축했다는 점도 선뜻 수긍하기 어렵다. 직선화된 것은 사실이지만 대부분 正北 혹은 磁北에서 어긋나 있고 어떤 경우는 S자, ㄴ자, 사선 등 지형에 맞추어 다양하게 확인되기 때문이다. 이로인해 바둑판식의 도로망은 구축되기 어려웠다.

왕경의 도로를 대, 중, 소로 구분하지만 지금까지 조사된 도로만을 놓고 보면 정형화된 모습도 찾기 어렵다. 적어도 규격화된 도로가 있었다

---

212) 張容碩, 앞의 논문, 2006.

면 제원이 正數로 떨어지는 경우가 많았어야 하기 때문이다. 오히려 비정형성, 비스듬하게 조영된 도로야 말로 신라 왕경의 경관을 잘 반영하고 있다고 생각된다. 수세기 동안 누적된 인간의 흔적이 켜켜이 쌓여 이미 설정된 생활권역과 묘역은 정방형 혹은 방형으로 공간을 구획하기 어려웠을 것이다. 왕경 시가지에서 드러난 불규칙하게 구획된 공간은 정연하게 구획된 모량리 도시유적과 가장 차이 나는 부분이다.

IV. 통일기 왕경의 구조

1. 왕경의 시가지

1) 공간 구조와 방리의 구획

왕경의 구조를 논의하기에 앞서 대략적인 왕경의 공간적 범위를 추산하는 과정이 필요할 것 같다. 사실 신라 왕경의 정확한 범위를 적기한 자료는 없다. 『三國史記』 지리지의 서문을 보면 왕도의 범위가 나온다. 하지만 이 자료는 지리지의 서문이라는 특징을 감안할 필요가 있을 것 같다. 地理志 자체가 고려시대에 편찬이 되었고, 서문과 본문사이에 단층이 존재하고 있다. 가령 각 志의 서문에는 대부분 '今按~'이나 '按' 등의 표현이 확인되는데, 지리지의 경우 상주가 왕성의 東北으로 처리된 점, 9주의 분할이 신라, 백제, 고구려의 영역에 3개주씩 두었다는 식의 서술은 현장감없이 책상에서 정리한 듯한 느낌을 준다. 이는 객관적인 정보로만 나열된 본문과는 차별되는 현상이다. 따라서 고려인들의 시각에서 신라 왕경의 공간구조는 고찰하기가 상당히 어려웠다고 생각된다. 어쩌면 신라본기에는 전혀 등장하지 않는 신월성과 만월성도 고려인의 시각으로 신라 왕경을 사고했을 가능성도 열어 둘 필요가 있겠다.

흔히 월성만으로는 왕궁이 좁았기 때문에 안압지 동쪽에서부터 天柱寺址와 첨성대를 포함한 나물왕릉 동쪽 부근까지 확장된 공간을 만월성으로 불렀다고 이해한다.[1] 그러나 신라인들이 그것을 만월성으로 불렀다는 증거는 어디에도 없다. 특히 후세에 이르러 두 월성에 많이 거처하

---

1) 박방룡, 『新羅都城』, 학연문화사, 2013, 185~187쪽.

였다는 의미를 합리적으로 풀기도 어렵다. 백제 멸망의 징조로 꼽히는 거북이 등에 쓰여진 명문에는 백제를 보름달, 신라를 초생달에 비유하고 있음2)도 유의할 필요가 있다. 즉 둥근달은 가득 찬 것이니 기운다는 논리를 펴고 있다. 물론 뒤에 뜻을 푼 무당이 둥근달을 왕성함에 비유하여 살아남았지만, 백제 멸망의 상징조작에 사용된 어휘를 왕궁의 이름에 붙였을지도 의문이다. 오히려 이 기사는 『三國遺事』 興法편에 고구려의 평양성을 신월성이라 불렀는데, 道士들은 용에게 명하여 만월성으로 加築하였다3)는 기사와 더 맥이 닿아 있다. 지리지 편찬과정에서 찬자의 공간 인식이나 여러 계통의 문헌들이 뒤섞인 결과가 아닐까.

지리지 말미에 기재된 三國有名未詳地分조만 보더라도 本紀의 자료만 잘 대교해 보아도 찾을 수 있는 지역이 있다. 이러한 초보적인 실수는 『三國史記』 편찬자의 공간 인식 수준을 반영하고 있다. 지리지 서문에 보이는 왕도의 범위가 왕경의 범위일 수는 없다. 왕도는 결국 당시의 번화가를 지칭하는 것으로 보는 것이 온당할 듯 하다. 그렇다면 왕경의 범위는 어디까지 일까? 왕경이 6부의 범위를 망라하는 것이라면, 왕경 인근에 위치한 주군현이 편제된 지역을 소거시키는 방법으로 범위를 추정할 수 있을 것 같다.4)

우선 왕경의 동쪽 접경면과 관련해서는 대성군의 영역이 유의된다. 대성군은 임관군의 영역과 접하고 있었고, 예하의 약장현은 현재 양남면 일대로 비정된다. 구체적인 범위는 토함산과 그 동쪽의 양북면, 양남면,

---

2) 『三國史記』 卷28, 百濟本紀6 義慈王 20년 6월; 有一鬼入宮中大呼, "百濟亡, 百濟亡." 卽入地. 王怪之, 使人掘地. 深三尺許, 有一龜. 其背有文曰, "百濟同月輪, 新羅如月新." 王問之, 巫者曰, "同月輪者滿也, 滿則虧, 如月新者未滿也, 未滿則漸盈." 王怒殺之.

3) 『三國遺事』 卷3, 興法3 寶藏奉老 普德移庵; 古平壤城勢新月城也, 道士等呪勅南河龍加築爲滿月城.

4) 이동주, 「신라 왕경의 정의와 그 범위」, 『문헌으로 보는 신라의 왕경과 월성』, 국립경주문화재연구소, 2017, 118~119쪽.

감포읍, 북형산성, 강동면, 천북면, 안강읍 일부를 포괄했을 것으로 추정
된다.[5]

왕경의 서쪽 접경면과 관련해서는 임고군이 유의된다. 임고군에는 다
섯 개의 영현이 있다. 임고군의 중심지는 현재 임고면 금대리성 일대,
장진현은 고려때 竹長伊部曲으로 불렸다는 점에서 현재 포항시 죽장면
일대, 임천현은 영천 완산동과 북안면 일대의 금강산성 일대, 도동현은
영천 도동과 금호 일대를 망라하고 있다. 그리고 신령현은 영천 화산면
일대의 가상리성, 민백현은 영천 신령면 화산리산성 일대로 추정된다.
임고군에서 왕경과 접경한 곳은 임천현이 해당된다. 임천현과 왕경의 사
이에는 상성군이 개재되어 있었는데, 그 범위는 건천읍과 서면, 산내면
과 내남면 현곡면과 안강읍 일부를 포괄하였을 것으로 추정된다.[6] 따라
서 왕경의 서쪽이 접경한 곳은 현재의 북안면과 건천 서면이 걸쳐 있는
공간으로 여겨진다.

왕경의 남동쪽 경계면과 관련해서는 임관군이 유의된다. 임관군은 두
개의 영현이 있다. 임관군은 외동읍 모화리 일대의 신대리성을 중심으로
하고 있고, 동진군은 울산광역시 북구 구유동과 정자동 일대, 하곡현은
울주군 범서읍 굴화리 일대의 범서산성과 문수산성 일대로 추정된다. 관
문성 및 신대리성은 울산으로 가는 길에 있었던 왕경 진입로로 기능했을
가능성이 있다. 따라서 왕경의 남동쪽이 접경한 곳은 현재의 관문성 일
대로 추정된다. 군명 역시 관문과 인접해 있다는 의미로 '임관'을 사용한
것 같다.

왕경의 남서쪽 경계면과 관련해서는 상주의 영현인 헌양현이 유의된
다. 헌양현은 거지화현으로 울주군 언양읍의 천전리 성을 중심으로 하고
있다.[7] 따라서 남서쪽 경계면은 울주 천전리와 두동, 두서면 일대에 걸

5) 전덕재, 『신라 왕경의 역사』, 새문사, 2009, 61쪽.
6) 전덕재, 앞의 책, 2009, 66쪽.

처있는 공간으로 추정된다.

왕경의 북쪽 경계면과 관련해서는 의창군이 유의된다. 의창군은 여섯 개의 영현이 있다. 의창군의 중심지는 홍해읍 남성리의 남미질부성 일 대, 안강현은 안강읍 양동리산성일대, 기립현은 포항시 장기면 촉성산성 일대, 신광현은 포항시 신광면 토성리 토성일대, 임정현은 포항시 연일 읍 고현성 일대, 기계현은 포항시 기계면 백마산성 일대, 읍즙화현은 안 강읍 검단리 일대로 추정된다. 의창군에서 왕경과 접경한 곳은 읍즙화현 이 해당된다. 정리하자면 왕경의 범위는 동으로는 토함산, 양북면, 양남 면, 감포읍일대이며, 서로는 건천읍과 서면, 산내면과 내남면, 현곡면일 대, 남서쪽으로 울주 두동, 두서면 일대, 남동쪽으로는 관문성 일대이고, 북으로는 안강 검단리, 강동면, 천북면 일대를 망라하였다고 생각된다.

왕경의 공간은 왕궁과 왕성, 왕기로 구성되어 있었다고 생각된다. 월 성이 왕성이긴 하지만 的確하게 말하면 왕궁이다. 왕성은 좁게는 왕이 기거하는 월성이며, 넓게는 9주 5소경을 기본으로 하는 지방과 대비되는 왕경을 가리킨다.[8] 그렇다면 왕성은 왕경과 동일한 개념으로 수용될 수 있겠다. 당의 장안성의 경우 내성과 외성으로 구분된다. 내성은 황제가 거주하는 궁성이 되고, 궁성 남쪽에 관아지구를 설정하고 불렀다. 신라 는 고구려나 백제처럼 인위적인 나성이 축조되지 않아 왕성의 명확한 경 계를 구분하기 어렵다. 따라서 왕성의 개념을 왕이 거주하는 공간만을 한정할지,[9] 아니면 더 넓은 시가지를 아우르는 공간까지를 포함할지가 문제가 된다. 개념을 달리하면 공간이 유동적으로 변하기 때문이다.

사료를 보면 왕성의 범위가 꽤 넓다. 『三國史記』 지리지에는 신라 경

---

7) 이하 지명의 서술은 朴省炫, 「新羅의 據點城 축조와 지방 제도의 정비 과정」 서울 대학교 대학원 국사학과 박사학위논문, 2010, 252~255쪽 참조.
8) 全德在, 「新羅의 對外認識과 天下觀」, 『역사문화연구』20, 2004, 211~212쪽.
9) 김병곤, 「신라 왕성의 변천과 거주 집단」, 『문헌으로 보는 신라의 왕경과 월성』, 국립경주문화재연구소, 2017.

내에 왕성을 기준으로 3개의 주를 두었다고 한다. 왕성 동북쪽 唐恩浦路에 해당하는 곳을 상주, 왕성 남쪽을 양주, 서쪽을 강주라고 하였다. 그리고 『三國遺事』 염불사조에는 스님의 염불소리가 城中에 360방, 17만 호에 들렸다고 하는데, 이때 城中은 王城을 의미할 것이다. 왕성을 월성에 한정해서 보면 360방을 수용할 수 없기 때문이다. 따라서 왕성은 시가지가 형성된 공간으로 보는 것이 합리적이다.

　왕성의 외곽은 왕기로 볼 수 있다. 신라는 제도적으로 완비되지는 않았지만 王畿가 존재하였다. 당대의 금석문인 「숭복사비」에는 '旋命所司 與王官之邑'이라는 구절이 보인다. 여기서 王官之邑은 공간적으로 왕기 지역을 의미한다. 당시 신라인들이 숭복사가 조영된 일대의 공간을 어떻게 인식하고 있었는지를 보여준다. 경주 지역에서 이루어진 발굴조사 결과를 종합해 보면 시가지 외곽에는 주로 수공업 공방들이 배치되었다. 아울러 서악동,[10] 금장리[11] 일대에서는 경작유구가 확인되므로 일정한 규모의 농사도 이루어졌다. 또한 간선도로를 따라 역원과 수도방위를 위한 군사거점인 6기정 등도 배치되어 있었다.

　한편 왕경의 구조를 평면적으로 배열해 보면 왕이 거주하는 왕궁, 귀족의 저택과 민가, 시장, 사찰 등 시가가 형성된 왕성, 그 외곽인 왕기로 구성되어 있었음을 알 수 있다. 왕성은 행정 편제에 의해 部-里-坊의 형태를 띠고 있었고, 왕기는 部-里-村 혹은 部-村 형태를 띠고 있었던 것으로 보인다.[12] 여기서 部란 왕경을 형성한 6부를 의미하며, 里는 부의 예하의 촌락을 인위적으로 제편한 공간이다. 그리고 리의 하부에 방은 최

---

10) 嶺南文化財研究院, 『慶州 西岳洞 256番地遺蹟』 學術調查報告 第167冊, 2009.

11) 聖林文化財研究院, 『慶州 金丈里遺蹟』 學術調查報告 第4冊, 2006; 『慶州 金丈里遺 蹟Ⅱ』 學術調查報告 第5冊, 2006; 『慶州 金丈里遺蹟Ⅲ』 學術調查報告 第6冊, 2006; 『慶州 金丈里遺蹟Ⅳ』 學術調查報告 第7冊, 2006.

12) 주보돈, 「『三國遺事』'念佛師'條의 吟味」, 『명예보다 求道를 택한 신라인』(新羅文 化祭學術論文集31), 2010.

소 단위가 존재하였다. '里'는 周代의 金文에 처음 등장하며, 6단계의 編戶체계와 관련된 용어로 사용되었다. 5戶가 하나의 '比'가 되고, 5比가 모인 25戶가 바로 1閭이다. 周代에 이르러 閭를 里로 표기하였다. 里는 비혈연적인 지역 거주 단위로서 성립된 이후 행정구역의 명칭으로 사용되었다. 民里를 坊으로 구획한 것은 북위 平城에서 처음 확인된다. 422년 평성 外郭을 건설하면서 방을 축조하고 그 내부에 巷을 배치하였다. 방을 통해 도성 내 일반 거주민을 통제하는 이러한 방식의 民里 구획은 원래 유목민족의 편제방식으로서 이후 북위 낙양성은 물론 수·당대 장안성으로 이어져 고대 동아시아 도성제의 전형으로 자리 잡게 된다.13)

장안성은 매우 엄격한 방리제도를 채택하였다. 성 전체를 108개의 방으로 구분했는데, 주작대로를 기준으로 서쪽의 萬年縣이 54개 방, 동쪽의 長安縣이 54개 방을 각각 보유하고 있었다. 방의 크기도 서로 다른데, 주작대로를 연접한 4열 방이 가장 작았다. 방은 4개의 방문으로 되어 있고 엄격하게 관리되었다. 가령 해가 뜰 때 방문을 열고 해가 지면 길가의 북을 60회 울려 방문을 닫는다. 그러면 오직 3품 이상의 귀족 관리만이 직접 坊牆의 문을 열 수 있었다. 방리를 조영하는 가장 큰 목적은 도둑을 막기 위한 것으로 통치 당국이 인민을 관할 통치하기 위한 치안의 방편이었다. 방의 구획을 통해 인민의 통제, 명령의 하달, 치안유지 등 한정된 공간에 거주하는 많은 인원들을 효율적으로 통제할 수 있게 된다.

신라 왕경은 통일기를 맞아 본격적으로 격자형 가로망이 확산되기 시작한다. 그 범위는 『三國史記』 지리지의 왕도의 범위에 걸쳐있다. 이는 발굴 결과를 통해 보더라도 사실로 인정되는 바이다. 격자형 가로망은 왕경의 외형을 변화시킨 결정적인 요소였다. 격자형 가로망은 고대 동아시아 도성에서 공통적으로 확인되며, 중세 이후에는 사라진다.14) 중국에

---

13) 박순발, 「東아시아 古代 都城 比較를 위한 몇 가지 觀點」『韓國의 都城』국립경주·부여·가야문화재연구소 개소 20주년 기념 국제학술심포지엄, 2010, 215~216쪽.

서는 격자형의 주거공간을 한동안 里라고 부르다가 당대에 이르러 비로소 그것을 坊이라고 불렀다. 곧 里와 坊을 같은 개념으로 인식한 것이다. 다만 당에서는 방을 구분하여 불렀다는 점에서 신라의 방제는 당의 방제를 수용한 것이라 볼 수 있다. 구체적인 시기는 당의 문물을 적극적으로 수용한 7세기 중반 이후가 된다.[15] 통일기 신라인들은 당 장안성의 틀을 모방하여 왕경을 대대적으로 재편하였고, 왕경의 일신은 도시계획에 기초한 방제를 수용함으로써 실현하려 한 셈이다.[16] 이러한 바둑판식의 도시구조는 제왕 중심의 중앙집권체제와 정치, 군사적인 기능을 극대화시킨 것이라는 지적[17]은 음미해 볼 만 하다.

방과 관련해서는 『三國史記』 효녀지은의 효양방, 『三國遺事』 진한조에 반향사 하방, 분황사 상방, 『법화영험전』의 우금방 등이 확인된다. 고고학적으로 현재까지 완전한 하나의 방으로 볼 수 있는 유적이 S1E1, 동천동 7B/L, 경주박물관 남측부지, 모량리 도시유적 등이다. 그런데 유의할 점은 4곳 모두 방의 크기가 다르다는 점이다. 신라의 왕경은 수세기에 걸쳐 인간의 생활흔적이 누적된 곳이다. 방이 지형에 맞게 다양한 크기가 존재한다는 사실을 통해 공간 편성의 어려움이 짐작된다.

그렇다면 시가지의 외곽은 어떠한 구조였을까. 앞서 언급하였다시피 자연 촌락들이 많이 분포하고 있었음을 염두에 두면 부-리-촌 혹은 부-촌의 구조를 하고 있었을 것이다. Ⅱ장에서 다루었지만 월성해자 9호 목간에 보이는 습비부 예하 마을의 경우 고유식 里도 있지만 里로 편제되지 않은 지역도 있다. 그리고 완전히 한화된 里도 존재하고 있다. 里로 편제되지 않은 지역을 촌으로 볼 수 있겠다. 栗里의 경우 시가지의 외곽에 존재하고 있지만 리로 편제된 지역이다. 현재의 모량리 인근에 위치

---

14) 여호규, 「도성과 도시」, 『한국 고대사 연구의 새 동향』, 서경문화사, 2007, 631쪽.

15) 전덕재, 「경주 동천동 왕경유적의 성립과 성격」, 『신라문화』43, 2014, 399쪽.

16) 전덕재, 앞의 책, 2009, 23쪽.

17) 제동방 저, 이정은 역, 『중국고고학 수·당』, 사회평론, 2012, 24쪽.

하고 있으므로 모량부의 예하에 속해 있었을 것이다. 한편 시가지 외곽에 위치한 촌으로 확인할 수 있는 것은 남산 동록의 피리촌,[18] 김대성과 관련된 浮雲村,[19] 鍪藏寺가 있던 暗谷村,[20] 靈星祭를 지낸 本彼遊村,[21] 단정은 하기 어렵지만 三國有名未詳地分조의 神鶴村, 翔鷺村, 鳳庭村, 飛龍村[22] 등이 있다.

한편 部-村으로 편제된 일면을 확인할 수 있는 자료로 월성해자 9호 목간 외에 신라촌락문서에서 '西原京□□□村'이 확인된다. 촌락문서의 촌은 현이나 군에 속한 촌도 있지만 京에 예속된 촌도 있었음을 보여준다. 이 촌을 자연촌으로 서원경의 행정적 지배를 받고 있었던 촌락으로 볼 수 있다면,[23] 왕경의 공간 구조 속에서 촌락들이 어떠한 방식으로 연결되어 있었는지를 추정해 볼 수 있다. 실제 왕경 인근에 위치한 촌락들을 모두 里로 편제할 수 없었을 것이다. 오히려 부와 촌이 유기적으로 연결되어 있는 구조가 자연스러워 보인다.

통일기를 맞아 왕경은 지리적인 한계에도 불구하고 상당히 도시화가 진전되었다. 동아시아 도성제의 가장 큰 특징은 정형화된 평면구조이다. 중국이나 일본의 경우 평지에 사전 설계를 바탕으로 공사가 진행되었기 때문에 택지분할에서도 균일성이 확인된다. 이와 달리 신라의 경우 기존의 건축물들이 장애가 되어 균일성을 확보하지 못한 것이 나름의 특징이다. 고대 도시의 택지분할은 현대 도시의 가로패턴(cadastral pattern)에

---

18) 『三國遺事』 卷5, 第8 避隱, 念佛師.

19) 『三國遺事』 卷5, 第9 孝善, 大城孝二世父母神文王代.

20) 『三國遺事』 卷3, 第4 塔像, 鍪藏寺 彌陀殿.

21) 『三國史記』 卷32, 雜志1 祭祀.

22) 『三國史記』 卷37 地理4 三國有名未詳地分. 井上秀雄이 어떤 실마리를 가지고 이 4개의 촌락에 "以上都內四村"이란 부기를 했는지 모르겠지만, 촌의 명칭이 유려한 한식표기라는 점이 주목된다. 井上秀雄, 「新羅王畿の構成」, 『新羅史基礎研究』, 東出版, 1974, 399쪽.

23) 尹善泰, 「新羅 統一期 王室의 村落支配」 서울대학교 대학원 국사학과 박사학위논문, 2000, 75쪽.

대비시켜 볼 수 있다. 가로패턴은 도시블록의 배치형태, 그 사이의 공동 공간, 이동 통로의 배치형태를 포함한다. 가로패턴이 작은 블록으로 구성되었을 때 도시입자가 작다 혹은 미세하다고 하며, 반대로 큰 블록으로 구성되었을 경우 도시입자가 크고 거칠다고 한다. 신라왕경의 경우 가로패턴이 작은 경우에 해당한다. 그리고 격자형 구조도 정형격자와 부정형격자로 구분되는데,24) 전자가 크기가 일률적인데 반해 후자는 크기가 다양하다. 특히 부정형격자는 오랜 시간에 걸쳐 점진적으로 형성된 도시에서 흔히 나타나며, 신라 왕경의 경우 이에 해당한다. 반면 평성경이나 장안성의 경우 처음부터 계획도시로서 출발하였기 때문에 정형격자를 이루고 있다. 참고로 아래 <그림 16>은 현재까지 신라왕경에서 발굴된 도로, 삼국시대 및 통일신라시대 적심 건물지의 분포양상을 종합한 것이다. 도로의 조영은 뭔가 규칙적인듯 하면서도 지형에 맞게 틀어져 있고, 일정한 공간에서 방리가 구획된 것이 확인된다. 적심 건물의 경우 월성 인근에서 처음 사용이 되었다가 통일이전 까지는 북천을 넘지 않는 범위에 분포하고 있었다. 통일기를 맞아 북천 이북으로 택지개발이 이루어졌고, 그 결과 이 지역에도 방리가 구획된 정황을 확인할 수 있다.

---

24) Matthew Carmona el. 강홍빈 외 옮김, 『도시설계』, 대가, 2009, 123~124쪽.

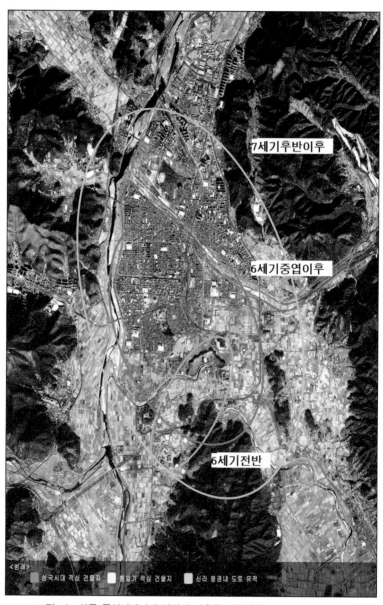

<그림 16> 삼국~통일신라시대 왕경의 건축물 현황(ⓒ국립경주문화재연구소)

사실 왕경의 택지분할과 관련해서는 중고기 사찰의 창건에서부터 그 시원을 찾을 수 있다. 이때 불교는 문자의 사용, 기술의 진보 등에 밑거름이 된 듯한데, 방형의 사찰 공간이 왕경 전체의 계획에 까지는 영향을 미쳤던 것 같지는 않다. 가령 흥륜사가 방형의 사역을 가졌을 터이지만 사찰 사방이 도로에 의해 구획되지는 않았기 때문이다. 한편으로는 황룡사 건립을 계기로 왕경이 8세기까지 단계적으로 영역을 확장하면서 정비되었다는 견해도 있다.25) 하지만 중고기의 사찰조영이 坊을 중심으로 하는 왕경의 체계적인 정비로까지 이어졌는지는 속단하기 어렵다. 사실 단계적 확장의 주된 근거는 건물지 축의 방향이 서로 다름에 주목한 것이었다. 신라 왕경의 단계적 확장설은 藤島亥治郎이 그 始原이다.26) 그는 신라 왕경의 방형 구획을 城跡으로 본 南古壘를 경계로 동서의 방위가 서로 다르기 때문에 적어도 2期에 걸쳐서 나누어 시행되었다고 한다. 구체적으로 동쪽이 더 오래되었다고 하였는데, 아마 황룡사 창건이라는 건축행위가 시기 구분의 주요한 변수로 작용했을 것이다.

공교롭게도 남고루를 기준으로 방향이 서로 틀어져 있다는 점이 유의된다. 남고루는 성동동, 황오동, 인왕동, 황남동을 가로지르는 제방이다.27)『高麗史』현종 3년 축성 기사28)와『東京雜記』에 고려 현종때 전라, 충청, 경상 3도의 군졸을 동원하여 석축 제방을 쌓았다는 기사29)를 염두에 두면 성격은 제방이 분명하다. 따라서 북천 이남의 단계적 확장을 거론하기 위해서는 남고루 문제를 해결해야 할 것이다. 신라 왕경의 건축물들은 신라가 망하고서도 고려, 조선에 이어 지속적으로 사용되었

25) 李恩碩,「新羅王京の都市計劃」,『東アジアの古代都城』, 吉川弘文館, 2003.

26) 藤島亥治郎,「朝鮮三國時代の都市と城」,『東アジア世界における日本古代史講座』4, 1980.

27) 강봉원,「경주 南古壘에 대한 일고찰」,『新羅文化』27, 동국대 신라문화연구소, 2006, 275~299쪽.

28)『高麗史』卷82, 志36, 兵2, 城堡 ; 三年 城慶州

29)『東京雜記』卷之一, 山川

기 때문이다. 백번 양보해서 건축물의 축이 서로 틀어져 있다는 점만으로는 단계적 확장의 주된 근거가 되기는 어렵다. 건물을 지을 때 선호하는 방향이나 기준점이 달랐을 수 있기 때문이다. 더구나 남고루의 하층에서 신라시대의 도로가 확인된다는 점에서 축의 방향이 틀어져 보이는 현상은 어쩌면 고려 이후의 상황일 수 있다.

다만 통일기를 맞아 왕경은 기존에 존재했던 건축물과 지형적인 제한에도 불구하고 택지를 분할했던 사실은 인정된다. 물론 좌우대칭의 방형 플랜은 아니었지만 나름 일정한 크기의 방들이 존재하였다. 이러한 평면 분할은 측량이라는 기초 작업 없이는 불가능한 것이다. 공간의 재편과 관련된 수학은 셈보다 차원 높은 數理를 요구한다. 그렇다면 어떠한 지식이 사용되었을까. 고대 동아시아의 수학, 곧 산학은 국가적인 차원에서 관리되었다. 당에서는 예부에서 관장한 국자감에서 산학을 가르쳤다.

산학의 교과목으로 『九章』, 『海島』, 『孫子』, 『五曹』, 『張丘建』, 『夏侯陽』, 『周髀』, 『五經算』, 『綴術』, 『緝古』, 『記遺』, 『三等數』 등이 확인된다.[30] 신라의 경우 국학 산하에 산학박사와 조교를 각 1인을 두고, 교과목으로는 『綴經』, 『三開』, 『九章』, 『六章』을 가르쳤다. 신라와 당의 산학에서는 『九章算術』을 공통적으로 채택하고 있다. 『九章算術』은 동아시아 술수학의 기본서인데, 秦漢대에 걸친 수학적 연구 결과를 집대성하였다. 저술연대는 명확하지 않지만 劉徽가 저술한 『九章算術注』의 존재를 유념하면 적어도 그 상한은 한대 이전이 된다. 편목은 方田, 粟米, 衰分, 少廣, 商功, 均輸, 盈不足, 方程, 句股 등 모두 9장으로 구성되었다.[31] 택지분할과 관련된 章은 句股인데, 높고, 깊고, 넓고 먼 것을 다룬

---

30) 『新唐書』 志38, 百官3 算學; 博士二人, 從九品下; 助敎一人. 掌敎八品以下及庶人 子爲生者. 二分其經以爲業; 『九章』, 『海島』, 『孫子』, 『五曹』, 『張丘建』, 『夏侯陽』, 『周髀』, 『五經算』, 『綴術』, 『緝古』爲顓業, 兼習『記遺』, 『三等數』. 凡六學束脩之 禮, 督課, 試擧, 皆如國子學; 助敎以下所掌亦如之. 唐廢算學, 顯慶元年復置, 三年又 廢, 以博士以下隷太史局. 龍朔二年復. 有學生十人, 典學一人, 東都學生二人.

다. 句는 직각 삼각형의 짧은 변에 해당하며 股는 긴 변에 해당한다. 따라서 句(짧은 변)를 밑변으로, 股(긴 변)를 높이로 치환시키면 면적계산도 가능하게 된다. 삼각형을 눕혀 버리면 삼각측량에 적용할 수 있으며, 세우게 되면 높이 측량이 가능하다.

　신라 왕경의 경우 사방을 둘러싼 산지에 각각 삼각점을 설정하여 360°회전시켜가며 그 접점을 연결하면 내부 면적의 산출이 가능하다. 따라서 삼각측량을 통해 왕경의 길이와 면적을 산출할 수 있다. 현재도 삼각망을 이용하는데 그 종류는 단 삼각망, 단열 삼각망, 교차 삼각망, 육각형 삼각망 등이 있다.[32] 신라 왕경처럼 넓은 지역의 측량에 적당한 것은 육각형 삼각망이다. 중앙의 어떤 기준점을 바탕으로 분지를 이루고 있는 특정 산들의 정상을 연결하면 삼각망을 구성할 수 있다.

　다만 왕경의 중앙 기준점은 현재로서는 알기 어렵다. 중국의 경우 태양이나 북극성을 통해 확정한 방위를 바탕으로 가장 먼저 궁전의 위치와 궁전에서 남쪽으로 향한 왕도의 의례선을 정한다. 궁전을 왕도 건설의 예정지 중앙에 두고 궁전의 중핵을 차지하는 대흥궁의 남문에서 정남쪽으로 성 안을 관통하는 남북축선을 길게 내게 된다.[33] 중축선이 설정이 되고 그 중앙에 주작대로라고 하는 상징적인 도로를 설정하면서 좌우가 대칭을 이루게 된다. 즉 중앙기준점은 궁인 셈이다. 그런데 신라 왕경의 경우 주작대로가 없어서 이를 적용하기가 어렵다. 일각에서는 경주박물관 미술관 부지에서 발견된 너비 23.7m의 도로를 주작대로에 비견할 수 있는 남북도로로 규정하기도 한다.[34] 하지만 이 도로는 궁의 중앙을 뻗어나가는 상징성도 없을 뿐더러, 시간이 흐름에 따라 유지, 보수 과정상

31) 차종천 譯,『九章算術, 周髀算經』, 범양사출판부, 2000.
32) 박창하,『인간과 지형공간정보학』, 건기원, 2014, 173~175쪽.
33) 세오다쓰히코 지음·최재영 옮김,『장안은 어떻게 세계의 수도가 되었나』, 황금가지, 2006, 133쪽.
34) 朴方龍, 앞의 책, 2013.

에서 도로의 너비가 변화되었을 가능성도 배제하기 어렵다. 오히려 신라 왕경에는 주작대로에 비견되는 남북대로가 없었을 가능성이 높다. 그래 서인지 남북대로 대신 동서대로를 왕경의 대로로 추정한 경우도 있다. 입론의 배경에는 왕궁이 남쪽으로 편제된 지리적인 결함이 자리 잡고 있다.

왕경의 도로와 관련해서 단정적으로 말할 수 있는 것은 월성의 북문 과 전랑지를 잇는 도로가 가장 권위가 높았을 개연성이 있을 것이란 정 도이다. 왕경의 도로에는 大小의 구분이 있었다. 비근한 예로 김유신의 경우 자신의 집은 군사의 행군로 상에 있었다.[35] 군사의 행군대열을 감 안하면 왕경 내에서도 상대적으로 큰 길가에 자신의 집이 위치하였던 셈 이다.

한편 왕경에는 귀족에서부터 중하급 관인, 군사, 승려, 공인 등 여러 계층의 사람들이 거주하였다. 이들이 어떠한 주거 공간에 살았는지 알기 어렵지만, 현재까지 조사된 건물의 형태와 『三國史記』 옥사조를 통해 어느 정도 짐작할 수 있다. 우선 옥사조의 내용을 정리하면 <표 10>과 같다.[36]

옥사조의 규정을 보면 계층이 내려갈수록 제한되는 조항들이 늘어난 다. 이는 역으로 진골귀족들의 거주 공간의 단면을 파악할 수 있는 실마 리가 된다. 일각에서는 옥사조의 규제조항 자체를 당의 儉朴令의 영향을 받은 것으로 왕경에 대입하기는 조심스럽다는 견해도 있다.[37] 다음 표 에서도 알 수 있듯 옥사조의 규제조항은 의외로 꼼꼼하게 제한품목들을 나열하고 있다는 점에서 가벼이 비판되어서는 안된다. 이것을 바탕으로 주거 공간의 일정부분을 복원할 수 있기 때문이다.

---

35) 『三國史記』 卷5, 新羅本紀5 善德王 14년; 庾信又不歸家 晝夜練兵 西行道過宅門.
36) 『三國史記』 卷33, 雜志2 屋舍.
37) 양정석, 「新羅 王京人의 住居空間」, 『신라 왕경인의 삶』((신라문화제학술논문집 28), 2007, 16~26쪽.

<표 10> 『三國史記』 옥사조의 제한 규정

	진골	6두품	5두품	4두품~백성
방의 크기	室長廣不得過二十四尺	室長廣不過二十一尺	室長廣不過十八尺	室長廣不過十五尺
지붕 장식	不覆唐瓦, 不施飛簷, 不雕懸魚	不覆唐瓦, 不施飛簷·重栱·栱牙·懸魚	不用山楡木, 不覆唐瓦, 不置獸頭, 不施飛簷·重栱·花斗牙·懸魚	不用山楡木, 不施藻井, 不覆唐瓦, 不置獸頭·飛簷·栱牙·懸魚
외장	不餙以金·銀·鍮石·五彩	不餙以金·銀·鍮石·白鑞·五彩	不以金·銀·鍮石·銅鑞·五彩爲餙	不以金·銀·鍮石·銅鑞爲餙
기단	不磨階石, 不置三重階.	不置巾階及二重階, 階石不磨	不磨階石	階砌不用山石
담장	垣墻不施梁·棟, 不塗石灰	垣墻不過八尺, 又不施梁·棟, 不塗石灰	垣墻不過七尺, 不架以梁, 不塗石灰.	垣墻不過六尺, 又不架梁, 不塗石灰
실내 장식	簾緣禁錦罽繡·野草羅, 屏風禁繡, 床不餙玳瑁·沉香	簾緣禁罽繡綾, 屏風禁繡, 床不得餙玳瑁·紫檀·沉香·黃楊, 又禁錦薦	簾緣禁錦·罽·綾·絹·絁	
문		不置重門及四方門	不作大門·四方門	不作大門·四方門
마구간		廐容五馬	廐容三馬	廐容二馬

그간 옥사조에서는 室長廣에 대한 논란이 있었다. 김정기는 하나의 방으로 보았지만,[38] 주남철은 집 한 채를 의미한다고 해석하였다.[39] 왕경의 조영 당시 척도문제가 명확히 해결되지 않아 문제이겠지만, 고구려 척과 당척의 사이에 있는 현재의 曲尺을 기준으로 하면 진골은 52.89m² 정도가 된다. 이 경우 일본과 비교해 볼 필요가 있을 것 같다. 일본 평성경의 택지 규모는 위계에 따라 다르다. 3位 이상의 경우 4町(67,000m²), 4~5位 1町(16,000m²), 6位 $\frac{1}{2}$町(8,000m²), 6~7位가 $\frac{1}{4}$町(4,000m²), 7位가 $\frac{1}{8}$町(2,000m²), 7~8位가 $\frac{1}{16}$町(1,000m²), 8位가 $\frac{1}{32}$町(500m²), 無位가 $\frac{1}{64}$町(250m²)을 반급 받았다.[40] 만약 室을 집 한 채로 볼 경우 신라의 진골

---

38) 金正基, 「新羅의 住居生活」, 『新羅社會의 新研究』(新羅文化祭學術發表會論文集 8), 1991.

39) 朱南哲, 「三國史記 屋舍條의 新研究」, 『金元龍教授 停年退任記念論叢』, 1987.

귀족은 일본의 無位보다 거주 공간이 더 작아지게 된다. 따라서 옥사조의 窒은 방의 크기로 보는 것이 합리적이다.

신라 왕경 S1E1의 경우 사방이 담으로 둘러싸인 하나의 坊으로 볼 수 있고, 내부 면적은 26,446m²에 달한다. 내부에는 18개의 가옥이 배치되었다.[41] 각 가옥은 5~8기 정도의 건물과 우물로 구성된다. 그래서 방에는 대략 18~30여개의 가옥이 분포하고 있는 것으로 간주하고 왕경의 인구수를 추산하기도 한다.[42] S1E1내에서 확인된 가옥의 구조는 규모가 그리 크지 않는 경우도 있다. 이 견해를 따른다면 왕경의 중심지구에서도 하층민들이 집중적으로 거주하는 공간도 있었던 셈이다. 그래서인지 S1E1을 사찰에 부속된 승려들의 생활공간으로 보는 견해가 나온 것 같다.[43]

S1E1은 왕경의 중심부인 황룡사와 도로 하나를 두고 인접하고 있다. 더구나 大路를 향해 門을 내고 있다는 점에서 가옥 평면의 大小을 두고 계층을 논하기는 어렵다고 생각된다. 일본의 택지분할 사례를 보면 오히려 坊 전체를 진골귀족의 저택으로 볼 여지가 있기 때문이다. 내부가 후대의 삭평에 의해 그 전모를 알기는 어렵지만, 방의 중앙에 위치한 18번 가옥은 규모가 가장 크며, 평면도 남쪽으로 진입로를 낸 凸자형이다. 나머지 가옥들이 일정한 크기로 분할되어 18번 가옥의 사방을 둘러싸고 있는 형국을 하고 있다. 즉 개별 가옥은 배정된 택지를 벗어나거나 인근 가옥과 병합된 모습은 보이지 않는다. S1E1에서는 소규모 불당으로 볼 수 있는 시설, 공방 등도 확인되었다. 작은 규모의 가옥들을 저택 내 일상생활이 유지될 수 있는 시설들로 볼 수 있다면, 오히려 이러한 모습들

---

40) 奈良國立文化財研究所, 『平城京展』, 1989, 28쪽.
41) 國立慶州文化財研究所, 『신라왕경 S1E1』, 2002.
42) 김교년, 「신라 왕경의 발굴조사와 성과」, 『新羅 王京調査의 成果와 意義』, 國立文化財研究所・國立慶州文化財研究所, 2003.
43) 양정석, 앞의 논문, 2007, 28쪽.

이 당시 진골귀족의 저택 구조를 잘 반영하고 있는 건 아닐까.

인근 황룡사 연구센터 건립부지내 유적에서 확인된 장방형 연못도 귀족의 저택과 관련하여 주목되는 유구이다. 이곳은 전면조사가 아니라 트렌치조사를 실시하여 그 전모는 알기 어렵다. 그러나 황룡사 서편 외곽에 존재한 단위유적으로 볼 수 있다. 연못에서는 귀틀석과 다양한 유형의 막새류가 출토되었다. 귀틀석은 연못 내부에 인공섬의 존재를 암시한다. 그리고 다양한 막새는 주변에 기와건물이 있었음을 의미한다. 연못은 동서 22.3m, 남북 33.7m의 장방형을 띤다. 신라왕경에서는 월지, 용강동 원지, 구황동 원지에 이어 최초의 장방형 원지라는 의미가 있다.44) 황룡사 인근에 위치하였다는 점에서 유력한 진골귀족의 저택일 가능성이 높다.

덧붙여 옥사조에 보이는 지붕장식과 관련해서는 唐瓦가 유의된다. 그간 당와를 막새기와나45) 암막새로 보아왔지만,46) 당와는 녹유와를 일컫는 것이다.47) 실제 녹유와의 출토지는 왕궁 및 왕실과 관련된 사찰에 국한되어 소비의 엄격함이 묻어난다. 건물의 외관을 금은으로 장식했다고 하나 구체적인 양상을 파악하기는 어렵다. 다만 五彩는 五方色과 관련될 듯 한데, 그렇다면 단청일 가능성이 높다. 고대 일본에서도 단청을 한 건물과 그렇지 않은 건물 사이에 일정한 격의 차이가 존재하였다.48) 그리고 계단이 존재했다는 점에서 일정한 높이의 기단을 조영한 다음 건물을 건축했음을 알 수 있다. 진골은 담장의 높이는 제한이 없었으나 6두

---

44) 국립경주문화재연구소, 『경주 황룡사연구센터 건립예정부지내 유적 발굴조사보고서』, 2011.
45) 김정기, 앞의 논문, 1991.
46) 박홍국, 「三國史記 屋舍條의 「唐瓦」란 무엇인가?」, 『불교고고학』3, 2004.
47) 김유식, 「통일신라 녹유와의 검토」, 『동악미술사학』3, 2002: 이동주, 「『三國史記』 屋舍條에 보이는 唐瓦의 실체 -문헌적 접근-」, 『동방학지』164, 연세대학교 국학연구원, 2013.
48) 市毛勳, 「古代日本の朱」, 『朱の考古學』, 雄山閣, 1998, 66쪽.

품은 8척이었다. 두품이 내려갈수록 1척씩 감소한다. 담장을 세우는 이유
는 밖에서 내부가 보이지 않도록 하는 조치이다. 주목되는 점은 棟樑을
못하도록 한 것이다. 棟梁은 지붕을 올릴 때 지지하는 부재이다. 담장에
동량이 필요한 경우는 行廊을 설치할 때이다. 따라서 진골귀족들은 담장
에 행랑을 설치하지 못하도록 제한을 받았다는 사실도 짐작할 수 있다.

담장의 형태는 잘 알기 어렵지만, 대부분의 건물들은 담장에 연접하
여 초석이 배치되었다. 초석은 건물의 하중을 지탱하는 지붕을 세울 때
기초가 되는 부분이다. 결국 지붕의 하중을 분산시키는 역할을 하는데,
담장과 연하여 배치가 되었다면 기능적인 역할이 고려되었음을 짐작해
볼 수 있다. 건물의 지붕을 최대한 담장에 연하여 건축한 점은 배수와
관련이 되었을 가능성이 있겠다.

도로의 양측면에는 배수로가 가설되었다. 만약 건물을 택지 중앙에
배치를 한다면 雨期를 맞아 비가 많이 내렸을 때 주변은 물로 진흙탕이
될 수 있다. 그런데 담장에 연하여 지붕을 조영한다면 낙수면이 최대한
담장주변으로 형성이 되고, 그 결과 모아진 물이 최대한 빨리 도로가의
배수로로 이동할 수 있게 되는 것이다. 특히 왕경의 지형이 지하의 물이
모아지는 선상지의 특성상 배수 문제는 신라 왕경의 건축물을 유지하는
데 관건이 되는 셈이다.

대부분의 담장은 가장 하단의 기초부만 잔존한다. 이러한 현상은 담
장의 외형을 추정할 때 시사하는 바가 크다. 만약 담장을 돌이나 전돌로
쌓아 올렸다면 주변에는 많은 담장 부재들이 확인되어야 한다. 그러나
담장 기초부 밖에 노출되지 않았다고 한다면 애초부터 돌을 사용하지 않
았던 것으로 볼 수 있다. 그렇다면 여러 경우의 수를 생각해 볼 수 있다.
가령 동천동 7 B/L(681-1번지)처럼 흙 벽돌을 사용했거나,[49] 흙과 돌을
섞어 다져 올렸을 수도 있을 것 같다. 그럴 경우 흙벽돌의 특성상 무너

---

49) 東國大 慶州캠퍼스 博物館, 『王京遺蹟Ⅲ』, 2005,

져 내려도 퇴적된 상황과 구별이 어렵게 되고, 돌로 된 기초부만 잔존하게 된다.

한편 실내에 床을 사용한 것은 입식생활을 하였다는 증거이다. 특히 적심건물지 내에 온돌시설이 없는 데서도 방증된다. 겨울이 되면 화로를 이용하여 숯으로 난방을 하였을 가능성이 높다. 진골의 경우 門의 규정이 없다. 두품층의 제한 규정을 역산하면 진골은 重門과 대문을 설치할수 있고, 사방문을 낼 수 있다. 重門을 대문과 같은 것으로 보아 솟을 대문으로 본 견해가 있지만, 6두품의 경우 대문은 설치할 수 있지만 중문은 설치할 수 없으므로 별개의 문으로 보아야 할 것이다. 重門은 대문을 제외하고 건물의 중심축에 놓인 문이다. 6두품의 경우 가옥에서 바로 대문으로 연결되는 구조이지만, 진골의 경우 대문을 거쳐 중문을 지나야 가옥이 나오는 구조인 셈이다. 5두품이하의 계층은 대문을 설치할 수 없었다. 이는 대로변에 문을 설치할 수 없었던 것으로 볼 수 있다. 사방문의 경우 중심 가옥에 둘러진 샛담에 달린 夾門이 아닌가 한다. 조선시대에는 협문을 통해 안채와 사랑채가 구별되고, 건물주의 권위는 더욱 고양된다. 이러한 격절된 공간을 통해 진골귀족은 자신의 권위를 드러낼수 있었다고 생각된다.

2) 수공업 공방의 운영 양상

왕경의 시가지에는 왕경인들이 일상 생활을 영위할 수 있도록 보조하는 생산 공방들이 배치되어 있었다. 여기에는 왕실의 운영과 관련된 內省 산하의 공방과 사찰에 부속된 寺內工房, 진골귀족들의 가내수공업을 담당했던 家産工房들도 적지 않게 분포하고 있었다. 공방은 국가가 관리하는 官營, 귀족들이 관리하는 私營으로 볼 수 있다. 시가지 내의 이러한 공방들은 내성의 설치이후 점진적으로 늘어났을 것이다. 그런데 궁중수공업 조차 경덕왕 18년 관제 개혁 이후 관영수공업으로 흡수 통합되었으므로 사영공방의 생산 확대는 하대에 이르러서야 가능하다는 시각이 있다.50) 다만 이 견해는 신라 수공업의 발전 양상을 너무 늦추어 보고 있는 것 같다. 황룡사의 종을 주조한 里上宅의 下典의 사례는 진골귀족의 주조역량을 잘 보여주며, 일본 정창원에 전해지고 있는 수많은 물품들 역시 진골귀족들의 생산 수준을 가늠할 수 있다. 중대말의 자료이긴 하지만 하루아침에 생산역량이 축적되었을리 만무하기 때문이다.

『三國史記』 직관지의 수공업 생산 관부의 성립은 각 기술력의 발전을 전제로 한다. 이러한 기술은 삼국 이래 계속적으로 성장하면서 왕경 내 소비를 지탱하였다. 우선 왕경의 시가지에서 확인된 공방은 유리, 골각기, 청동 공방 등 주로 소형제품을 생산하던 곳이다. 그 중 청동 공방이 가장 많은 수를 차지한다.

왕경의 시가지에서는 청동제품을 생산하는 공방이 다수 확인된다. 일별하면 전임해전지, S1E1, 구황동 원지, 황남동 194-11·12번지, 376번지, 노서동 176-29번지, 176-32번지, 176-40번지, 동천동 681-1번지, 696-2번지, 764-2번지, 791번지, 793번지, 987번지, 서부동 4-1번지, 19번지, 성건동 677-145번지, 641-12번지, 성동동 386-6번지, 북문로 왕경 유적, 황오동 소방도로, 전선방사지, 탑동 547-1번지 등이다.51)

청동 공방의 대부분이 동천동 일대에 집중되어 있고, 7세기 후반부터 운영되기 시작한다. 이에 전덕재는 통일기 왕경의 축소조정의 결과 동천동 지역의 坊에는 內省에서 관할하는 대규모 청동 공방단지 및 그와 관련된 건물과 시설, 그리고 거기에서 일을 하던 匠人이 거주하는 가옥들이 집중적으로 분포하였다고 한다.52) 내성과 관련된 구체적인 증거로

---

50) 朴南守, 『新羅手工業史』, 신서원, 1996.
51) 차순철, 「경주지역의 청동생산공방 운영에 대한 일고찰」, 『문화재』38, 국립문화재 연구소, 2005를 바탕으로 추가.
52) 전덕재, 앞의 논문, 2014.

在城명 및 南宮之印명 기와를 들고 있다. 재성과 남궁이 내성의 관할하
에 있었다는 점에서 더욱 그러하다는 것이다. 동천동 청동 공방의 운영
시점은 대체로 7세기말에서 8세기에 걸쳐있다. 그런데 위 기와는 신라하
대, 구체적으로 9세기대 제작된 기와로서 연대가 서로 다르다.[53] 더구나
南宮을 禮部로 보는 견해[54]를 따른다면 내성의 통제를 받았다고 보기도
어렵다. 따라서 동천동 청동 공방들이 내성의 철유전으로 이어지는 연결
고리는 현재로서는 없다고 생각된다.

　　진골귀족 역시 청동 공방의 운영능력이 국가에 비해 뒤떨어지지 않았
기 때문이다. 비근한 예로 황룡사의 종은 里上宅의 下典에 의해 주조가
되었고, 孝貞 伊干과 三毛夫人에 의해 봉납되었다. 황룡사의 종은 鑄鐘
大博士가 주도한 성덕대왕신종보다 4배나 크다고 한다. 비록 중대 성전
이 설치되지는 않았지만, 왕경에서 황룡사의 위상을 고려해 보았을 때,
진골귀족의 공인도 국가적 대사업에 참여할 수 있어 역량면에서 뒤지지
않았음을 의미한다. 한편 상원사 동종(725)의 경우 주조 장인은 照南毛
匠仕□大舍이다. 毛은 宅의 이체자이며 조남택의 장인 仕□大舍가 주종
했다. 장인의 성격을 명확히 단정하기는 어렵지만 조남택은 진골귀족의
택호일 것이다. 이성시는 왕실과 궁정 관련 업무를 담당한 壁典, 刺園典
에도 하전이 있으므로 이상택의 하전도 내성에 배치된 관원으로 보았
다.[55] 그러나 관직을 가졌다고 해서 내성관원이라면 이상택과 하전과의
관계가 애매해진다. 아무리 유력한 진골귀족이라고 하더라도 왕실재정
과 관련된 내성관원을 쉽게 사역할 수 있었을까. 조남댁의 장인도 대사

---

53) 9세기 기와의 외형적 특징은 양측이 서로 어긋난 방향으로 와도질을 하며, 외면이
　　각진 형태를 하고 있다. 최맹식, 「백제 및 통일신라시대 기와문양과 제작기법에
　　관한 연구」, 『호남고고학보』13, 2001, 144쪽.
54) 李泳鎬, 「新羅의 新發見 文字資料와 硏究動向」, 『韓國古代史硏究』57, 한국고대사학
　　회, 2010; 이현태, 「신라 남궁의 성격」, 『역사와 현실』81, 한국역사연구회, 2011.
55) 이성시 저·김창석 역, 「신라의 모전 생산과 그 사회적 배경」, 『동아시아 왕권과
　　교역』, 청년사, 1999, 75~76쪽.

의 관직을 가지고 있다. 따라서 여기서 확인된 장인은 관직이 있으므로 국가의 간섭아래 있지만 진골귀족과도 門客처럼 일정한 관계아래 예속되어 있었던 존재로 보인다.

진골귀족들의 공방양상은 어떠했는지 알기는 어렵다. 다만 현재까지 시가지에서 확인된 공방은 그 규모면에서 매우 작다. 적어도 관영공방으로 볼 수 있는 것이 황남동 376번지 유적이다. 공방은 늪지를 매립하고 그 위에 조영되었다. 조업연대는 6세기후반에서 7세기 전엽에 걸쳐 있고, 공방 내에서 6점의 구리 도가니와 유리 도가니, 유리 덩어리 등이 확인되었다. 뼈조각 등도 함께 출토되었다. 발굴층위 Ⅱ층과 Ⅲ층에서는 7세기 중반 이후로 편년되는 허리띠 부속구 일괄이 출토되었다. 그래서 공방의 성격은 청동제품, 유리제품, 골각기 등 왕실에서 소비되는 물건들을 제작하였을 것이다. 특히 이곳에서는 '官印'명 인장이 출토되었는데, 공방의 성격을 잘 반영하고 있다. 이 공방은 이후 8세기 수혈유구가 만들어지고 최종적으로는 왕경의 도시계획에 의해 담장과 도로가 그 위에 축조되면서 폐기되었다.

황남동 194-11·12번지 유적도 청동공방으로 추정되는 수혈유구가 확인되었다. 두 유적 모두 월성 인근에 위치하고 있다는 점에서 관영 공방으로 추정된다.[56] 전임해전지 뻘층에서도 망치와 도가니가 출토되었다. 도가니는 청동이 아닌 금속을 녹였을 가능성도 있다. 다만 유구는 확인되지 않은 한계가 있다. 황남동 일대의 유적은 6-7세기동안 운영되다가 통일기를 맞아 동천동으로 이주하였다고 하나,[57] 계기성이 증명된 것은 아니다.

寺內工房으로 볼 수 있는 것이 구황동 원지 주변의 5기의 청동공방 수혈이다. 입지상 환경이 분황사 인근에 위치하고 있다는 점이 지적된

---

56) 차순철, 앞의 논문, 2005.
57) 차순철, 「신라 왕경 내 생산유적의 변화와 그 의미」, 『역사문화연구』52, 2014.

다. 다만 이 유적에서는 園池가 검출되었고, 금입택의 가능성도 배제하기 어려운 측면이 있다. 확실히 寺內工房으로 볼 수 있는 것은 분황사 7차 조사에서 확인된 동 제련로 1기 및 숯, 동 슬래그 관련 자료일 것이다.

이외에는 대부분 私營工房으로 볼 수 있을 것 같다. S1E1의 8번 가옥 6건물지에서는 정면 3칸×측면 1칸의 건물이 노출되었다. 내부에서 소토, 목탄, 재, 슬래그, 청동 도가니편 등이 출토되었다. 그리고 9가옥의 북동쪽에서도 유리도가니, 燒土 등이 확인되었다. 이를 근거로 사원 성전과 관련된 공방으로 보고 있지만,[58] 이 역시 단정하기란 쉽지 않다. 이 견해의 입론의 배경에는 S1E1의 위치가 황룡사 인근이라는 점, 대형사찰에 활동하는 대규모의 승려들을 수용할 공간이 필요할 것이라는 점 등이 작용하였다. 그 결과 S1E1을 寺下村의 개념으로 승려들이 머무르는 공간으로 인식하였던 것이다. 그런데 이미 언급하였다시피 S1E1을 진골귀족의 저택으로 볼 경우 위 공방들을 여기에 예속된 공방으로 볼 여지도 있다. 특히 이곳에서 출토된 인장의 印文에 官자가 없다는 점에서 국가의 관리 하에 제품이 제작되었다고 볼 근거는 약하다.

동천동 791번지 유적[59]에서는 담장으로 구획된 정면 3칸이 건물에 중앙 칸에서 청동생산시설이 확인되었다. 건물내부에서 주조 작업이 이루어졌음을 말해주는 것이다. 장방형의 노와 도가니, 구리덩이, 슬래그 등이 출토되었다. 운영시기는 8세기로 추정되며, 완 또는 대부완 등 용기를 제작하는 공방이었다. S1E1의 8번 가옥 6건물지와 공방의 평면구조가 유사하다. 동천동 793번지 유적에서는 유리 도가니, 청동 도가니, 용범, 청동편이 출토되었고, 爐가 확인되었다. 동천동 681-1번지 유적에서도 청동그릇을 만들던 공방인데, 도가니, 용해로 등이 확인되었다.

---

58) 梁正錫, 「統一新羅 王京 S1E1遺蹟의 靑銅工房 性格에 대한 試論」, 『역사문화연구』 52, 2014.

59) 동국대학교 경주캠퍼스 박물관, 『경주시 동천동 791번지 유적 지도위원회자료집』, 1995.

동천동 987번지 유적에서는 완벽한 형태의 노가 검출되었다. 노의 구조는 높이 23cm, 직경 13cm의 크기에 밑 부분에서 송풍구를 갖추고 있다. 숯을 열원으로 제련하였으며, 규모로 보아 1200°C 이상의 높은 온도를 올리기는 어려웠을 것이다. 노는 주석괴와 방연광을 직접 합금함으로서 낮은 온도에서 제련이 가능하였다. 구체적으로 1000°C 미만의 온도로 제련한 것으로 보인다.[60] 출토된 도가니는 직경 10cm 미만으로 제련된 生銅을 용융하는 것이어서 소형의 제품을 생산했던 것으로 짐작된다.

시가지에서 확인된 청동공방은 대접, 접시, 완, 동곳, 帶金具, 숟가락 등 생활기물을 제작하는 소규모 공방이다. 특히 동천동 출토 청동의 금속 함량은 구리 60%, 주석 20%, 납 20%의 합금비율을 가진다. 납의 함유비율이 높은 것은 작은 기물을 만들기에 용이하였을 것이다. 성분분석에서 나타난 불순물의 양은 상당히 낮아 정제된 동을 생산하고 있었음을 알 수 있다.[61]

한 가지 주목되는 점은 공방의 대부분이 교란된 상태로 나왔지만, 일부 공방의 경우 정면 3칸×측면 1칸의 평면상 정형성이 확인된다. 그리고 S1E1, 동천동 987번지 유적에서는 인장이 출토되었다. 印文으로 미루어 보면 관인과는 거리가 있어 보인다. 다만 두 곳 모두에서 帶金具가 출토되었다. 대금구는 몸을 치장하는 용도 외에도 소유자의 정치·사회적 지위를 과시하는 물품이었으므로, 아무 곳에서나 함부로 제작하지 못하였을 것이다. 그 선상에서 신라의 금입택은 풍부한 경제적 기반 위에서 家政機關을 갖추고 많은 사람들을 거기에 예속시켰던 것 같다. 그곳에는 국가적 사업에 참여할 정도로 유능한 장인이 소속되어 있었고, 관영 공방에 비해 뒤지지 않은 역량도 갖췄던 것으로 이해된다.[62]

---

60) 權赫男, 「古代 銅製鍊에 대한 研究-경주 동천동 유적출토 동슬래그를 중심으로-」, 國民大學校 大學院 金屬材料工學科 碩士學位論文, 2000.
61) 權赫男, 위의 학위 논문, 2000, 21~22쪽.
62) 이성시, 앞의 책, 1999, 78쪽.

2. 왕경의 배후지

1) 도시화의 진전

경주 시가지의 고고학 자료를 검토하다보면 통일기에 이르러 건물의 밀집도가 높아짐을 알 수 있다. 당연한 말이겠지만 통일이후 왕경에는 수 많은 인적, 물적 자원이 집중되어 공간은 포화상태에 이르렀을 것이다. 북천 이북 지역으로 주거 공간이 확대되었고, 동시에 시가지의 외곽에서도 도시화가 이루어지게 되었다. 이와 관련하여 최근 경주 모량리에서는 사방이 도로로 구획된 도시 유적이 발견되었다.[63] 또한 전면 발굴은 이루어지지 않았지만 안강 양월리에서도 공간을 구획한 것으로 보이는 도로 유구가 확인되었다.[64] 신라 왕경에서는 택지 분할과 관련된 공간은 주로 도로를 이용하였던 것 같다. 도로는 크게 포장과 비포장으로 구분되는데, 전자가 택지분할과 관련된 것이라면 후자는 거주공간과는 상관이 없다. 비포장 도로는 서악동,[65] 금장리,[66] 망성리 윗골[67] 등에서 확인되었는데, 공간 분할의 기능보다는 생산품의 이동과 관련된 것으로 판단된다.

안강 양월리 유적은 부분 발굴이어서 그 전모를 파악하기 어렵지만, 모량리의 경우 노출된 유구를 미루어 보면 시가지 외곽에서도 도시화가 진전되고 있었던 점은[68] 사실로 받아들일 수 있겠다. 이러한 시가지 외

---

63) 嶺南文化財硏究院, 『慶州 牟梁·芳內里 都市遺蹟』, 2015.
64) 新羅文化遺産調査團, 『慶州의 文化遺蹟 XII』, 2010.
65) 嶺南文化財硏究院, 앞의 보고서, 2009.
66) 聖林文化財硏究院, 앞의 보고서, 2006.
67) 嶺南文化財硏究院, 「고속국도 1호선 언양~영천간 확장공사(3공구) 내 경주 망성리 윗골들 생산유적」학술자문회의 자료집, 2013.
68) 嶺南文化財硏究院, 『慶州 牟梁·芳內里 都市遺蹟』, 2015: 朴方龍, 『新羅都城』, 학연문화사, 2013; 정민, 「경주 모량리 도시유적을 통해 본 신라 방제의 범위와 시행시기」, 『신라문화』44, 2014.

곽의 도시 유적은 신라 왕경의 구조를 파악할 때 시사하는 바가 크다. 우선 아래 <그림 17>을 보면 모량리 유적에서는 地割이 거의 바둑판 모양으로 정연한 모습이 확인된다. 시가지의 택지분할과는 분명 다른 상태이다. 시가지의 경우 방제가 도입되어 방형으로 규격화를 진행시키려 해도 기존의 묘역, 생활권역과 부딪히게 되고, 자연스레 도로가 지형에 맞게 틀어질 수 밖에 없었다. 이에 반해 모량리는 상대적으로 거주공간의 밀도가 낮았으므로 통일기를 맞아 평지에 규격화된 방을 제대로 구현할 수 있었다고 생각된다. 평면형태로만 보면 흡사 바둑판과 같다. 택지분활의 용이함이 느껴진다.

모량리 도시유적은 금척리 고분군의 아래에 위치한다. 동서-남북 도로가 정연하게 배치되어 있고, 방의 크기는 120×120m 정도이다. 시가지에서 확인된 방의 크기와 비교했을 때 약간 작다. 유적의 북쪽 경계부분에서는 통일신라시대 제방도 확인되었다. 그간 산곡간에 거주하면서 7세기 후반 무렵 거주가 상대적으로 불안정한 물가에 시가를 조성한 듯하다. 이러한 고고학적 정황은 어느 시기에 일률적으로 거주공간이 재편되는 과정을 반영하는 것이라 여겨진다. 이러한 상황을 잘 반영하고 있는 것이 월성해자 9호 목간이다. 목간에 기재된 모량부는 上里, 新里, 仲里, 下里 등 한화된 지명밖에 보이지 않는다. 이는 어느순간 일률적으로 행정개편이 있었음을 시사한다.

<그림 17> 경주 모량리 도시유적(ⓒ영남문화재연구원)

모량리 도시 유적은 왕경의 평면 구조상에서 배후지로 볼 수 있다. 최근 모량리 도시유적의 정체성과 관련해서 흥해 남미질부성에서 출토되었다고 전해지는 '太樹坊'명 기와가 거론된다. 모량리의 전신이 茂山大樹村이므로 太樹와 연결되며, 방형 구획을 하고 있으므로 坊과 통하므로 모량리의 방을 太樹坊으로 볼 수 있다는 것이다.69) 최근 나마여초 시

기의 문자 기와를 정리한 성과를 참고하면, 이 기와는 세장방형 방곽안에 1행 종서된 유형으로 구체적인 연대는 10세기 말에서 11세기 말로 비정된다.[70] 사실 신라의 방은 처음부터 이름이 정해져 있는 일본이나 중국과는 다르다. 이를테면『三國遺事』의 貧女養母편에는 '旌其坊爲孝養之里',『三國史記』孝女知恩편에는 '標榜其里, 日孝養坊'이라는 기사는 신라 하대 왕경에서 발생한 동일한 사건을 기록한 것이다. 가난한 효녀가 홀어미를 봉양한 것이 하나의 사건이 되어 그 里는 旌門을 하사받고 이름이 "효양방"이 된 것이다. 따라서 '태수방'을 신라의 방명으로 본 견해는 동의하기 어렵다.

왕경 관련 지명을 연구에 대입할 때 주의할 필요가 있다. 현재까지 남아 있는 지명의 전승을 이용하여 왕경의 방을 가늠하는 자료로 이용하곤 한다. 지명이란 일정한 語形과 語義, 標記의 세 요소를 갖춘 장소 표시의 기호라고 할 수 있다. 이러한 지명은 오랜 전승과정을 통해 자연적, 혹은 인위적으로 생기는 변화에 의해 유연성을 상실한 경우가 생긴다. 때로는 어형이 달라짐으로 인해 본래의 어의를 상실한 경우가 허다하다.[71] 예컨대 末方里는 왕경의 방과 관련해서 方이 坊과 의미가 같다고 보아 왕경의 행정구역인 坊과 관련시켰다. 이로인해 반향사 하방과 관련하여 하대에는 이 인근까지 확대된 것으로 본 주요한 근거였다.[72] 즉 말방리가 방의 끝자락 마을이라는 것이다. 반향사 하방을 차치하고, 말방리 만으로는 이것을 단정하기가 쉽지 않다.『金海金氏 甲戌譜』(1754)에는 말방리의 어원을 추정할 수 있는 단서가 보인다. 甲戌譜에는 僉知公

---

69) 朴方龍,『新羅都城』, 학연문화사, 2013.
70) 柳煥星,「慶州 출토 羅末麗初 寺刹名 평기와의 변천과정」,『新羅史學報』19, 新羅史學會, 2010.
71) 이돈주,「땅이름(지명)의 자료와 우리말 연구」,『한국지명연구』, 한국문화사, 2007, 59쪽.
72) 전덕재, 앞의 책, 2009, 135쪽.

應璧派에 대한 부연으로 '中始祖는 僉知中樞府事 應璧이시며 後孫이 경주 言方에서 거주한다'는 구절이 있다. 그렇다면 말방리는 적어도 조선시대에 언방으로 불리다가 동네의 이름이 '말(言)'과 관련된 연유로 행정구역을 개편할 때 末方으로 변한 것 같다. 이럴 경우 신라시대 坊과는 하등 연결고리가 없어지게 된다. 더구나 울주 지역에도 방말(울주군 두서면 서하리 일대)이 있다는 점도 유의할 필요가 있겠다.

이와 유사한 경우가 또 있다. 여근곡이 있는 芳內里는 하필 '坊의 안'처럼 해석될 여지를 가진 지명이다. 방내리에 거주하는 촌로들은 그 지역을 '고단'으로 부르고 있다. '고단'은 '꽃안'에서 파생되었을 것인데 그 지역의 산세가 꽃봉우리처럼 겹쳐 있음에 주목한 결과일 것이다. 『한국지명총람』에서는 마을이 산으로 둘러싸여 방안처럼 되었으므로 芳岸 혹은 芳內라고 하였다고 한다. 아울러 그 옆의 花川里는 배후의 산과 그 아래 흐르는 건천을 빗대 '꽃내'의 의미로, 花谷里 역시 산세가 겹쳐 있는 지형적 특성이 지명에 반영된 결과라 할 수 있겠다. 그렇다면 방내리는 신라의 방과는 무관하게 된다. 최근 이와 관련하여 동방동, 말방리, 죽동(방)리, 양월리(방), 산대리(방), 성지리 중방 등을 신라의 방과 연결시키는 경우가 있으나[73] 따르기 어렵다. 다만 분명한 사실은 모량리 지역이 통일기 무렵 도로에 의해 사방이 구획된 택지 분할이 이루어졌다는 것이다.

2) 특수 촌락의 편제

시가지 외곽 공간에 형성된 배후지에는 수공업이나 농업에 종사하는 촌락들이 존재하였다. 이 공간에서는 주로 왕경에서 소비되는 물품이 생산되었다. 후대 문헌이긴 하나 신라가 어떠한 방식으로 특수 촌락을 편

---

73) 정민, 앞의 논문, 2014.

재했는지를 보여주는 사례가 있다.74)

> C-3. 이제 살펴보건대 新羅가 州郡을 설치할 때 그 田丁과 戶口가 縣에 미
> 달하는 곳은 鄕 혹은 部曲을 두어 소재의 邑에 속하게 하였다. 고려 때
> 에는 또 所라 칭하는 것이 있었는데, 金所·銀所·鐵所·絲所·紬所·紙
> 所·瓦所·炭所·鹽所·墨所·藿所·瓷器所·魚梁所·薑所의 구별이 있어
> 각기 그 물품을 바쳤다. 또한 處와 莊으로 칭하는 것이 있었는데, 각기
> 宮殿과 寺院 및 內莊宅에 分屬되어 세를 바쳤다.

사료를 보면 신라에서 지방에 州·郡·縣을 설치할 때 기준은 田丁과
戶口의 多少 여부였던 것 같다. 이러한 특수 수공업 공방은 고려시대 所
로 불리는 것도 있었는데, 향, 소, 부곡이라는 특수 부락은 궁전이나 사
원, 內莊宅 등에 分屬되어 일정한 세금을 바쳤던 것으로 파악할 수 있다.
궁전과 사원, 內莊宅 등은 각기 일정한 수공업 생산 부락과 연계되어 있
었다. 內莊宅은 고려시대 왕실 재정을 담당하던 관부이다. 태조 왕건대
이미 內莊이 확인되며,75) 文宗대 관원이 정비되었다.76) 내장택에는 왕
실의 직할지인 內莊田과 왕실에 속한 莊·處 등에서 생산된 물자를 관리
하였다. 고려의 內莊宅은 신라의 內省과 같이 왕실재정의 운영양상을 비
교해 볼 수 있는 좋은 사례이다. 신라의 경우도 내성의 근간을 이룬 사
량궁에는 唱翳倉이 있어서 식량을 저장하는 용도로 사용이 되었다.77)
그리고 本彼宮의 재화, 전장, 노복을 유공자에게 中分하는 모습도 확인
된다.78)

---

74) 『新增東國輿地勝覽』 卷7, 京畿 驪州牧 古跡 登神莊條.
75) 『高麗史』 卷1, 世家1 太祖 元年 6월; 所有內莊及東宮食邑積穀歲久, 必多朽損, 其以
    內奉郎中能梵爲審穀使.
76) 『高麗史』 卷77, 志31 百官2; 內莊宅[文宗定, 使一人三品以上, 副使五品以上, 判官
    二人, 甲科權務. 吏屬, 記事四人, 記官一人, 算士一人. 忠宣王爲尙食局所轄.]
77) 『三國史記』 卷48, 列傳 劍君傳.
78) 『三國史記』 卷7, 新羅本紀7 文武王 2년; 中分本彼宮財貨田莊奴僕以賜庾信仁問.

고려시대에도 특수한 지방 행정단위로서 향과 부곡이 있었다. 그곳에 거주하는 사람들의 신분은 법제상으로 차별대우를 받았다고 한다. 다만 신라와 고려의 향이 서로 계기성이 있는가는 알기 어렵다. 이와 관련된 고전적인 견해로는 신라가 지방의 소국을 병합하는 과정에서 지방의 유력자를 중앙관인으로 전환시키고, 그들이 영유한 인적 자원을 차별화된 천민집단으로 대우하였다고 보는 것이다.79) 그 연장선상에서 신라 鄕·部曲과 관련된 통설적인 견해는 그것들이 군현에 예속된 행정단위이며, 거주하는 주민을 良人으로 본다. 그러다가 나말여초의 변동기를 거치면서 군현의 人民과는 차별되는 위치에 서게 된 것이라 한다.80) 고려의 향과 부곡민들은 천인으로 간주되고 있지만, 이와는 달리 그곳에 거주하는 사람들은 주로 농업에 종사하여 국가에 조세를 부담하고 특정한 역을 부담하는 양인으로 보기도 한다. 여기에 더해 국가 직속지를 경작하거나 각종 수공업제품을 생산하는 역을 부담했으므로, 사회·경제적으로 열악한 조건에 놓인 최하층의 양인 신분이라고 한다.81)

사실 신라 왕경의 시가지 외곽에 위치한 수공업 생산 촌락들이 良人이라든지, 왕실이나 귀족들과 연계되어 있었다고 입증할 명확한 증거는 별로 없다. 이는 州·郡·縣에 비해 그 중요도가 상대적으로 미미하여 문헌에 누락된 결과일 것이다. 신라의 지방제도는 『三國史記』 지리지를 바탕으로 가늠할 수 밖에 없다. 그런데 지리지를 편찬하면서 방언에 鄕, 部曲 등 잡다한 곳들을 정리 과정에서 배제시켜 버렸다.82) 그 결과 신라 왕경을 지탱시킨 수공업 특수 공방에 대한 이해의 실마리는 애초에 엉켜

---

79) 임건상, 『조선의 부곡제에 관한 연구』, 과학원출판사, 1963; 『임건상전집』, 1997, 혜안, 162~184쪽.
80) 전덕재, 「통일신라 향(鄕)에 대한 고찰」, 『역사와 현실』94, 한국역사연구회, 2014, 322~323쪽.
81) 박종기, 『5백년 고려사』, 푸른역사, 1999, 184~185쪽.
82) 『三國史記』 卷34, 雜志3 地理1 新羅; 九州所管郡縣, 無慮四百五十 方言所謂鄕·部曲等雜所, 不復具錄.. 新羅地理之廣袤, 斯爲極矣.

버렸다고 할 수 있겠다. 그나마 일부 편린이 남아 있어 약간의 추정은 가능하다. 『三國史記』 職官志는 上·中·下로 구성된다. 상권이 上大等, 執事省 등 국정 운영을 담당하는 중앙 관서의 職制를 기록한 것이라면, 중권은 내성 산하의 왕실 및 궁정과 관련된 관서이고, 하권은 무관들과 지방 관제를 다루고 있다. 내성 산하의 관서들은 중앙 관서와 비교했을 때 大舍를 長으로 하는 하급관서에 불과하지만, 전체 관서의 수는 115개 이며, 관원의 수가 500명이 넘는다. 중앙 관서에 비해 격은 낮지만 관서 의 수와 관원수를 대비해 보면 그 중요성을 과소평가할 수 없겠다.

수공업 관청은 관원조직의 차이에 따라 크게 3가지로 분류할 수 있다. 우선 母계열은 고급직물, 염색 등을 담당하고 있으며, 干계열은 돗자리, 기와, 의자, 광주리 등을 담당하고 있다. 그리고 翁 계열은 南下所宮(雜 工司)를 담당한다. 담당 職分을 보면 대부분 왕궁의 인근에 배치되어 활 동한 것 같다. 그런데 내성 예하의 관서 曝典은 屬縣이 3개나 있었다.[83] 이는 왕실재정과 관련된 관서들이 일정 지역을 단위로 재정원을 확보하 고 있었음을 의미한다.[84] 서울 사당동 토기 가마에서는 8세기대 신라 토 기가 출토되었다. 토기의 기벽에는 '-縣器村何支爲-'이란 명문이 새겨져 있다.[85] 某縣 아래 器村이라는 특수 촌락이 예속되어 있음을 알 수 있 다. 이는 공권력이 강제되어 물품 생산이 용이한 지역에 장인을 이주시 켜, 토기를 전문적으로 생산하는 촌락으로 재편하였음을 보여주는 자료 이다. 이를 미루어 보면 폭전에 예속된 현에서 관련 원자재의 조달을 담 당하였을 것이고, 그 부담은 속현 산하의 특수촌락에 재배당되었을 가능 성이 있다. 왕경의 배후지에 위치한 각 공방들은 이름도 모를 특수 촌락 이다. 이들도 어느 상위 행정 단위에 예속되어 생산품을 납입하였을 것

---

83) 『三國史記』 卷37, 雜志8 職官 中; 曝典, 屬縣三.
84) 三池賢一, 「新羅內廷官制考(下)」, 『朝鮮學報』62, 1972, 49~50쪽.
85) 송기호, 「사당동 요지 출토 명문자료와 통일신라 지방사회」, 『한국사연구』99·100, 1997.

으로 추정해 볼 수 있다.

특수 촌락의 성립시기에 대해서는 여러 견해가 있다. 우선 신라가 소국을 병합해서 州郡制를 정비하는 과정에서 성립되었다는 견해가 있다.86) 여기서는 소국의 지배자 일족이나 가신들이 王都나 王畿에 소규모 集落을 형성하여 그곳에 居處하였다고 보았다. 背後地인 王畿에 소규모 집락을 형성하였다고 본 것은 卓見이지만, 왕경은 사로 6부에서 시작되었으므로 소국의 지배자 일족을 이동시켰다고 보기는 어렵다. 한편 통일기 무렵 군현제를 정비할 때 田丁과 戶口를 고려하여 鄕으로 編制하였다는 견해가 있다.87) 이 견해는 신라가 삼국을 통일하고 고구려와 백제의 故地支配나 기술자 집단을 어떠한 방식으로 처리했는가와 관련을 가질 것이다. 마지막 견해는 군현제 성립이후인 8~9세기에 추가로 설치했다고 보았다.88)

신라의 鄕은 천민 집단이 아니라 군현과 병존한 작은 행정 단위로 볼 수 있다. 봉암사 지증대사비의 음기에 기술된 建功鄕令 金立言이나 熊川州 板積鄕 舍知 向德의 고사는 그럴 가능성에 무게를 실어준다. 그리고 成 가운데 永壽成이 『東國輿地勝覽』에 전하는 永壽部曲의 전신이 맞다면 成이 수공업품을 생산하던 촌락일 수 있겠다. 강수의 아내는 천대받는 冶匠의 딸이었다. 그의 아내는 釜谷에 거주하였는데, 이때 부곡은 '가마솥을 생산하던 골짜기'이란 의미와 '가마처럼 생긴 골짜기'란 의미 둘다 가능성이 있다. 그런데 冶匠이라는 職能을 염두에 두면 '가마솥을 생산하던 골짜기'란 의미가 더 합당할 수 있겠다. 그러므로 강수의 처가는 아마 釜谷成이란 지명이 사용된 공간에 위치하였을 가능성이 높다.89)

---

86) 井上秀雄, 「新羅王畿の構成」, 『新羅史基礎研究』, 東出版, 1974.

87) 이우태, 「신라의 촌과 촌주」, 『한국사론』7, 서울대 국사학과, 1981; 박종기, 『고려시대 부곡제연구』, 서울대학교 출판부, 1990.

88) 木村誠, 「統一新羅時代の鄕-部曲制成立史の再檢討-」, 『歷史評論』42-2, 1983.

89) 文暻鉉, 『增補 新羅史研究』, 도서출판 춤, 2000.

강수의 고사에서 유의되는 사실은 지리적 격절성이라는 특수촌락의 입지상 특징이 드러나 있다. 신분이 비천했지만 유학자인 강수와 결혼한 사실을 미루어 보면 사회·경제적 여건이 열악한 양인층으로 볼 수 있겠다. 그렇다면 신라의 특수 촌락에 편제된 사람들의 신분은 완전한 천민으로 볼 수는 없을 것이다.

왕경의 배후지에 위치한 공방들은 수세기에 걸쳐 계속해서 생산하고 있다. 따라서 일률적으로 자로 재듯 자르기 어려운 측면이 있다. 다만 배후지에 위치한 공방들의 특성은 시가지에서 생산하기 어려운 품목 이를테면 기와, 토기, 목탄 등은 연료와 원료수급이 용이한 지역으로 분산되어 배치되었다. 이 공방들은 주로 산곡간을 끼고 하나의 독립된 공간을 형성하고 있다. 입지상 특징이 바로 외부와의 격절성이다. 왕경의 배후지에는 중고기 이래 토기와 기와를 생산하는 요업 유적들이 곳곳에 산재해 있었다. 각 권역에서는 특화된 수공업품을 생산하였는데, 이를테면 蓀谷·勿川里 지역의 숯과 토기, 花山·東山里 지역과 金丈·下邱지역, 望星·花谷지역 등지에서 기와와 토기를 생산하여 왕경으로 공급하였다. 참고로 아래 <표 11>은 경주 지역에서 조사된 瓦窯址를 정리한 것이다.[90]

<표 11> 경주지역 와요지 일람

연번	유적명	기수	조업연대(보고자편년)
1	망성리와요지(박홍국1986)	1기	6세기말~7세기후반
2	동산리유적Ⅲ(신라2010)	2기	6세기말~8세기
3	손곡동·물천리유적A(2002)	1기	8세기후반
	손곡동·물천리유적B(2002)	4기	고려(추정)
	손곡동·물천리유적C1-2(2002)	3기	7세기전반
4	동산리 산36-1번지 유적(천년2018)	6기	7세기전반
5	화천리와요지(영남2012)	8기	7세기중반
	화천리와요지(영남2012)	2기	8세기~9세기전반

90) 이동주, 「신라하대 京匠의 동향-특히 瓦匠을 중심으로-」, 『정신문화연구』38권 4호, 2015, 45쪽을 바탕으로 추가.

	화천리와요지(영남2012)	6기	9세기전반이후
6	금장리유적(경북2007)	1기	8세기~9세기
	금장리유적(성림2015)	3기	8세기~9세기
7	석장동852번지유적(신라2008)	1기	8세기말~10세기후반
8	방내리유적(영남2007)	3기	9세기전반이후
9	화곡리유적(성림2012)	8기	6세기~9세기
10	문산리유적(성림2009)	4기	9세기
11	안강 양월리유적(신라2010)	1기	9세기
12	모량리Ⅱ(한빛2013)	4기	9세기

　표에 정리된 수공업 공방은 거의 발굴을 통해 그 실체가 밝혀진 것이다. 그런데 발굴되지 않은 공방의 수가 더 많다. 이 수치는 해당 공방의 운영시기를 가늠할 때 참고는 될 수 있겠다. 문헌이 제한적이어서 더 이상 추정은 어렵지만 신라시대의 생산 공방은 『三國史記』三國有名未詳地分에 鄕 혹은 成으로 기록된 촌락91)과 관련될 것이다. 아래는 鄕과 成을 별도로 정리해 본 것이다.

　　　C-1. [鄕] 調駿鄕, 飼龍鄕, 接仙鄕, 敬仁鄕, 好禮鄕, 積善鄕, 守義鄕, 斷金鄕, 海豊鄕, 北溟鄕, 接靈鄕, 河淸鄕, 江寧鄕, 咸寧鄕, 馴雉鄕, 建節鄕, 救民鄕, 鐵山鄕, 金川鄕, 睦仁鄕, 靈池鄕, 永安鄕, 缶安鄕, 富平鄕, 穀成鄕, 密雲鄕, 宜祿鄕, 利人鄕, 賞仁鄕, 封德鄕, 歸德鄕, 永豊鄕, 律功鄕, 龍橋鄕, 臨川鄕, 海洲成, 江陵鄕, 鐵求鄕, 江南鄕, 河東鄕, 激瀾鄕, 萬年鄕, 飮仁鄕, 通路鄕, 懷信鄕, 江西鄕, 利上鄕, 抱忠鄕, 連嘉鄕, 天露鄕

　　　C-2. [成] 麗金成, 露均成, 永壽成, 寶劍成, 岳陽成, 萬壽成, 濯錦成, 河曲成, 岳南成, 推畔成, 進錦成, 澗水成, 傍海成, 漢寧成, 末康成, 屑氣成, 奉天成, 安定成, 萊津成

　기존의 성과를 보면 이 촌락들은 왕실이나 귀족의 사적 지배를 받는

---

91) 『三國史記』 卷37, 地理志 三國有名未詳地分.

곳이며, 특히 成은 사치품을 생산하여 바치던 수공업 부락이라는 견해가 있다.[92] 다만 이 成이 수공업품 생산 집락이자 수공업 관서들과 결합되었음을 증명해 줄 근거는 어디에도 없다는 비판도 있지만,[93] 鄕과 成 등은 신라의 지역지배와 관련된다는 점에서 가벼이 비판되어서는 안된다.[94] 鄕의 경우 단금향, 금천향, 철산향 등의 용어에서 이미 철기나 금과 같은 금속을 생산하는 촌락의 느낌이 강하며, 成도 보검성과 여금성이란 지명을 통해 생산과 관련된 수공업 특수 촌락으로 볼 수 있다.[95]

아울러 향이나 성의 이름은 작법을 하는데 일종의 규칙성이 감지된다. 가령 斷金鄕이나 鐵山鄕, 鐵求香, 鐵山鄕 등은 금속의 산지를 지명에 그대로 사용하였다. 그리고 北溟鄕, 咸寧鄕, 臨川鄕, 海洲成, 江陵鄕 등은 소속 지명을 그대로 사용하였고, 敬仁鄕, 好禮鄕, 積善鄕, 守義鄕, 利人鄕, 賞仁鄕, 封德鄕, 歸德鄕, 律功鄕 등은 유교나 불교적 색채가 농후한 용어를 차용한 경우이다. 이에 반해 成의 경우 직접적으로 소속 지명을 대응시켜 지명으로 사용한 경우는 없는 것 같다. 麗金成, 寶劍成, 進錦成, 濯錦成 등은 생산되는 제품명을 따서 이름으로 사용한 경우이며, 永壽成, 萬壽成 등은 유교적 색채를 띠는 용어를 사용한 경우이다. 그리고 岳南成, 推畔成 등은 공방이 속한 지명의 형태를 따서 사용한 경우로 볼 수 있을 것 같다.

다만 왕경의 배후지에 배치된 특수 촌락의 이름을 알기는 어렵다. 그래서 여기서는 수급관계와 운영상 특징을 거론하면서 왕경과의 연동성을 파악해 보려한다. 우선 와요지의 경우 어느 정도 위계가 확인된다.

92) 井上秀雄, 「新羅王畿の構成」『朝鮮學報』49, 1968; 『新羅史基礎研究』, 東出版, 1974 (재수록).

93) 朴南守, 앞의 책, 1996, 19~20쪽.

94) 尹善泰, 앞의 논문, 2000.

95) 金哲埈, 「新羅의 村落과 農民生活」, 『韓國古代史研究』, 서울대학교 출판부, 2001; 이한상, 「우쭐대던 장인, 초라한 장이」, 『삼국시대 사람들은 어떻게 살았을까』, 청년사, 2005.

가장 상위에 속한 공방은 화곡와요지이다. 화곡와요지는 경주시 내남면 일원에 위치하고 있으며, 인근 망성와요지와 동반해서 운영이 된 것으로 추정된다.

왕경에서 토기와 기와 등 토제 소성품을 관할했던 官署로 瓦器典이 주목된다. 와기전은 경덕왕대 陶登局으로 고쳤다가 후에 다시 복고되었는데, 담당관원은 간 1인과 사 6인으로 구성되었다. 관청의 이름인 瓦器는 그 자체 질그릇을 의미할 수 있지만, 기와와 토기 등을 담당하는 소위 점토로 성형한 기물 전반을 담당한 관청으로도 볼 수 있다. 다만 와기전은 와기를 직접 생산한 관서라기보다는 가마가 설치된 현 하의 촌을 관리·감독하고, 이들 촌에서 생산·운반된 와기를 수납하여 왕실이나 관청의 수요에 충당하던 관서였을 가능성이 크다.[96] 특히 와기전에 배속된 史는 관청의 말단관리인데 그 수가 6명인데 다른 내성 산하 관청과 비교하면 인원수가 월등히 높다. 다수의 말단관리의 존재를 통해 왕경 주변에 산재한 복수의 가마를 관리·운영하고 있던 모습이 포착된다.

기와의 생산 체제는 통일기를 맞아 급격한 변화를 맞이한다. 구체적으로 7세기 후반이 되면 단판 타날 방식에서 중판 타날 방식으로 교체된다. 그리고 기와의 문양도 통일기 양식이 등장하게 된다. 타날작업의 변화는 제작공정의 시간 단축으로 귀결된다. 단판 타날된 기와의 대표적인 것들이 안압지나 월성 일대에서 출토된 '漢', '漢只', '習部', '習府' 등이 찍힌 기와이다. 이 기와들은 각각 한기부와 습비부의 약자로 파악되므로 각 부에서 기와 생산에 일정부분 관여하고 있었던 것으로 볼 수 있다. 특히 '漢'명 기와는 타날 작업이 종료된 이후 별도의 원형 인장으로 찍어서 제작한 곳을 표현하였다. 이 공정을 통해 다양한 공방에서 동시에 납품되는 과정에서 초래되는 착오를 줄일 수 있다.

화곡 와요지는 주로 왕실에 제품을 공급한 관요로 추정된다. 공방은

---

96) 尹善泰, 앞의 논문, 2000, 130쪽.

5세기말에서 9세기에 이르기까지 운영되었다. 특히 왕실에서 소비되는 제품을 생산하기 위해 제작과정 상 엄격함이 확인된다. 이를테면 토기를 만들기 위해 흙을 공방주변에서 해결한 것이 아니라 외부에서 의도적으로 들여왔다. 최근 조사된 망성리 윗골들 생산유적에서는 대규모 채토장을 비롯하여, 수혈, 주혈군, 수레바퀴흔 등이 확인되었다.97) 그중 단연 눈길을 끄는 것은 채토장인데, 규모는 길이 48m, 너비 32m, 깊이 50~190cm에 달한다. 수레바퀴 흔적으로 미루어보면 여기서 채취된 흙은 망성 와요지나 화곡 와요지로 공급이 되었을 것이다. 망성 와요지의 경우 정식 발굴조사가 이루어지지 않았지만, 화곡 와요지는 발굴결과 채토 저장공이 발견되었다. 이 유적은 태토의 준비에서부터 정성을 기울이고 있는 모습을 확인할 수 있다. 그리고 독특하게도 다른 공방에서는 보기 드물게 명문토기가 다수 출토되었다. 명문의 내용은 주로 인명, 납품처, 길상구 등이다.98) 기물에 명문을 새기는 이유는 납품처 명기,99) 출납폐단

---

97) 嶺南文化財研究院, 『慶州 茸長里 江亭古墳群·望星里 윗골들遺蹟』, 2017.

98) 이동주, 「경주 화곡출토 在銘土器의 성격」, 『목간과 문자』10, 한국목간학회, 2013.

99) 『太宗實錄』 太宗 17年 4月 20日; 戶曹上器皿除弊事宜. 啟曰: "據長興庫呈, 外貢砂木器, 以司饔房納施行, 而庫專掌捧納, 內宴及行幸時, 分納於司饔房, 司膳署, 司饔所, 故未得終始考察, 或匿或破, 還納之數, 僅至五分之一, 徵於逢受下典, 實爲積年巨弊. 願自今庫納砂木器外貢元數內, 司饔房, 司膳署, 禮賓, 典祀, 內資, 內贍寺, 恭安, 敬承府等各司, 分定上納, 各其司考察出納, 以革積弊." 戶曹又啟: "長興庫貢案付砂木器, 今後刻長興庫三字, 其他各司所納, 亦依長興庫例, 各刻司號, 造作上. 上項有標器皿, 私藏現露者, 以盜官物坐罪, 以絶巨弊." 皆從之.

이와 관련하여 경주박물관 남측부지에서 출토된 '東宮衙'명 호가 유의된다. '東宮衙'는 경덕왕 11년(752)에 설치된 관부이다. 이와 동일한 토기가 월성에서도 출토되었다(전경효, 「월성의 명칭 및 출토 문자자료 검토」, 『한국고고학의 기원론과 계통론』40회 한국고고학전국대회, 2016). 다만 월성에서 출토된 것은 '東宮'의 아래부분에서 파손된 상태였다. '東宮'명 토기가 분황사 인근에서도 출토되었으므로, 월성 출토 토기를 반드시 '東宮衙'로 확정짓기는 어렵다고 생각된다. 그리고 '東宮衙' 혹은 '東宮'명 토기의 뚜껑으로 추정되는 유물이 월지에서 출토되었다. 뚜껑의 외면에 '東'자가 찍혀 있다(高敬姬, 「新羅 月池 出土 在銘遺物에 對한 銘文 硏究」東亞大學校 大學院 史學科 碩士學位論文, 1993, 29쪽). 이와 동일한 것이

예방, 분실방지,100) 품질 저하 방지101) 등의 목적이 있었다.

당의 경우도 『大唐六典』에 "凡營軍器, 皆鑴題年月及工人姓名, 辨其名物, 而閱其虛實."102)이란 구절이 확인되며, 일본의 『延喜式』에는 "賣物者 有行濫及橫刀, 鞍, 等 不題鑿造者姓名之類."103)과 『養老令』에 "凡出賣者. 勿爲行濫其橫刀, 槍, 鞍, 漆器之屬者. 各令題鑿造者姓名."104) 등이 확인된다. 이를 통해 제작 과정상의 책임 소재를 밝히려는 목적으로 장인의 이름을 새겼던 것 같다. 정리하자면 명문의 성격은 해당 관사의 납품, 물품의 관리, 도난 예방, 불량품 납품 방지, 책임 소재 명기 등 지극히 현실적인 관념 속에서 기물에 관사나 장인의 이름을 써 넣었음을 엿볼 수 있다. 이를 미루어 보면 시장에서 품질이 떨어지는 물건들이 더러 유통되고 있었던 것 같다. 공권력을 행사하여 미연에 유통질서를 다잡으려는 조치로 볼 수 있겠다.

그러한 이해의 선상에서 화곡 와요지의 수로에서는 엄청난 양의 폐기물이 출토되었다. 수로는 공방에 필요한 給水源이자 불량품을 폐기하는 장소로도 활용되었던 것이다. 폐기된 유물은 크게 완전 불량품과 색조 불량품으로 구분할 수 있다. 완전 불량품의 경우 고온으로 인해 기형이 찌그러지거나, 기벽이 갈라져 기물로서 기능을 수행하지 못하는 것들이

월성에서도 출토되었는데, 보고자는 '惠'로 판독하였으나 '東'의 誤讀이다(聖林文化財硏究院, 『慶州 校洞 274番地 南川周邊 景觀整備工事 區間內 遺蹟』, 2014).

100) 『中宗實錄』 中宗 23年 8月 17日; 傳曰: 司饔院所捧永慶殿前排沙器, 使刑曹憑準者, 非以各色掌之, 上言爲是也. 亦欲發其奸僞也. 司饔院當初, 旣無事納之, 而及至六朔, 始以換納移報, 故欲考刻標也. 設使刑曹, 以其中之意, 欲爲憑準, 爲司饔院官員者, 猶當卽告于提調, 開庫出送. 今乃以傳旨, 欲爲憑準, 以入藏提調之庫答之, 而不卽出送, 至爲不可. 司饔院官員, 其推之.

101) 『世宗實錄』 世宗 3年 4月 16日; 工曹啓, "凡進上器皿, 不用心堅緻造作, 緣此不久破毁. 今後於器皿底, 書造作匠名, 以憑後考, 其不用心者, 徵其器皿." 從之.

102) 『大唐六典』 卷23, 將作監.

103) 『延喜式』 卷42, 左右京 東西市條.

104) 『養老令』關市令 出賣條,

다. 하지만 색조 불량품의 경우 기형은 완전하여 기물로서 기능은 충분히 수행할 수 있지만 폐기되었다. 이를통해 왕실에서 사용되는 기물에 대한 검수 과정상 까다로움이 감지된다. 달리 말하면 화곡 공방이 국가의 엄격한 통제 하에 관리되었음을 방증한다.

각 공방의 생산력을 가늠하기는 어렵지만 비교사적인 추정은 가능하다. 일본의 경우 『延喜式』에 공인의 1일 생산량을 적고 있다.

C-4. 作瓦.
　　夫一人一日打埴大三百斤,【雇人加一百斤.】以沙一斗五升交埴四百斤, 以一千八百斤爲一疊, 以四疊充一夫. 工一人日造瓳瓦九十枚.【筒瓦亦同, 但彫端八十三枚.】宇瓦卄八枚, 鐙瓦卄三枚, 以埴十一斤造瓳瓦一枚, 筒瓦九斤, 宇瓦十八斤, 鐙瓦十五斤, 夫一人, 暴干雜瓦三百五十枚.
　　作瓳瓦料, 商布一尺四寸,【宇瓦一尺五寸, 鐙瓦, 筒瓦各二尺二寸, 竝充二千枚.】苧小二兩充雜瓦六百枚.
　　工卅人, 夫八十人, 作瓦窯十烟, 烟別工四人. 夫八人, 燒雜瓦一千枚料, 薪四千八百斤.【柔埴加一千卄斤.】(『延喜式』卷34　木工寮)

C-5. 作土器九人, 月別一人所造, 折櫃卅合, 土器七百八十口,【大坏, 中坏, 窪坏, 平坏, 碗形, 片盤, 瓮, 堝等類.】作土器人充商布九段,【埴器料.】(『延喜式』卷39　内膳司)

우선 C-4 기사는 기와의 제작 분량을 제시하고 있다. 이를테면 와공 1인은 암키와 90매, 수키와 28매, 막새기와 23매를 만들도록 규정해 놓았다. 아울러 각 기와들에 소용되는 소지 흙의 양, 가마 소성 간 팀 구성, 연료 담당까지 하나의 공방에서 이루어지는 기와 제작 간 공정을 일목요연하게 규정해 놓았다.

C-5 기사의 경우 내선사와 관련하여 각 國에서 공진하는 토기의 양을 가늠하기 위해 규정을 적은 것이다. 한 공방에서 와공 한 사람이 월별

제작하는 토기의 양은 30궤짝이며, 수량으로는 780개에 달한다. 이 규정
에 의하면 한 궤짝에 26개의 토기가 수납됨을 알 수 있다. 토기의 기형
도 세부적으로 한정해 놓았다. 율령국가에서 지방의 국에 산재된 토기
공방을 통제하고 있는 모습이 연상된다. 그러므로 화곡 유적에서 출토된
토기의 부호 가운데 십 단위로 볼 수 있는 것들은 아마 생산과정에서
실셈하기 위한 용도였다고 보인다.

한편 배후지에서 생산된 물품들이 왕경 내에 소비될 때 경유지로서
시장을 거론할 수 있다. 다만 대형 토기나 기와의 경우 시장을 경유하여
소비지로 공급되었는지는 알기 어렵다. 기와의 경우 건축부재로 제작된
것이지만 소기의 목적을 달성하기 위해서는 건물 1기당 최소 수천매가
필요하기 때문이다. 기와가 시장을 경유하여 공급되었다면, 기와를 적재
할 면적도 고려되었어야 할 것이다. 이런 품목의 경우 담당 관청에서 소
비지로 공급망만 확보해 주면 될 것이다. 이와 관련하여 1976년 일본 평
성궁 조당원 동북모퉁이 부근(SX8411)에서 출토된 목간은 기와 반입과
관련된 것이었다.[105]

[26.6×2.3×0.2]

o 進上瓦三百七十枚 女瓦百六十枚 宇瓦百卅八枚　功卅七人 十六人各十枚 卅三人各六枚
　　　　　　　　　鐙瓦七十二枚　　　　　　　九人各八枚
o 付蓋屋石敷 神龜六年四月十日穴太□
　　　　　　王典下道朝臣□□

<그림 18> 일본 평성경 기와 조달관련 목간(ⓒ나라문화재연구소)

105) 山本崇,「一九七七年以前出土の木簡」,『木簡硏究』30, 2008, 192쪽.

이 목간에 의하면 기와의 운반에 47인(사실 48명의 오기)이 동원되었는데 1인당 女瓦(암키와) 10매, 宇瓦(암막새) 6매, 鐙瓦(수막새)8매를 운반하고 있다. 이는『延喜式』木工寮 人担에는 1인당 분담양이 女瓦(암키와) 12枚, 筒瓦(수키와) 16枚, 鐙瓦(수막새) 9枚, 宇瓦(암막새) 7枚로 규정되어 있어 근사한 수치를 보이고 있다. 이는 나라 시대보다 헤이안 시대 기와의 규격이 약간 소형으로 변화한 것과 관련이 있다.『延喜式』木工寮 車載에는 수레 1대당 운반량을 "瓦一百卅枚. 筒瓦一百枚. 鐙瓦八十枚. 宇瓦六十枚."이라 적고 있다. 다만 기와의 운반에 수레보다 인간이 동원되는 빈도가 높은 점은 수레가 그 정도로 많지는 않았음을 보여주는 것이라는 지적이 있다.106) 기와의 경우 시장을 경유하지 않고 바로 소비지로 공급되었음을 알 수 있다.

아울러 대형 토기의 경우도 공방에서 소비지로 이동된 것 같다. 성건동 677-156번지 유적 集水施設에서 출토된 대옹의 하단에는 2행으로 구성된 문자가 새겨져 있다. 대칼로 새겼다는 점에서 공방에서 문자가 새겨졌음을 알 수 있다. 명문은 "置入舍/ 冬夫知乃末 文知吉舍 り"로 판독하였다.107) 박방룡은 "買入瓮/ 冬夫知乃末 文□吉舍 り"로 판독하고 "冬夫知乃末의 주문으로 文□吉舍가 제작하고, 冬夫知乃末이 買入한다"고 해석하였다.108) 이 견해는 명문의 내용을 통해서는 매입자와 제작자를 판정하기 어렵고, 문장의 해석에서 橫間을 넘나들고 있어 어색한 느낌이 있다.

최근 김재홍은 "(이 옹을) 창고(舍)에 납입한다. (창고관리인)冬夫知乃末・文知吉舍가 확인한다. り(사인)"으로 해석하였다.109) 이 견해 역시

---

106) 森郁夫,「Ⅱ 古代の瓦」,『瓦』, 法政大學出版局, 2001, 154쪽.
107) 新羅文化遺産調査團,『王京遺蹟Ⅶ-慶州 城乾洞 677-156番地-』, 2008, 34~37쪽.
108) 朴方龍,「慶州 城乾洞 677番地 出土 銘文土器」,『東垣學術論文集』14, 2013.
109) 김재홍,「新羅 王京 出土 銘文土器의 생산과 유통」,『한국고대사연구』73, 韓國古代史學會, 2014, 147~148쪽.

창고 수납에 초점이 맞춰진 느낌이다. 신라에서 '숨'를 창고라 부른 적도 없을 뿐더러 백번 양보해서 창고라 하더라도, 冬夫知乃末·文知吉舍를 창고관리인으로 볼 수 있는 근거는 없다. 명문의 기재는 공방에서 이루어졌다. 명문의 내용을 소비지와 관련시킨다면 "置入舍"는 "舍에 넣어 둘 것"으로 해석될 수 있다. 그렇다면 舍는 토기를 발주한 주체와 관련된 공간으로 파악될 여지가 있다. 명문의 기재 시점을 감안한다면 경위를 가진 2명의 인물은 공방에서 토기 제작과 관련된 검수자일 가능성이 오히려 높을 것이다.

한편 <그림 19>는 황룡사에서 출토된 대옹인데, 구연부에 "···月三十日造得林家入納···"란 명문이 확인된다. 이 역시 '得林家'를 토기 사용처[110]로 보기는 어려우며, 오히려 명문의 구조 속에서 '得林家'는 토기를 황룡사에 시납한 주체로 보아야 출토 정황과도 매끄럽지 않을까 싶다. 두 명문토기의 공통점은 대옹이다. 크기가 대형이라는 점에서 시장을 경유하지 않고, 바로 소비지로 공급되었음을 짐작해 볼 수 있다.

<그림 19> '得林家'명 토기
(ⓒ국립경주박물관)

각 공방에서 생산된 완제품은 官道를 통해 내부로 유입되었을 것이다. 왕경은 지방의 출발지이자 종착지의 특성을 갖는다. 왕경의 중심역은 경도역으로 추정되는데, 이 역을 기점으로 전국적인 교통망이 갖추어졌을 것이다. 『三國史記』 三國有名未詳地分에는 乾門驛, 坤門驛, 坎門驛, 艮門驛, 兌門驛 등의 五門驛과 北海通, 鹽池通, 東海通, 海南通, 北傜

---

110) 김재홍, 앞의 논문, 2014, 148쪽.

通 등 五通이 확인된다. 오문역과 오통은 서로 대응관계에 있다고 여겨
진다. 오문역은 팔괘를 따서 역명을 지었다. 김헌창이 반란을 일으켰을
때 왕도의 8방에 장수를 보내 이를 막게 하였다고 한다. 그렇다면 나머
지 離門驛, 震門驛, 巽門驛도 있었을 가능성도 배제하기 어렵다. 이에 건
문역은 염지통으로 산내면 의곡리, 곤문역은 동해통으로 외동읍 구어리,
감문역은 북요통으로 서면 아화리, 간문역은 북해통으로 안강읍, 태문역
은 해남통으로 두서면 인보리에 각각 비정한 견해도 있다.[111]

구체적인 양상을 가늠하기는 어렵지만 배후지에서 생산된 물품들은
교통로를 따라 시가지로 반입되었다. 이를테면 望城, 花谷, 花川里 와요
지에서 생산된 토기와 기와는 월성과 분황사, 나정 등지에 공급되었다.
이 경우 무열왕릉이 조영된 서악동 지역을 넘어 왔다고 보기는 어렵고,
大川과 西川이 합류하는 지점에서 시가지로 넘어 왔을 것이다. 공교롭게
도 이곳은 入都林이 형성된 공간이다.[112] 시가지로 넘어 오는 경계지대
였던 것 같다. 그곳을 경유하여 홍륜사 인근에 설치된 金橋를 넘어 시가
지로 공급되었을 것이다.

그리고 金丈, 下邱, 多慶 와요지에서 생산된 토기와 기와 역시 동궁과
월지, 사천왕사 등지에 공급되었다. 이곳에는 교각의 흔적이 확인되지
않는다. 수심이 깊지 않은 곳을 경유하여 시가지로 공급되었을 것이다.
蓀谷, 勿川, 東山, 花山里 와요지는 큰 강을 경유하지 않고도 내륙길을
통해서 시가지로 공급될 수 있는 곳에 위치하고 있었다. 다만 東山, 花山
里 와요지의 물품들은 花谷이나 多慶 와요지에 비해 격이 떨어진다. 아
마 왕실보다는 격이 낮은 계층에 공급되었을 가능성이 높다.

이처럼 배후지에 배치된 공방들은 왕경인들이 일상생활을 영위하는
데 일조하고 있었다. 이곳에서 운영된 공방의 특징은 소규모 촌락을 이

---

111) 朴方龍, 앞의 책, 2013, 353쪽.
112) 이근직, 「신라 왕경의 성립과 전개」, 『건축역사연구』48, 2006.

루며, 분지형의 입지를 갖고 있고, 煤煙의 배출도가 높다. 수세기 동안 공방이 운영되었다는 점에서 기술의 전수, 도제식 교육이 연상된다. 배후지가 공방이 들어서게 된 근본적인 원인은 원료나 연료 획득의 용이함, 谷風을 이용한 가마 운영, 시가지와 그리 멀지 않은 유통상의 이로움 등이 고려되었을 것이다.

V. 맺음말

　지금까지 신라 왕경이 모습을 갖추어 가는 과정과 내부구조를 살펴보았다. 여기서는 신라 왕경이 가진 한계를 극복하고자 했던 신문왕의 달구벌 천도의 의미를 탐색하는 것으로 맺음말에 대신하고자 한다.

　신라 왕경은 마립간기에 이르러 지방과 차별되는 정치적 중심지로 자리매김하였다. 왕경은 사로 6부의 영역이 전환된 것인데, 그 범위는 현재의 통합 경주시와 대략 겹친다. 왕경의식은 생겨났지만, 부체제하에서 6부를 뛰어 넘기가 어려웠다. 당시 왕은 신라의 대표자이지만 왕이 속한 부의 長이기도 하여서 권력 행사는 제한적이었다. 그런데 자비마립간대에 이르러 경도의 방리에 이름을 정하게 된다. 이 사실은 건고한 부체제에 일종의 균열을 가하는 것이어서, 부 해체의 前夜로 볼 여지가 있다.

　자비마립간-소지마립간 대에는 對高句麗 관계의 파탄이 생기게 되었다. 이로인해 전시체제에 준하게 왕경을 운영할 수 밖에 없었다. 경주 분지내로 권력이 집중됨에 따라 왕의 권위를 표방할 수 있는 대형의 고총고분이 등장하게 된다. 그리고 월성을 정비함으로서 인민과 격절된 공간에서 권력을 행사할 수 있는 宮으로 변모시킨다. 대외 비상상태에 대비하여 왕경의 방어에도 집중하게 되는데, 명활성을 전시에는 왕궁으로 기능하게끔 정비를 하였던 것 같다. 평지성-산성의 이원구조는 고구려 도성의 운영 방식인데, 신라가 이를 모방하여 운영하였던 것 같다. 최근 명활성의 북문지가 발굴 조사되었다. 조사 결과 보은 삼년산성, 문경 고모산성에서 확인된 치성이 검출되었다. 문은 기와를 올린 루의 형태였고, 안에서 밖으로 여는 外開形이다. 그리고 수레를 타고 문을 통과하게

끔 석축으로 비스듬하게 경사로를 만드는 등 상당히 공력을 들인 모습이었다. 소지마립간대에는 우역, 官道의 정비, 월성의 수즙을 통해 왕경의 경관은 크게 변모되었을 것으로 여겨진다. 최근 월성의 조사에서도 알 수 있듯 서쪽 성벽은 거의 지표면에서 전면적으로 쌓아올렸는데, 최하층에서 황남대총 남분에 해당되는 토기가 출토되었다. 이 현상은 소지마립간대의 월성 수즙기사의 신빙성에 무게를 실어준다.

중고기 불교가 공인됨에 따라 건축상 진전이 이루지고, 도시화가 이루어지면서 그간 死者의 공간이었던 고분이 산지로 이동하게 된다. 매장 공간의 변화는 내세관념의 변화가 동반된 것이다. 산지 이동의 상징적인 무덤이 보문리 부부총이다. 이 무덤은 夫塚인 적석 목곽분과 婦塚인 횡혈식 석실분으로 구성이 되어 있었다. 그간 부부의 무덤으로 보아 왔지만, 최근 유물에 대한 정밀 분석 결과 2기 모두 여자의 무덤임이 밝혀지게 되었다. 무덤의 위계는 상위계층이며, 조영연대는 대략 540~560년 무렵으로 추정된다. 산지에 적석목곽분이 조영되었지만, 대체로 횡혈식 석실분으로 대체되어 나갔다. 석실묘가 채택되면서 동쪽으로는 보문동 고분군, 서쪽으로는 서악동-충효동-석장동 일대의 고분군, 북쪽으로는 용강동-동천동 고분군 등 크게 세 개 지구로 묘역이 확산된다. 그 결과 내부는 도시화가 이루어질 수 있었다. 도시화가 진전된 가장자리에는 불교 사찰이 자리잡게 되었다. 조상 숭배는 무덤을 대신하여 사찰에서 추숭이 이루어졌다. 계세적 내세관에서 윤회적 내세관으로 관념의 전환이 이루어졌던 것이다.

그간 월성 등지에서 부분적으로 사용되던 기와는 사찰이 등장하면서 본격적으로 소비되기 시작하였다. 왕경의 경관이 완전히 새로운 모습으로 변화했다. 기와를 올린 건물과 올리지 않은 건물 사이에는 엄연히 격의 차이가 존재하였다. 이로인해 궁역, 관아역, 귀족거주 공간 등 공간에도 위계화가 촉진되었다.

진흥왕은 친정을 하면서 開國이라는 연호를 사용하였다. 연호는 나라를 열었다는 의미로 새시대를 지향한다는 의미를 가졌던 것을 볼 수 있다. 그래서 월성의 동쪽에 新宮을 조영하려 하였다. 신궁은 紫宮이라고도 하였는데, 북쪽을 상징한다. 북쪽에 앉아 남면하는 구조를 염두에 두었던 것 같다. 新宮은 광활한 늪지를 매립하여 조영되었다. 최근 발굴조사 결과 성분이 다른 흙을 교대로 비스듬하게 시루떡처럼 쌓아 나갔던 정황이 드러났다. 향후 신라 왕경에서 이처럼 대규모의 토목공사가 없었다. 이점 신궁조영이 왕경의 운영 과정에서 고찰해야 하는 하나의 이유가 된다. 진흥왕은 중국식 도성제에 대한 이해도가 심화됨에 따라 그것에 맞게 왕경을 정비하려고 했던 것 같다. 이 계획은 무위로 돌아가고, 황룡사 창건으로 이어졌다. 당시 왕즉불과 전륜성왕에 대한 관념이 수용되면서 불교 사찰로 전환되었지만, 한정된 공간에 중국식 도성제를 적용시키려 고민했던 흔적을 확인할 수 있다.

진평왕-진덕여왕대 관부 정비를 통해 월성 인근은 관아지대로 볼 수 있는 공간이 형성되었고, 지배체제는 훨씬 정교해졌다. 진평왕대 성골관념은 직계라는 제한된 가계를 설정하였고, 그 결과 딸에게도 왕위계승의 자격이 주어졌다. 제한된 가계 의식은 왕실이라는 관념을 촉발시켰고, 그 결과 내성이라는 왕실재정을 담당하는 관부가 설치된 것으로 생각된다. 진평왕 당시의 토목공사는 월성해자 <신출토 1호 목간>의 戊戌年, 丙午年 간지가 적힌 목간, 南山新城碑를 통해 그 대강을 짐작할 수 있다. 진평왕대 월성의 인근에는 수 많은 관부들이 배치되었고, 그 결과 월성의 외벽에는 11개에 달하는 문이 생겨났을 것이기 때문이다. 명활산성을 대신하여 南山新城이 중시되었다. 新城이라는 용례에서 유추할 수 있듯 새로운 방어성의 구축이라는 측면에서 고찰할 수 있다. 그간 월성-명활성의 구조에서 월성-남산신성의 구조로 왕성의 운영 패턴이 변화된 것으로 이해할 여지가 있다.

한편 진덕여왕대 활약한 김춘추는 당 문물 수용에 적극적이었다. 이때부터 신라는 중국식 의례국가로 변모하기 시작하였다. 중국의 시간질서에 흡수되었고, 국가 운영도 율령에 입각하였다. 통일의 위업이 달성되자 왕경의 日新이 요구되었다. 그런데 신라의 왕경은 한번도 천도를 단행한 적이 없었다. 정궁인 월성의 남측은 하안단구여서 座北南朝의 중국식 도성제를 구현할 수 없었다.

중대 왕실은 중국식의 의례국가를 표방하면서 자신의 가계를 중국의 神話상 인물에게 가탁하였다. 가계의 범위에는 금관가야의 후손인 김유신 가문도 있었다. 이 두 가문은 실질적으로 중대 개창을 주도하였다. 직계의식의 중시에 따라 무열왕은 자신의 조상들이 묻힌 서악동 고분군에 장사되었다. 서악동 고분군은 法興王-眞興王-眞智王-金龍春-武烈王의 무덤이 차례로 조영이 되었다고 추정된다. 이는 진흥왕의 또 다른 자손인 眞平王이 한기부에 묻혔던 것과는 대조적이었다.

통일의 위업을 달성한 문무왕은 통일국가의 수도에 걸맞게 왕경의 구조를 쇄신시키기 위해 공사를 진행하였던 것 같다. 중대 왕실은 새로운 시대정신으로 유학을 채택하였다. 유학의 가장 이상적인 도시구조는 『주례』에 입각한 도성이다. 『주례』는 공자가 이상적인 국가로 생각했던 周나라의 제도를 기록한 유교 고전이다. 이 책에는 天子의 거주지인 王都란 공간이 어떠한 방식으로 설계되어야 하는지 설명해 놓았다. 이를테면 장인이 수도를 건설할 때 사방을 아홉리로 정하고, 각 변에 문을 세 개 만든다. 수도 안에는 남북으로 아홉 개, 동서로 아홉 개씩 도로를 놓는다. 남북으로 놓인 도로의 너비는 九軌이다. 左廟右社, 前朝後市의 원칙을 적용한다는 식이다. 이를 잘 반영한 도시가 바로 당의 장안성이었다. 장안성은 매우 엄격한 방리제도를 채택하였다. 성 전체를 108개의 방으로 구분했는데, 주작대로를 기준으로 서쪽의 萬年縣이 54개 방, 동쪽의 長安縣이 54개 방을 각각 보유하고 있었다. 방의 크기도 같지 않은

데 주작대로를 연접한 4열방이 가장 작았다. 장안성의 사례에서 볼 수 있듯 방은 주작대로를 기준으로 좌우대칭형의 구조를 띠고 있었다. 그리고 정통성을 확보하기 위해 차용한 원리가 우주론과 『周禮』 고공기에 입각한 이상 도시론이었다. 宮城→ 皇城→ 外城으로 이어지는 구조는 다름아닌 天→ 天子→ 官僚→ 庶民으로 이어지는 지배질서를 일상생활 속에서 구현해 내는 것이었다.

그런데 신라 왕경은 『周禮』 고공기에 입각한 왕경 개조가 지형적인 제약으로 실현이 어려웠다. 그래서 문무왕은 최대한 지형에 맞춰 정비하는 선에서 마무리한 것 같다. 왕경의 외성에 해당하는 신대리성을 축성하였으나 무슨 연유에서인지는 모르겠지만 미완의 상태에서 공사는 중지되었다. 그나마 월성의 주변에 권위건축물들이 곳곳에 건립되었다. 좌우 대칭형 건축물(황남동 대형건물지, 계림북편 건물지, 전랑지)을 조영함으로서 지형의 한계에 최대한 보완하려는 모습이 확인된다. 특히 건물의 장축방향이 남-북인데서 유추할 수 있듯 권위를 드러내려는 목적이 강하게 내재되어 있었던 것 같다. 문무왕의 대규모 토목공사로 인해 왕경의 외형은 크게 일신되었다. 그 당시 문무왕의 대규모 토목공사를 증언하는 유물이 '의봉사년개토'명 기와이다. 이 기와를 통해 문무왕은 왕경의 개조에 길일선정과 중앙의식을 표방하였음을 짐작해 볼 수 있다. 결국 문무왕은 지형적 제한으로 인해 중국식 도성제를 실현할 수 없었다. 문무왕의 유조에는 지방민에 대한 부담의 경감, 장송비용의 검소화가 내재되어 있다. 이는 긴 전쟁 기간 동안 피로해진 인민을 위무하고, 자기 자신부터 검약을 해 보이겠다는 의지의 표현이다. 유조를 관통하는 큰 흐름이 지방민 부담의 경감, 왕실의 검소화이다. 그 이면에는 자기 선에서 마무리된 왕경의 쇄신을 더 이상 확대하지 말고, 앞으로 무리한 토목공사를 일으키지 말 것에 대한 당부가 깔려있는지도 모르겠다.

뒤를 이어 신문왕이 즉위하였다. 신문왕 5년(685)에는 지방제도를 완

성하였는데, 갑자기 동왕 9년(689)에 천도를 단행하려 하였다. 신라의 천
도관련 기사는 『三國史記』에 아주 짧게 "왕이 달구벌로 수도를 옮기고
자 하였으나 그쳤다"[1]고만 하고 있다. 관련 기사가 너무 소략하여 신문
왕의 내심을 읽어 내기 어렵다. 그간 달구벌 천도와 관련해서는 천도의
배경과 실패이유, 사전 정지작업의 유무, 달구벌의 입지 등 세 측면에서
조명되었다.[2] 우선 천도 배경으로 왕경의 지리적 편재성, 귀족 세력의
위협으로부터 탈피, 인구압에 따른 물리적 공간의 한계, 외위의 소멸에
따른 왕경과 지방의 구분 소멸 , 전통적인 귀족의 굴레를 벗어나 통일왕
국으로서 새로운 출발 등이 지적되어 왔다. 실패의 원인으로 천도후 구
조 변동에 따른 압박이 거론되었다. 정지작업의 유무는 계획에 그쳤느
냐, 아니면 일부 공사가 진행되는 과정에서 그만 두었느냐로 양분된다.
마지막으로 달구벌의 입지는 주로 낙동강 수계와 교통상의 이점, 中岳이
라는 상징성, 왕경의 지배자 집단의 달구벌 친연성 등이 거론되었다.

신문왕은 문무왕의 뒤를 이어 왕위를 계승하였지만, 무열왕계에 대한
귀족들의 도전에 직면하여야 했다. 할아버지인 무열왕과 아버지인 문무
왕은 삼국통일 전쟁을 수행하면서 그 능력을 만천하에 드러내었지만, 신
문왕의 경우 이렇다 할 능력을 보일 기회조차 없었다. 후대의 일이지만
왕건의 천도는 자신의 본거지를 풍수지리설에 입각하여 수도로 정했고,
이성계는 반대파 귀족들을 제거하고 새로운 지지세력을 형성하기 위해
한양으로 遷都를 단행하기도 하였다. 왕건의 경우 祈福적인 성격이 강하
다고 한다면, 이성계의 천도는 왕권강화와 밀접한 관련을 가진다. 천도
가 단행된다면 舊都에 기반을 둔 세력들은 상당히 큰 타격을 받게 될
것이다. 따라서 遷都는 궁극적으로 집권세력의 정국 전환에 목적이 있었

---

1) 『三國史記』 卷8, 新羅本紀8 神文王 九年; 王欲遷都達句伐, 未果.
2) 달구벌 천도와 관련된 연구사 정리는 이영호, 「신라의 달구벌 천도」, 『신라 중대
   의 정치와 권력구조』, 지식산업사, 2014 참조.

다고 할 수 있겠다.

　신라사의 전개과정에서 새로운 시작을 알리기 위해 왕경의 개조를 시도한 사례들이 확인된다. 이를테면 진흥왕이 親政을 하면서 新宮의 조영을 통해 새로운 궁궐을 조영하려고 시도했던 점, 통일의 위업을 달성한 문무왕이 통일국가의 중추로서 왕경을 크게 쇄신하려고 했던 점 등을 들 수 있다. 그러나 모두 신라 왕경이 지닌 자연지리적인 제약에 봉착하여 대부분 소기의 목적을 달성하지 못하였다.

　중대 집권자들이 꿈꿨던 왕경의 공간은 어떠한 방식이었을까. 이와 관련하여 지방 거점 도시와 對比해 볼 필요가 있을 것 같다. 특히 9주 5소경의 도시계획은 신문왕이 지향했던 王京像을 추정해 볼 때 시사하는 바가 풍부하다. 통일신라시대에는 전국의 지방행정체계를 9주 5소경으로 정비하였다. 州治와 小京은 왕경에 버금가는 지방의 거점도시였다. 거점도시를 주치와 소경으로 편제해 나갈 때 도시 재편의 걸림돌이 된 前代의 건축물들은 왕경보다는 드물었을 것이다. 이는 어떤 정치 사회적 목적을 가지고 공간을 평면적으로 조정해 나가는 과정을 수월하게 한다. 인공 건축물이 많으면 많을수록 도시재편에 제약이 되기 때문이다. 그 선상에서 지방의 거점도시는 신라의 집권층들이 꿈에 그린 도시의 평면 구조를 실현할 수 있는 場이 될 수 있다.

　신라의 대표적인 지방거점은 9주의 州治와 小京이다. 주치와 소경은 왕경의 모습과 닮은 坊制를 통해 체계적인 도시 공간으로 조성하였다. 주치와 소경을 군사적 측면보다 행정치소로서의 비중이 커진 이유도 있었지만, 통일 제국에 걸맞은 국가 권위를 상징적으로 보여줌으로써 효율적인 지방 통치를 이루고자 했던 것이다. 州治城과 小京城은 설치시기 및 지역 여건에 따라 도시 형태가 다르게 나타났는데, 평면 형태에 따라 방형 도시구조와 장방형 도시구조로 크게 분류될 수 있고, 장방형 구조는 다시 시기별로 구획단위가 3가지로 세분된다. 방형 도시구조로는 금관소경, 청주, 완산주, 남원소경, 사벌주가 있으며, 장방형 도시구조로는 하서주, 수약주, 서원소경, 무진주, 중원소경이 있다. 나머지 도시는 정확한 양상을 알 수 없으나 장방형 구조로 추정된다. 방형 구조의 도시 중에는 시가지 중앙부에 남북대로로 추정되기도 한 폭이 좁은 변형구획 1열이 있는 것이 특징인데, 남원소경과 사벌주가 대표적이다. 방형 구조의 지방도시는 왕경 개편을 위한 2단계 도시 정비가 마무리되던 신문왕대에 집중적으로 조성되었는데, 1방의 크기가 왕경과 동일한 440×440척(고구려척 5척1보 기준, 156.2m)이다. 전체 규모는 9×9방 또는 10×10방을 기본으로 하나, 청주와 완산주와 같이 도시 부지의 여건에 따라 축소하거나 중심축의 방위를 조정하기도 하였다. 장방형 구조는 주로 지형적 제약이 많은 지역에 채용되었고, 비교적 좁은 곳에서도 토지의 활용도가 높아 운영 시기의 폭이 넓은 것이 특징이다. 장방형 구조의 지방도시는 다시 구획단위에 따라 세분되는데, 한 변이 120m 내외의 작은 구획에서 450×350척을 기본단위로 한 도시구조로 발전해 나갔다.[3] 지방 거점 도시에서 공통적으로 확인되는 것이 정연한 택지분할이었다.

한편 상주의 주치성인 상주 복룡동 유적에서는 주작대로가 연상되는 유구가 확인되었다. 尙州는 고대 沙伐州의 중심부가 吏部谷土城 일대였다가 5세기후반에 이르러 屛風山城 일대로 이동하였다. 그러다가 통일기에 이르러 현재 상주 시가지로 이동하였다. 방리구역이 시행된 지역과 주변부 및 배후에 州城인 子山山城이 어우러진 형태의 도시 구조를 띠고 있다. 방 내부에서 확인된 건물지는 장축방향이 正南이고 적심석의 잔존 직경은 180~220㎝, 깊이는 40~50㎝ 내외인 대형에 속한다. 이 정도 규모는 왕경의 건축물과 비교해서도 손색이 없을 정도이다. 그리고 官자가 찍힌 기와를 공급하여 지붕을 장식하였다.

---

3) 황인호, 「新羅 9州5小京의 都市構造 硏究」, 『중앙고고연구』15, 中央文化財硏究院, 2014.

복룡동 일대에서 조사된 방리 구획과 유구의 내용을 토대로 조성 연대를 추정하면 上限이 7세기말이다. 7세기말의 조성연대는 『三國史記』의 관련기사와도 부합하는 면이 있다. 신문왕 7년(687) 3월 一善州를 폐하고 沙伐州를 두었다. 사벌주에 방리제에 의한 도시구획이 된 시점이 통일기로 볼 수 있음을 발굴성과를 통해 확인할 수 있다.

상주의 방리구획은 동서 너비 약 1,400m, 남북 너비 약 1,440m에 달하는 방형의 평면에 평면 9×9坊으로 구획되어 모두 81개의 坊으로 편제되었다. 여기에 중앙부의 방들은 120m×160m의 縱長方形이고, 동쪽 4방, 서쪽 4방은 160m×160m의 正方形을 띠고 있다. 격자형으로 설치된 도로의 너비는 5m내외로 자갈, 모래흙, 점토를 섞어 다졌고, 노면에 잔자갈을 깔아 포장하였다. 남측구 사이에는 경계석으로 추정되는 석열이 있어 車道와 人道를 구분하였던 것으로 추정된다.[4] 여기서 주목되는 현상은 방리구획의 정연성이다. 흡사 바둑판을 연상시키는 동서, 남북의 규칙성은 왕경에서 보지 못한 것들이다. 중앙부의 縱長方形의 坊이 주작대로를 염두에 두고 만든 것인지, 아니면 택지분할상 오류인지는 알기 어렵다. 다만 향후 중앙부의 坊의 북쪽서 州治와 관련된 관청시설이 나온다면 이것은 중앙의 길이 될 수 있다. 만약 그렇다면 『周禮』고공기의 도시구조와도 부합하게 된다.

공교롭게도 방형의 도시구조를 띠는 금관소경, 청주, 완산주, 남원소경, 사벌주가 모두 문무왕 말년에서 신문왕대에 집중적으로 조영된다. 이는 중대 집권자들이 왕경이라는 공간을 어떻게 재편하고 싶었는지가 반영되어 있다고 여겨진다. 중대 왕경의 정비는 『周禮』고공기에 입각한 평면 구조를 갖고 싶었을 것이다. 그런데 왕경의 쇄신에 가장 큰 걸림돌은 왕경이 처한 지리적인 한계였다. 이에 신문왕은 달구벌 遷都를

---

4) 박달석, 「統一新羅時代 沙伐州의 里坊制 檢討」, 『大東考古』創刊號, 대동문화재연구원, 2007, 96~99쪽.

기획하게 된다. 遷都의 원인을 하나로 단정하기는 어렵지만, 대외적으로는 일본의 침략대비, 대내적으로는 귀족의 도전에 대한 국정 분위기 쇄신 등을 거론할 수 있다. 근본적으로 왕경이 가진 지리적 결함, 부왕의 개혁에 대한 한계 등이 고려되었을 것이다. 통일기 확대된 오악의 범위 내에서 遷都의 후보지를 찾게 되면 결국 달구벌이 유력한 후보지가 된다. 달구벌은 달성과 월성의 지리적 유사성, 낙동강 수로를 이용한 지방세금 수취의 용이함, 중국식 도성제를 구현할 수 있는 공간적인 이점, 왕경보다 더딘 도시화의 상태 등이 고려되었을 것이다.

신라가 삼국을 통일하기 이전까지 신라의 주된 활동무대는 소백산맥 동남부의 현재의 영남지방이다. 이러한 지리적 폐쇄성은 통일이후 재령-해주 즉 패서지방에 대한 군현제적 지배를 방기시킨 고정된 사고를 낳게 되었다. 아울러 통일기 영역의 확대를 상징적으로 보여주는 게 오악이다. 오악의 위치는 서악인 계룡산을 제외하면 모두 소백산맥 일대와 그 동남쪽에 위치한 산악들이다. 신라인들은 좁게 보면 사로의 영역에 들어가는 왕경에 대한 제일주의를 가지고 있었던 것 같다.

그러나 천도는 이루어지지 않았다. 왕경은 쉽게 변화되기 어려운 공간적 관성을 가지고 있었음을 엿 볼 수 있다. 효소왕대 서시와 남시의 설치는 왕경 내부의 유통구조를 확대하는 조치일 수 있다. 그리고 성덕왕 재위 기간에 모벌군성을 축성한 행위는 왕경의 운영을 고찰할 때 시사하는 바가 크다. 모벌군성은 관문성으로도 불리는데, 7세기후반 미완의 성이었던 산대리성과 연결된다. 여기서는 산대리성을 문무왕대 의상법사의 만류로 공사가 중지된 외성으로 추정하였다. 성덕왕대 관문성의 축성은 외성의 연결이라는 점에서 의미를 가진다고 생각된다. 성덕왕대에는 왕경을 관리하는 관부인 京城周作典의 장관인 슈과 차관인 卿은 각각 성덕왕 31년(732)과 32년(733)에 설치된다. 경성은 곧 왕경을 의미하는 고유명사이다. 周作은 둘레에 (성을) 만든다는 의미를 지닐 것이다.

예컨대「明活山 作城碑」의 ‘作城’의 경우 성을 만든다는 의미이기 때문이다. 왕경의 배후지인 王畿에는 大城郡과 商城郡이라는 독특한 군현이 설치되었다. 군현의 명칭에서 유추할 수 있듯 城이 강조되었다. 大城郡에는 仇刀城 境內의 率伊山城, 驚山城, 驚山城 3성과 약장현, 東畿停으로 구성되었다. 商城郡에는 南畿停, 中畿停, 西畿停, 北畿停, 莫耶停 등으로 구성되었다. 두 郡 모두 예속된 현이 거의 없는 특수한 형태이다. 여기에 더해 臨關郡에 모벌군성을 두었다.

신라 왕경에는 나성이 축성되지 않았다. 하지만 이러한 군현에 배치된 군사시설들은 나성 즉 외성의 역할을 할 수 있다. 왕경의 관리 관부인 京城周作典의 책임자들이 성덕왕대 설치되는 것은 결코 우연한 일이 아니다. 비록 각 성들이 각각 이어지지는 않지만 외성으로 인식될 수 있는 경계는 생겼다고 볼 수 있다. 그것을 상징하는 용어가 關門城이다. 關門이란 국경이나 주요 지점의 통로에서 지나가는 사람과 물품을 조사하는 關의 門이기 때문이다. 특히 성덕왕대에는 일본과 王城國으로 비화된 외교마찰을 경험하였다. 왕성국이라는 개념은 바로 생겨나지 않았을 것이다. 중대 집권자들이 꿈꿨던 왕경 구상의 이념이 바로 왕성국에 들어 있다고 여겨진다.

734년 12월 일본에 도착한 신라 사신이 이듬해 2월 入京하였는데, 자국을 왕성국이라 칭하여서 본국으로 돌려보내졌다.[5] 기존에는 추방의 원인을 일본에 대한 대등한 亢禮관계 혹은 일본 허락없이 국호를 변경한 것, 독립국가로서의 자존심, 예적 정비와 불교문화의 흥륭, 일본조정을 압박하려는 신라왕의 언사 등으로 보아 왔다.[6] 다만 왕성국을 ‘왕이 거주하는 성이 있는 나라’의 의미로 당으로부터 인정받은 ‘제후왕’의 존

---

5)『續日本紀』卷12, 天平 7年 2月 癸丑; 遣中納言正三位多治比眞人縣守於兵部曹司 問新羅使入朝之旨 而新羅國輒改本號曰 王城國 因玆返却其使.
6) 王城國과 관련된 연구사는 야마다 후미토,「新羅 聖德王代의 對日關係와 ‘王城國’」, 『한국고대사연구』87, 2017, 315~316쪽 참조.

재를 강조한 표현이라는 지적7)에는 동의할 수 없다. 단순히 왕이 거주하
는 성에서 온 사신을 추방하고, 수백척의 배를 건조하여 정벌을 논의 한
다는 사실이 선뜻 수긍이 가지 않기 때문이다. 아무리 상대적 우세를 드
러내는 표현이라고 할 지라도 약간 과하다는 느낌이 든다. 왕성국은 이
념적인 개념에서 추구되어야 할 것 같다. 이에 불교적 세계관의 영향아
래 당-신라-발해·일본이라는 중층적인 개념으로 파악한 성과가 있다.8)
다만 이 견해 역시 신라가 불교적 세계관에 입각하여 왕성국을 표방한
이유에 대한 설명이 부족하다. 아울러 중대 집권자들이 유학적인 정치지
향을 가지고 왕경을 쇄신하려는 노력이 있었다는 점에서 일정한 한계가
있다. 이에 반해 왕성국을 유교적인 측면에서 접근한 성과가 있다.9) 여
기서는 왕성국이라는 용례가 유교 경전인 『書經』, 『周禮』 등에 보이므
로 왕성국을 천자 직할 지역의 바깥으로 보고, 유교 문화를 발전시켜 군
자국이라 자부하면서 일본과 발해는 夷狄시 했다는 것이다. 오히려 이
견해가 중대 왕경의 운영을 고찰할 때 적확한 지적을 했다고 생각된다.

중대 유학적인 정치지향은 최치원이 찬한 「聖住寺 朗慧和尙 白月葆
光塔碑」에 "이때(무열왕 귀국 후)부터 우리는 한번 변하여 노나라가 되
었다(自玆吾土一變至於魯)든지, 두 적국을 평정하고 문명에 접하게 하여
주셨다(平二敵國俾人變外飾)."는 인식을 가지게 되었다. 신라인에게 중
대의 유학적 국정 운영은 신라가 공자의 고향인 노나라로 변화하였다는
인식을 풍길 정도로 강렬했던 것 같다. 성덕왕은 재위 35년간 46회의 견
당사를 보내 당과의 관계개선에 주력하였다. 그의 궁극적인 목표는 유학
과 율령을 비롯한 盛唐文物을 도입하여 국가의 면모를 一新하는데 있었
다.10) 713년 典祀署를 두어 국가 제사의 전반을 담당케 하였고, 717년

---

7) 야마다 후미토, 위의 논문, 2017, 324쪽.
8) 김창석, 「통일신라의 천하관과 對日 인식」, 『역사와 현실』 56, 2005.
9) 全德在, 「新羅의 對外認識과 天下觀」, 『역사문화연구』 20, 2004; 「8세기 신라의 대
　일외교와 동아시아 인식」, 『日本學硏究』 44, 2015.

3월에는 新宮을 창건하였다. 이는 월성의 지형적 한계를 보완하려는 조치로 볼 수 있다. 성덕왕이 죽자 唐 玄宗은 弔祭使를 보내 사신에게 "신라는 君子의 나라로 불리듯 자못 書記을 알아서 中華와 비슷한 점이 있다"고 한 사실도 있다.[11] 신라의 유학수준은 대국인 당과 비교해도 손색이 없었던 것이다.

그러므로 중대 왕경의 이상향 속에 추구한 것이 왕성국이었을 것이다. 『周禮』의 왕성은 天子의 都城이다. 그 구조는 앞에서도 언급했다시피, 문의 개수, 내부 도로의 개수와 너비, 종묘와 사직, 조정과 시장의 위치까지 구체적으로 서술하고 있다. 또한 『詩經』 大雅편의 王城은 옛 洛邑의 명칭이자, 河南省 洛陽縣의 西北에 위치한 周나라 東都이기도 하였다. 신라의 문화적 역량이 상당히 고양되었고, 문화적 자긍심이 높아지는 인식 속에서 長安에 對比하여 東京이라는 인식이 생겼을 것이다.[12] 왕성국이라는 용례를 감안해 보면 신라의 집권자들은 오히려 자신들의 왕경이 곧 주나라의 東都에 비견된다는 인식을 가졌을지도 모르겠다.

『周禮』에 입각한 세계의 구조는 王城-王畿-九州-蕃國으로 구성된다. 따라서 이러한 공간에 입각하여 중대 왕실은 신라의 영토를 재편해 나갔다고 생각된다. 기존의 견해처럼 단순히 신라가 일본을 번국으로 치부하여서 분노하였다기 보다는 천하관에 입각한 영토 편제 자체가 마음에 들지 않았을 가능성이 높다. 일본의 입장에서도 天子의 도성을 표방하는 신라가 달갑게 생각되지는 않았을 것이다. 성덕왕대 당과의 외교관계가 해소되면서 왕성국을 표방했을 수도 있다. 그러나 큰 흐름에서 보면 중대 집권자들이 꿈꿔왔던 국가의 이상향은 『周禮』에 입각한 理想國家였다고 생각된다. 문무왕대 기와인 '儀鳳四年皆土'명에 내재된 中土意識,

---

10) 李基東, 「新羅‘中代’序說-槿花鄕의 진실과 虛妄-」, 『新羅文化』25, 2005, 8쪽.
11) 『舊唐書』199 東夷傳 新羅 및 『新唐書』220 東夷傳 新羅.
12) 朱甫暾, 「신라의 ‘東京’과 그 의미」, 『大丘史學』120, 大丘史學會, 2015, 23~24쪽.

신문왕이 지방제도를 개편하면서 전국을 9주로 분할한 것이나, 달구벌로 천도를 시도한 것 등은 정치 지향을 추구하는 과정으로 볼 수 있다. 그러한 이념적인 思考가 축적이 되면서 성덕왕대 왕성국이라는 자부심으로 표출되었을 개연성이 오히려 높지 않을까. 신문왕의 달구벌 천도역시 이러한 흐름 속에서 파악할 필요가 있을 것이다. 달구벌이라는 도시화가 더딘 공간에 이상적인 도성을 구현하려 한 것 같다. 중대 왕경은이미 인간의 흔적이 수 세기에 걸쳐 누적되었고, 궁성의 남단이 河岸段丘라는 自然地理的 제한으로 인해 도성계획을 제대로 구현하기 어려웠다. 신문왕이 꿈꿨던 이상적인 도성 구조는 새로운 공간에서나마 실현가능했던 것이다. 천도는 무위로 돌아갔고 중대의 왕들은 공간을 최대한활용하는 선에서 자신들의 理想을 펼쳤다고 생각된다.

부 표

〈부표 1〉 경주 일원 고고학 조사 현황

연번	유적	시대	성격	건물(적심)	건물(수혈주거지·초석)	담장	아궁이	배수로	도로	생산시설(제철·용해)	생산시설(기와)	생산시설(토기)	생산시설(굴요)	주요 유물	出典
1	감산사	나말여초	사찰	O		O		O						청동불,막새	중앙(2001)
2	감은사	통일신라	사찰	O				O	O					막새,주공유구	경주연(1997)
3	감은사석탑	통일신라	사찰		O									사리구일괄	경주연(2006)
4	개무리신15-2	청동기	생활		O									무문토기	중앙(2006)
5	견천리373	통일신라	생활	O		O								연목와,병	성림(2010)
6	검단리	삼국-통일	생산				O						O	×	경북(2007)
7	검단리산38	삼국	복합		O		O					O	O	석실,유개완,기와	성림(2012)
8	검단리 산38-3,4	청동기~조선	복합	O							O	O		목곽,석실,화장,토광	세종(2017)
9	검단리산38-6	원삼국	분묘									O		적석주머니호,철겸	보호(2015)
10	금촌(100호)	삼국	분묘											적석환두대도	총독부(1916)
11	경주공고	통일신라	생활	O			O					O		막새,사각편병	경북(2013)
12	경주공고수습	삼국-통일	사찰	O			O							치미,평문와	경주박(2011)
13	경주좌부자비	근대	생활	O				O						신라시대 조선	신라(2018)
14	계림로14호	삼국	분묘										O	석곽,고배,장식보검	경주박(2010)
15	계림로 I	삼국	분묘										O	석곽,고배	경주박(2012)
16	계림로 II	삼국	분묘										O	석곽,고배	경주박(2014)
17	광명동147-3	삼국	분묘										O	석곽,유개고배,유개완	신라(2011)
18	광명동62-1	청동기	생활		O									토기류	성림(2011)
19	광명동76-1	청동기	생활		O									무문토기	신라(2008)
20	광명동79-1	청동기시대	미상											敲石유구	보호(2015)

연번	유적	시대	성격	주요 유구								주요 유물	出典
				건물지/적심	적심	우물	아궁이/부뚜막	담장/구들	청동·철 제철	도기/와요	분묘		
21	광명동산81-1	통일신라	복합								O	석표,석실/귀면와	울문연(2015)
22	패릉리15·16	통일신라	생활	O								귀면와,막새	계림(2012)
23	패릉리927-1	청동기	생활			O						무문토기	신라(2008)
24	패릉리신31	청동기·통일	복합			O	O					시대미상토광묘/기와	서라벌(2018)
25	패릉리신36-1	청동기·조선	복합			O	O					토광묘/석기류,무문토기	진흥(2017)
26	교동192	삼국·통일	관방			O						토성/금관·옹관	성림(2017)
27	교동(제매정지)	삼국·통일	생활	O				O	O			막새	경주연(1996)
28	교동(제매정지)	삼국·통일	생활	O			O	O	O			막새,감옷,말뼈	신라(2016)
29	교동(천관사지)	삼국·통일	사원	O			O					금동불,막새	경주연(2004)
30	교동158-2	청동기·통일	생활	O		O	O				O	원지/토기류,막새,벼루,명문와	계림(2017)
31	교동159-1	청동기·삼국	생활	O			O					무문토기,토기류	삼한(2018)
32	교동162-2,3	신석기·통일	생활	O								빗살문토기,토기	경주연(1992)
33	교동17-1	삼국·통일	생활			O						기와류	신라(2014)
34	교동192(도당산)	삼국·조선	복합			O					O	토성(?)/창방/토기류	성림(2017)
35	교동274	삼국	무성					O				惠明阮,벼루	성림(2014)
36	교동56-4	통일신라	생활	O								고식막새,미호	신라(2013)
37	교동94-3	삼국·통일	복합			O	O				O	목표,적석/인골,막새	신라(2016)
38	교동폐고분	삼국	분묘								O	적석/교배류	서울대(1973)
39	구어리신65-4	청동기·조선	복합								O	목관/목곽·옹관	미동(2018)
40	구어리,입실리임원	청동기·조선	생활				O					무문토기,석기류,분청사기	가야(2017)
41	구어리556 I	삼국	분묘								O	적석,석곽,석실/감배류	성남(2002)
42	구어리556 II	원삼국·삼국	분묘								O	목곽,옹관/경식,요갑	영남(2011)

연번	유적	시대	성격	건물 지상	건물 굴립주수혈	적심	온돌	아궁이	배수로	담장	우물	생산시설 철화	생산시설 토기	생산시설 기와	생산시설 탄요	분묘	주요 유물	出典
43	구정동20	청동기,고려	복합	O													무문토기,고려토기광/등경	영남(2018)
44	구정동236	유구없음	×														×	중앙(2004)
45	구정동255-1	청동기	생활		O												무문토기,석기류	중앙(2004)
46	구정동고분	삼국	분묘													O	목곽/노형토기,판갑	경주박(2006)
47	구정동(미탄사지)	8세기	사찰	O													트렌치조사	경주박(2007)
48	구정동(미탄사지)	통일신라	사찰	O		O			O	O							'의봉','미탄'·'습부'	불교연(2016)
49	구정동(SIE1)	삼국-통일	생활	O		O			O	O							불상,막새,귀면와·'의봉'	경주연(2002)
50	구정동707	통일-근대	생활				O		O	O							광장·청동소종,수막새,천	신라(2018)
51	구정동872-2	통일신라	조경	O		O			O	O	O						막새·芬皇工匠명저부	보호(2013)
52	구정동원지	통일신라	생활						O	O	O						완지/귀면와,막새	경주연(2008)
53	구정동 가스관매설지	삼국-통일	생활		O				O	O	O						막새,귀면와,자물쇠	경주연(1996)
54	금관총(128호)	삼국	분묘													O	적석/금관,·이사지왕·	濱田耕作(1924)
55	금령총/식리총	삼국	분묘													O	적석/금령,식리	梅原末治(1931)
56	금장221-4	통일신라	마장											O			와무지/막새,귀면와	보호(2011)
57	금장리	통일신라	생산												O		명문와,귀면와	경북(2007)
58	금장리156-13	통일신라	복합	O												O	막새	성림(2015)
59	금장리218	통일신라	생산						O					O			기와,토기류	성림(2015)
60	금장리384-23	6세기후반	생산											O			대부완,토제품	성림(2006)
61	금장리433-2	통일신라	경작										O				배주,기와	성림(2006)
62	금장리436-7	삼국	경작														기와,인화문토기	성림(2006)
63	금장리438-6	삼국-통일	경작							O							평기와	성림(2006)
64	금척리고분	삼국	분묘													O	적석/보고서미간,1952	국박(1960)

연번	유적	시대	성격	주요 유구	주요 유물	출처
65	금척리고분	삼국	분묘	판매 O	적석/보고서미간,1976	경주박(1996)
66	금척리고분	삼국	분묘	판매 O	적석/보고서미간,1981	경주박(1996)
67	나정리72-1,2,3	삼국	분묘	판매 O	석곽,고배	경북대(1985)
68	남고루	통일-고려	성곽	담장 O	신라도로,고려성곽?	서라벌(2018)
69	남리사지	통일신라	사찰	적심 O	회랑·중문·동·서,기와	경주연(2005)
70	남사리760	조선	생활	적심 O	기와류	진흥(2016)
71	남산동222-2-7	통일신라	생활	적심 O	막새,귀면와	보호(2013)
72	남산동228-2-3	통일신라	생활	적심 O	막새	보호(2012)
73	내리	통일신라	생활		석열,막새,기와	계림(2012)
74	내일리1076	삼국-통일	분묘	판매 O	석곽,석실/고배,철겸	보호(2013)
75	냉천리	청동기	생활	초석건물 O	무문토기	중앙(2013)
76	냉천리산8-6	청동기,조선	복합	초석건물 O	석부,무문토기/토광묘	계림(2016)
77	노곡리1095-1	삼국	생산	명막 O	×	중앙(2005)
78	노곡리산266-1	통일신라	생활	담장 O	벼루,막새,대부완	계림(2017)
79	노동동115	통일신라	생활	아궁이·온돌·담장 O	막새,토구	계림(2014)
80	노동동115	삼국-통일	생활	아궁이·온돌·담장 O	막새,토구,과수부호	계림(2014)
81	노동동12	삼국-통일	생활	아궁이·온돌·담장 O	연꽃,청동추,막새	신라(2016)
82	노동동136-3	통일신라	생활	적심·담장 O / 판매 O	기와,옹	신라(2012)
83	노동동249-5	유적없음	×		봉황대북편습지	경주연(1992)
84	노서동(4호분)	삼국	분묘	판매 O	적석/훼두대도,성시구	중앙박(2000)
85	노서동(138호)	삼국	분묘	판매 O	적석/기마대,이식,경식	중앙박(1955)
86	노서동(마총)	삼국	분묘	판매 O	적실/×	중앙박(1955)

연번	유적	시대	성격	건물 적심	건물 초석적심	건물 수혈	적심	담장	아궁이	배수로	도로	우물	생산시설 철	생산시설 기와	생산시설 토기	생산시설 요	분묘	주요 유물	出典
87	노서동(은령총)	삼국	분묘														O	적석(은령,이식,토기)	중앙박(1948)
88	노서동(호우총)	삼국	분묘														O	적석(호우,이식)	중앙박(1948)
89	노서동120-20	통일신라	생활	O														기와	영남(2001)
90	노서동120-4·17	통일신라	생활	O														기와	영남(2004)
91	노서동121-3	유적없음	×															×	신라(2007)
92	노서동129-15	통일신라	생활	O							O							기와류	계림(2014)
93	노서동129-2	통일신라	생활	O							O							막새,귀면와	계림(2014)
94	노서동132-11	통일신라	생활	O						O		O						막새,인화문토기	동서(2012)
95	노서동132-31	통일신라	생활	O					O									기와류	동서(2014)
96	노서동132-32	통일신라	생활			O												기와류	동서(2014)
97	노서동132-34	통일신라	생활			O			O									기와류,활석제제개	동서(2014)
98	노서동133-23	통일신라	생활	O				O										기와,장대석	성림(2010)
99	노서동136-4	통일신라	생활	O														기와류	화랑(2017)
100	노서동160-11	통일신라	생활	O						O		O						기와,대호	영남(2006)
101	노서동163-2	통일신라	생활	O														기와	영남(2005)
102	노서동169-13	통일신라	생활	O					O		O							기와,인화문토기	성림(2010)
103	노서동169-15	통일신라	생활	O					O		O					O		막새,인화문토기	계림(2012)
104	노서동176-29	통일신라	생활	O					O		O	O						막새,벼루,용범	보조(2013)
105	노서동176-32	통일신라	부장	O								O						막새,벼루,도가니	동산(2015)
106	노서동176-40	통일신라	생활	O								O						막새,벼루,숫돌,배그	보조(2013)
107	노서동178-28	삼국~통일	생활	O		O												기와,단각고배	신라(2010)
108	노서동178-32·35	삼국~통일	생활	O					O	O	O							막새,인화문토기	신라(2013)

연번	유적	시대	성격	주요 유구														주요 유물	출전
				건물 적심	건물 굴립주(수혈)	적심	수혈	우물	담장	노벽	배수로	성토	생산시설 기와	생산시설 토기	생산시설 철	머간탄	매립		
109	노서동181-24	통일신라	생활	O			O	O	O	O								기와,인화문토기	동국대(2011)
110	노서동26	통일신라	생활	O	O		O	O	O	O								막새,평문토기	신라(2009)
111	노서동26-1	삼국-통일	생활			O	O	O										사면편병,용범	신라(2016)
112	노서동35-1	통일신라	생활			O	O	O	O	O								인화문토기,병	성림(2015)
113	노서동62	통일신라	생활	O		O			O									막새,인화문토기	보조(2012)
114	노서리고분(215번지)	삼국	분묘														O	적석목곽분	有光敎一(2000)
115	누동리산22-3	청동기,미상	복합														O	토광묘.무문토기,석기류	서라벌(2018)
116	누동리유물 산포지2	삼국	생산													O		×	중앙(2013)
117	다산리저지료	삼국	분묘														O	지석묘.무문토기	경주연(1994)
118	단구리산76-3	삼국	복합														O	석실.옹	한빛(2017)
119	대굴리1433	삼국	분묘														O	석실.유개대부완	보조(2013)
120	대본리	삼국	미상									O						집석.고배,호	경북(2011)
121	덕천리	삼국	복합														O	석실.고배	신라(2008)
122	덕천리151-1	삼국-통일	복합	O							O							배루,기와	기호(2017)
123	덕천리484-2 I	청동기	생활	O	O													무문토기	영남(2008)
124	덕천리484-2 II	원삼국	분묘													O		목곽(호형대구,경식)	영남(2008)
125	덕천리484-2 III	원삼국	분묘														O	목곽,옹관/상형토기,경식	영남(2009)
126	덕천리484-2 IV	원삼국	분묘									O					O	목곽,옹관/상형토기,경식	영남(2009)
127	덕천리484-2 V	삼국-통일	복합												O			송풍관,당삼채편	영남(2009)
128	덕천리산19-7	삼국	복합														O	석곽.토기류	기호(2017)
129	베이비드층	삼국	분묘														O	적석/보도사이마간	小泉顯夫(1986)
130	도둥39불익	삼국	생산													O		인화문토기	신라(2009)

연번	유적	시대	성격	건물 주공건물적심	건물 수혈	배수로 적심	배수로 석렬	배수로 암거	배수로 토관	취수용	철화·제철	기와	먹탄	분묘	주요 유물	出典
131	도동토지구획	삼국	생산										O		×	신라(2010)
132	도리길35-151	삼국	생활	O	O										고배,대부호,방추차	진흥(2016)
133	둔구리와 월지	삼국-통일	구성	O				O							막새·의봉·명문토기	경주연(2012)
134	동방동352-4	통일-조선	생산	O							O				乾漆·막새,귀면와	경주박(1993)
135	동부동159-1	통일신라	생활	O			O	O	O						연못·康熙·막새,병호	보호(1999)
136	동부동203	통일신라	생활				O		O						대부세경병	신라(2012)
137	동산리401	삼국-통일	복합			O					O			O	석곽/집수,도지	신라(2010)
138	동산리신36-1	삼국,조선	복합	O		O		O	O		O	O	O	O	토광묘,고배,등잔,기와	천년(2018)
139	둔전동 530-534	통일신라	생활					O			O	O		O	고식막새,귀면와	경주연(1992)
140	둔전동 733-1996	유적없음	×												×	경주대(2011)
141	동일동791	통일신라	생산	O			O			O					옹편,전단구	동국대(1995)
142	동일동322-1	통일신라	생활	O			O	O							막새,귀면와,벼루	보호(2013)
143	동일동352-1	유적없음	×												×	경주대(2011)
144	동일동354	삼국	분묘											O	석실/대금구,유개고배	보호(2013)
145	동일동354	삼국	분묘											O	석실토기류	동국대(2014)
146	동일동357	청동기,삼국	복합		O									O	석실/인화문호,무문토기	동국대(2016)
147	동일동4·6,7	유적없음	×												×	경주대(2011)
148	동천동500-12	통일신라	생활	O				O	O						기와류	동서(2013)
149	동천동510-1	통일신라	생활	O				O	O						막새,귀면와	신라(2014)
150	동천동690-3	통일신라	생활	O		O		O	O						막새,眞鑑명문토기	동국대(2002)
151	동천동696-2	통일신라	복합	O		O		O	O	O					귀면와,도가니,벼	보호(2010)
152	동천동72	통일신라	생활	O											막새,도가니	신라(2012)

연번	유적	시대	성격	주요 유물	出典
153	동천동756-20	유적없음	×	×	신라(2007)
154	동천동756-3	통일신라	생활	임회/교폐,막새	경주대(2011)
155	동천동756-3	통일신라	생활	막새,벽	보호(2013)
156	동천동764-12	통일신라	생활	기와류	대구교대(1996)
157	동천동764-2	통일신라	생산	옹관,인화문토기	대구교대(1996)
158	동천동764-4	통일신라	생활	시문기와	경주대(2011)
159	동천동764-4	통일신라	생활	막새,인화문토기	보호(2013)
160	동천동765-1	통일신라	생활	인화문토기,기와	천년(2018)
161	동천동766-15	통일신라	생활	대호,청솔,전돌	한국(2017)
162	동천동768-15	유적없음	×	×	신라(2006)
163	동천동770	통일신라	생활	기와,벽루	성림(2013)
164	동천동772-3	유적없음	×	×	보호(2013)
165	동천동774	통일신라	생활	막새,벽루,대호	신라(2009)
166	동천동775-5	유적없음	×	×	신라(2007)
167	동천동775-7	유적없음	×		경북(2008)
168	동천동776-5	삼국	불명	수혈군 유물없음	중앙(2002)
169	동천동780-9	유적없음	×	×	경주대(2011)
170	동천동784	유적없음	×	막새(상부수습)	보호(2012)
171	동천동789	통일신라	생활	대부완,막새	경북(2010)
172	동천동789-10	통일신라	생활	중판막새,화돌	경주연(1998)
173	동천동791	통일신라	부침	기와류,토기류	동국(1995)
174	동천동791-12	통일신라	생활	막새,주름·명동완	보호(2012)

연번	유적	시대	성격	건물 적심	건물 수혈주공	적심	우물	아궁이	배수로	도로	용광로	생산시설 기와	생산시설 철	생산시설 금동	생산시설 목탄	분묘	주요 유물	出典
175	동천동792-3	통일신라	생활	O		O	O	O									마세,주름무늬병	성림(2006)
176	동천동793	통일신라	생활	O	O	O		O									청동교구,마세	영남(2004)
177	동천동7B1L-987	통일신라	복합	O		O	O	O	O	O	O						마세,벼루,도가니	경주대(2009)
178	동천동7B1L(681-1)	통일신라	복합			O	O	O	O	O	O						마세,인화문토기	동국대(2005)
179	동천동800	통일신라	생활	O		O											기와,대부완	계림(2014)
180	동천동803	통일신라	생활	O		O		O									마세,구연와	보호(2013)
181	동천동819-14	통일신라	생활	O		O	O										기와,남석제편	계림(2014)
182	동천동819-14	신구	생활	O		O	O										개,기와,남석제품	계림(2014)
183	동천동820-10	통일신라	생활	O		O		O	O								마세,벼루,병	보호(2013)
184	동천동820-5	통일신라	생활	O		O	O										마세,인화문토기	신라(2009)
185	동천동820-9	통일신라	생활	O		O		O	O?		O						마세,벼루	보호(2011)
186	동천동822-14	통일신라	생활	O			O		O								구연와,마세,벼루	경주대(2011)
187	동천동826-7	통일신라	생활	O		O	O										완,호,마세	계림(2012)
188	동천동828-5	통일신라	생활	O		O	O	O	O								기와,대각편	신라(2009)
189	동천동833-18	통일신라	생활	O		O	O										마세,인화문토기	보호(2012)
190	동천동834-5	통일신라	생활	O		O				O							기와	동국대(2013)
191	동천동834-8	통일신라	생활	O													기와,개,완	보호(2011)
192	동천동835-11	통일신라	생활			O											토기편,기와편	보호(2010)
193	동천동835-12	통일신라	생활	O		O											마세,인화문토기	보호(2011)
194	동천동874-8	통일신라	생활	O													기와류	경주연(1991)
195	동천동891-10	통일신라	생활	O			O		O	O							마세,인화문토기	신라(2009)
196	동천동897-1	통일신라	생활					O									과수부호,단경호	계림(2012)

연번	유적	시대	성격	건물(주거지) 적심	적심	우물	배수로	수혈	담장	용도미상	생산시설 철기	생산시설 토기	생산시설 기와	가마	주요 유물	出典
175	동천동792-3	통일신라	생활	O	O										토기,주름무늬병	성림(2006)
176	동천동793	통일신라	생활	O		O				O					청동교구,토기	영남(2004)
177	동천동7B1L-987	통일신라	복합	O	O	O	O			O					토기,배류,도가니	경주대(2009)
178	동천동7B1L(681-1)	통일신라	복합	O	O	O	O			O					토기,인화문토기	동국대(2005)
179	동천동800	통일신라	생활	O	O										기와,토기,배루	계림(2014)
180	동천동803	통일신라	생활	O	O										토기,기면와	보호(2013)
181	동천동819-14	삼국	생활	O	O			O							기와,남석제련	계림(2014)
182	동천동819-14	통일신라	생활	O	O			O							개,기와,남석제품	계림(2014)
183	동천동820-10	통일신라	생활	O	O		O								토기,배루,병	보호(2013)
184	동천동820-5	통일신라	생활	O	O		O								토기,인화문토기	신라(2009)
185	동천동820-9	통일신라	생활	O	O		O?	O							토기,배루	보호(2011)
186	동천동822-14	통일신라	생활			O		O							기면와,토기,배루	경주대(2011)
187	동천동826-7	통일신라	생활	O	O		O	O							완,호,토기	계림(2012)
188	동천동828-5	통일신라	생활	O	O			O							기와,토제편	신라(2009)
189	동천동833-18	통일신라	생활	O	O		O	O							토기,인화문토기	보호(2012)
190	동천동834-5	통일신라	생활	O	O		O			O					기와류	동국대(2013)
191	동천동834-8	통일신라	생활	O	O										기와,개,완	보호(2011)
192	동천동835-11	통일신라	생활	O	O										토기편,기와류	보호(2010)
193	동천동835-12	통일신라	생활	O	O			O							토기,인화문토기	보호(2011)
194	동천동874-8	통일신라	생활	O	O			O							기와류	경주연(1991)
195	동천동891-10	통일신라	생활	O		O				O					토기,인화문토기	신라(2009)
196	동천동897-1	통일신라	생활							O					과수부호,단경호	계림(2012)

연번	유적	시대	성격	건물 초석적심	건물 적심	온돌	아궁이	배수로	도로	생산시설 제철	생산시설 토기	생산시설 요	생산시설 기와	생산시설 옹관	분묘	주요 유물	出典
197	동천동고분군1	삼국	분묘												O	봉토분	경주박(1994)
198	동천동고분군2	고려-조선	분묘												O	분묘군	대구대(1993)
199	동천동고분군3	삼국	분묘												O	봉토분	경주박(1997)
200	동천동신13-2	삼국	분묘												O	석곽,격자,석실,옹관	계림(2013)
201	동천동신26-2	고려-조선	분묘												O	토광/인골,검,토우	대구대(2002)
202	동천동삼성아파트	시대미상	사결													석탑옥개석	경주연(1994)
203	마동104-10	통일신라	생활	O			O									막새,인화문토기	보호(2011)
204	마동104-8	통일신라	생활	O		O	O									막새	보호(2011)
205	망덕사지	삼국-통일	사찰	O												막새,금속수하물	경주연(2015)
206	망덕사지중문	통일신라	사찰	O		O										막새,귀면와,전돌	한녀(2018)
207	망성리227-4	삼국-통일	복합							제토					O	석곽,석실,제의(함형토기)	영남(2017)
208	망성리43	삼국	복합												O	석곽,석실(단각고배)	영남(2017)
209	망성리246	원삼국-통일	복합	O											O	목관,석실,석곽-노형토기	영남(2017)
210	명활산성	삼국	산성	O					O						O	석실/석과,단각기와	계림(2016)
211	모량도시유적	통일신라	생활			O	O	O								명문청동철이	영남(2015)
212	모량리530	통일신라	생활			O	O									기와,인화문토기	영남(2011)
213	모량리620-18	통일신라	생활	O		O	O	O	O							막새	보호(2012)
214	모량리6-25	원삼국-통일	복합								O	O			O	목관,석실옹관/검조강식	성림(2012)
215	모량리376-2	청동기	생활	O												석도,석촉	신라(2008)
216	모아리37	청동기	생활	O												무문토기	신라(2008)
217	모아리산25	삼국	생산									O				단각고배	세종(2012)
218	모화리9	유적없음	×													원원사 종장식계유지	계림(2011)

연번	유적	시대	성격	주요 유구											주요 유물	出典
				건물 적심	건물 줄기초적심기	건물 수혈	담장	적심	저장	우물	생산시설 제철	생산시설 기와	생산시설 토기화	생산시설 단야	분묘		
219	모화지신23	조선	생산	O					O		O					×	중앙(2002)
220	문산리545-4	통일신라	생활						O							기와류	신라(2010)
221	문산리 I	초기-삼국	복합						O			O			O	목관,토기,주머니호	신라(2009)
222	문산리 II	삼국	생산									O			O	×	신라(2011)
223	문산리신75	청동기	생활			O										토기류	성림(2010)
224	물천경마장C-1	삼국	복합						O						O	석곽,토기류,장신구류	보조(1999)
225	미추왕릉1,2,3	삼국	분묘												O	적석,토기류	경북대(1973)
226	미추왕릉A-D,4	삼국	분묘												O	적석,토기류	영남대(1975)
227	미추왕릉지구12	삼국	분묘												O	적석,보고서미간	경북대(1974)
228	미추왕릉지구5	삼국	분묘												O	적석,토기류	부산대(1973)
229	미추왕릉지구7	삼국	분묘												O	적석,토기류	부산대(1973)
230	미추왕릉지구9	삼국	분묘												O	적석,토기류	고려대(1973)
231	방내리건천휴게소	삼국	분묘												O	석실,우개고배	경주역(1995)
232	방내리174-2	삼국	분묘												O	석곽,석실,옹관(이형기)대	신라(2011)
233	방내리394-1	삼국-고려-조선	복합										O		O	석곽,석실,막새	영남(2014)
234	방내리 II	삼국	분묘												O	석곽,석실,고배,병	영남(2014)
235	방내리고분	삼국	분묘												O	석곽,석실,유개고배	경주역(1996)
236	방내리고분	삼국	분묘												O	석곽,고배,대부장경호	영남(2009)
237	방내리4-1·2	삼국-통일	분묘												O	석곽,석실,고배류	경주역(1998)
238	방내리생활	통일신라	생산										O			막새,취고	영남(2007)
239	배동150-3	삼국-통일	생활				O									막새	계림(2013)
240	배동475	통일/조선	종교										O		O	수막새,벼자	신라(2018)

연번	유적	시대	성격	주요 유구										주요 유물	出典
				건물 적심	수혈 등	적심	생활	아궁	배수로	우물	용철·제철	기와	탄요	분묘		
241	배동885-1	조선	생활		O										백자,기와	화랑(2018)
242	배동961	청동기	생활	O	O										무문토기,석촉	중앙(2006)
243	배리석불입상	통일신라	사찰	O			O								乾符六年銘小鍾	경주연(1992)
244	배반동 1109-2-5	조선시대	생활	O		O									기와,분청사기	보호(2013)
245	배반동신66-2	통일신라	생활		O										기와류	계림(2013)
246	배반동1105-2	청동기시대	생활		O		O								무문토기	보호(2012)
247	배반동1105-4	통일신라	생활		O		O								인화문토기	보호(2012)
248	배반동1105-5	통일신라	생활						O						인화문토기,완	보호(2012)
249	배반동1106-1	통일신라	생활					O							단각고배,인화문토기	보호(2011)
250	배반동1106-3	통일신라	마장												수혈/대부완,개	보호(2011)
251	배반동331-15	초기-통일	복합									O			목곽/편상철부,마세	신라(2016)
252	배반동443-2	통일신라	마장												마세	보호(2008)
253	배반동953-5	통일신라	사찰						O						사원향사/마세	신라(2017)
254	배반동99	삼국	생산										O		×	신라(2015)
255	보문동338	삼국시대	분묘											O	석실/도자	보호(2012)
256	보문동545-4	통일신라	생활	O	O										기와,인화문토기	신라(2010)
257	보문동784-1	통일신라	생활												기와,단각고배	신라(2008)
258	보문부부총	6세기	분묘											O	경식,석실/금제이식	경주박(2011)
259	보문황복사가릉	통일신라	복합							O				O	석실/석탑부명기와	성림(2017)
260	봉길리	삼국	분묘											O	목곽,석곽,옹관	경북(2005)
261	봉길리	삼국	분묘											O	목곽,석곽,고배,경식	신라(2010)
262	봉길리1107-2	청동기	생활		O										토기류	성림(2013)

연번	유적	시대	성격	적심	굴립주건물	수혈	아궁이	부뚜막	노지	온돌	요	경작지	하기	먼탄	분묘	주요 유물	出典
263	봉길리13-1	통일신라	생활													유물포함층	신라(2008)
264	봉길리13-1	신석기	생활													낚시형토제품	신라(2008)
265	봉길리183-1	삼국	분묘		○										○	목관,옹관,고배,유리제옥	영남(2005)
266	봉길리 I	삼국	분묘	○											○	석곽,석실,옹관,마구류	울산매(2000)
267	봉길리산117-2	통일신라	복합										○			화구,격벽,귀면와	영남(2005)
268	봉황로지중화	통일신라	생활			○										등이,인화문토기	신라(2010)
269	부지리472-1	조선	생활	○												자기	영남(2017)
270	부지리산277-3	삼국	분묘												○	목관,석곽,석실,옹관	경북(2015)
271	북군동176-1	통일신라	생활													마세	계림(2013)
272	북문로왕경	삼국-통일	생활	○		○		○	○	○						화전부	보훈(2003)
273	북문로왕경 II	통일신라	생활	○	○	○	○	○								기와,토기류	보훈(2007)
274	북문로왕경 III	통일신라	생활	○	○	○	○	○								귀면와,마세	보훈(2010)
275	북부로116-3	통일,조선	생활	○												원지막석,귀면와,분청사기	한랑(2017)
276	북토리39-1	원삼국	분묘												○	목관,두형토기	계림(2014)
277	북토리39-1	원삼국													○	목관묘,두형토기,홍도	계림(2014)
278	북토리55-1	초기-통일	분묘			○		○	○						○	목관,석곽,석실	신라(2011)
279	분황로101	통일신라	생활	○	○											마세,토기류	진중(2016)
280	분황사	삼국-통일	사찰	○		○										마세,귀면와,치미	경주연(2005)
281	사라리525	삼국	분묘												○	목관,적석,석곽,석실,옹관	영남(2005)
282	사라리578-3 I	삼국	분묘												○	적석,고배,경식	영남(1999)
283	사라리578-3 II	원삼국	분묘												○	목관,청동유검,철정	영남(2001)
284	사라리578-3 III	삼국	분묘												○	목관,옹관,상형토기,판갑	영남(2007)

연번	유적	시대	성격	주요 유구												주요 유물	出典
				건물			생산 시설								분묘		
				적심	초석·굴립주	수혈	적심	초석	아궁이	배수로	노지	요업활동	저장혈	폐기			
285	사방리996-1	삼국	분묘												O	목곽,적석,석곽/굴립주이식	신라(2010)
286	사정동 (전)흥륜사	통일신라	사찰													마세,인화문토기	재림(2013)
287	사정동170-5	통일신라	생활							O			O			기와,인화문토기	성림(2011)
288	사정동266-5	유적없음	×													×	경주대(2011)
289	사정동266-7	삼국	생활		O											개,완,단경호	중앙(2003)
290	사정동308	통일신라	생활				O									귀면와,마세	경주연(1992)
291	사정동436-2	유적없음	영업시사?													동천동 종부토	신라(2007)
292	사정동51-4	통일신라	생활								O					전통,인화문토기	신라(2010)
293	사정동70	통일신라	생활				O									대호,기와	성림(2011)
294	사정동78-4	통일신라	생활						O							기와,과수	신라(2009)
295	사천왕사	삼국	사찰	O												마세,이봉',녹유전생병전	경주연(2012)
296	상계리333	삼국	분묘												O	석곽,석실,제사유구	신라(2011)
297	상신리964	통일신라	분묘												O	봉토,절담,단경호	보호(2012)
298	서라벌대로	통일신라	생활			O							O			기와,토기류	보호(2008)
299	서봉총(129호)	삼국	분묘												O	적석금관,보고지미간	小泉顯夫(1927)
300	서부동147-2	통일신라	생활	O			O									부부,마세	신라(2012)
301	서부동19	삼국~통일	생활	O			O									청주사소료,마세	경주연(2003)
302	서부동207-4	통일신라	생활			O			O							기와,토기	성림(2011)
303	서부동207-8	통일신라	생활				O		O							기와,전,벼	성림(2011)
304	서부동2-17	시대미상	생활													사문/석군,수렬	경북(2008)
305	서부동2-30	고려~조선	성곽													읍성만세/자기류	대구대(2002)
306	서부동2-32	통일신라	미상													구상유구	보호(2012)

연번	유적	시대	성격	건물 적심	건물 초석건물	건물 수혈	적심	옹관	아궁	배수로	담	생산시설 청동	생산시설 철	생산시설 기와	생산시설 토기	판매	주요 유물	出典
307	서부동2-33	통일신라	생활	○													막새	중앙(2005)
308	서부동2-34	통일신라	생활				○	○									막새	보호(2013)
309	서부동247-19	통일신라	생활				○										기와류	화랑(2015)
310	서부동255-21	통일신라	생활			○											막새,개부	성림(2006)
311	서부동4-1	통일신라	생활	○					○								개부,막새	영남(2002)
312	서부동62-13	통일신라	생활	○			○	○									기와,인화문토기	동서(2013)
313	서부동69-1	통일신라	생활	○			○										기와류	서라벌(2017)
314	서악동1491-1	1900년이전	교각														목교	계림(2014)
315	서악동256	삼국	경작								○						기와,원형토제품	영남(2009)
316	서악동540	삼국~통일	분묘													○	석부,석실,개,대부완,소병	보호(2013)
317	서악동591-2	통일신라	미상														溝유구,소土호	산한(2016)
318	서악동673-6	통일신라	생활	○												○	막새,개부	신라(2010)
319	서제리	삼국	분묘													○	석부,석실,유개배부완	중앙(2013)
320	서제리고분	삼국	복합													○	목부,석부,석실,옹관	중앙(2012)
321	서제리산165-1	청동기,조선	복합						○							○	토광묘/무문토기,기와류	화랑(2018)
322	서제리산176-1	삼국	생산										○			○	연접용	혜동(2016)
323	서제리산180-5	삼국	생산													×	×	성림(2011)
324	서장동774-8	청동기	생활			○											무문토기	계림(2012)
325	서장동824	청동기	생활			○											무문토기,석부	한구(2017)
326	서장동852	통일신라	생산											○			막새,토구	신라(2008)
327	서장동872-1	청동기	분묘													○	지석묘/유물없음	진흥(2017)
328	서장동875-1	청동기	생활			○											무문토기,석촉	신라(2008)

연번	유적	시대	성격	주요 유구												주요 유물	出典
				건물		수혈	작업	담장	아궁이	배수로	굴립주	생산 시설			분묘		
				적심	초석적심							용해	정련	기타			
329	석장동876-5	청동기	분묘												O	석관,화장묘,석축형식관	계림(2012)
330	석장동938	통일신라	생활	O												기와,병	영남(2012)
331	석장동Ⅲ	청동기	생활		O											토기류	동국대(2002)
332	석장동Ⅳ	삼국통일	분묘												O	석관,석실토기류	동국대(2004)
333	석장동산104	통일신라	분묘												O	석실/청동대금구	성림(2016)
334	석장동산104	삼국통일	분묘					O							O	석관,석실/청동동대금구	성림(2016)
335	석장동유적	통일신라	분묘	O											O	석실/묘	동국대(1996)
336	석장사지	삼국통일	사정							O						금동불,마세	동국대(1994)
337	성건동451-3 5	통일신라	생활	O		O				O						마세,인화문토기	보호(2013)
338	성건동172-2	통일신라	생활		O		O									마세,문양전	성림(2008)
339	성건동204	통일신라	생활			O		O		O						마세,인화문토기	보호(2011)
340	성건동206-1	통일신라	생활	O							O					기와류	동서(2013)
341	성건동207-20	통일신라	생활		O											마세,인화문토기	보호(2011)
342	성건동249	통일신라	생활	O						O						마세,인화문토기	성림(2011)
343	성건동303-23	근대	생활					O								×	중앙(2004)
344	성건동324-2	유적없음	×													시굴	성림(2008)
345	성건동339-31	통일신라	생활	O			O			O						마세,인화문토기	보호(2014)
346	성건동342-17	통일신라	생활							O						배루,마세	영남(2004)
347	성건동342-43	통일신라	생활	O			O					O				마세,인화문토기	계림(2015)
348	성건동350-1	통일신라	복합	O		O		O							O	옹관,인골,기와류	동국대(2013)
349	성건동350-4 30	통일신라	생활			O	O	O		O						마세,인화문토기	보호(2013)
350	성건동351-9	유적없음	×													×	신라(2006)

연번	유적	시대	성격	건물			주거유구				생산시설			주요 유물	出典
				적심	초석적심	수혈	적심	온돌	부뚜막	담장	기와가마	머한	판매		
351	성건동352-10	통일신라	생활					O						기와류	화랑(2016)
352	성건동373-13	통일신라	생활	O			O							기와,단각고배	신라(2008)
353	성건동416-6	삼국-통일	생활			O	O							기와류	동서(2014)
354	성건동42-1	통일신라	생활		O	O	O							도가니,병	신라(2011)
355	성건동421-1	삼국-통일	생활	O			O	O						주정지미,벼루	신라(2011)
356	성건동423	통일신라	생활						O					마세,기와류	계림(2012)
357	성건동424-4	통일신라	생활				O							마세,구 연부편	보호(2011)
358	성건동437-3	유적없음	×											×	보호(2011)
359	성건동451-9	유적없음	×											×	경북(2008)
360	성건동454-1	삼국	생활					O						기와	중앙(2004)
361	성건동454-16	삼국	생활	O		O								마세	중앙(2003)
362	성건동484-13	통일신라	생활						O					점화수혈,마세,기와류	계림(2013)
363	성건동484-13	통일신라	생활											마세	계림(2013)
364	성건동500-18	통일신라	생활				O	O						대호,마세,응타	서라벌(2017)
365	성건동500-18	통일신라	생활				O	O	O					대호,청동국자,응타	서라벌(2018)
366	성건동501-3	삼국-통일	생활				O	O	O					마세,귀면와,벼루	한겨레(2012)
367	성건동60	통일신라	생활					O	O					교구,금동광배	보호(2012)
368	성건동630-31	삼국-통일	생활					O		O				중국자기,귀면와	경주대(2011)
369	성건동632-23	통일신라	생활					O				O		기와,완,남석제개	중앙(2014)
370	성건동632-3	통일신라	생활				O		O					중완·인화문토기	보호(2012)
371	성건동641-12	통일신라	복합				O						O	녹유도기,도가니	경주대(2011)
372	성건동642-36	통일신라	생활				O	O						마세,구슬,병	보호(2013)

연번	유적	시대	성격	주요 유구													주요 유물	出典
				건물									생산 시설			분묘		
				적심	초석건물	수혈	적심	온돌	담장	배수로	우물	온돌	기와	토기	제철			
373	성건동647-36	통일신라	생활	○			○										금동교구,도가니	계림(2012)
374	성건동648-36	통일신라	생활				○	○	○								마세,청동합	보호(2013)
375	성건동677-114	통일신라	생활			○				○							인화문토기	신라(2007)
376	성건동677-116	통일신라	생활			○					○						마세,벼루	신라(2008)
377	성건동677-120	통일신라	생활			○											마세,인화문토기	신라(2008)
378	성건동677-145	통일신라	부엌	○			○	○		○		○					기와,도가니,용범	신라(2010)
379	성건동677-156	통일신라	생활	○		○	○	○		○							귀면와,명문비초	신라(2008)
380	성건동75-3	통일신라	생활	○													기와루	계림(2012)
381	성건동149-1	삼국-조선	생활	○	○			○	○	○							마세,청동조두,분청사기	계림(2017)
382	성동동118	통일신라	생활							○							마세,병	중앙(2004)
383	성동동143-7	통일신라	생활					○									朱書토기,마세	신라(2007)
384	성동동147	통일신라	사찰	○		○		○									기와루	영남(2000)
385	성동동150-3	통일신라	생활	○		○		○									기와,인화문토기	영남(2002)
386	성동동180-4	삼국-통일	생활			○		○	○	○		○					마세,귀면와	신라(2009)
387	성동동182-17	통일신라	생활					○	○								마세,병,벼루	보호(2013)
388	성동동188-124	통일신라	생활					○		○		○					마세,미호	보호(2011)
389	성동동188-42	통일신라	생활					○									귀면와,마세	중앙(2002)
390	성동동188-7	통일신라	생활				○	○		○							마세,인화문토기	보호(2011)
391	성동동188-82	통일신라	생활							○							기와,인화문토기	보호(2012)
392	성동동188-9	통일신라	생활	○			○	○		○	○						기와루,완	보호(2011)
393	성동동201-1	통일신라	생활			○				○							마세,명문기와	신라(2009)
394	성동동-24	삼국-통일	생활					○									'중관'+'박세',납고로	정주연(1995)

연번	유적	시대	성격	주요유구 (건물: 적심)	(건물: 수혈건물)	수혈주거	적심	담장	아궁이	부뚜막	노벽	생산시설(주철)	기와	토기	판매	주요 유물	出典
395	성동동254-16	통일신라	생활	O												가면와,고배,호	계림(2014)
396	성동동273-1	통일신라	생활	O												막새,*무악	신라(2007)
397	성동동298	통일신라	생활	O												연화문전	신라(2007)
398	성동동386-11	통일신라	생활						O	O						막새	보호(2000)
399	성동동386-6	통일신라	생활			O			O	O						단각고배,병	영남(1999)
400	성동동82-2	삼국~통일	생활			O		O								배무,막새	경주대(2011)
401	성동전랑지	삼국~통일	구성					O								금동불,막새	경주연(1995)
402	성지리산7-12	삼국	분묘												O	석실/앙이부소,호,도자	보호(2013)
403	소현리Ⅱ	한삼국~통일	복합									O	O		O	목관,석곽,석실	한울(2015)
404	손곡동·물천리	삼국	생산										O	O		기와,토기	경주연(2004)
405	손곡·물천리Ⅰ	삼국	생산										O	O		토기류	동국대(2002)
406	손곡·물천리Ⅱ	삼국	분묘											O		목관,적석,석곽,옹관	동국대(2002)
407	손곡·물천리Ⅲ	삼국	생산									O		O		무와통기와	동국대(2002)
408	송선리635-1	청동기	생활				O									무문토기	영남(2005)
409	송북사비주변	통일신라	사찰													마세류	신라(2011)
410	시동593-1	삼국	생산										O			×	신라(2013)
411	시동84-3	삼국	생산										O			×	화랑(2016)
412	시동84-5	삼국	생산										O			×	화랑(2016)
413	신계리산47-1	삼국	생활				O									대부호,기대편	중앙(2002)
414	신당리산7	통일신라	분묘												O	석실/녹유도기,암키와	계림(2013)
415	신당리883-1	청동기	생활				O									토기류,석촉	성림(2009)
416	신당리산22	청동기	생활				O									무문토기	신라(2008)

연번	유적	시대	성격	주요 유구											주요 유물	出典
				건물 적심						생산 시설						
				적심건물지	수혈 적심	경작유구	야외로	배수로	도로	용해로(청동)	와요(기와)	토기요	목탄요	분묘		
417	신당리신26-1	7세기후반	분묘											O	석실유물없음	신라(2008)
418	신당리신32-4	삼국	생산										O		옹이부장청호	덕난(2015)
419	신당리유적	삼국-통일	제의					O							고배,다투완	보호(2009)
420	신대리544-7	조선	생산							O					제철로	화랑(2016)
421	신라왕경金	통일신라?	제의												근대제방,점토대	경주연(2008)
422	신서리신32	삼국,조선	부장											O	석곽묘,토광묘	천년(2018)
423	신원리신2	삼국	분묘											O	석곽(은제과대,청타	경북대(1991)
424	신평리400-6	삼국	분묘											O	적석/목부장청호,이식	보호(2012)
425	쌍상총	삼국	분묘		O										석실/단각고배,문고리	중앙박(1955)
426	아화리135-1	청동기	생활	O											무문토기,석부,석도	화랑(2016)
427	아화리135-8	시대미상	불명												구상수혈	천년(2018)
428	안강갑산리	삼국	분묘	O											목곽,석실	경북대(2006)
429	안강갑산리711-4	통일-고려	사찰								O	O			감산사막새,불상,지미	보호(2012)
430	안강갑산리711-5	통일-고려	사찰				O	O							축대/전돌와전부	보호(2013)
431	안계리고분	삼국	분묘											O	적석석곽/도만금판스,권모	문화재(1981)
432	안심리신157-5	삼국-조선	부장											O	석곽묘,토광묘분청사기,토기	중앙(2016)
433	양동리135	조선	생활	O											향단(암막새,자기),토편	신라(2015)
434	양동리18	조선	생활	O			O	O	O						자기,기와,청동순가락	신라(2016)
435	양동리455	고려-조선	생산								O				막새,분청자기	보호(2012)
436	양월리463-6	통일신라	생산						O						막새,주름무늬병	신라(2010)
437	어일리B	청동기	생활	O											무문토기,석기류	한빛(2013)
438	어일리신35-1	청동기	생활	O											토기류	세종(2013)

연번	유적	시대	성격	주요 유구 (건물: 적심 / 굴립주·기단 / 적심)	배수로 암거	생산 시설 (청동·철 / 와 / 토기 / 자기)	판미	주요 유물	出典
439	연안리	삼국	생활	적심 O				막새,완	중앙(2012)
440	오금리산56	삼국	분묘		O		O	봉토,금동이식,마구	중앙(2002)
441	오류리353	삼국	생산			철 O		×	성림(2010)
442	오류리39-1	청동기	생활	굴립주·기단 O				무문토기,석촉	신라(2009)
443	오류리64	청동기	생활	굴립주·기단 O / 적심 O				무문토기	성림(2006)
444	오릉북편교당	조선시대	교당					고식막새	경주연(2002)
445	황신리571-2	통일신라	생활(무덤)					기와	진흥(2016)
446	외동우회도로	청동기	생활	적심 O				무문토기	보호(2007)
447	용강동1115	고려~조선	분묘				O	토광묘,분청사기	천년(2018)
448	용강동1151-1	원삼국	분묘				O	목곽,철·철철부	신라(2017)
449	용강동229·5·4	삼국~통일	분묘				O	적곽,석실/단곽도교매	신라(2008)
450	용강동343	삼국	생산			청동·철 O		송풍관,가루쥐	성림(2009)
451	용강동고분	통일신라	분묘				O	적실/토용,청동12지	경주연(1990)
452	용강동원지	통일신라	생활		O			원지/막새,귀면와	영남(2001)
453	용강동567-16	삼국	분묘				O	적곽,석실,제사유구	세종(2015)
454	원원사 천불전	유적없음	×					일제시대 벽地	경주연(1992)
455	원원사지	삼국~조선	사찰	적심 O				수막새,명문화,벼자	신라(2017)
456	원효로163번길31	통일신라	생활					적열/막새,벼부	진흥(2017)
457	월산리	삼국	복합				O	적실/교매류	경북(2009)
458	월산리	삼국	분묘				O	적곽,석실/교매,과·대,이식	경주연(2003)
459	월산리881-1	삼국~통일	복합				O	적실,부석/도기류	영남(2017)
460	월산리571-1	삼국	복합				O	비포장수레바퀴흔	영남(2017)

연번	유적	시대	성격	건물 적심	건물 굴립주	건물 수혈	야외노지	부뚜막	구들	생산시설 제철	생산시설 기와	생산시설 와	생산시설 기타	분묘	주요 유물	出典
461	월산리852-13	청동기시대	생활			O									무문토기, 석기류	영남(2017)
462	월산리산137-1	청동기	생활			O									무문토기, 석기류	영남(2006)
463	월성로 교분	삼국	분묘											O	적심/고배	경북대(1990)
464	월성로고분	삼국	분묘											O	적심/고배	경주박(1990)
465	월성해자 I	삼국-통일	구상	O											교각기와	경주연(1990)
466	월성해자 II	통일신라	구상	O		O									막새,귀면와,목간	경주연(2004)
467	월성해자III(4조)	청동기-조선	구상						O						해자/막새,공간	경주연(2011)
468	월성해자IV(5호)	삼국-통일	구상				O								해자/'의봉4'막새	경주연(2012)
469	월성해자 V(라)	삼국-통일	구상	O			O	O							막새,토제품	경주연(2015)
470	월정교(목교)	삼국-통일	교각						O						막새	경주연(1988)
471	월정교(석교)	통일신라	교각						O						막새,은장	경주연(1986)
472	읍동1008	신라	분묘											O	석곽/세경호,등자	보호(2000)
473	읍동1108	신라	분묘											O	석실/고배,등자,교구	보호(2000)
474	읍동5-5	신라	복합											O	석실,제단/단각고배	영남(2017)
475	읍동64-4	통일신라	불명											O	수레바퀴축	신라연(2009)
476	이조리산263	신라	분묘											O	석실/고배	영남(2017)
477	인동리285-6	원삼국-통일	생활			O									기대,옹,방추차	신라연(2010)
478	인동리528	원삼국-통일	복합	O										O	목관/세형동검,토제품	중앙(2004)
479	인동리636	원삼국-삼국	생활			O									토기류	성림(2007)
480	인동리638-2	삼국	생활		O	O									개,고배,이형주	해동(2013)
481	인동리668	통일신라	불명												구대/부완,개	신라연(2010)
482	인동리670-1	원삼국-삼국	생활		O	O									와질토기,무기	신라연(2010)

연번	유적	시대	성격	건물 적심	건물 굴립주수혈	적심	수혈	아궁이	부석수혈	노표	옹관	생산시설 제철로/기와	생산시설 토기	무문묘	주요 유물	출처
483	인동리671-1	통일신라	생활		O										어망추,토구	성림(2011)
484	인동리671-3	원삼국	미상												수혈/노형토기	보호(2011)
485	인동리672	통일신라	생활		O										기와,인화문토기	성림(2011)
486	인동리672-1	삼국시대	미상												溝,대호,고배	보호(2012)
487	인동리신23	청동기	생활		O										무문토기	중앙(2006)
488	인왕동 박물관부지	삼국-통신	주거성	O		O		O		O?					기대,카면와,의봉*,목간	경주박(2016)
489	인왕동118-7	통일신라	생활				O	O							카면와,마세,대호	경주연(1992)
490	인왕동149호	삼국	분묘											O	적석/고배류	이화여대(1973)
491	인왕동156-1,2호	삼국	분묘											O	적석/고배류	단국대(1973)
492	인왕동19,20호	삼국	분묘											O	적석/고배류	경희대(1974)
493	인왕동25호	삼국	분묘											O	적석/보고서미간	이화여대(1973)
494	인왕동412	통일신라	생활			O	O	O							마세,부루	신라(2009)
495	인왕동556,566	삼국-통일	생활			O	O	O							마세,의봉	경주연(2003)
496	인왕동571-1	삼국-통일	생활			O	O		O						마세,부루·의봉	성림(2014)
497	인왕동577	삼국-통일	생활			O	O	O							方池,마세,고배	성림(2013)
498	인왕동637-11	삼국-통일	생활	O			O								마세,대호	성림(2015)
499	인왕동669-4	삼국	분묘											O	적석/보고서미간	영남대(1978a)
500	인왕동751-1	삼국	분묘											O	적석/보고서미간	지건길(1977)
501	인왕동807-4	삼국	분묘											O	석곽/고배,연질호	경주연(1993)
502	인왕동841-3	삼국-통일	주거성	O			O								木橋址/마세,카면와	경주연(2004)
503	인왕동898-9	삼국-통일	생활		O				O						마세,대부완,부루	신라(2017)
504	인왕동고분	삼국-통일	복합	O										O	목곽,적석·옹관(이식),마세	경주연(2002)

연번	유적	시대	성격	건물 적심	건물 초석기초	적심	수혈	석곽	옹관	아궁이	배수로	도로	청동·용철	철기요	토기요	목탄요	분묘	주요 유물	出典
505	인왕동고분	삼국	분묘	○													○	적석/보고서미간,의봉·	경주사적(1975)
506	인왕동月城북부지	통일신라	생활		○				○	○	○	○						금중지인,마세,목간	경주박(2002)
507	인왕동皇南일대	삼국-통일	생활		○			○	○	○	○	○						마세,토기	고려(2014)
508	인왕동皇龍원남측	삼국-통일	생활	○				○	○	○	○	○						黃南洞,목간	신라(2015)
509	인왕동皇龍원남측	삼국-통일	생활	○				○	○	○	○							발형기대,마세	한울(2014)
510	인왕동유적	삼국	분묘														○	적석,석곽,옹관/토기류	경주박(2003)
511	인왕동 月城발굴	삼국-통일	구상	○														·의봉·마세	서라벌(2017)
512	인왕동 안압지	통일신라	구상	○				○	○	○	○							·의봉·,마세,목간,분상	경주연(1993)
513	일성리297	청동기,삼국-고려	복합				○									○		무문토기,청자병각첩시	계림(2018)
514	작성	삼국	성격												○		○	토기류	대구대(2003)
515	창항리331-2	삼국	분묘														○	적석,석곽,석실,옹관	계림(2014)
516	천인용사지	통일신라	사찰	○				○	○	○								치미,목간	경주연(2009)
517	천존리597-4	삼국-통일	복합					○	○	○	○							목곽,석곽,옹관	경북(2015)
518	제내리신54-4	삼국-통일	복합											○		○	○	시대미상 석렬묘	서라벌(2017)
519	제내리신63	삼국	생산											○			○	×	중앙(2006)
520	제내리신67-5	삼국	복합					○									○	석곽,적석,석실	성림(2013)
521	조양동386-4	통일신라	복합	○													○	석곽/마세,명문전	신라(2009)
522	조양동 I ·627	원삼국	분묘														○	목관,주머니호,홍도,철과	경주박(2000)
523	조양동 II ·627	원삼국	분묘														○	목관,주머니호,홍도,도·동경	경주박(2003)
524	죽동리	청동기,삼국	복합				○									○		무문토기	중앙(2012)
525	죽동리 무문토기1	청동기	생활				○											무문토기,석부	중앙(2012)
526	죽동리320-6	통일신라	생활				○											기와	부경(2013)

연번	유적	시대	성격	적심(건물)	수혈	적심	아궁이	부뚜막	노	구들	생산시설 정연철	토기	기타	분묘	주요유물	出典
527	죽동리560·1	원삼국	분묘											O	목곽,옹관(단조철부,마비)	신라(2010)
528	죽동리662-1	삼국	분묘											O	석곽,교배류	경주박(1998)
529	전현동유적	청동기	생활		O										무문토기	보호(2011)
530	천관사지(3차)	삼국-통일	사찰				O	O							토기류,막새토우	신라(2015)
531	천군동1042-3	청동기,통일,조선	복합	O				O							토광묘,무문토기,석기류	시라벌(2018)
532	천군동1059-7	청동기,삼국,고려	복합	O										O	석곽묘,석기류,무문토기	진홍(2018)
533	천군동1544	청동기	생활		O										무문토기	성림(2012)
534	천군동1554	통일신라	생활	O											神명와,마세	성림(2010)
535	천군동184-2	원삼국	생활				O		O						장란형옹,지석	성림(2012)
536	천군동940	청동기,삼국	복합					O	O						무문토기,석기류	홍익(2018)
537	천군동피막	삼국	생산										O		×	경주박(1999)
538	천룡사탑지	삼국	사찰				O	O							와전류	동국대(1991)
539	천룡사지 I	청동기,원삼국,조선	복합	O	O										석촉,무문토기,명문와	화랑(2018)
540	춘천리123-2,24-1	고려	생산											O	기와류	성림(2016)
541	춘양교지	삼국-통일	교량						O						은장,기와	경주연(2005)
542	충효동100-14(A)	주정삼국	경작								O				경작/×	신라(2010)
543	충효동100-14(B)	청동기,삼국	경작				O								고배,장경호	경주대(2010)
544	충효동44-3	청동기	생활				O								무문토기,석기류	보호(2005)
545	충효동640	통일신라	생활						O						수제마,대호	신라(2007)
546	충효동산147	청동기	생활		O										적색마연토기	시라벌(2017)
547	충효동산156	청동기	생활		O										무문토기,석기류	영남(2010)
548	충효동유적	통일신라	복합											O	녹유와	보호(2009)

연번	유적	시대	성격	건물 적심	건물 수혈	적심	온돌방	아궁이	배수로	추정용	제철· 철광	목탄	기와	분묘	주요 유물	출전
549	탑동	통일신라	생활	O			O								단각고배,대호	중앙(2008)
550	탑동 죽사부지	근대	미상		O				O						구상유구	중앙(2005)
551	탑동(국도35호)	삼국	사찰	O			O								추정군원(사지)/토기,기와	중앙(2006)
552	탑동(국도35호)	유적없음	×												×	영남(2003)
553	탑동20	삼국-통일	복합			O			O					O	목곽,적석,석곽,옹관,기와	한두(2016)
554	탑동20-2·5	삼국-통일	복합			O		O						O	옹관(고배,인화문토기)	한두(2016)
555	탑동20-6	삼국-통일	복합			O		O						O	목곽,목곽,적석,옹관,기와	한두(2016)
556	탑동21-1	삼국-통일	생활		O			O						O	막새,고배	보호(2012)
557	탑동21-3·4	원삼국-통일	복합	O				O						O	목관(점토곽)금,부세,동포	보호(2011)
558	탑동234-4	통일신라	생활						O	O			O		추정도로,유물포함층	신라(2013)
559	탑동320-1	삼국-통일	생활	O				O	O						막새,단각고배	신라(2015)
560	탑동37	삼국-통일	복합	O				O	O					O	목곽,적석,석곽,옹관,기와	서라벌(2016)
561	탑동400-1	삼국-통일	생활	O			O								막새,단각고배	중앙(2010)
562	탑동493-3	삼국-통일	생활	O		O		O	O						막새,단각고배	화랑(2016)
563	탑동547-1	통일신라	생활	O				O	O	O?					막새,용봉도가니	보호(2013)
564	탑동640-4	통일신라	생활	O				O	O	O					막새,호,완	신라(2010)
565	탑동704	삼국	생활	O			O								단각고배	중앙(2014)
566	탑동719-1	통일신라	미상		O										수혈/귀면와	신라(2016)
567	탑동726-1	통일신라	생활		O								O	O	막새,인화문토기	보호(2011)
568	탑동734	통일신라	생활				O								귀면와,막새	계림(2016)
569	탑동745-1	유적없음	×												×	신라(2011)
570	탑동772	삼국-통일	생활	O			O			소공					막새,귀면와,석주	신라(2008)

연번	유적	시대	성격	주요유구 건물 적심	초석적심	사경렬	주혈/담	아궁이	구들	온돌	폐기장	생산시설 철기화	제철	기와	분묘	주요유물	출처
571	탑동772-2	유적없음	×													×	신라(2008)
572	탑동849-16	통일신라	생활				O									벼루,막새	신라(2010)
573	탑동887-1	삼국-통일	생산	O									O			막새	위덕대(2001)
574	탑동나정	삼국-통일	제의	O		O										·이을·막새	중앙(2008)
575	탑동노외주차장	통일신라	생활	O	O	O		O								주칠도료,토기,기와	영남(2004)
576	배동로686	통일신라	생활	O		O	O	O								개,대부완,단경호	서라벌(2017)
577	배동로전신	통일신라	생활	O		O	O									벼루,막새,편병	신라(2011)
578	배동로전신2가	통일신라	생활			O	O	O								단각고배,기와	신라(2013)
579	하구리	통일신라	분묘												O	목관/무형토기	신라(2013)
580	하구리1194-16	조기철기	분묘												O	옹관/점토대토기	성림(2013)
581	하구리371-2	청동기	생활													구상유구/석기,무문토기	성림(2018)
582	하구리375	청동기/통일	생활			O								O		기와,무문토기	성림(2017)
583	하구리977-1	삼국	생산										O			폐기장/막새,전	중앙(2006)
584	하구리990-10	통일신라	생산										O			토우/장막새	동국(2016)
585	하구리국숙사	원삼국-통일	복합							O					O	목관/와질토기,춘도	신라(2010)
586	하구리557-4	삼국	분묘												O	목곽,석실/유자이기,이식	경주박(2006)
587	하서리823	청동기시대	생활			O										무문토기,석기	보호(2012)
588	하서리827-3	청동기시대	생활			O										무문토기,석기	보호(2012)
589	하서리831-1	청동기시대	생활			O										무문토기,석기	보호(2012)
590	천강왕릉	통일신라	왕릉				O								O	석실인화문토기	경주연(1995)
591	한국복지회관	통일신라	생산									1기				기와류,토기류	신라(2011)
592	회구18-1	삼국-통일	생산	O			O						O		O	와전류,토기류	성림(2012)

연번	유적	시대	성격	적심	수혈	저장	매납	우물	도로	옹관	제철	토기	목탄	분묘	주요 유물	出典
593	화곡리18-1	삼국	분묘											O	목관,석곽,옹관,환두대도	성림(2007)
594	화곡리18-1	통일신라	제단												제단,토기류	성림(2008)
595	화산리351·2·3	삼국	생활		O										고식마사,전돌	보호(2011)
596	화산리973-1	청동기	생활	O											토구,저부편	신라(2008)
597	화산리169-1	삼국	생산									O			고배,발형기대	신라(2012)
598	화산리176-8	청동기,조선	부장											O	석기류,토광묘,청동가위	세종(2014)
599	화산리185-1	청동기	생활	O											토기류	세종(2014)
600	화산리유적	삼국	생산										O		통형기대,고배	중앙(2008)
601	화천리 산251-I	청동기~조선	생활		O										축도,두형토기	영남(2012)
602	화천리 산251-II	원삼국~통일	부장								O				마세,배묘화	영남(2012)
603	화천리 산251-III	원삼국~통일	분묘											O	목관,석곽,석실,옹관,호	영남(2012)
604	화천리1166-2	청동기	생활	O											무문토기	영남(2007)
605	화천리산200	청동기시대	생활		O										무문토기	율문연(2015)
606	화천리산213-3	청동기,삼국,고려	부장		O									O	토광묘,토기류,기와	경북(2008)
607	화천리산214-1	청동기	생활		O										무문토기	영남(2010)
608	화남리종	삼국	분묘											O	적석,금동토기류	문화재(1985)
609	화남동155	통일,조선	생활	O											인화문토기,기와	금오(2018)
610	화남동(천마-중)	삼국	분묘											O	적석,금관,장니	경주연(1974)
611	화남동106-3	삼국	분묘											O	석곽,고배,철탁,제갈	경주연(1995)
612	화남동110호외	삼국~통일	분묘											O	적석,석곽,인물형상감유리	영남대(1975)
613	화남동123-2	7세기말	생활						O						마세,호,완,접시	경주연(2009)
614	화남동173	유적없음	교란												기와,명자,분청	성림(2006)

연번	유적	시대	성격	건물(석렬)	건물(수혈)	석실	옹관	아궁이	폐기물	구덩	청동	생산(철기와)	매립	주요 유물	出典
615	황남동186-2	7C중~8C중	생활	O	O									기와,진단구	화랑(2015)
616	황남동192-4	삼국~통일	생활	O	O									고식와세	경주연(1995)
617	황남동194-10	통일신라	생활		O									와세	경주연(1992)
618	황남동194-11	삼국~통일	생활	O	O						O			와세	경주연(2003)
619	황남동194-13	통일신라	생활	O	O		O							중판,와세,벼루	보호(2012)
620	황남동194-9	통일신라	생활	O	O									와세	경주연(1993)
621	황남동211-4	고려~조선	생활	O										고식와세	대구대(2002)
622	황남동278-2	통일신라	생활	O	O			O						와세,벼루,문양전	보호(2012)
623	황남동376	삼국	복합						O		O		O	적와,복신,와세,굴라기	동국대(2002)
624	황남동37남분	삼국~통일	복합				O				O		O	적석/보교서미단	경북대(2000)
625	황남동381	삼국	분묘				O						O	적석,고배	경북대(1974)
626	황남동390-1	삼국~통일	복합	O			O						O	120호분/인교갱식,철솥	신라(2018)
627	황남동95-4	삼국~통일	복합	O			O						O	목곽,적석/어식,기와	한국(2016)
628	황남동95-6	원삼국~통일	분묘							O			O	목곽,적석/어식,과다	신라(2018)
629	황남동98-2	통일신라	생활	O						O				인화문토기,와세	동국(2016)
630	황남동99,98-1	통일신라	생활	O										귀면와,와세	경주연(1992)
631	황남리 과괴고분	삼국	분묘				O						O	적석/적석/교배류	국박(1964b)
632	황남리109호	삼국	분묘				O						O	적석/교배류	齊藤忠(1937a)
633	황남리151호	삼국	분묘				O						O	적석/교배류	문화국(1969)
634	황남리82,83호	삼국	분묘				O						O	적석/교배류	有光敎一(1935)
635	황남리남총(145호)	삼국	분묘				O						O	적석/보교서미단	今西龍(1908)
636	황남초등학교서편	유적없음	×											시굴/×	신라(2013)

연번	유적	시대	성격	주요 유구 건물 지상	건물 굴립주·수혈	주거 지상	주거 담장	주거 아궁이	주거 배수로	주거 온돌	주거 용벽	생산시설 철제련·제철공방	생산시설 기와	분묘	주요 유물	出典
637	황룡사	삼국~통일	사찰	○		○		○	○						와전류, 인장, 불상	경주연(1984)
638	황룡사남측	삼국~고려	생활	○		○	○	○	○						'담○심초주·목간·의봉·	신라(2016)
639	황룡사센터	통일신라	조경												장방형원지,마세	경주연(2011)
640	황성교린 I 583-2	원삼국	분묘											○	목관,목파,옹관	경주박(1985)
641	황성교린 I 583-2	원삼국	분묘											○	목파/와점토기	경주박(2000)
642	황성교린 II 513-3	원삼국	분묘											○	목파/와점토기, 철기류	경주박(2002)
643	황성동267	신석기	생활	○											유물포함층	동국대(2002)
644	황성동324-1	통일신라	복합				○							○	용관/교석/닥세,개,배	신라(2010)
645	황성동3-A884-8	원삼국~통일	복합		○				○			○		○	목파/교폐류,이식	보호(2003)
646	황성동402-7	통일신라	생활	○			○								마세	성림(2009)
647	황성동402-9	고려~조선	미상												위형석축유구	보호(2013)
648	황성동524-1	삼국	분묘											○	석심/교폐류	경주박(1993)
649	황성동535-18	통일신라	생활		○								○		기와류,토기류	보호(2009)
650	황성동535-20	유구없음	×												×	보호(2002)
651	황성동535-5	삼국	생활						○						경질,와점토기	보호(2004)
652	황성동535-8	원삼국~통일	복합									○		○	석실기와,토기류	보호(2002)
653	황성동537-1,10	삼국	분묘											○	적석/교폐,이식	보호(2002)
654	황성동538-8	근대	생활							○						보호(2009)
655	황성동544-1	유적없음	×												×	보호(2002)
656	황성동544-6	유적없음	×												×	보호(2002)
657	황성동564-3	유적없음	×												×	보호(2000)
658	황성동575	원삼국~통일	분묘	○										○	목관,목파,옹관/생활토기	영남(2010)

연번	유적	시대	성격	적심초석주	적심	수혈	우물	담장	도로	배수로	청동로	요	청동	철기	토단	분묘	주요 유물	출전
				건물								생산시설						
659	황성동590	원삼국-통일	복합										O			O	목관,적석/수혈,옹관,용범	경북(2015)
660	황성동590	원삼국	분묘													O	목관,적석/토기류	신라(2017)
661	황성동792	유적없음	×														지표조사	계림(2014)
662	황성동881-8	삼국	분묘													O	석관,적석,옹관,고배	신라(2009)
663	황성동884-10	삼국	복합		O											O	목관,옹관,고배	보호(2003)
664	황성동886-6	원삼국-통일	복합											O		O	옹관	보호(미간)
665	황성동887-8	원삼국-삼국	생산											O			옹관/로편	신라(2008)
666	황성동897-1	삼국	분묘		O											O	목곽/적형철부,철모	신라(2014)
667	황성동899-8	청동기	생활			O											무문토기	신라(2008)
668	황성동906-2·5	통일신라	분묘										O			O	석실/중구청자	경주연(2005)
669	황성동928-17	청동기	생활			O											단도마연토기	보호(2009)
670	황성동949-1	원삼국-통일	생활			O											무문토기	신라(2008)
671	황성동950-1·7	통일신라	생활		O												기와,호,발	보호(2005)
672	황성동 I·IV	원삼국-통일	복합		O											O	목관,옹관/주형토기	보호(2003)
673	황성동 II524-9	삼국	생산											O			슬래그	경주박(1999)
674	황성동 III537-2	원삼국-삼국	복합											O		O	석실/옹관,옹관	보호(2001)
675	황성동 III545	원삼국	분묘										O			O	목관,옹관/호,옹,철모	경주대(2003)
676	황성동 III545	삼국	분묘													O	목관/노형토기,기대	동국대(2002)
677	황성동 III545	원삼국	분묘													O	목관/고배	경주박(2002)
678	황성동 IV537-4	원삼국	생산										O				옹범/슬래그	보호(2002)
679	황성동 IV601-2	삼국	분묘													O	목관/고배,토제훈,기대	경주연(1995)
680	황성동 V634-1	원삼국-삼국	분묘													O	목관,목곽/노형토기,다도	경주연(1998)

연번	유적	시대	성격	건물 굴립주초석	건물 수혈	적심	장방형	아궁이	배수로	담장	공방	철철 적심	기와 토기	탄 멍	연못	주요 유물	出典
681	황성동 V 886-1	원삼국~통일	복합	O		O										숫돌편,용범	보고(2007)
682	황성동가-907-2	원삼국~삼국	복합	O								O				용범,슬래그	경주박(2000)
683	황성동나-907-2	청동기~통일	복합		O			O				O			O	석과,고배,용범,슬래그	경부대(2000)
684	황성동다-907-2	청동기~통일	복합	O	O			O				O			O	용관/기와,용범	계명대(2000)
685	황성동유적	삼국	분묘							O		O				목곽/노형토기,고배	중앙박(1985)
686	황성동현대	알수없음	×								O					단각고배/수습	경주연(1992)
687	황오동115-8	삼국~통일	생활	O		O				O						막새류	신라(2011)
688	황오동118	통일신라	생활	O									O			벼루,막새	영남(2003)
689	황오동28	통일신라	생활							O						남고류기와	경주연(1995)
690	황오동309	통일신라	생활	O				O		O						토우,막새,벼루	동국대(2004)
691	황오동326-1	통일신라	생활	O				O								기와,인화문토기	경북대(2004)
692	황오동330	통일신라	생활	O				O	O							기와,인화문토기	영남(1998)
693	황오동341-12	통일신라	생활					O	O							막새,벼루,개원통보	보고(2012)
694	황오동3-7	통일신라	생활					O	O							막새,완,병	신라(2009)
695	황오동372-72	삼국	분묘												O	적석등,토지,행렬,제감	계림(2018)
696	황오동381번지	삼국	분묘												O	적석,고배류	경북대(1973)
697	황오동45-2	통일신라	생활	O						O						막새,귀면와	보고(2012)
698	황오동68-1	삼국~통일	생활							O						남고류기와	경주연(1995)
699	황오동85-26	근대	교량													목교지	계림(2014)
700	황오리1/황오리33호	삼국	분묘												O	적석,고배류	한리국(1969)
701	황오리14호	삼국	분묘												O	적석,고배류	齊藤忠(1937)
702	황오리16호분	삼국	분묘												O	적석,고배류	有光敎一(2000)

연번	유적	시대	성격	적심	줄립주	적심	온돌·아궁이	배수로	담장·도로	청동·철	집철·기와	목탄	요	분묘	주요 유물	出典
703	황오리17호	삼국	분묘											O	적심,보고서미간	홍재춘(1977)
704	황오리18호	삼국	분묘											O	적심,보고서미간	진홍섭(1967)
705	황오리32,34호	삼국	분묘											O	적심,보고서미간	진홍섭(1965)
706	황오리32-1호	삼국	분묘											O	적심,보고서미간	국박(1962b)
707	황오리35,60호	삼국	분묘											O	적심,보고서미간	진홍섭(1966)
708	황오리37북분	삼국	분묘											O	적심,보고서미간	경북대(2000)
709	황오리4·5호	삼국	분묘											O	적심,환두대도,이식	중앙박(1964)
710	황오리4·5호	삼국	분묘											O	적심,고배류	국박(1964b)
711	황오리54호	삼국	분묘											O	적심,고배류	有光教一(2000)
712	황오리고분	삼국	분묘											O	적심,고배류	齊藤忠(1937b)
713	황오리과 과분	삼국	분묘											O	적심,사이부직구호	중앙박(1964)
714	황오리폐고분	삼국	분묘											O	적심,보고서미간	국박(1964)
715	황오촉성 I (A지구)	삼국	분묘											O	석곽,고배,철기류	경주연(2011)
716	황오촉성 II(C지구)	삼국	분묘											O	석곽,이식,대도,등자	경주연(2012)
717	황오촉성 IIIB1	삼국	분묘											O	석곽,이식,안교,재갈	경주연(2013)
718	황오촉성 IV-A,C-F	삼국	분묘											O	목곽,석곽,옹관,토우	경주연(2014)
719	황오촉성 V-G	삼국	분묘											O	석곽,금제이식,경식	경주연(2015)
720	황오동 162-2	통일-고려	생활					O	O						기와,토기,고려시대청자	서라벌(2017)
721	천군동 543	삼국-통일	복합	O				O	O						주조철부,막새	한국(2017)

<부표 2> 신라 왕경의 도로 현황

연번	지번	축조시기	진행방향	길이/너비(m)	노면축조방식	출전
1	황성동590	7세기후반	북동-남서	19.4(4.2)	황갈색사질점토+자갈+천석	경북/신라(2015)
2	황성동886-1	미상	남-북(?)	3/?	역석+용변 습매그	보호(2007)
3	황성동537-2	7세기후반	남동-북서	5/11.5	천자갈+진은 축갈색점토+절제 및 노벽	보호(2001)
4	황성동535-8	7세기후반	동-서	13(2.6)	천자갈+임갈색사질점토+잔자갈	보호(2002)
5	황성동535-18	7세기후반	동-서	14.5(1.88)	점토+모래+임갈색사질점토	보호(2009)
6	황성동제철유적(907-2, 526-4)	7세기후반	남-북	15(8)	주먹크기 자갈+뜬돌	경주대(2010)/경북대(2010)/계명대(2010)
7	황성동강변로(884-8)	통일신라	남-북	6.3.1(1차),4.5(2차)	천자갈+황갈색사질토+마사토	보호(2003·2005)
8	황성동950-1·7	7세기후반	남-북	19(10.9)	천자갈+갈색사질점토	보호(2005)
9	황성동949-1	통일신라	남-북	5.5(3)	천자갈+갈색사질점토+천석+황갈색사질점토	신라(2009)
10	황성동황조교	7세기후반	남-북	62.4·5.2	천석+할석+황갈색사질점토	영남(2001)
11	동천동696-2 697-13	8세기 7세기중반	동-서 동-서소로 남-북	83/7-9 12-(3.5-4.5) 173(7-10,14-16)	천자갈+마사토+황갈색사질점토 자갈+갈색사질점토+모래+마사토 축갈색사질점토+명갈색사질점토+자갈+점토	보호(2010)
12	동천동황성조교(양정로287번길12)	7세기후반	동-서 남-북	30/6.5 ?/3.5	천자갈+마사토	동국대(2002)
13	동천동7B1(681-1,987) 우방 / 시청	7세기후반 7세기후반	남-북 동-서 동-서	?/6.5 75/6 23/6-6.5	반자갈+황갈색 사질점토	경주대(2009) /동국대(2005)

연번	지번	축조시기	진행방향	길이/너비(m)	노면축조방식	출전
14	동천동764-4	통일신라	남-북	88/6.5	천자갈+할석+와편+燒土	보호(2013)
15	성건동630-31	신국	남-북	8~11.8(6~7.2)	자갈+모래	영주대(2011)
16	성건동677-145	통일신라	동-서	14(2.5)	천자갈, 축구확인	신라(2010)
17	성동동188-9	통일신라	동-서	12(4)	천자갈+와편+토기편	보호(2011)
18	성동동188-124	통일신라	남-북	6(5.2)	천자갈+마사토	보호(2011)
19	성동동187-7	통일신라	동-서	7(3)	천자갈	보호(2011)
20	서부동북북로 (2-83)	8세기후반	남-북	18(5) / 8/11	천자갈+와편+燒土 / 천자갈+마사토, 황갈색사질점토(1차) / 1차 도로 위에 천자갈+황갈색 사질토(2차)	보호(2007)
21	북문로 (북부동 1-92)	통일신라	남-북(1호) / 남-북(2호) / 남-북(3호)	7.3(4.05) / 10(8.3) / 5.7(3.8~5.5)	천자갈+마사토+燒土 / 암갈색사질점토+황갈색사질점토+천자갈+마사토+소토+묵단 / 수매마사층(1차) 천자갈+燒土+廢瓦(2차)	보호(2010)
22	성동동세무서 (왕화로 335)	8세기중반	동-서(Ⅰ지역) / 남-북(Ⅰ지역) / 남-북(Ⅱ지역)	5(4.4) / 8.4(4.8) / 14.6(2.8)	페와+천석 / 천석+천자갈+강자갈 / 천자갈+천석+암갈색사질점토	신라(2009)
23	동천동774	8~9세기	남-북	21.5(10.5)	천자갈+사질점토	신라(2009)
24	동천동834-8	통일신라	동-서	8.8(4.6)	천석+천자갈+와편+토기편+마사토	보호(2011)
25	동천동820-9	통일신라	남-북	5.6(2.8) / 8.02(1~2.2)	천자갈(1차), 천석(2차)	보호(2011)

연번	지번	축조시기	진행방향	길이/(너비)(m)	노면축조방식	출전
26	동천동820-10	통일신라	동-서	6.7(2.4)	잔자갈+합석	보훈(2013)
27	동천동891-10	7세기전/중반	남-북 / 북서-남동	16.9(4.4) / 6.2(3.5)	잔자갈+소토+와편 / 자갈+암갈색사질점토+흑갈색사질점토	신라(2009)
28	성동동북문로A (228-4)	8세기후반	동-서	79(4)	암갈색사질점토+마사토+황, 적갈색점토+소토	보훈(2003)
29	성동동북문로B (179-7)	통일신라	남-북	7.3/4[1차] / 108.3[2차] / 60/5.6[3차]	천석+잔자갈+암갈색점토+암갈색사질점토+소토	보훈(2003)
30	서부동19	8세기전반	동-서 / 남-북	150(4) / 130(7)	잔자갈+잡색사질점토	경주연(2003)
31	성동동245-16	통일신라	동-서	11(1.6)	천석+자갈+황갈색사질점토	계림(2014)
32	성동동143-7·10	8세기후반	남-북	199.6	잔자갈+흑갈색사질점토+토기편·와편	신라(2007)
33	서부동62-13	통일신라	동-서	13.8(3.6)	천석+잔자갈+회갈색사질점토	동서(2013)
34	성건동204	통일신라	동-서	6.02(3.1)	잔자갈[1차] / 잡색사질점토+흑갈색사질점토+잔자갈[2차]	보훈(2011)
35	성건동배수펌프장 (421-1)	7세기후반	동-서 / 남-북	16.41/6-8.9[2차] / 16.41/6.2[3차] / 18.48(6.23)	무시설[1차]/ 잔자갈-잡색사질점토[2차]/ 잔자갈-잡색사질점토[3차] / 잡색사질점토[1차]/ 다진 갈색사질점토[2차] / 잔자갈-암갈색사질점토[3차]	신라(2011)
36	동부동159-1	통일신라	남-북	18.5(3.6)	자갈+마사토	보훈(1999)
37	성건동342-43	통일신라	남-북	15.8.4	잔자갈-모래+사질점토+마사토	계림(2015)
38	노서동35-1	통일신라	남-북	140.7	잔자갈	성림(2015)

연번	지번	축조시기	진행방향	길이/너비(m)	노면축조방식	출전
39	통향로지중화공사(노서동251-1)	통일신라	남-북	235(0.75~1.55)	자갈+모래+점토	신라(2010)
40	노서동178-32	통일신라	동-서	30.4(7.7)	천석+사질점토	신라(2013)
41	노서동129-2·15	통일신라	동-서	9.3(3.7)	굵은자갈+잔자갈+회갈색사질점토	계림(2014)
42	노서동181-24	8세기후반	동-서	19.5/9[1차]	황갈색마사토+천자갈	동국대(2011)
				19.5(2.4)[2차]	황갈색점토+폐와	
			남-북	9(0.85)	천자갈+마사토	
43	남고루 성동24	삼국~통일	남-북A	?(13.4)	모래+천흙+갈색점질점토	경주연(1995)
	황오28		남-북B	?12.6	사질점토+반자갈	
	황오68-1		남-북C	?/7	반자갈	
44	배종로지중화(2차)(노서동240-2)	통일신라	동-서	23.8(1.7)	자갈+사질점토	신라(2013)
			?	4.8(1.4)		
45	배종로지중화(황오동390-1)	통일신라	동-서(가구역)	4.4~16(0.25~4.4)	천석+위편+회갈색니질점토+갈색니질점토	신라(2011)
			동-서(나구역)	9.8~34(1.8~2.8)	천석+잔자갈+모래+흑갈색사질점토	
			남-북(다구역)	1.8(2.15)	천석+잔자갈+황갈색사질점토	
			동-서(다구역)	6.5~19(0.9~1.3)	암갈·흑갈,황갈색사질점토+잔자갈+천석	
46	인왕동556,566	5C말~6C초	동-서	23(8.2)	천자갈(1차), 자갈+위편+사질점토(2차)	경주연(2003)
		6C조	남-북	1.5/10.2	사질점토+황갈색마사토	
47	인왕동신덕여고(인왕동 577)	삼국	동-서	6(3.25)	파괴(1차), 자갈+위편(2차)	성림(2013)
48	사정동170-5	통일신라	동-서	26/13.5	천자갈+황갈색사질점토	성림(2011)

연번	지번	축조시기	진행방향	길이/너비(m)	노면축조방식	출전
49	황남동123-2	7C말이전	남북	61.2	전자갈	경주연(2009)
			동서	약6약탄	전자갈+와편	
50	월성대남편 (인왕동 841-3)	통일신라	남북	?(9)	전자갈	경주연(2004)
		미상	남북(A)	5(3)	월성내 남편의 석교지	
			남북(B)	4.74?	계림 동편의 석교지	
			남북(C)	5(5.4)	월성내 남편의 목교지	
51	월성북서편 (인왕동 76)	통일신라	동서	28(2.3)	전자갈+황갈색모래자갈+토기편+와편	경주연(2004)
52	월정교지 (교동 274)	삼국-통일	남북	63(7.5)	목교: 교각기초 8개, 상판은 목재로 추정	경주연(1986, 1988)
		통일신라	남북	60.6(4.2)	석교: 교각기초 4개, 상판은 목재로 추정	
53	남천주변 정원정비 (교동274)	삼국	동서(?)	34.8(4.2)	전자갈	성림(2014)
54	인왕동412	통일신라	동서	15(5.8)	축갈색사질점토+황갈색사질점토+자갈+와편	신라(2009)
			남북	14.4(2.8-4.0)	사질토	
55	황오동45-2	통일신라	남북	14.7(10.7)	전자갈+모래+점토(1차) 고운모래+자갈 성토후 전자갈+모래·점토(2차)	한국(2015)
56	황오동3-7	미상	동서	6.6(6.12)	황갈색사질점토+숯+소토(1차) 황갈색사질점토-전자갈+황갈색사질점토(2차) 전자갈+소토+갈색사질점토(3차) 음갈색사질점토+자갈+목탄+소토(4차)	
			남북	2.62(1.94)	전자갈+목탄+소토-축갈색사질점토(1차) 축갈색사질점토+숯+소토(2차) 전자갈+목탄+갈색사질점토(3차)	신라(2009)

연번	지번	축조시기	진행방향	길이/너비(m)	노면축조방식	출전
57	구황동872-2	통일신라	남-북	24(8.5)	잔자갈+마사토+소토+위편	보호(2011)
58	경주교건일로 (인왕동 637-11)	신구-통일	동-서	25.5/6.1	잔자갈	성림(2015)
59	분황사(구황동313)	643년이전	동-서	50/9	잔자갈+황갈색사질점토+암갈색점토	경주연(2005, 2015)
60	구황동원지 (구황동 292-1)	통일신라	동-서 / 남-북	90(11) / 30(11)	잔자갈+마사토 / 잔자갈+점토(3차배에 점 축조)	경주연(2008)
61	가스배관매설지역 (구황295-1,배반666-1)	미상	남-북(?)	1300/?	황갈색 사질점토+잔자갈+사질점토	경주연(1996)
62	월지북편 (인왕동 22)	7세기후반	동-서	8.4/19	역석+사질점토+사질토	경주연(2012, 2014)
63	S1E1	통일신라	동-서(북)	?/5.5~7.5	갈색사질점토+암회황색, 황갈색사질점토+잔자갈(1차), 점질(2차), 교려시대(3차)	경주연(2002)
			동-서(남)	?/12.7-15.5	암회색마사토+균은갈은자갈+잔자갈(1차) 회색모래-황갈색마사토(2차) 명화색사질토+균은갈은갈색점토(3차) 회갈색마사토+균은갈은자갈+잔자갈(4차) 회갈색마사토+잔자갈(5차)	
		6C중-통일	남-북(서)	?/12~12.5	적갈색점토(황룡사배립토)+잔자갈	
		미상	남-북(동)	1,300/5.5	밤자갈+사질토	
64	중양교지	통일신라	동-서	??	석교: 교각3개	경주연(2005)
65	경주박물관(미술관)	통일신라	동-서(미술관) / 남-북(미술관)	33/15~16 / 30/23.7	상층: 냇돌, 하층: 잔자갈 / 상층: 냇돌, 하층: 하층: 잔자갈+적갈색 흙	경주박(2002)

연번	지번	축조시기	진행방향	길이/(너비)(m)	노면축조방식	출전
78	안강 양월리463-6	통일신라	남-북	120/6~11	천자갈+점토	신라(2010)
			동-서	12/7.7	모래+천자갈	
79	구정동707	통일신라	동-서(1호)	?/47-49(광장포함)	10-15cm밧돌, 교차지점 T자진행	신라(2018)
			동-서(2호)	?/?	10-15cm밧돌, 가장자리 배수시설	
			남-북(1호)	?/5	10cm밧돌, 1호동서도로와 교차 ㅏ자형	
			남-북(2호)	?/11,20,12	구간마다 너비 다름, 1호동서도로 十자교차	
80	구황동462-27	통일신라	동-서	(4)/(4)	마사토+황토자갈, SIE남측도로와 연결	화랑(2018)
81	성동동 149-1	통일신라	동-서	60/7.5	천자갈+굵자갈다짐, 천자갈+암갈색사질점토	계림(2017)
			남-북	55/9	천자갈+굵자갈+암갈색사질점토 중앙배수로	
82	배종로686(사정동488-7,8)	통일신라	남-북	제속불가	굵자갈+천자갈, 유적 북서쪽 경계에서 확인	신라별(2017)
83	교동 158-2	시대미상	남-북	24.7/11.8	천자갈로 다짐, 월정교 남측과 직교	계림(2017)
84	교동 159-1	삼국	남-북	7.1/5.8	쇠토+굵색사질점토+암갈색 사질점토	성한(2018)
85	황오동162-2	통일신라	동-서	9.2/6.8	굵자갈+천자갈, 천랑지 남측으로 진행	신라별(2017)

【범례】
고려: 고려문화재연구원, 경북: 경북문화재연구원, 경북대: 경북대박물관, 경주박: 국립경주박물관, 경주부: 국립경주문화재연구소, 계림: 계림문화재연구원, 계명대: 계명대박물관, 동국: 동국대학교 경주캠퍼스 박물관, 보호: 동서종합문화재연구원, 영담: 영남문화재연구원, 신라: 신라문화유산연구원, 신라별: 성림문화재연구원, 성: 성림: 성림문화재연구원, 시대별: 시대박물관문화재연구원, 성한: 삼한문화재연구원, 한누: 한누문화재연구원(舊 한국문화재보호재단), 화랑: 화랑문화재연구원.

참고문헌

1. 사료 및 자료집

『三國史記』, 『三國遺事』, 『高麗史』, 『朝鮮王朝實錄』, 『新增東國輿地勝覽』, 『增補文獻備考』

『史記』, 『白虎通』, 『初學記』, 『爾雅注疏』, 『周禮』, 『山海經』, 『漢書』, 『五行大義』, 『周書』, 『梁書』, 『隋書』, 『舊唐書』, 『新唐書』, 『冊府元龜』, 『大唐六典』, 『廣弘明集』, 『資治通鑑』, 『翰苑』, 『唐代墓誌彙編續集』, 『天一閣藏明鈔本天聖令校證』, 『重刊宋本十三經注疏附校勘記』

『日本書紀』, 『續日本紀』, 『養老令』, 『延喜式』, 『國史大辭典』, 『大漢和辭典』

김영문 외, 『文選譯註』, 소명출판, 2010.
양은경 외, 『中國 所在 韓國 古代 金石文』, 한국학중앙연구원출판부, 2015.
연민수 외, 『譯註 日本書紀』, 동북아역사재단, 2013.
이근우 역주, 『續日本記』, 지식을 만드는 지식, 2008.
이근우 역주, 『令義解譯註』, 세창출판사, 2014.
崔英成 역, 『四山碑銘』譯註 崔致遠全集1, 아세아문화사, 2004.

2. 연구논저

(1) 단행본

강인구, 『고분연구』, 학연문화사, 2000.
국립경주박물관, 『新羅瓦塼』특별전 도록, 2000.
국립대구박물관, 『선사에서 조선까지 한국의 칼』특별전 도록, 2007.

국립중앙박물관,『문자, 그 이후』, 통천문화사, 2011.

권오찬,『신라의 빛』, 경주시, 1980.

金誠龜,『백제의 와전예술』, 주류성, 2004.

金誠龜,『옛기와』, 대원사, 2000.

김영하,『新羅 中代 社會 硏究』, 일지사, 2007.

김용성,『신라왕도의 고총과 그 주변』, 학연문화사, 2009.

김창호,『고신라 금석문의 연구』, 서경문화사, 2007.

金泰植,『加耶聯盟史』, 一潮閣, 1993.

金哲俊,『韓國 古代社會 硏究』, 서울대학교 출판부, 1990.

김희선,『동아시아 도성제와 고구려 장안성』, 지식산업사, 2011.

나희라,『신라의 국가제사』, 지식산업사, 2003.

노태돈,『한국고대사』, 경세원, 2014.

노태돈,『삼국통일 전쟁사』,서울대학교출판부, 2009.

文暻鉉,『增補 新羅史硏究』, 도서출판 ㅊ·ㅁ, 2000.

朴南守,『新羅手工業史』, 신서원, 1996.

朴方龍,『新羅 都城』, 학연문화사, 2013.

박종기,『고려시대 부곡제연구』, 서울대학교 출판부, 1990.

박종기,『5백년 고려사』, 푸른역사, 1999.

박창하,『인간과 지형공간정보학』, 건기원, 2014.

徐榮敎,『羅唐戰爭史硏究-약자가 선택한 전쟁-』, 아세아문화사, 2007.

徐榮一,『신라 육상 교통로 연구』, 학연문화사, 1999.

양정석,『皇龍寺의 造營과 王權』, 서경, 2004.

양정석,『韓國 古代 正殿의 系譜와 都城制』, 서경, 2008.

윤경렬,『경주 고적이야기』경주박물관학교, 1984.

이경섭,『신라 목간의 세계』, 景仁文化社, 2013.

이기봉,『고대 도시 경주의 탄생』, 푸른역사, 2007.

李基東,『新羅 社會史 硏究』, 一潮閣, 1997.

李基東,『新羅 骨品制社會와 花郎徒』, 一潮閣, 1984.

李基白,『新羅思想史硏究』, 一潮閣, 1986.

이근직,『신라 왕릉연구』, 학연문화사, 2012.

이병도,『한국 유학사』,아세아문화사, 1989.

이영호, 『신라 중대의 정치와 권력구조』, 지식산업사, 2014.

이용현, 『韓國木簡基礎研究』, 신서원, 2006.

이희덕, 『韓國古代 自然觀과 王道政治』, 혜안, 1999,

이희준, 『신라 고고학연구』, 사회평론, 2007.

全德在, 『新羅六部體制研究』, 一潮閣, 1996.

전덕재, 『한국고대사회의 왕경인과 지방민』, 태학사, 2002.

全德在, 『한국고대사회경제사』, 태학사, 2006.

전덕재, 『신라 왕경의 역사』, 새문사, 2009.

장창은, 『신라 상고기 정치변동과 고구려관계』, 신서원, 2008.

주보돈, 『신라 지방통치체제의 정비과정과 촌락』, 신서원, 2007.

주보돈, 『금석문과 신라사』, 지식산업사, 2002.

차종천 譯, 『九章算術, 周髀算經』, 범양사출판부, 2000.

최병현, 『신라고분연구』, 一志社, 1992.

홍보식, 『新羅 後期 古墳文化 硏究』, 춘추각, 2003.

에드워드 H, 샤퍼, 『고대 중국』, 한국일보 타임-라이프, 1997.

Matthew Carmona el. 강홍빈 외 옮김, 『도시설계』, 대가, 2009.

董鑒泓 著·成周鐸 譯, 『中國都城發達史』, 學硏文化社, 1988.

세오다쓰히코 지음·최재영 옮김, 『장안은 어떻게 세계의 수도가 되었나』, 황
      금가지, 2006.

이성시 저·김창석 역, 『동아시아 왕권과 교역』, 청년사, 1999.

제동방 저, 이정은 역, 『중국고고학 수·당』, 사회평론, 2012.

平川南 著·국립나주문화재연구소 엮음, 『되살아나는 고대문서』, 주류성 출판
      사, 2010.

龜田博, 『日韓古代宮都の研究』, 學生社, 2000.

岸俊男, 『宮都の木簡』, 吉川弘文館, 2011.

奈良國立文化財硏究所, 『平城京展』, 1989.

奈良文化財硏究所, 『日中古代都城圖錄』 創立50周年記念, 2009.

森郁夫, 『日本の古代瓦』, 雄山閣出版, 1991.

森郁夫, 『瓦』, 法政大學出版局, 2001.

村上四男,『朝鮮古代史硏究』, 開明書院, 1978.

佐川英治,『中國古代都城の設計と思想』, 勉誠出版, 2016.

齊藤忠,『新羅文化論攷』, 吉川弘文館, 1973.

佐藤信,『古代の遺跡と文字資料』, 名著刊行會, 1999.

末松保和,『新羅史の諸問題』, 東洋文庫, 1954.

山中章,『日本古代都城の硏究』, 柏書房, 1997.

渡辺晃宏,『平城京と木簡の世紀』日本の歷史 04, 講談社, 2001.

井上秀雄,『新羅史基礎硏究』, 東出版, 1974.

市毛勳,『朱の考古學』, 雄山閣, 1998.

今西龍,『新羅史硏究』, 國書刊行會(再刊), 1970.

都出比呂志,『王陵の考古學』, 岩波新書, 2000.

藤本强,『都市と都城』, 同成社, 2007.

仁藤敦史,『古代王權と都城』, 吉川弘文館, 1998.

平川南,『漆紙文書の硏究』, 吉川弘文館, 1989.

林部均,『古代宮都形成過程の硏究』, 靑木書店, 2001.

中村春壽,『日韓古代都市計劃』, 六興出版, 1978.

平川南 外,『文字と古代日本』(1~5), 吉川弘文館, 2005.

楊寬,『中國古代都城制度史硏究』, 上海人民出版社, 2003.

楊鴻年,『隋唐兩京坊里譜』, 上海古籍出版社, 1999.

楊鴻年,『隋唐兩京考』, 武漢大學出版社, 2005.

陳寅恪,『隋唐制度淵源略論考』, 上海古籍出版社, 1982.

碑林博物館,『碑林博物館』, 陝西人民出版社, 2000.

陳垣,『二十史朔閏表』, 中華書局, 1978.

樓祖詒·朱傳譽,『中國郵驛發達史』, 天一出版社, 1971.

天一閣博物館 外,『天一閣藏明鈔本天聖令交證』下冊, 中華書局, 2006.

(2) 논문

姜奉遠,「경주 북천의 수리에 관한 역사 및 고고학적 고찰」『新羅文化』25, 2005.

_____,「경주 南古壘에 대한 일고찰」,『新羅文化』27, 동국대 신라문화연구소, 2006.

강종원,「신라왕경의 형성과정」,『백제연구』23, 충남대 백제연구소, 1992.

강현숙,「경주에서 횡혈식석실분의 등장에 대하여」,『신라고고학의 제문제』, 한국고고학회, 1996.

高敬姬,「新羅 月池 出土 在銘遺物에 對한 銘文 研究」東亞大學校 大學院 史學科 碩士學位論文, 1993.

權赫男,「古代 銅製鍊에 대한 研究-경주 동천동 유적출토 동슬래그를 중심으로-」, 國民大學校 大學院 金屬材料工學科 碩士學位論文, 2000.

김교년,「新羅王京의 發掘調査와 成果」,『新羅王京의 發掘調査와 成果와 意義』國立文化財研究所·國立慶州文化財研究所, 2003.

金洛中,「新羅 月城의 性格과 變遷」,『韓國上古史學報』27, 韓國上古史學會, 1998.

金庠基,「國史上에 나타난 建國說話의 檢討」,『東方史論叢』, 서울大學校 出版部, 1986,

金大煥,「新羅 王京 古墳의 분포와 체계 변화-石室墓 출현기를 중심으로」,『신라 왕경의 구조와 체계』(新羅文化祭學術論文集 27), 2006.

김리나,「황룡사의 장육존상과 신라의 아육왕상계불상」,『진단학보』46·47合號, 1979.

김복순,「興輪寺와 七處 伽藍」,『新羅文化』20, 동국대 신라문화연구소, 2002.

金誠龜,『新羅瓦塼』, 國立慶州博物館, 2000.

김병곤,「신라의 태자 책봉제 수용 과정 고찰」,『한국고대사연구』64, 한국고대사학회, 2011.

_____,「신라 왕성의 변천과 거주 집단」,『문헌으로 보는 신라의 왕경과 월성』, 국립경주문화재연구소, 2017.

김병모,「신라 왕경의 도시계획」,『역사도시 경주』, 열화당, 1984.

金瑛河,『韓國古代社會의 軍事와 政治』, 高麗大 民族文化研究院, 2002.

_____,「儒學의 수용과 지배윤리」,『新羅中代社會研究』, 일지사, 2007.

_____,「一統三韓의 실상과 의식」,『한국고대사연구』59, 한국고대사학회, 2010.

김용성,「경주 서악동 신라 중고기 왕릉 연구에 대한 질의」,『삼국유사 기이편 발표요지문』, 한국학중앙연구원 동북아고대사연구소, 2005.

김유식, 「통일신라 녹유와의 검토」, 『동악미술사학』3, 2002:

김일권, 「첨성대의 靈臺적 독법과 신라 왕경의 三雍제도 관점」, 『신라사학보』 18, 신라사학회, 2010.

_____, 「천문과 역법」, 『신라의 학문과 교육·과학·기술』연구총서11(신라 천 년의 역사와 문화), 경상북도, 2016.

_____, 「대한제국기 명시력 역서에 수록된 절후월령의 시간문화양상」, 『정신 문화연구』148호, 2017

金正基, 「新羅의 住居生活」, 『新羅社會의 新研究』(新羅文化祭學術發表會論文 集 8), 1991.

김재홍, 「新羅 王京 出土 銘文土器의 생산과 유통」, 『한국고대사연구』73, 韓國 古代史學會, 2014.

김창석, 「통일신라의 천하관과 대일(對日)인식」, 『역사와 현실』56, 2005.

김창호, 「皇龍寺 창건가람에 대하여」, 『慶州史學』19, 경주사학회, 2000.

金哲俊, 「新羅 上代社會의 Dual Organization」 『歷史學報』1·2, 歷史學會, 1952.

_____, 「新羅의 村落과 農民生活」, 『韓國古代史研究』, 서울대학교 출판부, 2001.

김호상, 「신라왕경의 금성연구」, 『경주사학』18, 경주사학회, 1998.

김희만, 「신라국학의 성립과 운영」, 『남도영박사고희기념논총』, 1993.

나희라, 「신라의 건국신화」, 『신라의 건국과 성장』2(신라천년의 역사와 문화), 경상북도, 2016.

남동신, 「원효의 대중교화와 사상체계」 서울대학교 대학원 국사학과 박사학위 논문, 1995.

남동신, 「新羅 中古期 佛敎治國策과 皇龍寺」, 『황룡사의 종합적 고찰』(신라문 화제학술논문집 22), 신라문화선양회, 2001.

노중국, 「교육과 인재 개발」, 『신라의 학문과 교육·과학·기술』연구총서11(신 라 천년의 역사와 문화), 경상북도, 2016.

노태돈, 「『삼국사기』상대기사의 신빙성 문제」, 『한국사를 통해 본 우리와 세 계에 대한 인식』, 풀빛, 1998.

劉占鳳, 「新羅의 唐 文化 受容과 그 變用」慶北大學校 大學院 史學科 博士學位 論文, 2012.

柳煥星, 「慶州 출토 羅末麗初 寺刹名 평기와의 변천과정」, 『新羅史學報』19,

新羅史學會, 2010.

류환성, 「경주 명활성의 발굴 성과와 향후 과제」, 『韓國城郭研究의 新傾向』, 한국성곽학회, 2014.

文暻鉉, 「新羅王京攷」, 『新羅王京研究』(新羅文化祭學術發表會論文集16), 1995.

문명대, 「신라 삼보 황룡사 금당 석가장육삼존의 복원과 황룡사지 출토 금동불 입상의 연구」, 『녹원스님고희기념학술논총(한국불교의 좌표)』, 1997.

민덕식, 「신라 왕경의 도시계획과 운영에 관한 고찰」, 『백산학보』33, 백산학 회, 1986.

閔德植, 「新羅의 慶州 明活城碑에 관한 고찰-新羅王京研究를 위한 일환으로-」, 『東方學志』72, 1992

박달석, 「統一新羅時代 沙伐州의 里坊制 檢討」, 『大東考古』創刊號, 대동문화 재연구원, 2007.

박방룡, 「도성·성지」, 『한국사론』15, 1985.

_____, 「황룡사와 신라 왕경의 조성」, 『신라문화제학술회의논문집』22, 2001.

朴方龍, 「慶州 城乾洞 677番地 出土 銘文土器」, 『東垣學術論文集』14, 2013.

박보현, 「이식으로 본 보문리 부부총의 성격」, 『과기고고연구』6, 아주대학교 박물관, 2000.

_____, 「新羅의 據點城 축조와 지방 제도의 정비 과정」 서울대학교 대학원 국 사학과 박사학위논문, 2010,

박성현, 「신라 왕경 관련 문헌을 어떻게 연구할 것인가」, 『문헌으로 보는 신라 의 왕경과 월성』, 국립경주문화재연구소, 2017.

_____, 「경주 월성 발굴의 의미와 성과」, 『내일을 여는 역사』68, 2017.

박순교, 「김춘추의 집권과정연구」 경북대학교 대학원 사학과 박사학위논문, 1999.

박순발, 「東아시아 古代 都城 比較를 위한 몇 가지 觀點」 『韓國의 都城』국립경 주·부여·가야문화재연구소 개소 20주년 기념 국제학술심포지엄, 2010.

박정재, 「경주 월성 해자 조사 성과와 목간」, 『동아시아 고대 도성의 축조의례 와 월성해자목간』 한국목간학회 창립 10주년 기념 국제학술회의, 국 립경주문화재연구소·한국목간학회, 2017,

朴洪國, 「月城郡 內南面 望星里 瓦窯址와 出土瓦窯에 대한 考察」 『嶺南考古

　　　　　學』5, 1988.

박홍국, 「三國史記 屋舍條의「唐瓦」란 무엇인가?」, 『불교고고학』3, 2004.

소현숙, 「新羅 皇龍寺 丈六像의 淵源과 性格 : 6세기 중국 南北朝時代 '政治的 瑞像'과 比較分析을 통한 연구」, 『선사와 고대』37권 37호, 한국고대학회, 2012.

송기호, 「사당동 요지 출토 명문자료와 통일신라 지방사회」, 『한국사연구』99·100, 1997.

申昌秀, 「三國時代 新羅기와의 研究-皇龍寺址출토 新羅기와를 中心으로-」, 『文化財』20, 文化財管理局, 1987

신형석, 「신라 자비왕대 방리명의 설정과 그 의미」, 『경북사학』23, 경북사학회, 2000.

양정석, 「新羅 公式令의 王命文書樣式 考察」, 『韓國古代史研究』15, 한국고대사학회, 1999.

　　　, 「新羅 王京人의 住居空間」, 『신라 왕경인의 삶』((신라문화제학술논문집 28), 2007.

　　　, 「新羅 王京 中心區域 儀禮關聯 建築群에 대한 검토 -최근 禮制建築에 대한 認識을 중심으로-」, 『역사와 담론』68, 호서사학회, 2013.

梁正錫, 「統一新羅 王京 S1E1遺蹟의 靑銅工房 性格에 대한 試論」, 『역사문화연구』52, 2014.

余昊奎, 「高句麗 初期 那部統治體制의 成立과 運營」, 『韓國史論』27, 1992.

　　　, 「新羅 都城의 空間構成과 王京制의 성립과정」, 『서울학 연구』18, 2002

　　　, 「新羅 都城의 儀禮空間과 王京制의 성립과정」, 『新羅王京調査의 成果와 意義』, 國立文化財研究所 외, 2003.

　　　, 「國家儀禮를 통해 본 新羅 中代 都城이 空間構造」, 『한국의 도성(도성 조영의 전통)』, 서울학 연구, 2003.

오영훈, 「신라 왕경에 대한 고찰」, 『경주사학』11, 경주사학회, 1992.

윤경진, 「신라 神武-文聖王代의 정치 변동과 三韓一統意識의 출현」, 『신라문화』46, 2015

　　　, 「신라 景文王의 통합 정책과 皇龍寺九層木塔의 改建 : 9세기 三韓一統意識의 확립과 관련하여」, 『한국사학보』61, 2015.

윤무병·김종철, 「역사도시 경주의 보존에 대한 조사」, 『문화재의 과학적 보존에 대한 연구Ⅰ』, 과학기술처, 1972.

윤무병, 「한국 묘제의 변천」,『논문집』Ⅱ-5호, 충남대 인문과학연구소, 1975.

尹相悳, 「考察」,『慶州 普門洞合葬墳 -舊 慶州 普門里夫婦塚』, 國立慶州博物館, 2011.

尹善泰, 「新羅 統一期 王室의 村落支配」서울대학교 대학원 국사학과 박사학위논문, 2000.

_____, 「新羅 中代의 成典寺院과 國家儀禮」,『新羅 金石文의 현황과 과제』(新羅文化祭學術論文集23), 2002.

_____, 「월성해자 출토 신라 문서목간」,『역사와 현실』56, 한국역사연구회, 2005.

_____, 「雁鴨池 出土 '門號木簡'과 新羅 東宮의 警備」,『한국고대사연구』44, 한국고대사학회, 2006.

_____, 「新羅 中古期 六部의 構造와 그 起源」,『신라문화』44, 2014.

_____, 「월성해자목간의 연구 성과와 신출토목간의 판독」,『동아시아 고대 도성의 축조의례와 월성해자목간』한국목간학회 창립 10주년 기념 국제학술회의, 국립경주문화재연구소·한국목간학회, 2017.

윤진석, 「신라 至都盧葛文王의 '攝政'」,『한국고대사연구』55, 2009.

尹暢烈, 「六十甲子와 陰陽五行에 관한 考察」,『大田大學校 韓醫學硏究所 論文集』제5권 제1호, 1996.

李基白, 「皇龍寺와 그 創建」,『新羅時代 國家佛教와 儒教』, 한국연구원, 1978.

李基東, 「新羅 奈勿王系의 血緣意識」,『新羅 骨品制社會와 花郎徒』, 一潮閣, 1997.

_____, 「韓國 古代의 國家權力과 宗教」,『東國史學』35·36合輯, 2001.

_____, 「新羅'中代'序說 -槿花鄉의 진실과 虛妄-」,『新羅文化』25, 2005.

李康根, 「신라 통일왕조의 궁궐에 대한 斷想」,『효현문화』2, 慶州大學校 孝峴文化編纂委員會, 1996

_____, 「明堂建築으로 본 韓中關係」,『講座美術史』9, 東國大學校 佛教美術文化研究所, 1997.

_____, 「城東洞 殿廊址의 성격에 대한 再照明」,『선사와 고대』38, 한국고대학회, 2013.

이경섭, 「신라 월성해자 목간의 출토상황과 월성 주변의 경관 변화」,『한국고대사연구』49, 2008.

이근직, 「신라 왕경의 성립과 전개」, 『건축역사연구』48, 2006.

이돈주, 「땅이름(지명)의 자료와 우리말 연구」, 『한국지명연구』, 한국문화사, 2007.

이동주, 「기와로 본 신라왕경의 공간변화」, 『역사와 현실』68, 2008.

_____, 「『三國史記』屋舍條에 보이는 唐瓦의 실체 -문헌적 접근-」, 『동방학지』 164, 연세대학교 국학연구원, 2013.

_____, 「경주 화곡출토 在銘土器의 성격」, 『목간과 문자』10, 한국목간학회, 2013.

_____, 「慶州 花谷遺蹟 出土 기와의 需給과 歷史的 意味」, 『嶺南考古學』67, 嶺南考古學會, 2013.

_____, 「新羅'儀鳳四年皆土'명 기와와 納音五行」, 『歷史學報』220, 歷史學會, 2013.

_____, 「신라하대 京匠의 동향-특히 瓦匠을 중심으로-」, 『정신문화연구』38권 4호, 2015.

_____, 「신라 왕경의 정의와 그 범위」, 『문헌으로 보는 신라의 왕경과 월성』, 국립경주문화재연구소, 2017.

李文基, 「신라 中古의 국왕근시집단」, 『역사교육논집』5, 1983.

이문기, 「신라 김씨 왕실의 소호금천씨 출자관념의 표방과 변화」, 『역사교육 논집』23·24, 1999.

_____, 「文獻으로 본 蘿井」, 『퇴계학과 유교문화』44, 경북대학교 퇴계연구소, 2009.

이민형, 「신라 황룡사 대지조성기법과 범위」, 『신라문화유산연구』2호, 신라문 화유산연구원, 2018.

李相俊, 「慶州 月城의 變遷過程에 대한 小考」, 『嶺南考古學』21, 嶺南考古學會, 1997.

李泳鎬, 「新羅 中代 王室寺院의 官寺的 機能」, 『韓國史研究』43, 1983.

_____, 「新羅의 王權과 貴族社會」, 『新羅文化』22, 2003.

_____, 「7세기 新羅 王京의 變化」, 『國邑에서 都城으로』(新羅文化祭學術論文 集 26), 2005.

_____, 「新羅의 新發見 文字資料와 研究動向」, 『韓國古代史研究』57, 한국고 대사학회, 2010.

_____, 「신라의 달구벌 천도」, 『신라 중대의 정치와 권력구조』, 지식산업사, 2014.

_____, 「文字資料로 본 新羅王京」, 『大丘史學』132, 2018.

이우태, 「신라의 촌과 촌주」, 『한국사론』7, 서울대 국사학과, 1981.

李恩碩, 「新羅王京の都市計劃」, 『東アジアの古代都城』, 吉川弘文館, 2003.

이은석, 「왕경의 성립과 발전」, 『통일신라시대 고고학』 28회 한국고고학 전국 대회 발표집, 2004.

_____, 「7세기대 신라 가옥구조에 대한 고찰」, 『新羅史學報』37, 新羅史學會, 2016.

李章赫, 「佛敎經典에 나타난 龍의 象徵性 硏究」 威德大學校 佛敎大學院 碩士 學位論文, 2008.

李仁淑, 「統一新羅~朝鮮前期 평기와 製作技法의 變遷」 慶北大學校 大學院 考 古人類學科 碩士學位論文, 2004.

_____, 「월성 A지구(서편지역) 출토 삼국시대 기와 검토」, 『한국고고학의 기 원론과 계통론』(40회 한국고고학회 전국대회 발표 자료집), 2016.

이진락, 「신라왕릉 전기탐사와 구조해석-경주지역 통일신라시대를 중심으로-」 경주대학교 대학원 문화재학과 박사학위논문, 2013.

이한상, 「우쭐대던 장인, 초라한 장이」, 『삼국시대 사람들은 어떻게 살았을까』, 청년사, 2005.

李賢淑, 「신라의 민간 의료인」, 『新羅史學報』4, 新羅史學會, 2005.

_____, 「신라 남궁의 성격」, 『역사와 현실』81, 한국역사연구회, 2011.

_____, 「신라 왕경의 리방구획 및 범위에 대한 연구 현황과 과제」, 『신라문화』 40, 2012.

李熙濬, 「4~5世紀 新羅 고분 被葬者의 服飾品 着裝 定型」, 『韓國考古學報』47, 韓國考古學會, 2002.

이희준, 「신라 왕경유적 발굴조사 성과」, 『韓國의 都城』, 國立慶州文化財硏究 所 외, 2010.

임건상, 『조선의 부곡제에 관한 연구』, 과학원출판사, 1963.

張容碩, 「新羅 道路의 構造와 性格」, 『嶺南考古學』38, 嶺南考古學會, 2006.

전경효, 「월성의 명칭 및 출토 문자자료 검토」, 『한국고고학의 기원론과 계통 론』40회 한국고고학전국대회, 2016.

全德在, 「신라 주군제의 성립 배경 연구」, 『한국사론』22, 서울대 국사학과, 1990.

_____,「신라 중고기 주의 성격변화와 군주」,『역사와 현실』40, 한국역사연구회, 2001.

_____,「신라 소경의 설치와 그 기능」,『진단학보』93, 2002.

_____,「니사금시기 신라의 성장과 6부」,『신라문화』21, 2003.

_____,「新羅의 對外認識과 天下觀」,『역사문화연구』20, 2004.

_____,「경주 동천동 왕경유적의 성립과 성격」,『신라문화』43, 2014.

_____,「통일신라 향(鄕)에 대한 고찰」,『역사와 현실』94, 한국역사연구회, 2014.

_____,「8세기 신라의 대일외교와 동아시아 인식」『日本學研究』44, 2015.

정민,「경주 모량리 도시유적을 통해 본 신라 방제의 범위와 시행시기」,『신라문화』44, 2014.

정희경,「동명설화와 고대사회」,『歷史學報』98, 歷史學會, 1983.

趙成允,「慶州 出土 新羅 평기와의 編年 試案」慶州大學校 大學院 文化財學科 碩士學位論文, 2000.

_____,「신라 동궁 창건와전 연구」경주대학교 대학원 문화재학과 박사학위논문, 2014.

조영광,「7세기 중국인들의 대고구려 '삼한'호칭에 관하여」,『백산학보』81, 2008.

朱南哲,「三國史記 屋舍條의 新研究」,『金元龍教授 停年退任記念論叢』, 1987.

趙由典,「新羅 皇龍寺伽藍에 關한 研究」동아대학교 대학원 사학과 박사학위논문, 1987.

朱甫暾,「남산신성의 축조와 남산신성비 제9비」,『금석문과 신라사』, 지식산업사, 2002.

_____,「統一期 地方統治體制의 再編과 村落構造의 變化」,『신라지방통치체제의 정비과정과 촌락』, 신서원, 2007.

_____,「신라 骨品制 연구의 새로운 傾向과 課題」,『한국고대사연구』54, 한국고대사학회, 2009.

_____,「김춘추의 정치지향과 유학」,『국왕, 의례, 정치』(문화로 본 한국사 4), 태학사, 2009.

_____,「『三國遺事』'念佛師'條의 吟味」,『명예보다 求道를 택한 신라인』(新羅文化祭學術論文集31), 2010.

_____, 「통일신라의 (陵)墓碑에 대한 몇 가지 논의」, 『木簡과 文字』9, 한국목간학회, 2012.

_____, 「신라 狼山의 歷史性」, 『新羅文化』44, 2014.

_____, 「거칠부의 出家와 出仕」, 『韓國古代史研究』76, 한국고대사학회, 2014.

_____, 「신라의 '東京'과 그 의미」, 『大丘史學』120, 大丘史學會, 2015.

_____, 「신라의 國學 受容과 그 展開」『신라국학의 수용과 전개』, 2015, 민속원.

_____, 「신라 왕경론」, 『문헌으로 보는 신라의 왕경과 월성』, 국립경주문화재연구소, 2017.

_____, 「月城과 垓字출토 木簡의 의미」, 『동아시아 고대 도성의 축조의례와 월성해자목간』 한국목간학회 창립 10주년 기념 국제학술회의, 국립경주문화재연구소·한국목간학회, 2017.

蔡尙植, 「新羅統一期 成典寺院의 구조와 기능」, 『釜山史學』8, 1984.

차순철, 「경주지역의 청동생산공방 운영에 대한 일고찰」, 『문화재』38, 국립문화재연구소, 2005.

_____, 「신라 왕경 내 생산유적의 변화와 그 의미」, 『역사문화연구』52, 2014.

崔光植, 「新羅의 神宮 設置에 대한 新考察」, 『韓國史研究』43, 1983.

최맹식, 「백제 및 통일신라시대 기와문양과 제작기법에 관한 연구」, 『호남고고학보』13, 2001.

崔珉熙, 「[儀鳳四年皆土] 글씨기와를 통해 본 新羅의 統一意識과 統一紀年」, 『慶州史學』21, 2002.

_____, 「「의봉4년개토儀鳳四年皆土」 글씨기와의 「개토」 재론 -「納音五行」론 비판-」 한국고대사탐구학회 69회 월례발표회, 2018.

崔柄憲, 「新羅 佛敎思想의 전개」, 『역사도시 경주』, 열화당, 1984.

최선자, 「신라 황룡사의 창건과 진흥왕의 왕권강화」, 『韓國古代史研究』72, 한국고대사학회, 2013.

崔英姬, 「新羅 古式 수막새의 製作技法과 傳統」, 『韓國上古史學報』70, 韓國上古史學會, 2010.

최의광, 「『三國史記』『三國遺事』에 보이는 新羅의 '國人'記事 檢討」, 『新羅文化』25, 2005.

최재영, 2014, 「隋唐長安城과 市場의 위상」, 『中國 古中世 歷史空間으로서의 都城』 제9회 中國古中世史學會 國際學術大會 자료집, 2014.

崔兌先, 「平瓦製作法의 變遷에 대한 研究」慶北大學校 大學院 考古人類學科 碩士學位論文, 1993.

한준수, 「신라 國學의 수용」『신라국학의 수용과 전개』, 2015, 민속원.

홍보식, 「신라 도성의 건설과 구조」, 『삼국시대 고고학개론』1(도성과 토목), 진인진, 2014.

홍승우, 「왕실의 경제 기반」, 『신라의 산업과 경제』(신라의 천년의 역사와 문화 10), 경상북도, 2016.

_____, 「문헌으로 본 新羅의 東宮과 그 운영」, 『문헌으로 보는 신라의 왕경과 월성』, 국립경주문화재연구소, 2017.

황인호, 「新羅 9州5小京의 都市構造 研究」, 『중앙고고연구』15, 中央文化財研究院, 2014.

황상일 외, 「경주지역 선상지 지형발달」, 『新羅古墳環境調査分析報告書』, 國立慶州文化財研究所, 2008

黃壽永, 「高麗 靑銅銀入絲 香垸의 研究」, 『佛敎學報』1, 1963.

中村裕一, 『中國古代의 年中行事 -第二冊 夏-』, 汲古書院, 2009.

西川幸治, 「都城의 景觀」, 『都城』, 社會思想社, 1976.

武田幸男, 「新羅六部와 그 展開」, 『民族史의 展開와 그 文化』 上, 1990

齊藤忠, 「新羅의 王京跡」, 『新羅文化論攷』, 吉川弘文館, 1973.

佐藤信 外, 『都市社會史』 新体系日本史6, 山川出版社, 2001.

水野正好, 「日本에 文字가 來た고ろ」, 『古代日本의 文字世界』, 大修館書店, 2001.

三池賢一, 「新羅內廷官制考(下)」, 『朝鮮學報』62, 1972.

東潮, 「三國新羅의 考古學과 倭」, 『古代를 考える日本과 朝鮮』, 吉川弘文館, 2005.

야마다 후미토, 「新羅 聖德王代의 對日關係와 '王城國'」, 『한국고대사연구』87, 2017.

大坂金太郎, 「[儀鳳四年皆土]在銘新羅古瓦」, 『朝鮮學報』53, 1969.

和田萃, 「東アジア의 古代都城과 葬地」, 『古代國家의 形成과 展開』, 吉川弘文館, 1976.

上原眞人, 「平安貴族은 瓦葺邸宅에 住んでいなかった」 『高井悌三郎先生喜壽記念論集 歷史學과 考古學』, 眞陽社, 1988.

吉井秀夫, 「扶蘇山城出土"會昌七年"銘文字瓦를めぐって」, 『古代文化』11, 2004.

山本崇,「一九七七年以前出土の木簡」,『木簡研究』30, 2008.

井上秀雄,「新羅王畿の構成」,『新羅史基礎研究』, 東出版, 1974.

內田和伸,「한·일 궁전의 설계사상에 관하여」『韓日文化財論集』Ⅰ, 2007.

藤島亥治郎,「朝鮮建築史論」(其一·其二)『建築雜誌』44-530·531, 1930;『朝鮮
　　　建築史論』, 景仁文化社, 1973.

藤島亥治郎,「朝鮮三國時代の都市と城」,『東アジア世界における日本古代史
　　　講座』4, 學生社, 1980.

藤田元春,「都城考」,『尺度綜考』, 刀江書院, 1929.

布野修司,「中國都城の基本モデル-『周禮』『考工記』」,『大元都市』, 京都大學
　　　學術出版會, 2015.

木村誠,「統一新羅時代の鄕-部曲制成立史の再檢討-」,『歷史評論』42-2, 1983.

山梨縣敎育委員會,『山梨縣の文化財』第8集, 1967.

奈良市敎育委員會,「井戶から出土した平城京の曆」, 奈良市埋藏文化財調査
　　　センター速報展示資料, 2005.

張弓,「「始儒終佛」: 唐代 士人의 심리 역정」,『중국고중세사연구』14권, 중국고
　　　중세사학회, 2005.

拜根興,「七世紀 中葉 羅唐關係 硏究」慶北大 大學院 史學科 博士學位論文,
　　　2002.

王維坤,「中國 古代都城의 構造와 里坊制의 기원에 관하여」,『地理敎育論集』
　　　38, 1997.

王翰章,「景云鐘的鑄造技術及其銘文考釋」,『文博』, 1986.

楊華,「고대 중국 都邑 건설에서의 巫祝 의식」,『동아시아 고대 도성의 축조의
　　　례와 월성해자 목간』, 국립경주문화재연구소·한국목간학회, 2017.

饒宗頤,「秦簡中的五行說與納音說」『古文學研究』14, 1986, 中華書局.

薛夢瀟,「上古時期的"五音"配置問題淺論」,『珞珈史苑』, 2011.

工藤元男,「放馬灘秦簡<日書>所見<律書>和<納音>」『睡虎地秦簡所見秦代國家
　　　和社會』, 2010, 上海古籍出版社.

조익,「수·당 교육제도의 성취 및 특색과 신라 국학과의 관계」『신라 국학과
　　　인재 양성』, 2015, 민속원.

　(3) 조사보고서

가야문물연구원,『경주 구어리·입실리 유적』, 2017.

거레문화재연구원,『경주 제내리·명계리·노곡리유적』, 2017.

慶北大學校 博物館,『慶州地區 古墳 發掘調査報告書』, 1974.

_____,『月城郡 羅亭里古墳 發掘調査報告』, 1985.

_____,『慶州市 月城路古墳群』, 1990.

_____,『慶州新院里古墳群發掘調査報告書』, 1991.

_____,『慶州 隍城洞 遺蹟Ⅲ·Ⅳ』, 2000.

_____,『慶州 皇吾洞 326-1番地 建物址 遺蹟』, 2004.

慶尙北道文化財研究院,『慶州 奉吉里古墳群』, 2005.

_____,『慶州 甲山里遺蹟』, 2006.

_____,『慶州 金丈里遺蹟』, 2007.

_____,『慶州 檢丹里 遺蹟』, 2007.

_____,『慶州 花川里 遺蹟』, 2008.

_____,『慶州 月山里 遺蹟』, 2009.

_____,『慶州 東川洞 789番地 遺蹟』, 2010.

_____,『경주 대본리 유적』, 2011.

_____,『慶州 花川里 遺蹟』, 2011.

_____,『경주 사정동 경주공업고등학교 다목적교실 증축부지 내 유적』, 2013.

_____,『경주 황성동 590번지 유적Ⅰ~Ⅴ』, 2015.

_____,『경주 전촌리 유적』, 2015.

_____,『경주 전촌리 597-4번지 유적』, 2015.

_____,『경주 부지리유적』, 2015.

慶州大學校 博物館,『경주 황성동고분군 Ⅲ』, 2003.

_____,『경주 동천동 고대 도시유적』, 2009.

_____,『경주 충효동 100-14번지 일원 유적-B지구』, 2010.

鷄林文化財研究院,『경주지역 소규모 발굴조사 보고서Ⅰ-경주 괘릉리 15·16 번지 유적』, 2012.

_____,『경주지역 소규모 발굴조사 보고서Ⅰ-경주 성건동 647-36 번지 유적』, 2012.

_____,『경주지역 소규모 발굴조사 보고서Ⅰ-경주 동천동 897-1

번지 유적』, 2012.

_____,『경주지역 소규모 발굴조사 보고서 I -경주 동천동 826-7
번지 유적』, 2012.

_____,『경주지역 소규모 발굴조사 보고서 II -경주 성건동 423번
지 유적』, 2012.

_____,『경주지역 소규모 발굴조사 보고서 II -경주 석장동 876-5
번지 유적』, 2012.

_____,『경주지역 소규모 발굴조사 보고서 II -경주 내리유물산포
지 내 유적』, 2012.

_____,『경주지역 소규모 발굴조사 보고서 II -경주 석장동 774-8
번지 유적』, 2012.

_____,『경주시 노서동 169-15,16번지 유적』, 2012.

_____,『경주 성건동 75-3번지 유적』, 2012.

_____,『경주 (傳)홍륜사지 경내 유적』, 2013.

_____,『경주 배동 150-3번지 유적』, 2013.

_____,『경주 동천동 산13-2번지 유적』, 2013.

_____,『경주 북군동 176-1번지 내 유적』, 2013.

_____,『경주 성건동 484-13번지 내 유적』, 2013.

_____,『경주 배반동 산66-2번지 유적』, 2013.

_____,『경주 신당리 산7번지 내 1호 석실분』, 2013.

_____,『경주 장항리 331-2번지 유적 I ~III』, 2014.

_____,『경주 동천동 800번지 유적』, 2014.

_____,『경주 명활산성 발굴조사 보고서』, 2015.

_____, 경주 북토리39-1번지 유적, 2014

_____, 경주 노서동 129-2,15번지 유적, 2014

_____, 경주 동천동 819-14번지 유적, 2014.

_____, 경주 노동동 115번지 유적, 2014.

_____,『경주 형산강 경주1지구 하천개수공사부지 내 추정목교지
유적』, 2014.

_____,『경주 성동동 254-16번지 유적』, 2014.

_____,『경주 탑동 734번지 유적』, 2016.

_____, 『경주 성동동 149-1번지 유적』, 2017

_____, 『경주 교동 158-2번지 유적』, 2017.

_____, 『경주 입실리 297번지 유적』, 2018.

_____, 『경주 황오동 372-72번지 일원 유적』, 2018.

國立慶州文化財硏究所, 『천마총』, 1974.

_____, 『황룡사』, 1984.

_____, 『月城垓子Ⅰ』, 1990.

_____, 『慶州龍江洞古墳』, 1990.

_____, 「동천동 파출소부지 시굴조사」 『연보』창간호, 1991.

_____, 『文化遺蹟發掘調查報告(緊急發掘調查報告書Ⅰ)』, 1992.

_____, 『文化遺蹟發掘調查報告(緊急發掘調查報告書Ⅱ)』, 1993.

_____, 『안압지』, 1993.

_____, 『경주 다산리 지석묘』, 1994.

_____, 『긴급유적 발굴조사보고서(경주 동천동 삼성아파트 신
축부지)』, 1994.

_____, 『慶州 皇南洞 106-3番地 古墳群』, 1995.

_____, 『慶州隍城洞 601-2番地 皇南洞 192-4番地 發掘調查報
告書』, 1995.

_____, 『憲康王陵補修收拾調查報告書』, 1995.

_____, 『殿廊址·南古壘 發掘調查報告書』, 1995.

_____, 『乾川休憩所新築敷地 發掘調查報告書』, 1995.

_____, 『慶州芳內里古墳群』, 1996.

_____, 『王京地區內가스관埋設地 : 發掘調查報告書』, 1996.

_____, 『財買井址 發掘調查報告書』, 1996.

_____, 『감은사』, 1997.

_____, 『慶州芳內里古墳群(本文)』, 1997.

_____, 『感恩寺』, 1997.

_____, 『文化遺蹟發掘調查報告(緊急發掘調查報告書Ⅲ)』, 1998.

_____, 『新羅王京Ⅰ』, 2001.

_____, 『慶州 仁旺洞 古墳群』, 2002.

_____, 『慶州 仁旺洞 556·566番地遺蹟』, 2003.

_____, 『慶州 皇南洞 新羅建物址』, 2003.

_____, 『慶州 西部洞 19番地 遺蹟』, 2003.

_____, 『月城垓子Ⅱ』, 2004.

_____, 『慶州蓀谷洞·勿川里遺蹟』, 2004.

_____, 『慶州 慶州南山』, 2004.

_____, 慶州 天官寺址』, 2004.

_____, 『春陽橋址』, 2005.

_____, 『南里寺址(傳念佛寺址)』, 2005.

_____, 『慶州 月山里遺蹟』, 2005.

_____, 『慶州 皇城洞 石室墳 906-5番地』, 2005.

_____, 『芬皇寺Ⅰ』, 2005.

_____, 『慶州 九黃洞 皇龍寺址展示館 建立敷地內 遺蹟』, 2008.

_____, 『경주 구황동 신라왕경숲 조성사업 부지내 유적』, 2008.

_____, 『(傳) 仁容寺址』, 2009.

_____, 『文化遺蹟發掘調査報告(緊急發掘調査報告Ⅳ)』, 2009.

_____, 『慶州 皇南洞 大形建物址』, 2010.

_____, 『慶州南山 南里寺址 東·西三層石塔』, 2010.

_____, 『경주 황룡사연구센터 건립예정부지내 유적』, 2011.

_____, 『月城垓子Ⅲ』, 2011.

_____, 『경주 쪽샘유적Ⅰ』, 2011.

_____, 『月城垓子Ⅳ』, 2012.

_____, 『경주 쪽샘유적Ⅱ』, 2012.

_____, 『四天王寺Ⅰ』, 2012.

_____, 『慶州 東宮과 月池Ⅰ』, 2012.

_____, 『전인용사지』, 2013.

_____, 『慶州 쪽샘地區 新羅古墳Ⅱ』, 2013.

_____, 『四天王寺Ⅱ』, 2014.

_____, 『四天王寺Ⅲ』, 2014.

_____, 『慶州 東宮과 月池Ⅱ』, 2014.

_____, 『慶州 쪽샘地區 新羅古墳遺蹟Ⅳ』, 2014.

_____, 『경주 망덕사지』, 2015.

＿＿＿＿＿＿＿＿＿＿, 『芬皇寺Ⅱ』, 2015.

＿＿＿＿＿＿＿＿＿＿, 『慶州 쪽샘地區 新羅古墳遺蹟Ⅴ』, 2015.

＿＿＿＿＿＿＿＿＿＿, 『月城垓子Ⅴ』, 2015.

＿＿＿＿＿＿＿＿＿＿, 『신라왕경의 도로』, 2016

國立慶州博物館, 『慶州市 月城路 古墳群』, 1990.

＿＿＿＿＿＿＿, 『慶州 竹東里 古墳群』, 1998.

＿＿＿＿＿＿＿, 『慶州 千軍洞 避幕遺蹟』, 1999.

＿＿＿＿＿＿＿, 『慶州 隍城洞 524-9番地 溶解爐跡』, 1999.

＿＿＿＿＿＿＿, 『慶州 朝陽洞 遺蹟Ⅰ』, 2000.

＿＿＿＿＿＿＿, 『慶州 隍城洞 遺蹟Ⅰ』, 2000.

＿＿＿＿＿＿＿, 『國立慶州博物館敷地內 發掘調查報告書』, 2002.

＿＿＿＿＿＿＿, 『慶州 隍城洞 古墳群Ⅱ』, 2002.

＿＿＿＿＿＿＿, 『慶州 仁旺洞 遺蹟』, 2003.

＿＿＿＿＿＿＿, 『慶州 朝陽洞 遺蹟Ⅱ』, 2003.

＿＿＿＿＿＿＿, 『慶州 九政洞 古墳』, 2006.

＿＿＿＿＿＿＿, 『陽南 下西里 古墳群』, 2006.

＿＿＿＿＿＿＿, 『味呑寺址』, 2007.

＿＿＿＿＿＿＿, 『慶州 鷄林路 14號墓』, 2010.

＿＿＿＿＿＿＿, 『慶州工業高等學敎內 遺構收拾調查』, 2011.

＿＿＿＿＿＿＿, 『慶州 普門洞合葬墳』, 2011.

＿＿＿＿＿＿＿, 『慶州 鷄林路 新羅墓1』, 2012.

＿＿＿＿＿＿＿, 『慶州 鷄林路 新羅墓2』, 2014.

＿＿＿＿＿＿＿, 『天馬塚 出土 天馬文 障泥』, 2015.

＿＿＿＿＿＿＿, 『國立慶州博物館敷地內 發掘調查報告書』, 2016.

國立文化財研究所, 『경주황남동155호고분발굴약보고』, 1973.

＿＿＿＿＿＿＿, 『안계리고분군발굴조사보고서』, 1981.

＿＿＿＿＿＿＿, 『황남대총 북분』, 1985.

國立中央博物館, 『경주 노서리 호우총과 은령총』, 1948.

＿＿＿＿＿＿＿, 『경주 노서리 쌍상총, 마총, 138호분』, 1955.

＿＿＿＿＿＿＿, 『감은사』, 1961.

＿＿＿＿＿＿＿, 『황오리 4·5호 고분, 황오리 파괴고분 발굴조사보고』, 1964.

_____,『경주쌍분 경주98호분』, 1975.

_____, 국립박물관 고적조사보고 제17책』, 1985.

_____,『경주 노동리 4호분』, 2000.

금오문화재연구원,『경주 황남동 155번지 유적』, 2018.

기호문화재연구원,『경주 덕천리·이조리 유적』, 2017.

덕난문화유산연구원,『경주 신당리 산32-4번지 유적』, 2015.

大邱大學校 博物館,『경주 동천동 발굴조사보고서』, 1993.

_____,『慶州 西部洞 建物新築豫定地 發掘調查報告書』, 2002.

_____,『慶州 皇南洞 建物新築豫定地 發掘調查報告書』, 2002.

_____,『慶州 東川洞遺蹟』, 2002.

대동문화재연구원,『경주 구어리 산65-4유적』, 2018.

東國大學校 慶州캠퍼스博物館,『천룡사탑지』, 1991.

_____,『석장사지』, 1994.

_____,『경주시 동천동 764-12번지 주택신축부지 발굴
조사 약보고서』, 1995.

_____,『석장동유적』, 1996.

_____,『석장동유적Ⅱ』, 1998.

_____,『황성동고분군』, 2002.

_____,『석장동유적Ⅲ 王京遺蹟Ⅰ』, 2002.

_____,『경주 손곡동·물천리(1) -목탄요유적』, 2002.

_____,『경주 손곡동·물천리(2) -분묘군』, 2002.

_____,『경주 손곡동·물천리(3)』, 2002.

_____,『경주 황남동 376 통일신라시대유적』, 2002.

_____,『경주 황성동 267유적』, 2002.

_____,『王京遺蹟Ⅱ』, 2004.

_____,『석장동유적Ⅳ』, 2004.

_____,『王京遺蹟Ⅲ』, 2005.

동국문화재연구원,『경주 하구리 990-10번지 유적』, 2016.

_____,『경주 동천동 357번지 유적』, 2016.

_____,『경주 황남동 98-2번지 유적』, 2016.

金慶文物研究院,『경주 죽동리 유적』, 2013.

불교문화재연구소,『경주 미탄사지Ⅰ·Ⅱ』, 2016.
서라벌문화재연구원,『경주 충효동 산147번지 유적 발굴조사 보고서』, 2017.
_____,『경주 태종로 686 유적』, 2017.
_____,『경주 제내리 산54-4번지 제내5일반산업단지 조성부지
　　내 유적』, 2017.
_____,『경주 서부동 69-1번지 유적』, 2017.
_____,『경주 성건동 도시계획도로(소3-37) 개설부지 내 유적 발
　　굴조사 약보고서』, 2017.
_____,『경주 황오동 양정로 개설사업(대3-4) 개설부지 내 유적
　　발굴조사 약보고서』, 2017.
_____,『경주 녹동리 산22-3번지 유적』, 2018.
_____,『경주 괘릉리 산31번지 유적』, 2018.
_____,『경주 천군동유적 -가구역, 나구역-』, 2018.
_____,『경주 탑동 37번지 일원 근린생활시설(병원) 신축부지내
　　유적 문화재 발굴조사 약보고서』, 2016.
_____,「경주 동부사적지대 석교지 복원공사부지 내 유적(2차)」
　　학술자문위원회의 자료집, 2017.
聖林文化財研究院,『경주 서부동 근린생활시설부지 내 유적』, 2006.
_____,『경주 감포 오류리 유적』, 2006.
_____,『경주 금장리유적』, 2006.
_____,『경주 금장리유적2』, 2006.
_____,『경주 금장리유적3』, 2006.
_____,『경주 금장리유적4』, 2006.
_____,『경주 동천동 792-3번지 유적』, 2006.
_____,『경주 인동리 636번지 유적』, 2007.
_____,『경주 화곡리 신라분묘군』, 2007.
_____,『경주 화곡리 제단유적』, 2008.
_____,『경주 성건동 172-2번지 통일신라시대 유적』, 2008.
_____,『경주 황성동 402-7번지 유적』, 2009.
_____,『경주 신당리 883-1번지 유적』, 2009.
_____,『경주 용강동 청동기시대 취락유적』, 2009.

_____, 『경주 문산리 청동기시대 유적-2구역』, 2010.

_____, 『경주 문산리 청동기시대 유적-3·4구역』, 2010.

_____, 『경주 건천리 통일신라시대 건물지』, 2010.

_____, 『경주 오류리 목탄요』, 2010.

_____, 『경주 천군동 청동기시대 취락유적』, 2010.

_____, 『경주 노서동 133-23번지 조선시대 생활유적』, 2010.

_____, 『경주 노서동 169-13번지 생활유적』, 2010.

_____, 『경주 서부동 207-4번지 통일신라시대 생활유적』, 2011.

_____, 『경주 서부동 207-8번지 통일신라시대 생활유적』, 2011.

_____, 『경주 성건동 249번지 통일신라시대 생활유적』, 2011.

_____, 『경주 사정동 70번지 통일신라시대 생활유적2』, 2011.

_____, 『경주 인동리 671-1번지 생활유적』, 2011.

_____, 『경주 인동리 672번지 유적』, 2011.

_____, 『경주 사정동 170-5번지 왕경유적』, 2011.

_____, 『경주 광명동 취락유적』, 2011.

_____, 『경주 석계리 청동기시대 생활유적』, 2011.

_____, 『경주 천군동 생활유적』, 2012.

_____, 『경주 천군동 1544번지 유적』, 2012.

_____, 『경주 모량리유적』, 2012.

_____, 『경주 화곡리 생산유적(전 6권)』, 2012.

_____, 『경주 검단리 산38번지 유적』, 2012.

_____, 『경주 인왕동 왕경유적1』, 2013.

_____, 『경주 봉길리 청동기시대 취락유적』, 2013.

_____, 『경주 제내리 신라묘군』, 2013.

_____, 『경주 동천동 770번지 왕경유적』, 2013.

_____, 『경주 유금리 청동기시대 취락유적』, 2013.

_____, 『경주 하구리 초기철기시대 옹관묘 유적』, 2013.

_____, 『경주 인왕동 왕경유적2』, 2014.

_____, 『경주 산대리 청동기·조선시대 생활유적』, 2014.

_____, 『경주 교동 274번지 남천주변 경관정비공사 구간 내 유적』, 2014.

_____, 『경주 금장리 생산유적』, 2015.

_____, 『경주 금장리 생활유적』, 2015.

_____, 『경주 인왕동 왕경유적3』, 2015.

_____, 『경주 노서동 35-1번지 왕경유적』, 2015.

_____, 『경주 석장동 신라묘군』, 2016.

_____, 『경주 천촌리 23-2, 24-1번지 유적』, 2016.

_____, 『경주 하구리 청동기시대 취락유적』, 2017.

_____, 『경주 교동 도당산 토성 유적』, 2017.

_____, 『경주 하구리 청동기시대 생활유적』, 2018.

삼한문화재연구원, 『경주서악동 591-2번지 유적』, 2016.

_____, 『慶州 校洞 159-1番地 遺蹟』, 2018.

世宗文化財研究院, 『경주 모아리 산25번지 유적』, 2012.

_____, 『경주 어일리 산35-1번지 유적』, 2013.

_____, 『경주 화산리 산185-1번지 유적』, 2014.

_____, 『慶州 花山里 山176-8番地 遺蹟』, 2014.

_____, 『慶州 茸長里 567-16番地 遺蹟』, 2015.

_____, 『慶州 檢丹里 山38-3番地 遺蹟』, 2017.

新羅文化遺産研究院, 『慶州 汝山里遺蹟 I 』, 2009.

_____, 『慶州 九於里 山56-1番地 遺蹟』, 2009.

_____, 『王京遺蹟 XⅢ』, 2009.

_____, 『王京遺蹟 XⅢ』, 2009.

_____, 『王京遺蹟 XⅣ』, 2010.

_____, 『王京遺蹟 X Ⅴ』, 2010.

_____, 『王京遺蹟 X Ⅵ』, 2010.

_____, 『王京遺蹟 X Ⅶ』, 2010.

_____, 『慶州의 文化遺蹟 Ⅵ』, 2010.

_____, 『慶州의 文化遺蹟 Ⅶ』, 2010.

_____, 『慶州의 文化遺蹟 Ⅷ』, 2010.

_____, 『慶州의 文化遺蹟 Ⅸ』, 2010.

_____, 『慶州의 文化遺蹟 Ⅸ』, 2010.

_____, 『慶州의 文化遺蹟 X 』, 2010.

_____, 『慶州의 文化遺蹟ⅩⅠ』, 2010.

_____, 『慶州의 文化遺蹟ⅩⅡ』, 2010.

_____, 『慶州 東山里遺蹟』, 2010.

_____, 『慶州 普門洞 545-4番地 遺蹟』, 2010.

_____, 『慶州 奉吉里遺蹟』, 2010.

_____, 『慶州 土方里 古墳群』, 2010.

_____, 『慶州 茸長里 月城朴氏 齊室 建立敷地 內 遺蹟』, 2010.

_____, 『慶州 塔洞 640-4番地 遺蹟』, 2010.

_____, 『慶州 忠孝洞 100-14蕃地 遺蹟』, 2010.

_____, 『慶州 塔洞 849-16番地 遺蹟』, 2010.

_____, 『慶州의 文化遺蹟ⅩⅢ』, 2011.

_____, 『慶州의 文化遺蹟ⅩⅣ』, 2011.

_____, 『慶州의 文化遺蹟ⅩⅤ』, 2011.

_____, 『慶州 汶山里遺蹟Ⅱ』, 2011.

_____, 『慶州 北吐里 古墳群』, 2011.

_____, 『慶州 上溪里 古墳群』, 2011.

_____, 『慶州 皇吾洞 115-8番地 內 遺蹟』, 2011.

_____, 『慶州 崇福寺碑 復原事業敷地 內 遺蹟(1·2次)』, 2011.

_____, 『王京遺蹟ⅩⅧ』, 2011.

_____, 『王京遺蹟ⅩⅨ』, 2011.

_____, 『王京遺蹟ⅩⅩ』, 2011.

_____, 『경주 북토리55-1번지 일원 공장 신축부지내 경주 북토리 고분군』, 2011.

_____, 『경주 탑동 745-1번지 단독주택 신축부지 내 발(시)굴조사 약보고서』, 2011.

_____, 『王京遺蹟ⅩⅩⅠ』, 2012

_____, 『경주 서부동 147-2번지 유적』, 2012.

_____, 『경주 노동동 136-3 유적』, 2012.

_____, 『경주 동부동 203 유적』, 2012.

_____, 『경주 화산리 산169-1 유적』, 2012.

_____, 『경주 하구리 유적』, 2013.

_____, 『경주 태종로 전선지중화부지(2차) 유적』, 2013.

_____, 『경주 시동 593-1 일원 유적』, 2013.

_____, 『경주 어일리 유적』, 2013.

_____, 『경주 교동 56-4 유적』, 2013.

_____, 『경주 노서동 178-32·35유적』, 2013.

_____, 『경주 황남 탑동 오릉들 용수로 정비공사 문화재 발(시)
굴조사 약보고서』, 2013.

_____, 『경주 황성동 897-1 유적』, 2014.

_____, 『경주 교동 17-1 유적』, 2014.

_____, 『경주 동천동 510-1 유적』, 2014.

_____, 『경주 인왕동 왕경유적 II 』, 2014.

_____, 『경주 황성동 897-1유적』, 2014.

_____, 『경주 동천동 510-1 유적』, 2014.

_____, 『경주 양동마을 향단 유적』, 2015.

_____, 『경주 배반동 99번지 유적』, 2015.

_____, 『경주 탑동 320-1번지 유적』, 2015.

_____, 『경주 천관사지(3차)』, 2015.

_____, 『경주 교동 94-3 일원 유적』, 2016.

_____, 『경주 양동리 18번지 유적』, 2016.

_____, 『경주 노동동 12 유적』, 2016.

_____, 『경주 배반동 331-15 일원 유적』, 2016.

_____, 『경주 탑동 719-1 일원 유적』, 2016.

_____, 『경주 노서동 26-1 유적』, 2016.

_____, 『경주 재매정지』, 2016.

_____, 「경주 황룡사 남쪽담장 외곽 정비사업부지(1차)내 유적
발굴조사」 현장설명회자료집, 2016.

_____, 「경주 황룡사 남쪽담장 외곽 정비사업부지(2차)내 유적
발굴조사」 현장설명회자료집, 2017.

_____, 『경주 인왕동 898-9번지 유적』, 2017.

_____, 『경주 배반동 953-5 일원 유적』, 2017.

_____, 『경주 용강동 1151-1 유적』, 2017.

_____, 『경주 황남동 95-6번지 유적』, 2018.

_____, 『경주 원원사지』, 2017.

_____, 『경주 최부자댁』, 2018.

_____, 『경주 구황동 707일원 유적』, 2018.

_____, 『경주 배동 475 일원 유적』, 2018.

新羅文化遺産調査團, 『王京遺蹟 I 』, 2007.

_____, 『王京遺蹟 II 』, 2007.

_____, 『王京遺蹟 III 』, 2007.

_____, 『王京遺蹟 IV 』, 2007.

_____, 『慶州의 文化遺蹟 I 』, 2008.

_____, 『慶州의 文化遺蹟 II 』, 2008.

_____, 『慶州의 文化遺蹟 III 』, 2008.

_____, 『慶州의 文化遺蹟 IV 』, 2008.

_____, 『慶州의 文化遺蹟 V 』, 2009.

_____, 『慶州 德泉里遺蹟』, 2008.

_____, 『慶州 龍江洞 古墳群』, 2008.

_____, 『王京遺蹟 V 』, 2008.

_____, 『王京遺蹟 VI 』, 2008.

_____, 『王京遺蹟 VII 』, 2008.

_____, 『王京遺蹟 VIII 』, 2008.

_____, 『경주 탑동 772-2번지 내 유적 문화재 발(시)굴조사 약보
고서』, 2008.

_____, 『王京遺蹟 IX 』, 2009.

_____, 『王京遺蹟 X 』, 2009.

_____, 『王京遺蹟 X I 』, 2009.

_____, 『王京遺蹟 X II 』, 2009.

_____, 『慶州 忠孝洞 都市開發事業地區 遺蹟』, 2009.

蔚山大學校 博物館, 『경주 봉길고분군 I 』, 2000.

울산문화재연구원, 『경주 화천리산200유적』, 2015.

_____, 『경주 광명동산81-1유적』, 2015.

嶺南大學校 博物館, 황남동 고분 발굴조사 개보』, 1975.

嶺南文化財硏究院,『경주 황오동 330번지 건물지유적』, 1998.

_____,『경주 성동동 386-6번지 생활유적』, 1999.

_____,『경주용강동원지유적』, 2001.

_____, 2001,『경주사라리유적Ⅱ』, 2001.

_____,『경주구어리고분군Ⅰ』, 2002.

_____,『경주 서부동 4-1번지유적』, 2002.

_____,『경주 황오동 118번지유적』, 2003.

_____,『포항권 광역상수도 수수사업시설부지내 유적 경주 탑동구간 문화재 시굴조사 약보고서』, 2003.

_____,『경주 동천동 793번지유적』, 2004.

_____,『경주 성건동 342-17번지유적』, 2004.

_____,『2002~2003년도 문화재 시굴조사 보고서』, 경주 탑동 노외 주차장 조성사업부지 내 문화재 시굴조사』, 2004.

_____,『경주 봉길리유적』, 2005.

_____,『경주 송선리유적』, 2005.

_____,『경주 사라리 525번지유적』, 2005.

_____,『경주 봉길리 117-2번지유적』, 2005.

_____,『경주 노서동 160-11번지유적』, 2006.

_____,『경주 월산리 산137-1번지유적』, 2006.

_____,『경주 사라리유적Ⅲ』, 2007.

_____,『경주 방내리 생활유적』, 2007.

_____,『경주 화천리유적』, 2007.

_____,『경주 덕천리유적Ⅰ』, 2008.

_____,『경주 덕천리유적Ⅱ』, 2008.

_____,『경주 서악동 256번지유적』, 2009.

_____,『경주 방내리 고분군』, 2009.

_____,『경주 덕천리유적Ⅲ』, 2009.

_____,『경주 덕천리유적Ⅳ』, 2009.

_____,『경주 덕천리유적Ⅴ』, 2009.

_____,『경주 황성동 575번지 고분군 -본문,사진』, 2010.

_____,『경주 충효동 산156번지유적』, 2010.

_____, 『경주 화천리 산214-1번지유적』, 2010.

_____, 『경주 구어리 고분군Ⅱ』, 2011.

_____, 『경주 모량리 530번지유적』, 2011.

_____, 『경주 석장동 938번지유적』, 2012.

_____, 『경주 화천리 산251-1유적Ⅰ』, 2012.

_____, 『경주 화천리 산251-1유적Ⅱ』, 2012.

_____, 『경주 화천리 산251-1유적Ⅲ』, 2012.

_____, 『경주 방내리 고분군Ⅱ』, 2014.

_____, 『경주 모량·방내리 도시유적 -본문, 사진』, 2015.

_____, 『경주 월산리 취락·이조리 취락유적 외』, 2017.

_____, 『경주 용장리 강정고분군·망성리 윗골들 유적』, 2017.

_____, 『경주 망성리 고분군Ⅳ·율동고분군Ⅲ』, 2017.

_____, 『慶州 九政洞 山20 遺蹟』, 2018.

中央文化財硏究院, 『경주 외동지구 농촌용수 개발사업지구 내 유적 발굴조사
　　보고서』, 2002.

_____, 『경주 오금리 고분군 정비 및 수습 발굴조사 보고서』, 2002.

_____, 『경주 동천동 776-5번지 다세대주도신축부지 내 문화유적
　　발굴조사 보고서』, 2002.

_____, 『경주 사정동 266-7번지 주도신축부지 내 문화유적 발굴조
　　사 보고서』, 2003.

_____, 『경주 인동리 유적』, 2004.

_____, 『경주 성건동 454-1번지 유적』, 2004.

_____, 『경주 성동동 경주차량분소 검수고 신축부지 내 유적 발굴
　　조사 보고서』, 2004.

_____, 『경주 구정동 255-1번지 단독주택 신축부지 내 유적 발굴조
　　사 보고서』, 2004.

_____, 『경주 노곡리·용장리·배동 유적』, 2005.

_____, 『경주 탑동 축사건립부지내 유적 시굴조사 약보고서』, 2005.

_____, 『국도35호선 도계-경주간 확장공사구간내 경주 탑동유적』, 2006.

_____, 『경주 탑동유적』, 2008.

_____, 『경주 화산리유적』, 2008.

_____, 『경주 나정』, 2008.

_____, 『경주 탑동 400-1번지 유적』, 2010.

_____, 『고속국도 제 65호선 울산-포항간 건설공사구간 내 경주 죽동리 유적·울산 범서산성』, 2012.

_____, 『고속국도 제 65호선 울산-포항간 건설공사구간 내 경주 석계리 고분군·연안리 유적』, 2012.

_____, 『고속국도 제 65호선 울산-포항간 건설공사구간 내 울산 두산리·경주 녹동리 유적』, 2013.

_____, 『고속국도 제 65호선 울산-포항간 건설공사구간내 경주 석계리·냉천리 유적 : 울산 굴화리·다운동 유적』, 2013.

_____, 『경주 탑동 704번지 유적』, 2014.

_____, 『경주 성건동 632-23번지 유적』, 2014.

_____, 『경주 안심리유적』, 2016.

진흥문화재연구원, 『경주 분황로 101번지유적』, 2016.

_____, 『경주 서면 도리길 35-151 일원 유적』, 2016.

_____, 『경주 왕신리 571-2번지 유적』, 2016.

_____, 『경주 남사리 760번지 유적』, 2016.

_____, 『경주 괘릉리 산36-1번지 유적』, 2017.

_____, 『경주 황오지구 하수관거 정비사업부지내 유적』, 2017.

_____, 『경주 석장동 872-1번지 유적』, 2017.

_____, 『경주 보문천군지구 도시개발사업부지(1구역) 내 경주 천군동유적』, 2018.

천년문화재연구원, 『경주 동천동 765-1번지 유적』, 2018.

_____, 『경주 신서리 산32번지 유적』, 2018.

_____, 『경주 동산리 산36-1번지 유적』, 2018.

_____, 『경주 아화리 135-8번지 유적』, 2018.

_____, 『경주 용강동 1115번지 유적』, 2018.

_____, 『경주 망덕사지 중문지 유적』, 2018.

한거레문화재연구원, 『경주 성건동 유적』, 2012.

韓國文化財保護財團, 『慶州 東部洞 159-1番地 建物址』, 1999.

_____, 『慶州 競馬場 豫定敷地 C-I 地區 發掘調査 報告書』, 1999.

_____, 『경주시 율동 1108번지 고분군』, 2000.

_____, 『慶州市 城東洞 城東天主教會 新築敷地 發掘調査 報告書』, 2000.

_____, 『慶州市 隍城洞 564-3番地 遺蹟』, 2000.

_____, 『慶州市 隍城洞 537-2유적』, 2001.

_____, 『慶州 皇城洞 537-1, 10, 537~4,35-8,544-1番地』, 2002.

_____, 『慶州 隍城洞 遺蹟 I ,IV』, 2003.

_____, 『경주 북문로 왕경유적』, 2003.

_____, 『慶州 忠孝洞 44-3番地 共同住宅 新築敷地內 文化遺蹟』, 2005.

_____, 『慶州 隍城洞 950-1·7番地 共同住宅 新築敷地內 發掘調査』, 2005.

_____, 『慶州 外東 迂回道路 開設工事 區間內 文化遺蹟 試·發掘調査』, 2007.

_____, 『경주 황성동 유적V 』, 2007.

_____, 『경주 북문로 왕경유적II 』, 2007.

_____, 『慶州 徐羅伐大路 및 文武路 擴張工事區間內 文化遺蹟』, 2008.

_____, 『慶州 忠孝洞 遺蹟』, 2009.

_____, 『慶州 神堂里 遺蹟 』, 2009.

_____, 『慶州 隍城洞 535-18番地 遺蹟』, 2009.

_____, 『慶州 東川洞 696-2番地 遺蹟』, 2010.

_____, 『경주 북문로 왕경유적III 』, 2010.

_____, 『慶州 進峴洞 遺蹟』, 2011.

_____, 『경주 탑동 20-2·5번지 단독주택 신축부지 내 문화유적 국비지원 발굴조사 약식보고서』, 2015.

_____, 『경주 탑동 20-6번지 단독주택 신축부지 내 문화유적 국비지원 발굴조사 약식보고서』, 2016.

_____, 『경주 탑동 20번지 단독주택 신축부지 내 문화유적 국비지원 발굴조사 약식보고서』, 2016.

_____, 『경주 동천동 766-15번지 유적』, 2017.

_____, 『경주 석장동 824번지 유적』, 2017.

한빛문화재연구원, 『慶州 魚日里 遺蹟(B구역)』, 2013.

_____, 『경주 단구리유적』, 2017.

한울문화재연구원, 『경주 인왕동 왕경유적Ⅲ』, 2014.

_____, 『경주 소현리 유적Ⅱ』, 2015.

해동문화재연구원, 『慶州 仁洞里 683-2番地遺蹟』, 2013.

_____, 『경주 문산2일반산업단지 조성부지 내 유적』, 2016.

홍익문화재연구원, 『경주 보문천군지구 도시개발사업부지(3구역)내 경주 천군동 유적』, 2018.

화랑문화재연구원, 『경주 시동 삼국시대 탄요Ⅰ』, 2016.

_____, 『경주 시동 삼국시대 탄요Ⅱ』, 2016.

_____, 『경주 신대리 조선시대 제철로』, 2016.

_____, 『경주 아화리 청동기시대 주거지』, 2016.

_____, 『경주 탑동 493-3번지 유적』, 2016.

_____, 『경주 성건동 352-10번지 유적』, 2016.

_____, 『경주 황남동 186-2번지 유적』, 2017.

_____, 『경주 노서동 136-4번지 유적』, 2017.

_____, 『경주시 북부동 116-3번지 유적』, 2017.

_____, 『경주 석계리 청동기시대 마을유적』, 2018.

_____, 『경주 배동 885-1번지 유적』, 2018.

지은이

이동주(李東柱)
1976년 경상북도 영천 출생
경주대학교 문화재학과 졸업(문학사, 문화재학 전공)
동국대학교 대학원 사학과 석사과정 졸업(문학석사, 한국고대사 전공)
경북대학교 대학원 사학과 박사과정 졸업(문학박사, 한국고대사 전공)
(현) 경북대학교 사학과 강사

신라 왕경 형성과정 연구

초판 1쇄 발행 2019년 1월 17일
초판 2쇄 발행 2019년 12월 2일

지 은 이 이동주
발 행 인 한정희
발 행 처 경인문화사
편   집 김지선 박지현 유지혜 한명진 한주연
마 케 팅 전병관 하재일 유인순
출 판 번 호 406-1973-000003호
주   소 경기도 파주시 회동길 445-1 경인빌딩 B동 4층
전   화 031-955-9300 팩   스 031-955-9310
홈 페 이 지 www.kyunginp.co.kr
이 메 일 kyungin@kyunginp.co.kr

ⓒ 이동주, 2019

ISBN 978-89-499-4790-7 93910
값 23,000원